前　言

由于市场竞争的需要，企划是企业搞好经营管理、赢得市场竞争的基础和重要保证。对于企业经营管理者来说，能否进行有效的企划并制定出好的企划书是衡量其基本能力的重要标准。随着我国经济的高速发展及国内市场的日趋国际化，我国企业也已主动或被动地进入了一个竞争越来越激烈、范围越来越广泛的市场中。众多的中国企业要想更好地生存与发展，必须掌握和运用好一些基本的经营管理和市场竞争的方法与技巧，因此，如何进行企划也应该成为我国企业及企业经营管理者的一门必修课。事实上，企划工作已经受到国内一些企业的充分重视，并将随着市场竞争激烈化程度的加深而得到更多企业的关注。市场呼唤有效的企划，呼唤训练有素的高水平的企划人员。

多年来，我们一直从事企划的研究、教学和企划人员的培训工作，作者所在学校的市场营销专业自 1997 年开始，就开设了"企划理论与实践"课程。企划教学以及市场对企划的需要是我们创作本书的原动力，希望通过我们的努力，提供一本既可以满足教学需求，又可以指导企划人员进行实际企划工作、提高其企划能力从而使企业有效企划的实用书籍。

《教你做企划：企划设计与写作》一书全面、系统地介绍了企划的基本原理、实际写作方法与技巧，同时提供了大量可供借鉴的企划案例。全书共分三个部分：第一部分为企划原理，介绍企划的基本原理与如何成为一个优秀的企划人员；第二部分为企划实务，通过生动的实例，全面介绍各类企划的写作方法与实用技巧；第三部分为企划案例，提供不同类型的实际企划案例。

如果你是一位有着丰富工作经验的企业经营管理人员，但还是个企划新手，你只想要完成一份企划报告，那么建议你重点阅读企划原理部分的第 3 章、第 5 章，再参考企划实务和企划案例部分与你的企划报告相关的企划实例，即足以使你达成目的；如果你是一个没有工作经验的学生，那么你需要在学习管理学和营销学等基础经营管理知识的基础上，全面学习本书内容。

在编写本书的过程中，作者充分结合我国实际，借鉴了大量国外企业特别是日本企业的企划经验，并融入了自己多年来企划实践的所得。

本书由陈建萍、杨勇构思并统稿。陈建萍、杨勇、汤宇军任主编，吴贤龙、朝霞任副主编，闫宏伟参加编写。在编写过程中，束军意提供了大量的帮助与支持。北京科技大学中日经济技术学院市场营销专业的白雪鹏、刘英伟、田燕丽、田雪柱、朱贺、任丽、付涛、肖伟、邓欢、宋宇等同学参加了本书有关案例的设计、编写工作。

本书已被列为北京科技大学校级"十二五"规划教材，并得到北京科技大学教材建设资金资助。

本书在编写过程中参考了大量相关文献，谨在此向相关作者、译者表示由衷的感谢。本书的出版得到了中国人民大学出版社编辑的大力支持和帮助，在此也表示深深的谢意。

编者

2017 年 12 月

目 录

第一篇 企划原理

第二篇　企划实务

第三篇　企划案例

◆ 第一篇

企划原理

第1章
企划概述

运筹帷幄之中，决胜千里之外。

——《史记》

【学习目标】

1. 掌握企划的定义以及企划的必要性；
2. 正确理解企划与计划的异同；
3. 了解企划的基本种类。

随着我国经济的高速发展，市场竞争日趋激烈，企业要想更好地生存和发展，必须掌握和运用好一些基本的经营管理和市场竞争的方法与技巧。国内外大量优秀企业的经营实践告诉我们，做好企划工作是企业搞好经营管理、在市场竞争中永不落败的基础和重要保证。而对于一个企业经营管理者来说，能否很好地进行企划则是衡量其基本能力的重要因素。因此，企划工作应该成为我国企业经营管理的一个基本内容。企划也应该是每一个企业经营管理者必须掌握和运用好的基本方法与技巧。

第 1 节　企划定义

一、何谓企划

"企划"一词源于日语的"企画",该词大约在 1965 年出现于日本。通俗地说,企划就是企划者从现状出发,运用其智慧、经过思考并付诸实施,从而达到目标的一切努力。也可以认为,企划是为了达到目标而进行的"构想→计划→实践"的全过程。

显然,企划并非是某些特殊人所掌握的特殊技能,也并非是仅记录下一个好的构思。

对于企业来说,企划是企业在资源及市场的约束下,为达到企业目标所进行的各种构思、计划及实施的过程。

我们注意到,"企划"实际上同时具有作为企划过程的动词属性和作为这一过程的重要"作品"——企划方案(或称企划书)时的名词属性。

二、企划的必要性

企业之所以要进行企划,其根本原因在于:

(1) 使企业在激烈的市场竞争中更好地生存与发展。企业面临的环境特别是市场环境在不断变化。如,消费者价值观日趋多样化;商品价格不断下降;商品品种层出不穷;市场不断细分及市场的全球化;等等。在这样一个瞬息万变的竞争市场中,任何企业如果仅满足于现状必然会因跟不上市场的变化而被市场淘汰。企业要想在竞争中取胜,就必须不断变革、不断调整或重新确定自己的战略与策略。例如,企业要想进入新的市场、开发新的业务,诸如"企业应进入怎样的新行业""企业应开发怎样的新业务""企业机构是否要随之调整及怎样进行调整"等问题就很自然地摆在企业面前。这时,企业就必须针对诸多问题进行全面企划,开展有计划的竞争。从这个意义上说,市场竞争首先是企划能力的竞争。企业将要进入企划能力竞争的时代。

(2) 追求并更好地把握企业的未来。企划者应该永远牢记在心的是:企划永远是为了将来。因为不论企业或个人都必须向前看,凡事很难有回头再做的机会。企划的目的就是能对未来多一点准备,多一份把握。而将来是一个未知数,隐藏着多变、不可测的随机变量,这使得企划本身具有极大的预测成分。也就是说,企划工作包含了一定的误差。所以,企划工作必须慎重地使用一些合理的假设和前提来推论未来的发展,以免因为信息不完整而导致运作者在错误的企划引导下进行错误的决策。更重要的是,为了适应未来的多变、难测,企划必须有一定的弹性,保留适时修订的余地。

(3) 充分利用企业资源。企划需要对企业的各种资源进行合理的调配运用。企划必须涉及的资源要素包括物质(matter)、信息(information)和时间(time)三大类,即所谓的"MIT"。其中,物质资源,也就是我们通常所说的人力、财力、物力。物质资源的特性是占有空间，看得见、摸得着。在企划的过程中，对物质资源的运用必须注意"质"与"量"的高度统一。以人力资源为例，我们除了关心员工数量之外，更要重视员工的素质，因为在许多侧重知识、技术的场合，高素质的人力远胜于以量取胜的人海战术。在"质"的方面，必须切实掌握资源品质的好坏及可能的变化状况，除通过专业的知识和方法评估外，更需观察内在、外在因素对资源品质造成的影响。信息的价值目前已受到人们的高度重视。信息大多附载于物质类资源上，而取得信息是必须付出代价的。"量"与"质"的问题一样存在于信息资源的运用上。实际上，从信息的角度而言，企划就是一项收集、分析、评定未来信息资源的工作。时间是一项宝贵的资源，而不是一种限制。将时间看成一项可资利用的资源之后，就取得了企划的主动、主导地位。通过合理企划，更能体现出时间的价值，这将有利于把这个资源分配给最重要的工作。如果采取将时间视为限制因素的消极看法，就会很容易将资源局限在一个狭小的空间，所有运作都只是为了追赶时间，无法看清楚是不是还有其他更值得注意的资源或做法。

企划过程就是对于企业资源进行调度和安排的过程，而无论物质、信息或时间，都是相对有限的资源，没有任何一种资源能够毫无限制地随意取用。如果资源可以任意且无限制地取得，也就不需要花费心力去企划了。因此，资源的有限性也是为什么需要企划的重要原因之一。

【资料链接】

美国的著名企划公司

美国人把企划科学称为软科学，包含预测学、咨询学、顾问学、创造学及传播学等。美国比较著名的企划预测咨询公司有兰德公司、麦肯锡公司等。

美国兰德公司——世界脑库。第二次世界大战期间，美国空军制订兰德计划，研究新武器轰炸日本。1948年成立兰德公司，初期主要服务于空军，20世纪60年代其业务扩展到外交、城市管理、环境等领域。

美国麦肯锡管理顾问公司——现代咨询业巨人。1923年成立，企业科学管理的倡导者，强调分析、预测、谋划在企业管理中的作用，管理理念强调如何管老板。20世纪末，美国麦肯锡公司为中国今日集团的发展进行了全面企划，其报告是《造就一个非碳酸饮料市场的领导者》。这个报告长达300页，今日集团为此出资1 200万元人民币。今日集团按照这份企划书来谋划操作，使其1998年的销售额达到30亿元，比往年销售额上升100%以上。

资料来源：李红薇. 企划设计与企划书写作. 西安：西安电子科技大学出版社，2010：5.

第2节　企划与计划

企划与计划常被人混为一谈，其实两者之间差异很大。

一、企划与计划的层次不同

如图 1-1 所示，计划一般可分为战略计划、战术计划及实施计划三个层次。

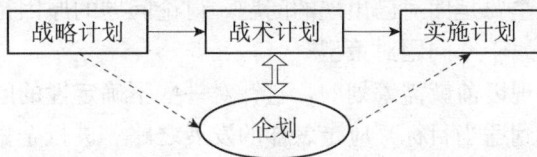

图 1-1 企划与计划的比较：层次不同

战略计划：包括企业的战略目标，以及企业整体的、长期的战略规划。

战术计划：包括企业各项年度计划、重点方针及特定计划。

实施计划：实施细则及进度管理。

一般地，企划相当于战术计划的层次。企划是在制订战术计划的过程中，充实计划的内容，并引入构思、新的概念于计划中使之得以扩展。通常，企划以战术计划为媒介，承接战略计划的信息，并要向下发展出具体的实施计划。

二、企划与计划的工作重点不同

由图 1-2 可以看出，企划与计划的工作内容相同，但它们却有不同的工作重点。

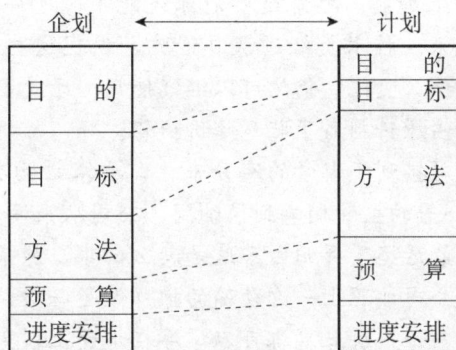

图 1-2 企划与计划的比较：工作重点不同

确定目的、设定目标在企划的工作内容中占有较大比重，是其工作重点，而具体实现的方法对于企划而言则居次要位置。因此，这也就决定了企划对预算及具体工作步骤、进度安排的考虑比较粗略。对于计划来说，其工作重点是为了解决"做什么""如何做"及如何达到目标等问题，因而实现目标的方法在其整个工作内容中占据重要位置，这也就决定了计划中必然包含详细的预算及工作步骤、进度安排。

三、企划与计划的对象性质不同

计划一般针对确实性的问题。并且，计划制订者往往可从其上级或委托者处获取明确的指示。换言之，计划主要是面对已出现的问题，讨论问题的原因是什么以及如何有效地解决问题。所以，计划属于"问题对策型"。

企划则是在问题出现以前就需筹划的，它针对一些不确定性的问题而提出，主要考虑为了保持适当状态（达到适当目标）应走怎样的发展之路。进行企划时，上级或委托者往往对企划者没有明确的指示或指示模糊。因此，有效企划的关键在于必须预先周密地考虑诸如什么事情发生会令企业处于困境，以及最终又会产生怎样的结果等类似问题。所以，企划属于"课题发现型"。现实中，许多企业的企划主题源于偶然的发现，并由此造就企业新的事业。

【品牌故事】

漂浮的肥皂

早期，宝洁公司是以生产肥皂为主的公司。宝洁公司生产肥皂的工艺十分简单，只是按比例把原料放进搅拌机，搅拌一段时间后压制成肥皂就可以了。这种肥皂由于工艺简单，在市场上的销量并不乐观。

一天中午，一件意外的事情发生了：在辛辛那提的一个车间里，有个粗心的员工约翰午休前忘了关掉肥皂原料合成搅拌器，等他吃完饭回来时，发现配料中混进了过多的空气，十几桶肥皂都成了泡沫。由于这个失误，整罐昂贵的化工原料都得报废，这对于当时的宝洁来说可真是雪上加霜。要是这些泡沫还能用，也许能挽回一定的损失。于是，约翰把技术员叫了过来。技术员经过认真检验，发现这些肥皂虽然产生了很多泡沫，但是性质并没有发生什么变化，仍然可以继续使用。于是，工人们一起把这些肥皂泡沫收集起来又添加了一些原料制成了肥皂降价出售。

一个多月后，宝洁公司接到了大量的客户来信，要求订购公司的"漂浮肥皂"。什么是"漂浮肥皂"？宝洁公司的主管们感到很纳闷，公司从来没有生产过这样的肥皂呀！宝洁公司开始查找原因，最后终于弄明白了这是怎么回事，原来客户指名订购的是那次因失误生产的肥皂。宝洁公司按照上一次约翰的操作做了一次试验，试验结果表明，这样生产的肥皂里含有气泡，每一块肥皂都可以漂浮在水面上，免去了肥皂不慎落入水中后人们"海底捞月"的烦恼。于是宝洁公司开始大量生产这种肥皂，很快便占领了大半个肥皂市场。这款肥皂就是著名的象牙牌肥皂。

资料来源：刘泳华. 失误里的机会. 思维与智慧，2013（16）.

企划与计划在对象性质上的差异见表 1-1。

表 1-1 企划与计划的差异：对象性质不同

企 划	计 划
课题发现型	问题对策型
事前思考	事后思考

续前表

企 划	计 划
必须有创意	一般无须创意
掌握原则与方向	处理程序与细节
what to do（做什么）	how to do（如何做）
没有指示	有明确指示
动态的	静态的
挑战性大	挑战性小

当然，我们并不能将企划与计划明确地区分开来。

在实际中，我们经常可以看到以"×××计划书"为标题的企划，其原因就在于此。

第3节 企划的基本种类

为了更好地进行企划，必须对企划进行分类。

现实中的企划，可以根据不同的标准划分出许多种类，下面介绍的是企划的基本分类情况。

一、根据企划的主体分类

根据企划的主体不同，企划主要可以分为：

（1）国家、公共团体的企划。

（2）以营利为目的的企业或其他组织、机构、个人的企划。

（3）组织、个人等的其他企划。

我们主要研究的是第二种，即以营利为目的的企业的企划。对企业而言，根据企业经营活动的不同，又可将企划进行进一步细分，如表1－2所示。

表1－2　　　　　　　　　　　　　　企划分类

企划种类	特　征
经营企划	面向企业未来及为实现企业经营目标而设定的企业整体企划
公司企划	合理配置企业资源，由企业外部创造新的收益系统
事业企划	合理配置经营资源，适应环境变化，开发新的事业
营销企划	根据市场需求，设计企业营销管理过程及营销活动
商品企划	捕捉市场需求，创造新的商品和服务
市场导入企划	投入新的商品和服务，并有效地在市场上推广
公共关系（PR）企划	通过各种努力促进内外环境对企业的理解和支持，提升企业形象
广告企划	传播企业信息，与目标市场有效沟通
营业推广企划	提高特定商品的销量
营业企划	为了实现销售目标而制订的具体行动计划

续前表

企划种类	特　征
品牌企划	把握企业、商品及服务特征，实施品牌化
企业形象设计（CI）企划	形成良好的企业形象，并广泛地内外渗透
调研企划	为了达到特定目的，设计调研的程序与方法
研修企划	以培养人才为目标，设定开发人员能力的工作计划
出版企划	设计出版物的内容与体裁以促进沟通
展示会企划	介绍、宣传企业或商品，期待 PR 和销售促进效果
集会企划	在特定目标要求下，设计会议的内容与形式
实施企划	合理配置资源，开发空间及服务系统
店面企划	开发新的卖场，为顾客更好地提供商品与服务
人事企划	为人才的保证、培养及合理配置构筑高效系统

企划主体不同，将会使企划目的的设定及企划的内容有根本的不同。企划者不能仅以营利为出发点，而应首先明确为谁及为了什么而进行企划。

二、根据企划的范围分类

按企划的范围不同，可将企划分为：
（1）整体企划。
（2）区域（局部）企划。
（3）各区域（局部）内的分项企划。
若以一综合大型游乐场的设施企划为例，以上三个不同层次的企划分别为：
（1）游乐场整体设施企划（整体企划）。
（2）水上项目设施企划（区域企划）。
（3）水上喷泉设施企划（各区域内的分项企划）。
由于企划对象的范围不同，企划的内容也完全不同。根据范围划分企划并进行企划时，应注意各相邻区域（局部）之间的关系及各区域（局部）的作用。

三、根据企划的对象分类

以企业企划为例，可以视企业的不同的战略阶段为不同的企划对象，将企划分为战略企划、战术企划和实施企划。
（1）战略企划：解决"做什么"的企划。
（2）战术企划：解决"怎么做"的企划。
（3）实施企划：解决"如何做好"的企划。
表 1-3 对上述三种企划的具体内容的差异进行了比较。企划者应该明确自己负责的范围及企业经营各战略阶段所追求目标的不同，合理地进行相应的企划工作。

表 1-3　　　　　　　　　　战略企划、战术企划与实施企划

范围	战略企划	战术企划	实施企划
企业	人事企划 企业形象设计（CI）企划 企业重建 新信息系统导入 ……	人员录用 教育改革 系统开发 ……	人员募集企划 讲演会企划 会议系统开发企划 ……
事业	新事业企划 设立企划 营业企划 ……	商业实施开发企划 广告企划 ……	开店企划 精彩节目企划 设计企划 ……
商品	营销企划 销售企划 商品开发 服务开发 ……	制度组合企划 年度销售企划 业务改善企划 提案制度导入企划 ……	出版企划 个别商品促销企划 ……

我们不妨以下文中的"3D 打印车"为企划主题，设想一下 Local Motors 公司开发"3D 打印车"市场的战略企划、战术企划和实施企划的主要内容。

【创意无限】

3D 打印车

既然 3D 打印技术能制作裙子和首饰，甚至人体义肢，那为什么不能用 3D 打印机"打印"一辆车呢？果然，世界第一台 3D 打印车已经问世——这辆由美国 Local Motors 公司设计制造、名叫"Strati"的小巧两座家用汽车开启了汽车行业的新篇章。2014 年，这款创新产品在为期六天的美国芝加哥国际制造技术展览会上公开亮相。

用 3D 打印技术打印一辆斯特拉提轿车并完成组装需时 44 小时。整个车身上靠 3D 打印出的部件总数为 40 个，相较传统汽车 20 000 多个零件来说可谓十分简洁。充满曲线感的车身先由黑色塑料制造，再层层包裹碳纤维以增加强度，这一制造设计尚属首创。汽车由电池提供动力，最高时速约 64 公里，车内电池可供行驶 190 至 240 公里。

尽管汽车的座椅、轮胎等可更换部件仍以传统方式制造，但用 3D 制造这些零件的计划已经提上日程。制造该轿车的车间里有一架超大的 3D 打印机，能打印长 3 米、宽 1.5米、高 1 米的大型零件，而普通的 3D 打印机只能打印 25 立方厘米大小的东西。

据悉，这辆 3D 打印轿车的成本在 1.1 万英镑，约合人民币 11 万元。它本身更环保的配置，也为城市交通污染困境提供了可能的解决方案。

资料来源：http://news.qq.com/a/20140915/062042.htm，有删改.

四、根据企划业务的阶段分类

从企划者的角度出发，根据企划业务的工作阶段不同，可将企划分为：

（1）调查业务企划（现状调查，主题调查，可能性调查，等等）。

（2）分析、判断业务企划（现状分析，问题分析，假设判定，等等）。

（3）实施业务企划（设想实施，方案组合，等等）。

五、根据企划的频度分类

根据企划进行的频度，可将企划分为：
(1) 一定周期必须重复进行的周期性企划（如每一年度必须进行的年度销售企划）。
(2) 一定时间阶段内必须重复进行的阶段性企划。
(3) 一次性单独企划。

六、根据企划的动机分类

根据企划的动机，可将企划分为：
(1) 依赖性企划。企划动机是为了谋求上级或委托者认可的企划。
(2) 自主性企划。为了达到自己的目的，独立进行的企划。

七、根据企划的性质分类

根据企划的性质，可将企划分为：
(1) 处方型企划。解决已发生问题的企划。
(2) 开发型企划。从现实可能性出发，开发出的面向未来、未知的企划。
(3) 预防型企划。防止未来问题发生的企划。
(4) 改善型企划。探索问题、改善现状的企划。

【案例评析】

希望工程创新募捐方式

这么多年来，希望工程之所以受到社会的广泛关注与支持，之所以能形成巨大的反响，与其组织者中国青少年发展基金会开拓创新、出奇制胜的企划是分不开的。

比如，一般的募捐活动人们往往不清楚自己捐的钱用到了哪里、收到了什么样的效果，但中国青少年发展基金会所企划的"百万爱心行动"就打破常规，创造性地将知情权、参与权交给赞助者，获得了他们的信任，充分调动他们的积极性。

"百万爱心行动"创新的募捐方式是：一次性捐款300元，即为一名失学儿童提供了小学五年的书本费。赞助者在汇款的同时填写"希望工程——百万爱心行动申请卡"，并寄给中国青少年发展基金会。收到汇款和申请卡后，中国青少年发展基金会将为赞助者联系一名亟待救助的失学儿童，使赞助者与失学儿童结成对子，并授予赞助者"结对证书"。被赞助的儿童复学后，将与赞助者保持直接的通信联系，汇报学习成绩。受助儿童毕业后，捐款如有余额将转化为希望工程助学基金，再帮助别的儿童。

"百万爱心行动"这种新奇的捐款方式，加之它本身巨大的社会意义，使这次活动很快成为人们爱心融汇的焦点，成为报道的焦点。

评析：企划本身就是创新性的思维活动，企划没有突破就没有创新，没有创新就没有活力，没有活力就缺乏生命力。所以，创新性思维是企划生命力的源泉，它贯穿企划活动的方方面面和企划过程的始终，它将决定一个企划的好与坏、成与败。

资料来源：成文胜. 策划学概论新编. 北京：中国广播电视出版社，2014：170-171.

【核心内容】

企划是为了达到目标而进行的"构想→计划→实践"的全过程。

企业之所以要进行企划，其根本原因在于：第一，使企业在激烈的市场竞争中更好地生存与发展；第二，追求并更好地把握企业的未来；第三，充分利用企业资源。

企划与计划的差异表现在：企划与计划的层次不同；企划与计划的工作重点不同；企划与计划的对象性质不同。

企划分别可以根据企划的主体、企划的范围、企划的对象、企划业务的阶段、企划的频度、企划的动机及性质进行分类。

【深度思考】

1. 为什么在当今时代，企业做好企划工作变得更为重要？
2. 企划与计划有何差异？两者是否可以等同？
3. 分析常见的企业企划。

【互联网十】

苏宁易购

苏宁易购是苏宁电器集团的新一代B2C网上商城，于2009年8月18日上线试运营。2010年1月25日，苏宁电器在南京总部宣布，公司的B2C网购平台"苏宁易购"将于2月1日正式上线，并将自主采购、独立运营，苏宁电器也由此正式出手电子商务B2C领域。

1. 描述你所看到的苏宁易购，并观察其与苏宁电器实体店的经营范围是否相同。
2. 这种相同或不同是否有利于苏宁电器集团的发展？请说明你的理由。
3. 如何做才能更好地开展苏宁电器的网络平台运营？

【延伸阅读】

《从0到1》，彼得·蒂尔、布莱克·马斯特斯著，高玉芳译，由中信出版社于2015年出版。

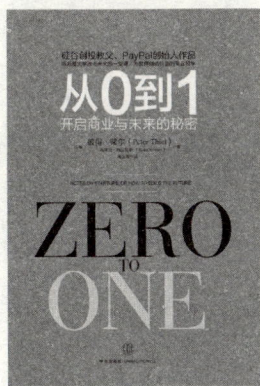

作者简介：彼得·蒂尔，被誉为硅谷的天使，投资界的思想家。其1998年创办PayPal并担任CEO，2002年将PayPal以15亿美元出售给eBay，把电子商务带向新纪元。2004年做了首笔在Facebook的外部投资，并担任董事。同年成立软件公司Palantir，服务于国防安全与全球金融领域的数据分析。彼得·蒂尔联合创办了Founders Fund，为LinkedIn，SpaceX，Yelp等十几家出色的科技创新公司提供早期资金。

布莱克·马斯特斯，2012年在斯坦福大学法学院就读，期间选修彼得·蒂尔的"初创企业"课，将细心整理的课堂笔记发布到网络，引起240万次的点击率。随后，彼得·蒂尔参与将这份神奇的笔记精编成为本书。

内容提要：《从0到1》为你开启创新的秘密。PayPal公司创始人、Facebook第一位外部投资者彼得·蒂尔在本书中详细阐述了自己的创业历程与心得，包括如何避免竞争、如何进行垄断、如何发现新的市场。《从0到1》还将带你穿越哲学、历史、经济等多元领域，解读世界运行的脉络，分享商业与未来发展的逻辑，帮助你思考从 0 到 1 的秘密，在意想不到之处发现价值与机会。

在科技剧烈改变世界的今天，想要成功，你必须在一切发生之前研究结局；你必须找到创新的独特方式，让未来不仅仅与众不同，而且更加美好。从 0 到 1，为自己创造无限的机会与价值！这也是一个企划人应持有的思想。

第 2 章
企划的基本程序

发现问题远比解决问题重要，因为解决方法只不过是一个数学或经验技能的问题而已。发现新问题、新方法，或者从全新的角度看待旧问题，需要具有创造性的思维。

——爱因斯坦

【学习目标】

1. 掌握企划的基本程序；
2. 明确企划问题界定的重要性，掌握确定企划问题的方法；
3. 了解如何确定企划方案。

企划工作要依据一定的程序展开。预先全面地了解企划过程的各个环节，有助于事先做好各种准备工作并进行成功的企划。一般情况下，每个企划之间的差异是很大的，很难发生雷同的现象。有时，即使非常相似的课题，在方案的选择、预算或其他条件方面，也会存在一些差异。但企划工作的过程却都大体相似，企划的框架也可以没有什么区别。因而，在做企划时，可先按一般模式设计好企划的流程，然后再结合实际需要进行调整，从而得到针对具体课题的企划工作程序。

企划的基本程序大致可分为六个环节，如图 2-1 所示。

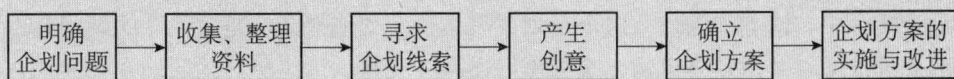

明确企划问题 → 收集、整理资料 → 寻求企划线索 → 产生创意 → 确立企划方案 → 企划方案的实施与改进

图 2-1　企划的基本程序

第 1 节　明确企划问题

制定企划的第一个步骤就是明确企划问题。

一般地，人们往往为了尽快拿出方案，而不去事先耐心地界定所要解决的问题。经常发生的情况是，人们只愿利用几分钟提出问题，却情愿花费数日，甚至数年去解决一个可能并不十分重要的问题。其实，好的开始是成功的一半，只要认真界定问题，把问题简单化、明确化和重要化（准确判断出问题的重要性），那么问题就被有效地解决了一半。

一、明确企划问题的方法

通常，有以下四种方法可以用来明确企划问题：

1. 专注于重要的问题

如果每个问题都是重要的，则每个问题就都不重要了。大量的实践经验告诉我们，在有限的资源制约下，同时去实现多个目标的话，到头来很可能会一事无成。成功的人士，往往只针对一个目标，坚持不懈。辩证唯物主义告诉我们，解决问题要抓住问题的主要矛盾和矛盾的主要方面，即在工作中要坚持重点论，这样才可以根本地、有效地解决问题。

2. 善于细分问题

发明家凯特琳曾说："研究就是要把问题细分化，从中可以发现很多已知的问题，再去专心解决未知的问题。"这段话对细分问题的重要性，做了较好的说明。在企划过程中，有效地细分问题，有助于更好地发现问题的真正症结，选择好解决问题的切入点，从而更好地解决问题。

3. 改变原来的问题

人们很容易受其思维定式左右，因而容易产生僵化性思维。有时，如果我们从另一角度看问题，可能更能认清问题的本质，从而找到解决问题的方法。改变原有的问题，可能意味着打破某些思维定式，开阔自己的思维领域，从而找到问题的症结及问题的解决办法。

4. 运用"为什么"的技巧

台湾企业家王永庆"追根到底"的经验及经营理念，就是用一连串"为什么"来追问下属，一直到水落石出、清清楚楚，才肯罢休。问"为什么"，可使问题明确化、浅显化、重要化。实际中，诸如"为什么这个企划、方案、观念或概念会是这样"的疑问有助于对现状的合理改变，并激发对事物未来的美好设计、安排。为了更好地明确企划问题，可以使用 5W1H 分析法。

【资料链接】

5W1H 分析法

5W1H 分析法又叫 6 个诚实的勤务员法,该方法是对选定的项目、工序或操作,都要从原因(何因 why)、对象(何事 what)、地点(何地 where)、时间(何时 when)、人员(何人 who)、方法(何法 how)六个方面提出问题并进行思考。这种分析方法由新闻采访引申而来,对创造性解决问题颇有帮助。其主要是为系统地收集与问题相关的资料提供一个基本的框架。由此而收集到的资料可能会为解决问题提供新的视角。反过来,它又有助于对问题重新加以界定。本方法有以下几个阶段:

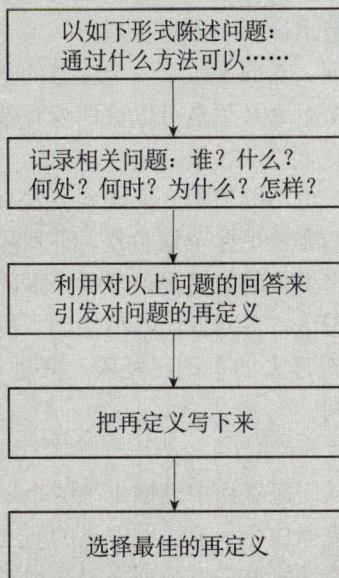

以如下形式陈述问题:
通过什么方法可以……

↓

记录相关问题:谁?什么?
何处?何时?为什么?怎样?

↓

利用对以上问题的回答来
引发对问题的再定义

↓

把再定义写下来

↓

选择最佳的再定义

在诸种再定义中,总可以找到一种最适合待解决的问题的表达,这种表达将作为最终选择。

资料来源:杨劲祥. 营销策划实务. 大连:东北财经大学出版社,2015:32.

二、确定企划问题的要点

在确定企划问题阶段要注意以下三点。

1. 充分做好前期准备工作

(1)企划人必须磨炼自己的问题意识。企业中的企划课题很多,但不是每个企划课题都可以付诸实施。企划的实施,要受到现实状况、企划者能力和预算等许多因素的限制。因此,在众多不同的课题中,企划人必须有效地确定课题对象。

企划课题的来源,一般有两种途径:一是上级命令或其他部门的委托;二是自己发现并掌握企划对象。无论哪种途径,企划人必须经常锻炼问题意识,强化适当掌握企划对象的能力,以把握企划的必要性和意义。

（2）把握委托方企划的本意（动机）。企划主题明确后，认真了解企划的动机是十分必要的。同一个企划因侧重面不同，所达到的目标和效果是不一样的。例如，同样是促销企划，企划动机却可以一个是为提高利润，另一个则主要为了提高生产效率。这样，企划的方案就截然不同。显然，如果不确定委托方企划的根本动机，就无法提出可解决企划本意问题的方案，企划就无法顺利推行。

（3）调查、研究企划对象。企划主题明确后，在着手思考企划构想、决定企划框架前，应对企划对象做充分调查、研究。这样，就可以掌握必要的资料，如企划相关各方对企划有什么期望，本公司可获得多少协助，如何分配时间，等等，对各种问题的了解自然就会更清晰，企划的整体印象也会自然浮现。在时间允许的范围内，对企划对象的调查、研究越充分，就越能构想、创造出适合所需的企划。

（4）合理地运用看、听、问、查的手段。一个理想的企划应该在有限资源范围内，尽可能实现最优效果。这样，这个企划必须是可以被他人有效理解，并使其他人能够协助参与的企划。

企划不能局限于一厢情愿，更不能独断、偏颇和突发奇想。独特的企划不能脱离客观条件。为此，企划者就要尽量调查、把握企划对象，即多看、多听、多问、多查。

多看，就是仔细观察现场，亲自收集情报；多听、多问，就是多接触、了解与企划有关的各方人士的意见、期望与想法，多问他们，与他们多商量，勤做笔记，更好地了解现状及企划的动机；多查，就是对过去的事例、经验、其他厂商的做法、报纸刊物、说明书、记录等相关材料多进行查阅。

2. 明确重点

（1）过滤主题。一般地，从问题意识中发掘出来的企划对象越多越好，但不必将它们全部纳入企划作业中。企划者应抓住企业迫切要解决的问题进行重点企划。这样，可以激发企划人的智慧和工作热情。当然，这需要企划人对企划对象有足够的了解，并具有较强的判断力。

无论是他人委托的还是自己选择的企划对象，进入企划作业前，都要尽可能明确有关这个企划对象的各种问题。如：为什么被选为主题？针对应提出的企划会有什么效果？有什么意义？为什么交给自己？企划人对这些相关问题认知得越清楚，就越能产生使命感和干劲。

（2）选择对象。各企业可根据自己的情况，制定选择企划对象的工作程序及确定对象的标准。例如：得到半数投票通过的主题，各事业部主管认为必要的主题，董事长认为必要的主题，等等，都可以作为企划对象加以选择。实际中，企划对象选择的程序可视为企业内部各方统一认识、交流看法的过程。

（3）主题明确化。开始企划作业前，首先要做的事就是使自己明确企划主题，并使企划主题与动机相吻合，保证企划主题不与上司（或委托者）的意图相背离。为使以后的企划工作容易展开，应将诸如时间、地区、营业额等企划目标描述得特定而又明确。

参考图2-2给出的例子，可以清楚地感觉到一个愈来愈清晰的企划主题。

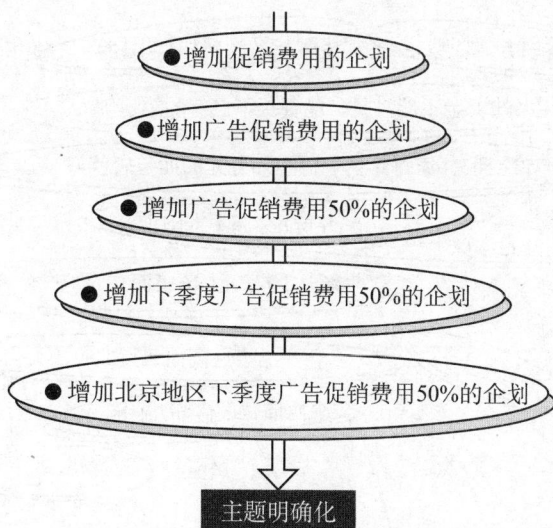

- ●增加促销费用的企划
- ●增加广告促销费用的企划
- ●增加广告促销费用50%的企划
- ●增加下季度广告促销费用50%的企划
- ●增加北京地区下季度广告促销费用50%的企划

主题明确化

图2-2 企划主题的明确化

主题明确化，是成功企划的重要保证。

3. 设定目标

（1）勾勒企划轮廓。企划轮廓是企划方案的一个整体上、原则上的粗略的设想。这种设想是在把握了企业相关目标，进行了企业经营要点初步估价后形成的，这种设想将在以后的企划过程中得到调整，并具体化。

例如，有一家面包厂，为提高营业额30%，要做一个新产品或新事业企划。该面包厂年营业额为200万元，希望在3年～5年内提高营业额30%，即60万元。面包行业竞争激烈，竞争者对经销店、超级市场的争夺使利润率不断下降，即使开发出一些改进性的新产品，也只能在2年～3年的时间提高2万元～3万元营业额，且所面对的市场领先者的势力越来越大。

基于以上经营状况，可以认识到：第一，改进性新产品行不通；第二，目前分销渠道不能满足目标要求。那么，怎么办呢？

由此，我们可以如图2-3所示来勾勒企划轮廓。

（2）设定目标。获得企划的初步轮廓后，应尽可能将其简化为目标，即将企划轮廓"目标化"。所谓目标，就是企划要实现的期望值。例如，降低销售成本15%，缩短流通时间20%，等等。目标不明确，企划印象就会模糊，就不易产生企划构想。当然，企划目标设定要尽量合理。

（3）企划目标要数字化。设定企划目标值，要尽量数字化。用数字表现出来的目标，很容易把握。例如："降低广告费用10%"比"尽可能降低广告费用"明确得多。目标数字化，也好提出相应措施，容易评价其实现的可能性。

有些目标可能很难用数字来表达。比如，要衡量"提高一个人的创意力"。创意力怎样才算是提高了？提高多少呢？确实不好量化。这时，我们只有进行间接的量化评估。

企划目标设定的过程，有时可以产生企划的线索和创意，企划目标设定的好坏，也同时决定了企划能否实现，以及企划效率的高低。

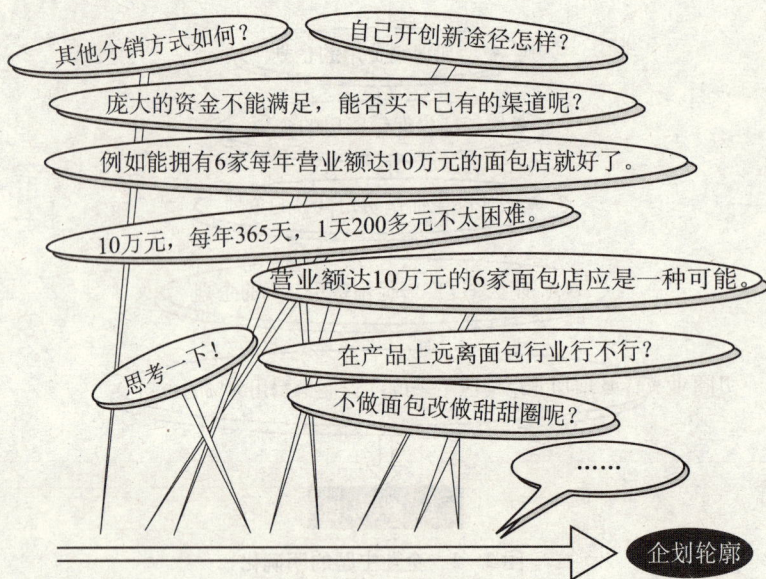

图 2-3 企划轮廓

在设定企划目标时必须注意：第一，目标不要偏高求全；第二，目标之间不应有矛盾，存在矛盾时，要合理均衡；第三，必须明确表述目标的优先顺序。

第 2 节　收集、整理资料

根据资料的来源，进行企划所需要的资料可以分为现成资料与市场调查资料两类。

现成资料可依据其来源，分为书籍与报纸杂志资料、企业内部资料、普查与统计资料、登记资料、调查报告等。由于此类资料都是间接获得的，又称为第二手资料（次级资料）。

市场调查资料是通过向消费者、经销商、竞争同行、原料供应厂商等对象进行调查所获得的资料。这些资料是直接获得的，称为第一手资料（原始资料）。

一、收集现成资料

收集现成资料是一种迅速又经济的方法。通常，现成资料有下面五种来源：

1. 书籍与报纸杂志资料

即根据企划的主题，从书籍、报纸、杂志、专业性期刊中收集的资料。

2. 企业内部资料

包括：

（1）客户资料，如客户名称、地址、订货日期、订货项目与数量、价格等。

（2）制造部的生产资料，如作业流程、生产力、产品、检验、机器设备使用率等。

（3）其他部门资料，如财务、人事、总务部门的工资，资产负债表，损益表，人员流动率，客户状况，设备折旧，等等。

3. 普查与统计资料

如政府的统计年鉴，各政府部门的出版资料，各政策研究部门的报告，政府的年度报告，等等。

4. 登记资料

政府除出版普查与统计资料外，还有若干登记资料。例如：出生死亡登记，新公司工商登记，机动车登记，特种营业登记，等等。

5. 调查报告

大型公司和商业机构经常进行各种市场调查，其报告可资利用查询。

二、市场调查

当所收集的现成资料不足，无法满足需求时，必须依赖市场调查，以获得所需资料。如上所述，市场调查资料是通过直接向消费者、经销商、竞争同行、原料供应厂商等调查对象进行调查得来的。

三、整理资料

现成资料和通过市场调查得到的所有资料，必须经过整理加工后，才可以为企划所用。

整理现成资料要进行分析与综合；整理市场调查资料要进行审核、编码和列表，然后进行分析。

如果我们要为某品牌设计营销企划，那么收集该品牌的历史资料就必不可少。

【品牌故事】

老字号同仁堂

北京同仁堂是全国中药行业著名的老字号，创建于 1669 年。在 300 多年的风雨历程中，历代同仁堂人始终恪守"炮制虽繁必不敢省人工，品味虽贵必不敢减物力"的古训，树立"修合无人见，存心有天知"的自律意识，造就了制药过程中精益求精的严谨精神，其产品以"配方独特、选料上乘、工艺精湛、疗效显著"而享誉海内外，产品行销 40 多个国家和地区。

1669 年，乐显扬创办同仁堂药室。1702 年，其三子乐凤鸣将药铺迁至前门大栅栏路南。1706 年，乐凤鸣在宫廷秘方、民间验方、家传配方基础上总结前人制药经验，完成了《乐氏世代祖传丸散膏丹下料配方》一书。该书序言明确提出"炮制虽繁必不敢省人工，品味虽贵必不敢减物力"的训条，成为历代同仁堂人的制药原则。

1723 年，雍正皇帝钦定同仁堂供奉清宫御药房用药，独办官药。

据传，少年康熙曾得过一场怪病，全身起红疹，奇痒无比，宫中御医束手无策。康熙心情抑郁，微服出宫散心，信步走进一家小药铺。药铺郎中只开了便宜的大黄，嘱咐泡水水沐浴。康熙按照嘱咐，如法沐浴，迅速好转，不过三日便痊愈了。为了感谢郎中，康熙写下"同修仁德，济世养生"，并送给郎中一座大药堂，起名"同仁堂"。

1954年，同仁堂率先实行了公私合营。

1957年，同仁堂中药提炼厂正式成立，开创中药西制的先河。

1989年，国家工商行政管理总局商标局认定"同仁堂"为驰名商标，受到国家特别保护。"同仁堂"商标还是中国第一个申请马德里国际注册的商标，大陆第一个在台湾申请注册的商标。

1991年，同仁堂制药厂晋升为国家一级企业。

1992年7月，中国北京同仁堂集团公司组建成立。

1997年，国务院确定120家大型企业集团为现代企业制度试点单位，同仁堂作为全国唯一一家中医药企业名列其中。

1997年6月，集团公司六家绩优企业组建成立北京同仁堂股份有限公司。同年7月，同仁堂股票在上证所上市，这标志着同仁堂在现代企业制度的进程中迈出重要的步伐。

1997年12月，集团公司所属企业八条主要生产线通过澳大利亚GMP认证，为同仁堂产品进一步走向世界奠定了基础。

1999年2月，同仁堂发展委员会成立。委员会的宗旨是：立足全国、面向世界、着眼未来，提高同仁堂产品的科技含量，为同仁堂在21世纪的腾飞提供拥有知识产权的"重磅产品"。

2000年5月，成立了北京同仁堂科技发展股份有限公司，同年10月在香港创业板上市，实现了国内首家A股分拆成功上市。

2006年，同仁堂中医药文化进入国家非物质文化遗产名录，同仁堂的社会认可度、知名度和美誉度不断提高。

2010年6月，与北京市崇文区（现东城区）卫生局合作，组建北京同仁堂崇文中医医院，标志着同仁堂在实现中医中药有机结合方面，正在进行有益探索。

2010年7月，由北京市政府授权的中国北京同仁堂（集团）有限责任公司正式揭牌，这标志着同仁堂实现了规范化的公司制转变。

目前，同仁堂已经形成了现代制药业、零售商业和医疗服务三大板块，拥有境内、境外两家上市公司，零售门店800余家，海外合资公司（门店）28家，遍布15个国家和地区。

资料来源：百度百科，有删改.

第3节　寻求企划线索

在设定好企划主题，开始要动脑筋思考具体方案的时候，要解决的最重要的问题，是要以什么样的创意构成企划，以及这个构成企划的创意又应如何想出来。实际上，这就是寻求企划线索及寻求企划创意的过程。

好的创意，通常是由灵感产生的。我们常将灵感称为创意暗示、创意联想，或模糊印象、灵机闪现等。而企划就是各种信息的有机组合。从探寻灵感线索、激发创意到形成企划的一连串作业，就是信息的探索、变形、加工、组合的过程，这一过程决定于是否产生一个好的创意条件。要寻找到一个好的灵感及创意，企划人必须训练自己掌握寻找灵感线索的方法。

寻求企划线索的方法请参见第 4 章第 3 节。

第 4 节　产生创意

创意是企划的必备要素。企划无创意，就不是真正的企划，而是一个普通的计划（重复性计划）。企划要不断产生所需要的创意，就需要有创意人。通常，创意人可以通过后天的培养成长起来。有研究表明，创意人的智商不用太高，也不用受太多的教育，可是必须具备合群、独立、怀疑、冒险等特性，他们必须养成从不同角度看问题的习惯，并执着于本职业的工作，苦心钻研。

一、创意的产生

1. 创意

创意是将暗示、灵感、突发念头等层次的"想法"，酝酿成可能实现的构想乃至有结构的可能实现的构想层次的"想法"。

单纯的念头，只能算作一种联想，不能视为创意。只有一部分联想有可能成为创意，而创意中的一部分有可能形成可实行的企划。

联想可激发企划创意的启示与念头。联想经过深思熟虑后，有的可能转化为创意，有的则消失。

2. 选择"联想点"

（1）选择讨论出来的联想点。并不是所有的联想都可以成为企划创意。实际上，一个企划并不是只能容纳一个创意，它可以同时容纳几个企划创意。此外，针对一个企划主题，往往不只做一个企划，可能需要做出多个企划，这些企划又都需要包含若干个创意。因此，企划时必须多准备一些创意，并对这些创意做一番筛选，再进行加工和组合等处理，选出能转化为企划创意的联想点。当然，选择必须有一个合适的标准。如果联想点不多，也可以在联想转化为创意的过程中再做选择。选择能转化为企划创意的联想点的方法之一是委员会讨论法，即在一定的人员范围内，将联想点一一写在卡片上读出来，讨论其转化为创意的可能性。选择的另一个方法是企划小组讨论法，即在企划小组内，仔细检查写有联想点的卡片，将感兴趣的留下，由于感兴趣是不确定的，因此不必严格评分，只要用印象式评分即可。

（2）选择可实现性联想。可实现性是企划的主要特征与要求，好的企划必须有较强的可操作性。可操作性就是可将企划方案分化为具体实施的步骤，不具有可操作性的企划只能是个梦想。在联想阶段，就应考虑到企划的实施。在实际操作时，应该注意既不能忽视可实现性，又不能让可实现性约束联想，放过杰出的企划构想。

（3）刻意追求差异化联想。好的企划，应对企划对象与企划接受者具有强大的吸引力，能使他们对企划产生共鸣并进行支持。

企划具有吸引力的一个重要条件，在于它相对于过去的企划具有"差别性"。事实上，如果没有差别便无法产生新反应。这种差别对追求者来说，必须是"有意差别"。所谓"有意差别"，就是有意义的差别。人类具有对差异产生反应的本能。不管多么杰出的企划，反复出现多次之后，就不再会让人感觉有所差别，从而让人不再对其产生反应。因此，企划人必须做出使企划接受者而不是仅仅自己认为有差别的企划。

下文中由全息激光导航技术的联想而促使众多公司开始开发自动驾驶汽车，正是由联想而产生创意的现实例证。

【创意无限】

新手司机救星　全息激光导航技术即将降临

很多新手司机一边开车一边低头看地图导航信息，给驾车安全带来隐忧。一款名为 Navion 的全息激光导航设备依靠增强现实技术，使用户可以在现实场景中叠加各种虚拟场景和信息，获得难以置信的科幻电影般的用户体验。

激光在挡风玻璃上绘制出道路地图和路线指南，可实现安全导航。而且不用更换新车，直接安装设备就可以享受到这种技术。谷歌和一大批公司目前正在开发自动驾驶汽车，相信不久的将来我们就能用上全息激光导航设备了。

资料来源：http://tech.sina.com.cn/q/auto/2015-05-13/doc-iavxeafs7412064.shtml.

二、创意方法

产生创意的具体方法详见第 4 章第 5 节。

第5节　确立企划方案

一、什么是可行的企划方案

可行的企划方案，包含以下三个要求：

1. 方案确实可行

每一个企划方案都要受到相关资源的限制。企划人在挖空心思、大胆突破，想出一个好创意后，应注意此创意所依据的资源条件。所以，务实的、可行的企划，即资源能够支持的企划，比所谓最好的企划要好。

2. 高层主管或企划委托者的信任与支持

由于企划部门是职能部门，没有直接行政指挥经营管理的权力，只能进行建议、咨询。因此，企划能否顺利推行、执行到底，与高层领导或企划委托者的信任与支持程度有很大的关系。在实际中，企划在推行之初很可能看不出任何效果，如果企业高层领导或企划委托者意志不坚定，企划就可能会夭折。

3. 其他部门的全力配合

企划部门拟定企划方案后，即使再思虑周密，但得不到企划相关各方的认同、有效参与与支持，也会使企划受阻。只有企业内各个企划相关部门的积极参与、认可，企划才有可能顺利实施并真正取得成效。

二、如何制定企划方案

无论联想多杰出，创意多独特，如果只有立案者自己才能了解、满足，则无法使其成为真正企业层次的企划。企划唯有向上级、同事提出，或向企划会等会议提出，经过商议，得到相应承认、支持后，才能成为企业层次的企划并付诸实施。

因此，企划人（小组）不仅需要具备产生杰出创意的本领，还必须善于将创意整理为企划，向企划有关方面提出，经审议通过，以便在实行时得到强有力的支持。为了达到这个目的，企划者必须时刻努力提高"企划方案能力"。企划者因此要了解企划应有的项目和条件、企划立案的技术以及企划内容的表现技术。

企划方案是为了向别人说明企划内容，以说服别人、获得认可与支持而做的。实际上，很多企划者自己做的企划，自己理解了，总以为别人也理解。而事实上，将企划方案按一定格式整理时，却意外地发现诸多问题，如原以为别人会懂的别人并不懂；自己以为不是很重要的却是相当重要的条件；有些自己明白却很难向对方说明；有些光凭文字很难表现；有些没有考虑实行者的立场而很难具体说明；有些在理想上应如此，但公司的实力达不到；等等。因此，企划者必须尽可能准确、有效地表明自己的观点。同时，又要考虑他人是否容易接受，是否给予支持。

所以，制定企划方案时应注意以下原则：

（1）简明具体地表现企划内容。

（2）对效果与结果进行尽可能准确的预测。

（3）企划创意不可贪多。

（4）在预定的截止时间保证中止创意活动。

（5）长期企划需设定中期与近期目标。

（6）注入"个性"。

三、企划方案中的预测

1. 企划一定要预测结果

企划是为了能根据企划方案，采取某种行动，并期待行动能获得某种成果。在实际中，一个企划得出结果，对结果进行考核、反省，再反馈至下一个企划和行动中，就表示企业完成了一个企划循环。为了对企划结果进行考核、反省，便需要有考核的标准，即必须要有某种衡量的尺度，这一尺度必须在企划结果得出之前预先准备好。通常在企划方案做成时，会对该企划的实行结果先做预测，这一结果的预测值，就是考核企划结果的重要尺度。越是复杂的企划，越难预测其结果，但这不表明对复杂的企划就不再做任何预测。

2. 正确对待预测

企划结果的预测方式，因企划的主题、内容及性质不同而不同，不能一概利用固定性的预测方法。再好的预测方法，也不一定是产生正确的预测结果的预测工具。

在刚开始预测时，并不一定就要以完全正确预测出结果为目的，而应以养成预测的习惯为重点。如果能养成好的进行预测的习惯，那么即使预测和实际结果相差很大，也可以通过检讨、反省、分析，使自己在今后同类预测上越来越熟练、越来越精确。

在预测时，可听取不同部门人员的意见，但并不一定要将听到的意见合而为一。可以使各种预测并存，便于今后分析比较。

3. 努力做好预测

对有些企业来说，建立起一套合适的预测机制比较麻烦，实行起来也很困难。企业往往由此而放松对预测工作的要求。大量的实践经验表明，无论如何，企划人员和有关人员的预测是十分必要的。没有必要的预测，企划将失去考核结果的尺度。通过预测，企业在工作完成后，可将预测与实际结果进行比较，讨论差异是什么原因引起的。由这种讨论所获得的知识、教训、理论等，可作为企业的专有知识积累起来供以后的企划工作借鉴。为此，企划有关人员应努力做好预测。

4. 再难的企划也要做预测

有些企划可以通过过去资料及未来环境条件进行预测。而复杂的企划，包括具有高度创新性的企划，就很可能不能进行这种预测。显然，这种企划的难度很大。但即便如此，也必须尽量做好预测。否则，就失去了企划的基本意义，企划对企划对象重点的掌握也必将不明确。此外，若没有必要的预测，在企划提案、审议阶段，企划的说服性也会很低，企划很可能会因结果不明而被否决。

四、选择企划方案

1. 选择喜欢的企划方案

对一个企划主题，如果有多种构想时，可以因取舍选择和组合方式的不同，做出几种企划方案。在面临难以取舍的情形时，企划者可优先选择自己最有自信的创意组合和企划方案。如果对任何一个企划方案感觉都不是特别自信，觉得每个企划方案都有优缺点，那就选择企划者最喜欢的那一个。一般地，企划者自信的企划，内容比较扎实，同时会更具有说服性，即使被人质疑，也能有信心说服他人。对于企划者自己最喜欢的企划，即使不那么自信，企划者也可以方便地用自己喜欢的技法和模式，体现出自己的个性和特色。

2. 客观地选择

选择企划方案时，不仅要考虑到企划者的主观愿望，还应采取客观标准、方法进行选择。例如，可以用最低费用效果比进行选择。所谓费用效果比，是指预计实现企划所需要投入的总费用与预计实现企划得到的总效果之比。此指标可比较客观地表明企划效率的高低。通常，费用越少，效果越好，表示企划效率越高。此外，还可以用企划实现的难易程度来进行选择。在相同期望结果下，越容易实现的企划，就越应被优先考虑。

五、确立企划方案

1. 先期准备

提案前先想好"必须回答的问题"。

企划方案做成并确定好后，就形成提案，提案通过就付诸实施。企划能不能通过审议，被上级及有关部门接受，或被委托方采纳，是企划方案能否确立的关键。

企划的提出，自然应以被采用为前提。这是企划者应该持有的起码的态度。因此，企划者必须在提案之前做好充分的准备，提高被采用的概率。

企划是对审议人提出的，事前的准备就应以审议人充分了解并接受为重点。为此，企划者要准备好各种可能出现的质疑。此时，可以使用让企业中的有关人员进行预质问的方法。通过预质问发现问题，对企划进行弥补和修正。当然，也可以通过自问自答的方法，反复揣摩，集中考虑自己最难回答的问题，同时尽量站在审议人的角度考虑问题，并给予回答，增强说服力和自信心。

2. 适时提出

选择合适的提案时机也是企划能否顺利通过的关键。一般情况下，可以在审议人时间充裕时提案。一些特殊的情形下，也可以在审议人时间仓促时提案，不过此法不予以鼓励。另外，应避免在支持自己企划的审议人缺席时提出企划方案。要合理安排提案的顺序，并尽量在审议人心情舒畅时提案。只有在迫不得已的情况下，方可进行"紧急提案"。

3. 努力说服各方，确立企划方案

（1）充分了解决策者。提出企划时，要了解决策者的理论水平和容易接受的表达方式，尽量用生动、形象的表现方法，表达企划的中心、结构和重点，避免陷入如统计学、数学等基础理论的讲解中去。为此，要事先测定审议者的理解水平，并由此来选定包括模型、简单的图形、图表、幻灯片等在内的比较直观的表达方式。这样可以最大限度地引起决策者的共鸣，避免许多枯燥的口头说明及只用说的方式打动对方。

（2）与审议者为友。如果能用"建立友情"的方法，让担任审议的人，以某种形式参与企划过程的一部分，请他们提出意见、建议，并巧妙地将之纳入企划中，这些人很可能由此而变成企划的赞同者。实际操作时，可以使审议者成为企划的正式成员，也可在企划过程中征求他们的意见，将其意见纳入企划并使他们容易识别出来；或者在企划完成后，专门致谢其建议。运用这些方法，可以加大企划被确立的概率。

（3）将"说明"升华为"说服"。首先，在审议企划时要进行信心十足的说明，把自信表现于态度和应答上。对于反对意见和批评，要沉着应对，避免引起对方反感，或发生意气用事的争论。有时，在说明企划时多少需要点"为了方便的小谎言"。其次，将说明力提升为说服力。充满自信的说服力，更容易让对方接纳，而强有力的说服可使企划得到各方的支持。增强说服力，不仅要用一些如图表、幻灯片之类的视觉化工具，还要有对企划的自信及对企划成果的自信。充分说明企划对企业或委托方的必要性、有用性，用充满自信的态度应答质疑，并且在说服人时加进一些创意。当然，说服力必须基于对企业及委托方的诚实和认真的态度。最后，要注意对否定和批评——具体说明。在审议过程中，很容易出现使企划夭折的否定意见，企划人员必须事先研究准备对审议者的否定态度如何去说明、说服。在审议现场如何进行说服，需要下一些功夫。其重要的前提是要将企划内容做详细说明，并尽量采用具有亲和力的态度和方式，使否定一一得以化解。

（4）失败乃成功之母。当提案被拒绝、被否定时，正确的企划态度应该是全力尝试修正、充实，努力建立新的关系，以便再度迎接挑战。企划者必须牢记，"企划是在放弃时失败的"。要使企划确立，重要的是执着及对自己的企划充满信心。"让对方屈服的企划"是企划人员显示信心与执着的标志。

第 6 节　企划方案的实施与改进

一、实施企划方案的先期准备

企划方案通过后，就要根据企划的实施计划进入企划的实施阶段。如果企划者自己实施企划，相对而言不太容易出现什么严重的问题。但一般而言，在实际中，企业的企划与企划执行是由不相同的部门和人员完成的。因此，企划要成功地付诸实行，就必须非常小心，必须使企划部门和执行部门及其他相关部门很好地沟通、协调。否则，企划再好，也有可能在实施阶段走形，从而达不到预期的企划效果。

为解决上述问题，企划人员要向企划执行者及相关部门有效地传达企划的意图和内容，尽可能多交谈、多沟通、多理解。若企划者不尽力将企划的意图传达给执行者，导致企划出问题，则企划者应该承担全部责任。实际中，企划者应亲自拜访企划执行者及相关部门，尽可能多花一些时间，将自己的意图，以及企划的内容、方法一一向对方说明清楚，并要求对方了解和协助，不得马虎偷懒。一般地，商量、说明的要点有：

（1）企划意图。

（2）企划目标。

（3）实施内容。

（4）实施中应注意的重点。

（5）检讨结果。

二、企划的实施

1. 企划实施的两个阶段

（1）模拟布局阶段。企划在正式实施之前，需要进行充分的彩排。企划的彩排就是模拟布局。此时，企划者必须根据已经拟妥的预算表与进度表，运用"图像思考法"，模拟出企划实施的布局与进度。所谓"图像思考法"，就是将未来可能的发展，一幕一幕仔细在脑海中呈现出来，事先在脑子里进行预演。模拟布局可以预测企划未来的过程及进度，亦可预测企划实施后的效果。

（2）分工实施阶段。在分工实施阶段，企划者一方面要把各部门的任务详加分配、分头实施；另一方面，要根据修正妥当的预算表与进度表，严密控制企划的预算及进度。

此时，企划方案才从"构思"真正落实到"动手"阶段。

2. 中间考核

一般地，企划者对企划方案的实施情况，应做中间考核，并进行过程评价。这样可以防止企划在实施过程中出现偏差，从而使企划得到正确结果，顺利得以实现。

3. 运用组织力量

任何工作，个人的能力终究有限，一个企业要实现任何企划，一定需要组织的配合、协助，借助组织力量，才可以得到优秀的成果。

这个原则，可以适用于从企划立案、实施到企划结束的整个企划过程。

三、注意反馈，不断改进

1. 分析企划实施结果

对于企划人员来说，企划实施得到结果后并不表明企划的结束。结果出来时，企划者还必须对企划结果和经过做充分的分析、检讨，从中找出经验、问题和教训，并将其有效地反映在下一次企划中。至此，本次企划工作才告终结。

在进行企划实施结果分析时，若发现企划的期望值与实际结果有差异，必须做好以下重点研究：

（1）尽可能正确掌握预测值与结果的差异。

（2）分析差异原因。

（3）找出实施过程中有关的问题，发现反省点和改进点。

（4）总结出对下次企划立案及实施时的教训、启示和创意。

企划者应将企划实施结果的研究、分析，做成企划终了的报告书，向上级或委托方提出。其中，最重要的是必须报告预测与结果的差异分析。

通常情况下，企划的预测与结果产生差异的原因主要有三类：

（1）确定性原因。

（2）推断性原因，即虽不能确定，但可以推断的差异发生原因。

（3）不确定原因。

对于确定性原因，如可去除，要在下次企划中予以去除；对于推断性原因，如有可能发生，有必要尽可能在下次企划中去除及修改；对于不确定原因，则应多下功夫进行分析，尽量修正。

2. 努力改进

（1）将反省点反馈至下次的企划。结果的研究、经过的分析、通过检讨反省所得的具体启示、教训和改善点等，对于企划者来说，可以作为从此以后企划上的经验教训和参考，也可以从这些经验教训中获得许多创意和暗示。这种将教训、创意等反馈于以后企划的行动，称为反馈行动。越优秀的企划者，这种反馈能力应该越强。

（2）储存、活用企划知识。企划人员要有意识、有计划地持续不断地去学习新的知识、获取宝贵的经验，从而不断完善自己的能力，这都需要知识和经验的累积储存。

（3）企划者对结果应负责任。通常，当企划的成果不佳时，企划的责任应由企划部门及企划执行者双方承担，不应只是由企划者单独承担。为消除不合理的现象，应在企划过程中将责任明确化。

【案例评析】

《泰囧》如何成就票房神话

2012年12月12日，《泰囧》上映，首日票房3900万元，3日过亿元，逐步超过《让子弹飞》和《唐山大地震》，最终以12.6亿元的票房收官，以区区3000万元的成本创造了中国电影的疯狂票房纪录。这个奇迹背后的逻辑很简单，就是心中有观众，知道观众的关注点和痛点，找到与观众的共鸣点，让观众开怀大笑。从电影策划到编剧，再到拍摄制作，最后到营销推广放映，《泰囧》每一个环节都在努力理解观众、尊重观众，坚定地站在观众这一边。最后的结果是正向的，每一位观众都变成影片的宣传员和推介员。

导演徐峥早年的舞台剧经验让他直接面对观众，了解观众的需求。在《泰囧》之前，他与黄渤合作了《疯狂的石头》，随后与王宝强拍了《人在囧途》，两部电影都是小投资、好口碑、高回报的喜剧电影。拍摄《泰囧》之前，他要两位副导演去电影院售票处做调查，了解观众在买电影票时的心理，最终的调查结果很简单——好玩好看就是观众买票的原因。

在《泰囧》上映前两个月，《泰囧》的营销推广企划就已经启动。与其他推广不一样的是，其营销推广也紧紧贴近观众。创作团队甚至导演徐峥亲自全程参与了这次推广企划。随着《泰囧》票房神话的一路延续，徐峥再次站到了舆论的前台，频频接受采访，坦称票房"有点过分"，"我就是想拍一部正常的电影，期待它有一个正常的结果，可现在是超出正常了。我真是没有想到观众的饥饿度会爆发成这个样子"。

电影宣传团队将这一事件引导上升为公众社会事件，抛出诸多议题，如"《泰囧》为什么意外成为票房冠军""《泰囧》高票房是否正常"，引导全民参与讨论和口水战，形成全民围观和讨论《泰囧》风暴。

这种口口相传的营销推广不仅省掉了《泰囧》大量的广告投入，而且产生了极大的传播杠杆效应，传播深度和广度超出大多数电影。

评析： 一个理想的企划应该在有限的资源范围内，尽可能实现最优效果。企划不能局限于一厢情愿，一个好的企划不能脱离客观实际，一定要多调查、多收集情报。《泰囧》的成功与它很好的市场调查、消费者分析密不可分，因为有了清晰的目标，所以后续的活动能够顺利进行。

资料来源：徐浩然，刘晓午. 首席品牌官日志. 北京：中国经济出版社，2014：194，有删改.

【核心内容】

企划的基本程序大致可分为：明确企划问题、收集和整理资料、寻求企划线索、产生创意、确立企划方案、实施与改进企划方案等六个环节。

企划首先必须明确企划问题，并设定合理的目标。只有认真界定问题，把问题简单化、明确化和重要化，才能够科学地确定企划问题，有效地进行企划。

企划必须基于相应的资料。根据资料的来源，进行企划所需要的资料可以分为现成资料与市场调查资料两类。现成资料和市场调查得到的所有资料，必须经过整理加工，才可以为企划所用。整理现成资料要进行分析与综合；整理市场调查资料要进行审核、编码和列表，然后进行分析。在充分分析、判断的基础上，寻求企划的基本依据与线索。

成功的企划源自成功的企划创意。联想可激发企划创意的启示与念头，而"有意差别"是成功创意的前提。

甄别各种创意，将有效的创意具体化，形成不同的企划方案，并合理评价、选择企划方案。

【深度思考】

1. 可行的企划方案应具有怎样的特点？

2. 请以自己学习或工作中的某项活动为主题，分析、确定以此为对象进行企划的基本过程。

【互联网十】

唯品会

2008 年 5 月，洪晓波和另一位创始人沈亚联合成立了广州唯品会信息科技有限公司（以下简称唯品会）。唯品会经过半年多的筹备于当年 12 月正式上线，商品囊括时装、配饰、鞋、美容化妆品、箱包、家纺、皮具、香水、3C、母婴用品等。

1. 浏览唯品会网站，说出该网站与其他网络商城有什么不同，并描述它的特点。

2. 你认为唯品会目前的成就主要得益于哪些方面？

3. 根据你的观察或购物体验，唯品会有哪些方面需要改进？

【延伸阅读】

《蔚蓝诡计》，乔治·路易斯、比尔·皮茨著，何辉译，由华文出版社于 2010 年出版。

作者简介：乔治·路易斯，美籍希腊裔广告人，最另类叛逆的艺术指导，美国广告首席创意指导，艺术指导名人堂及创意名人堂成员，LOIS/GGK 广告公司董事长及创意总监。1997 年，路易斯被 AIGA（美国专业设计协会）授予终身成就金奖。这个奖从 1920 年起专门颁给对美国美术设计产生过深远影响的个人。

比尔·皮茨，乔治·路易斯的公司合伙人和工作搭档。

内容提要：在《蔚蓝诡计》中，乔治·路易斯用自己几十年的传奇职业生涯作为证据，说明了什么是真正的大创意。他结合大量鲜活的创意故事，阐明了广告的精髓，揭示了广告的本质。许多广告创意故事读起来饶有趣味，且给人以深刻的启迪。乔治·路易斯的广告生涯，与美国 20 世纪后半叶几十年的社会生活、大众文化紧密结合在一起。他的广告作品、设计作品几乎是美国的社会生活和大众文化的浓缩记录。在这本书中，乔治·路易斯从一个广告人视角记述了许多美国政客、大企业家和广告人的奇闻逸事，讲述了美国社会中许多重大的社会事件。这本书可以说是描述了美国 20 世纪后半叶商业社会中的众生相。

本书内容异常丰富，商业、社会、文化、政治、经济、娱乐等无所不包，且语言风格多变。本书可以令企划人知晓伟大创意对我们的社会生活所产生的巨大影响。

第 3 章
企划方案——企划书

打开一切科学的钥匙都毫无异议的是问号，而生活的智慧大概就在于逢事都问个为什么。

——巴尔扎克

【学习目标】
1. 掌握企划书的定义及作用；
2. 了解企划书的基本种类；
3. 掌握企划书的基本结构。

企划者的最终劳动成果将通过企划方案，即企划书得以展现。因此，企划书是企划者辛勤工作的结晶，是自企划活动开始以来所有思考、创意结果的表现媒体，是企划工作所有努力的最后归纳。

第 1 节　企划书的定义、作用与基本种类

一、何谓企划书

企划书，也称提案书、企划提案书等。企划书就是企划过程制定的企划方案。

企划书是实现企划目标的行动方案，是正确表达企划内容的载体。因此，企划书实际上是能够说明从事企划工作的主体（如企业或个人）的行动并指导其行动的方案书。通过企划书，才可以有效地传递企划及其内容，从而方便对其内容的理解；并且，通过企划书可以有效地说明企划内容，从而保证其顺利实施。所以，企划书的意义在于对企划内容的表现、理解及说明。

显然，企划书实际上就是"企划"的名词属性。为方便起见，本书除在本章特别对"企划书"进行介绍外，一般不再刻意区分"企划"的名词、动词属性。

二、企划书的作用

企划书最重要的作用在于它是企划活动重要的沟通手段和媒介。企划书的这种沟通作用表现为四个方面，如图 3-1 所示。

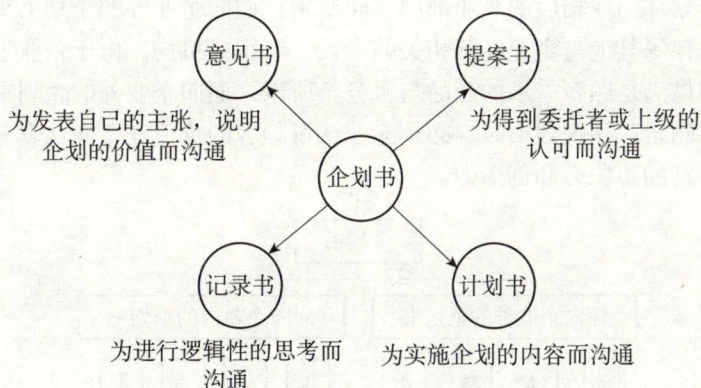

图 3-1　企划书是沟通的重要手段

（1）企划书是提案书。企划书是企划者与企划委托者或其上级联结、沟通的工具。企划者为了使企划内容得以顺利实施，必须通过企划书来说服委托者或其上级。所以，企划者往往要以企划书为基础，充分与委托者或其上级交换意见，从而形成一致的意见，而企划书的使用者则将企划书作为其判断、决策的重要依据。

（2）企划书是意见书。企划者的观点、意见将通过企划书得以充分展现。企划者往往将实现目标的难点、优势、劣势及目标的价值在企划书中做充分的说明，并依此提出自己的意见。

（3）企划书是计划书。在第 1 章中，曾说明企划与计划虽然存在差异，但并不能截然分开，在企划中包含有具体的计划行动方案。因此，通过企划书可以加强与企划实施者之间的沟通。

（4）企划书是记录书。企划者要在企划书中记录下自己思考的结果。当然，企划书并非简单地记录下企划者的思考。在企划书的形成过程中，企划者要根据其思路将所有的资料进行整理、组合、归纳。因此，通过形成企划书可以使企划者与其自身进行很好的沟通。

实际上，企划书还有另外一个重要作用，这就是通过企划书能够说明从事企划工作的主体（如企业或个人）的活动并指导其活动。有人将企划书比喻为一张地图，其原因在于两者之间有许多相同或相似之处：地图具有展示人所无法目及的广阔世界的特性；企划书则能展现企业目前及未来的整个活动并据此指导企业的活动。企划书所展示的各项活动的内容也许是假设的，但它们都将在未来的实际中一一实现或得到验证。

三、企划书的基本种类

通常，企划书按照企划工作主体的不同，可以分为个人企划书和企业或组织企划书。这里讨论的主要是企业的企划书。

就企划书呈示对象的不同，企划书一般可分为面向企业内的企划书和面向企业外的企划书两大类。其中，每一大类又可细分出许多不同主题的企划书（详见图 3-2）。面向企业内的企划书主要呈示给企业的各级领导，事业企划书是其主要形式。事业企划书主要就企业中短期的新事业（如开发新市场、开展新业务、设立新机构等）进行企划，一般由主管经理、综合企划部门或相应的事业部门共同制定。面向企业外的企划书主要呈示给企业的顾客或经营伙伴等其他与企业经营相关的个人、组织或机构。由于企业生存与发展的基本前提是不断提供满足顾客需求的产品与服务，所以，面向企业外的企划书的主要形式是产品企划书。在制定产品企划书时，必须充分认可顾客的价值观，在认真考虑顾客利益的基础上，发挥丰富的想象力和创造力。

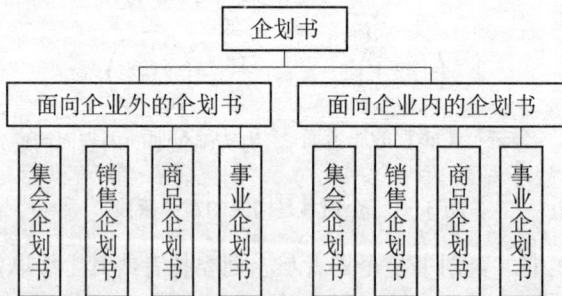

图 3-2　企划书的分类

【创意无限】

各具特色的女性餐厅

在公共场合，狼吞虎咽的吃相对于女性而言是失礼的。然而，在日本的女性专用餐厅，女性食客可以大口吃肉、大碗喝酒，牛排、烤肉、啤酒统统塞进嘴里，不用担心吃相不够优雅，不用担心口红花掉不敢多喝，也不用担心聊天时有异物喷出的尴尬，更没了看到男士的酒杯空了就要立刻满上的义务。

有的餐厅还会开辟一个休闲区域，酒足饭饱之后去按摩椅上放松一下，这种服务总能俘获女人的芳心。由于多数日本女性婚后就会告别职场，一心一意照顾家庭，一些店家还专门为家庭主妇推出女性专用时段，即每天下午2点到5点，只为女性顾客服务，提供受女性喜爱的美味甜品和下午茶，让女人们在丈夫下班前可以和闺蜜一起畅聊、畅饮，尽情享受生活。

各具特色的女性餐厅正是企划者在充分考虑现代女性价值观变迁的基础上，所设计出的满足现代女性需求的独特服务产品。

资料来源：周红，邢晓婧. 日本有许多"女性专用". 环球时报，2015-04-30.

当然，企划书也可以根据其他标准分类。例如，按照具体内容的不同，企划书可以分为市场营销企划书、机构改革企划书、市场调查企划书、新产品开发企划书、营业推广（SP）企划书、企业形象设计（CI）企划书等。

企划者在形成企划书之前，首先必须明确企划书的类别，这是非常重要的。此时，一般应该考虑以下三个问题：

（1）该企划书是面向企业内还是面向企业外？若是面向企业内的，则应突出企业能够获得多大利益，从而能够有效地说服上级认可企划书；若是面向企业外的，则应突出对方所能获取的利益。

（2）企划书的重要形式是什么？无论是面向企业内还是企业外的企划书，事业企划书、商品企划书都是最重要的企划书形式。

（3）企划书所要求达到的水平高度怎样？企划书内容的水平高度可分成概念形成水平高度、战略水平高度及实施水平高度三个不同层次。虽然面向企业内、企业外的企划书都可以包含相同主题的企划书（参见图3-2），但同一主题的企划，处于不同水平高度的企划书内容应该有很大不同。一般地，处于概念形成阶段的企划书内容更为粗略，战略阶段的企划书次之，而实施阶段的企划书内容最为详细。

第2节　企划书的基本结构

进行企划活动的第一步就是写出企划书。从这个意义上来看，假如形成不了企划书，则任何企划都无法实现。所以，企划者的基本工作之一就是必须将企划的内容归纳、整理，并采用合适的方式、方法表达成企划书。

一、创作企划书的基本原则

创作优秀且有效的企划书，必须遵循以下基本原则：

（1）企划第一。对于企划者来说，"出售"的是"企划"而并非是"企划书"。自然，没有企划书就不能将企划内容传递给任何人。但是，没有企划或者没有有效的企划，企划书只能是空中楼阁、无本之木。我们必须充分地认识到，企划与企划书是一体的，前者是后者的表达对象，是根本；后者是前者的表达方式，是形式。所以，企划者必须做到事先把握好"企划"，做到胸有成竹，方可创造出优秀、实用的企划书。

（2）明确企划书的制定方法。大量的企划实践经验告诉我们，企划的成功与否与企划书的制定方法密切相关。如果企划书采用的创作方法不正确，将会断送一个好的企划；反之，正确的创作方法将使企划得以顺利实施。

二、企划书的基本构成

不同种类、不同类别的企划书，其结构各有不同。但是，特别需要注意的是，企划书的构成与企划过程的顺序应该是一致的。由于企划过程的顺序是一定的，通常企划书的构成也就大致一定了。

一般地，企业的企划书大致由以下 8 个部分、共计 11 项内容构成：

（1）企划导入。企划书的绪论，目的是引起读者的关心及高度注意，从而使其充满期待感，顺利进入正文的阅读。

（2）企划概要。对整个企划进行概括性的说明。

（3）企划背景。作为企划的出发点，以基本数据、基本资料客观说明企划的必要性。

（4）企划意图。明确企划的目的、目标，说明企划应起的作用。

（5）企划方针。根据企划意图，决定企划的方向，并确定企划的基本内容。在信息时代，有赖于信息技术的发展，新的业态（如 O2O）不断涌现，这些新的业态打破了人们传统的思维框架，为此其企划方针概念的形成变得尤为重要。

【资料链接】

O2O 的英文全称为 Online to Offline（在线离线/线上到线下），其含义是指将线下的商务机会与互联网结合，让互联网成为线下交易的前台。基于 O2O 模式的营销大多采用"电子市场＋到店消费"模式，消费者在网上下单并完成支付，获得极为优惠的订单消费凭证，然后到实体店消费。它使消费者兼得线上订购的便捷实惠和线下消费的完美体验，特别适合必须到现场消费的商品和服务，比如餐饮、健身、看电影和演出、美容美发等。

（6）企划构想。即企划的内容。这是企划书的核心部分。实际上，企划构想要展示实现企划目标的具体方法。

（7）企划设计。明确企划实现的可能性，确定实施企划所需的时间、费用、人员及其他资源，预测企划可能获得的效果。

（8）附录。为了增加企划的可信性，提供企划背景和企划构想部分所使用的数据及其他基本资料。

企划书的上述 8 个部分，可以细化成表 3-1 所示的 11 项具体内容。

表 3 - 1 企划书的构成

部 分	内 容	说 明
1. 企划导入	(1) 封面	企划书的脸面，应充满魅力
	(2) 前言	表明企划的动机及企划者的态度
	(3) 目录	企划书的目录
2. 企划概要	(4) 企划概要	概述企划书的整体思路与内容
3. 企划背景	(5) 现状分析	明确企划的出发点，说明企划的必要性及前提
4. 企划意图	(6) 目的、目标设定	确定企划的目的、目标，说明企划的意义
5. 企划方针	(7) 概念形成	明确企划的方向、原则，规定企划的内容
6. 企划构想	(8) 确定实施策略的结构	明确企划实施的结构及组织保证，提高企划的效果
	(9) 具体实施策略	企划的具体内容，将实现目标的方法具体化
7. 企划设计	(10) 确定实施计划	实施企划所需时间、费用、人员及其他资源；预测企划可能获得的效果
8. 附录	(11) 参考资料	附加的与企划相关的资料，增加企划的可信度

三、企划书的构思草图

创作企划书时，首先必须将其整体构思确定下来。所以，提倡在写企划书时，预先确定好企划书的构思草图，从而比较便利、准确地表达整体构思。

整体构思草图要预先确定出企划书的整体结构，并事先安排好企划书的每部分内容（包括页码）和版面设计（布局）。企划者可根据整体构思草图，把握企划书大致的整体效果。

在确定企划书构思草图时，可初步确定企划书每部分的结构并进行各部分的平衡、分析，发现信息的不足及其他可能的问题。

图 3 - 3 给出了一份企划书构思草图范例。

请读者依据上文所描述的企划书构成，为德芙巧克力在中国市场的推广，勾画出其推广企划的构思草图。

【品牌故事】

德芙背后的爱情故事

德芙巧克力因其醇香的口感被中国消费者喜爱。德芙，是爱，是愉悦，是幸福的代名词。但很多人不知道，德芙（Dove）的寓意为"Do you love me"，该品牌背后还有一段鲜为人知的动人的爱情故事。

20 世纪初，一个在卢森堡王室后厨帮厨的小伙子莱昂，机缘巧合和芭莎公主相爱了。由于身份和处境的特殊性，他们谁都没有说出心里的爱意，只是默默地将这份感情埋在心底。

直到有一天，芭莎公主被选中与比利时王室联姻。看着日渐憔悴的芭莎，莱昂决定表白。在准备甜点的时候，他在芭莎的冰激凌上用热巧克力写了几个英文字母"Dove"（"DO YOU LOVE ME"的英文缩写）。他相信芭莎一定可以猜出他的心声，然而芭莎吃着莱昂为她精心准备的冰激凌时，却没有读懂莱昂在冰激凌上用热巧克力写的快融化的字母"Dove"的意思。几天之后，芭莎出嫁了。而莱昂认为芭莎放弃了他们的爱情，黯然神伤地离开了王室后厨，最后来到了美国，经营着一家糖果店。

世易时移，数十年以后，当莱昂和芭莎成为白发苍苍的老人时，他们几经辗转又见面了。莱昂得知当年芭莎确实吃了他送给她的冰激凌，却没有看到那些融化的字母，没有看到莱昂的表白，因为无法确定莱昂的心意，她只能听从王室的安排。误会解除了，然而芭莎不久就离开了人世，莱昂无限悲凉，如果当年那冰激凌上的热巧克力不融化，如果芭莎明白他的心声，那么她一定会改变主意与他私奔的。如果那巧克力是固体的，那些字母就永远不会融化，他就不会失去最后的机会。莱昂决定制造一种固体巧克力，使其可以保存更久。经过苦心研制，香醇独特的德芙巧克力终于制成，每一块巧克力上都刻上了"Dove"，莱昂以此来纪念他和芭莎那错过的爱情。

资料来源：http://news.brandcn.com/pinpaigushi/140312_367868.html.

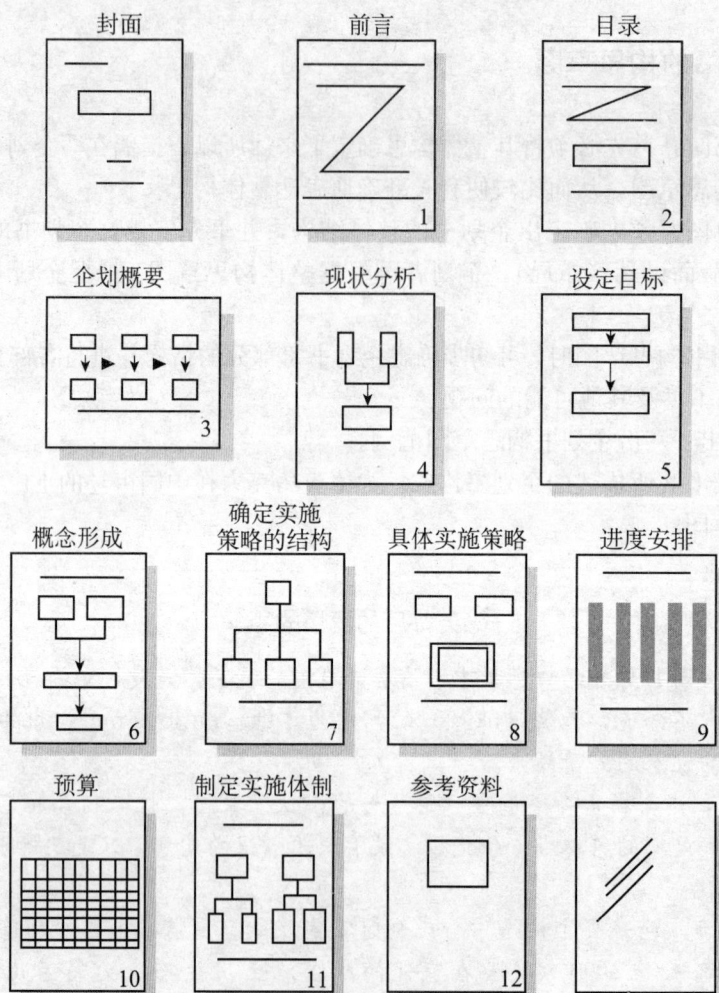

图3-3　企划书构思草图范例

四、企划书的构成案例

前面，我们叙述的只是企划书的基本结构。然而，不同类别、不同内容的企划书的构成内容会各有增减，且具体内容会有所不同。一般地，表 3-1 中的（1）、（3）、（4）、（6）、（7）是所有企划书必须具备的内容，而其他内容在某些场合则可进行相应省略。

以下列举的是几种常用的企划书的基本构成，供读者了解各种企划书的基本内容。

企业形象设计（CI）战略企划

1. 何谓 CI（词语解释）

2. 经营战略与 CI 战略

3. 为何要导入 CI

4. 企业的战略变化

（1）CI 战略导入目的范例（其他企业的范例）；

（2）CI 战略导入的必要性（背景、认识）。

5. CI 战略的五大体系

（1）理念的构筑（MI）；

（2）战略的整合（SI）；

（3）行为的统一（BI）；

（4）视觉的统一（VI）；

（5）管理与运用（CC）。

6. 事业现状分析

（1）战略的未来展望；

（2）事业定义。

7. CI 战略确定的程序（含进度安排）

8. CI 准备委员会的设置

9. 本企业的 CI 计划

10. 费用预算及效益预测

新商品企划

1. 形成商品概念

（1）命名；

（2）包装、设计。

2. 目标市场（使用者、购买者、推荐者等）

3. 竞争商品

（1）竞争商品；

（2）类似商品。

4. 本企业商品的市场定位

5. 顾客化基本战略（顾客计算机信息系统）

6. 产品制造方法（产品图纸、基本功能、安全性等）

7. 产品用途（使用场所、使用机会、使用方法）

8. 渠道

(1) 营销渠道；

(2) 维修服务。

9. 市场导入策略

(1) 销售促进策略；

(2) 市场导入手段等。

10. 广告计划（广告活动计划）

11. 价格（关于成本、价格等）

12. 开发推进（设计、试制、原材料等）

进入市场企划

1. 主要商品

(1) 对象商品的概要；

(2) 商品群展开。

2. 目前市场状况

(1) 所售商品分析；

(2) 销售状况分析。

3. 今后的方针与安排

4. 商品对象（目标）

(1) 商品××目标；

(2) 商品××市场。

5. 分销渠道分析

6. 进入市场所存在的问题

7. 广告宣传计划

8. 营业系统

(1) 促销指南企划；

(2) 营业员培训。

9. 个别工具的设计案

(1) 样品方案；

(2) 价格表。

会议企划

1. 企划的名称

2. 企划的目的

3. 企划主题

4. 企划内容

(1) 整个会议；

（2）个别企划。

5. 会议的目标人员及人数

6. 会议场所

7. 会议日期

8. 会场设计

（1）会场设计；

（2）个别展示；

（3）展示品准备。

9. 制品种类（广告、节目单、民意测验等）

10. 宣传方法

11. 运营企划

（1）任务分配（报名、进行、闭会）；

（2）人员计划。

12. 企划的效果（费用计划、预想效果等）

13. 相关者一览表（主办者、协办者等）

促销活动企划（店内促销）

1. 企划的名称

（1）活动名称；

（2）副标题。

2. 企划目的（营业推广等）

3. 企划主题（活动主题）

4. 对象商品

5. 企划内容（如：赠品的种类、赠品的赠送方法）

6. 企划的对象（目标顾客）

7. 企划的目标（来店顾客人数、促销期间销量等）

8. 促销场所（店内）

9. 促销时间

10. 店内装饰

11. 制品种类（广告传单、POP、卡片等）

12. 通知方法（广告等）

13. 运营企划

（1）店内任务安排；

（2）与以往企划的区别。

14. 企划的效果（顾客数、销量以外的预期效果）

××培训班企划

基本构想：××研究所

企划 No.：abc 2017.1.4

企划概要立案：2017 年 1 月 4 日

企划的详细化：××公司

企划概要立案：2017 年 3 月 10 日

企划 No.：abc 2017.3.10

企划书做成：abc 事业部

企划名称：××培训班设立企划书

提出预定日：2017 年 3 月 11 日

1. 企划的目的

2. 开设"××培训班"的基本方针

3. "××培训班"主要项目

（1）研究会议名称；

（2）讲座概念；

（3）课程计划；

（4）征集人员；

（5）培训费用；

（6）对象；

（7）开始时间；

（8）地点；

（9）招生方法。

4. 预算

（1）支出：固定费用，变动费用；

（2）收入：培训费；

（3）收支测算：盈亏平衡人数，基本盈利状况。

5. 支付方法的规定

（1）支付方法与优惠计划；

（2）返还规定；

（3）返还金额一览表。

6. 招生方案宣传内容

2017 年新春讲演会企划

1. 封面

2. 目录

3. 企划概要

企划名称；开会日期；开会地点；联系人；开会目的；参加会议人员；特别招待；讲演主题；与会人数；实行预算；备注。

4. 企划方针

开会目的；开会方针；注意事项；备注。

5. 动员计划

制订动员计划的思考方法及实施计划；动员方针；动员对象；动员目标；动员方法；

动员时间；申请者；申请方法；动员负责人；备注。

6. 日程计划（日程安排及任务分配）

通知；主办者致辞；代表讲演；会场设立；任务分配；看板设置；基本企划；企划管理；报名；记录；会场预定；预借道具；招待券；讲演材料；讲演方法。

7. Coffee Time 企划

名片交换方法；资料准备；座谈；信息及设施介绍；咖啡；备注。

8. 费用预算

（1）预算方针。

（2）预算条件。

（3）预算内容：企划费；讲演费；讲师经费；会场使用费；道具使用费；看板制作费；招待券印制费；明信片印制费；邮递费；联络费；餐饮费；其他；备注。

"美味"饮食店商业环境调查企划

封面

目录

结论概要

开设饮食店的场所、条件；营销战略观点；实际运营观点；开店后的计划。

1. 前言

前提条件和条件设定；调查及分析方法；本报告构成概要。

2. 物品概要

3. 都市条件

位置、区域规定；人口迁移；收入水平；城市规模；饮食市场；市场前景。

4. 开设条件

场所条件；位置；环境；道路及交通。

5. 商业环境条件

商业范围设定；商业范围人口；商业范围内商业设施；竞争状况；未来状况；商业环境条件概要。

6. 结论

各条件的概念；对所有条件的判定；店铺提案；潜在月销售额测算。

7. 资料集

周边环境图示；周边竞争图示；城市关系图示；商业范围内人口资料。

【案例评析】
立白在《我是歌手》节目中的捆绑式营销方法

由湖南卫视倾力打造的《我是歌手》，是中国首档实力歌手巅峰对决节目，一经推出，反响热烈。而冠名的"立白洗衣液"，其品牌知名度由此大大提升。那么，这档栏目对立白品牌起到了怎样的催化作用？

随着《我是歌手》的火爆，立白洗衣液也进入了观众的视线。立白和《我是歌手》相互借力，达到了营销的目的。

2012 年 10 月，立白集团正和湖南卫视沟通一档节目的冠名合作。一向以创新为王的湖南卫视，将 2013 年要推出的 6 档新节目推到立白集团面前供其选择，其中一档是已经露面的《百变大咖秀》，立白集团当时觉得《百变大咖秀》受众稍微年轻一点，就选择了《我是歌手》。如今《我是歌手》的成功，让立白很满意当初的选择，并趁热打铁又多加了立白中插硬广。立白集团副总裁许晓东表示，冠名的软性植入营销方法效果很好，再次加入中插硬广营销方法，通过硬广宣传产品性能，提高观众对产品的熟悉度。

立白集团享有湖南卫视《我是歌手》冠名权益，还有联合 LOGO 的使用权，并且可以参与节目与企业元素如何结合等的设计。"选择《我是歌手》是因为节目的元素和我们的品牌结合，借用这个活动营销方法让消费者感受到品牌的实力，立白与《我是歌手》的契合点是实力。"

品牌的捆绑、理念的趋同是融合节目与商业的营销方法模式之一。借助节目进行推广，一方面提高知名度，另一方面提升品牌。立白与《我是歌手》节目中高频度结合出现，实现了品牌的捆绑。

但是此次品牌的冠名也引来颇多非议，其中之一就是很多观众觉得立白营销方法与《我是歌手》风格差异太大，说起来显得很突兀。此外，也有网友认为，节目的受众群很多都是年轻人，谁买洗衣液呢？

对此许晓东表示，"《我是歌手》是专业人的比拼，强调的是专业性，而立白研发出洗护合一新技术，将立白洗衣液整体升级为洗护合一的产品，这是专业性的充分体现。所以我们的品牌是和节目高度吻合的。另一点，我们在选择与湖南台合作的时候就是看重年轻的群体，我们也要培养一批新的群体。而且看了节目的赛制，选择不同年龄阶层的明星来参与，考虑到不同的年龄结构受众群体，要参与的 7 个艺人会面向不同受众，这也是我们关注的。这个跟我们的营销方法、目标消费群体很符合。"

《我是歌手》的巨额投入就意味着冠名费用不菲。许晓东表示，"冠名费不方便透露，这个节目的制作成本就决定了冠名费。通过现在的情况来看我们的花费是值得的，不过这确实是立白集团营销方法推广上花费最大手笔的一次。"

事实上，立白此次冠名，与其说是为了提升品牌，不如说是应对业内激烈竞争。AC 尼尔森数据显示，目前国内洗涤用品行业年均增速约 6%，其中洗衣粉市场平均年增 2.2%，洗衣液则平均增长 27.2%，而洗衣液第一品牌蓝月亮市场占有率高达 37%。

许晓东坦承，"我们必须打造综合性的营销方法平台，从线上的多媒体运用到线下的整合推广营销方法，每一个环节都必须紧密配合，而选择一个节目来冠名，是打造这个整合性营销方法平台的切入点和引爆点，为此我们要选择的栏目必须具备强大的播出平台，从基础上体现出优势。"许晓东告诉记者，"我们在节目播出的同时，进行了线上多媒体的整合传播，包括电视、网络、户外等，同时线下也开展了全面的营销方法推广，包括卖场、大篷车活动等，可以说是空中、地面所有资源都与节目一起进行整合推广，目的就是在助力节目的同时借力节目，实现双方共同发展的共赢结果。"

评析：该企划的成功，显示了立白集团卓越的预见性以及对《我是歌手》和企业自身产品的深度理解，再加上立白集团稳定的执行力，使得合作双方资源整合，实现双赢。

资料来源：http://www.hztbc.com/news/news_41841.html，有删改.

【核心内容】

企划方案即企划书，是企划的名词属性。

企划书的意义在于对企划内容的表现、理解及说明。成功的企划必须制定合理的企划书。

企业企划书一般可以分为面向企业内的企划书和面向企业外的企划书，其主要形式分别是事业企划书和商品企划书。

企划书一般包括企划导入、企划概要、企划背景、企划意图、企划方针、企划构想、企划设计与附录 8 个部分。

【深度思考】

1. 分析企划书的作用。
2. 企业企划书的基本类型及主要形式有哪些？
3. 企划书一般包括哪些基本内容？
4. 以组织"绿化环境"活动为主题进行企划，分析企划书的基本构成。

【互联网十】

电影院的 O2O

现在，为了方便观众，越来越多的电影院除了传统的售票窗口售票外，还增加了便捷的手机 App 及网上售票。

1. 你经常去的电影院是否可以线上订票？尝试一次，说说你的体验。
2. 除了电影院，还有哪些类型的企业可以采用 O2O 模式？
3. 开展 O2O 模式有哪些需要注意的地方？如何才能更好地开展 O2O？

【延伸阅读】

《资源革命：如何抓住一百年来最大的商机》，斯蒂芬·赫克、马特·罗杰斯、保罗·卡罗尔著，粟志敏译，由浙江人民出版社于 2015 年出版。

作者简介： 斯蒂芬·赫克，加利福尼亚大学圣迭戈分校认知科学博士，斯坦福大学符号系统学荣誉学士，斯坦福大学顾问教授，曾任麦肯锡公司董事、资深合伙人，领导了对半导体产业的研究，并成立麦肯锡全球清洁能源科技和可持续发展部门，为全球前 100 大科技、工业、营建、零售、能源企业担任顾问，也为美国与亚洲一些国家、城市提供政策咨询。

马特·罗杰斯，耶鲁大学 MBA，麦肯锡公司旧金山分部董事，曾任美国能源部资深顾问，负责领导麦肯锡公司在全球能源供需与削减污染议题方面的工作。

保罗·卡罗尔，自由撰稿人，曾为《华尔街日报》资深记者。

内容提要： 我们正处于一个重要的节点上：历史在资源问题上不断重现危机。资源枯竭的警钟长鸣，将会不断开启人类的智慧，但人类必须改变和牺牲一些固有的、不合时宜的思维和行为习惯。《资源革命》一书特别强调第三次工业革命是有关资源生产力的革命。与常见的观点不同的是，本书作者认为，我们不是要面临资源稀缺带来的危机，而是会遇到一个改变全球经济格局的机遇，一个会带来数万亿美元利润的机遇。《资源革命》以最前沿、最全面的角度阐述了科技为个人、企业及社会带来的巨大机遇，以及这一机遇对经济、社会和环境的可持续影响。

一个企划人需要有前瞻的战略眼光，关注广阔世界的每一次变革所带来的机遇与威胁，它可能就成为推动企划成功的重要契机。

第4章
企划的方法论

有些人只看见事物的表面，他们问的是"为什么"，而我却想象事物从未呈现的一面，我问"为什么不"。

——乔治·萧伯纳

【学习目标】

1. 了解企划观念的演变；
2. 学习企划的具体方法；
3. 理解企划的着眼点；
4. 掌握信息的收集方法和创意寻求法。

方法论是帮助我们解决问题的重要基础。对于每一个企划人来说，只有持正确、发展的企划观念，善于洞察周遭，抓住问题要点，细致、扎实却又不失激情与热情，才能创作出有助于实际的企划。

第 1 节　企划观念与企划方法

一、企划观念的演变

企划的方式和方法是随着企划活动的重要性的增长而发生变化的。人们的企划观念也经历了相应的演变。企划是"在计划中加进某些构想"。企划观念的变化也就是企划构想的变化。

随着时代的发展，作为企划出发点的构想法，大致经历了以下四个阶段的演变过程：

（1）个人型构想法——企划方法的摇篮期。这一阶段，在美国对应于其经济迅速发展，即所谓的奥斯本时代；而在日本则为第二次世界大战后经济高速成长的前期；在中国则对应于 20 世纪 80 年代中后期。个人型构想法以个人创意——"点子"为主要特征。

（2）集团型构想法——企划方法的成长期。从 1950 年到 1960 年，脑力激荡法（头脑风暴法）在世界上日益流行。集团构想法就是在这种方法的基础上产生的。这种构想法综合了许多人的构想，然后将构想直接应用到产品开发及其他创新策划上去。例如，集团构想法可应用在与电子工业有关的高技术方面，或生物工程技术方面。

（3）信息支援型构想法——企划方法的成熟期、转变期。20 世纪 70 年代开始，这个时期的企划观念，必须借助现成的信息支援作为开发新观念的基础。信息支援型构想法要先把握住市场上的商品供应的同期信息，然后按程序开展企划工作。在收集信息的过程中，会产生一种新企划构想。信息的收集与整理不仅费事，而且要成功地建立一套完整的信息技术体系也不是一件容易的事。所以，对整个企划过程要周详考虑。

（4）战略型构想法——战略型企划的发展期。20 世纪 80 年代以后，在这一阶段，必须用宽广的视野和综合性的企划战略配合来做构想的开发，要求眼光比前一时期更敏锐。战略型构想法是今后企划构想的发展趋势。

二、企划方法

企划方法是由企划观念决定的。在现实中，由于每个人都很有可能局限于自我思维之中，所以，在做企划前，最好能冷静地反省一下企划观念，从已有的企划方法中做出合适的相应的选择。

一般地，有以下几种具体的企划方法：

（1）浪漫型企划法。

（2）理念型企划法（HITS 法）。

（3）可能性测试型企划法（3P 法）。

（4）plan-do-see 企划法（POS 法）。

下面将分别加以叙述。

1. 浪漫型企划法

企划以"成功"为目标，而成功也正是美梦与想象获得实现的时候。实现理想的方法虽然很多，但是因为方向错误会从根本上导致企划失败。所以，事先就要对方法本身审慎探讨。可以说，将企划手段、方法仔细筛选，经过探讨及选择，企划成功的可能性将会大幅度提高。对于这样的一个思辨过程，我们称为"浪漫型企划"。

为清楚起见，用图 4-1 所示的流程图来表示"浪漫型企划"。

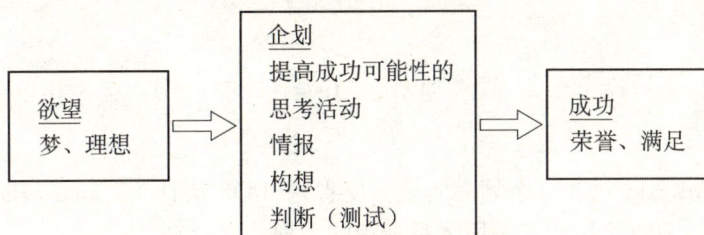

图 4-1　浪漫型企划

2. HITS 法

有人曾经认为，"简单的计划会造成倒闭"，这也可以作为"为什么要有企划"的答案。以此作为基本思路，HITS 法认为，所谓企划，就是为了避免重大失败、防止损失的发生，而在行动开始之前所做的思考检验。

怎样进行思考检验呢？思考检验一般要经历四个阶段，如图 4-2 所示。

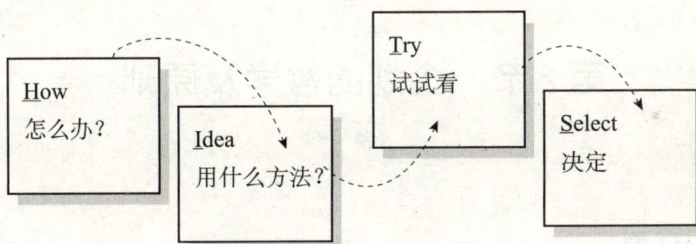

图 4-2　HITS 法

人的一生当中，可能要随时面对大大小小的许多问题。每当此时，我们就会想"要怎么办呢"，然后会产生各种解决问题的办法。当然，这样做也往往遭到失败。我们经常想起一个主意就停步不前了，这种情况就是所谓"简单的计划"。此时，如果冷静加以思考，就不难发现还有其他更好的方法。很多企划没有"试做"这一项，这势必形成企划的一大漏洞。企划是不允许失败的，一定要事先周密安排，把想出来的理念以某种形式加以试验。如果不行，再选别的方案。绝不能将臆测及歪理谬论当作企划的依据。在实验与调查后，企划的优劣性便一目了然，成功率也会提高。

3. 3P 法

创意有很多，谁都不敢断言用哪一个才会成功。因此，"试做"就成为必要。将企划或其创意试做看看，听听消费者的意见，不行的就立刻放弃或者予以改善。在尝试中挑选出来的创意，才可能有完全成功的希望。

将尝试错误的过程加以整理而产生企划的企划法就是 3P 法，如图 4-3 所示。在这里，P 指的是"possibility"，即"可能性"。3P 法是"三阶段可能性测试法"的简称，其特点是对"成功与否"做测试。如果测试效果不佳就不予以采纳。

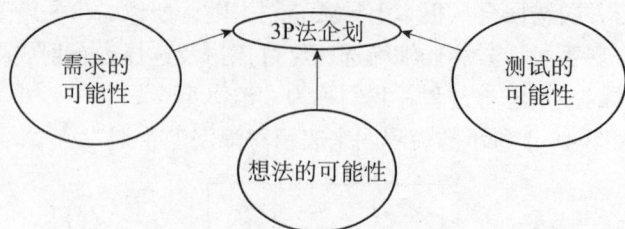

图 4-3　3P 法

4. POS 法

POS，即 plan - do - see（企划—实施—反省）。POS 法认为，plan，do，see 是企划必经的三个步骤，只有经历此三阶段才是真正的企划。

以往的 plan，do，see，对于 plan 太过重视，造成企划观的偏见。有些企划者，常给人一种"无法确切把握情况"的感觉，随便一看，就会发现企划者连环境变化的事实及意义都没有彻底分析，就轻易做出了决策。这样的企划者，当然就无法很好地命中目标，无法做出成功的企划。

因此，在实际中，按照 POS 法，我们可以更加准确、具体地诠释企划。

企划＝观察→掌握意义加以分析→提出对策→试做→反省

第 2 节　企划的哲学及原则

一、企划的哲学

企划的方法是由企划的观念所决定的，而企划观念最本质的内涵来自企划的哲学。要更好地运用企划的方法就必须掌握企划的哲学，它是把握及选择正确企划方法的起点。

1. 企划就是善于利用他人的智慧与金钱

美国百货业巨子约翰·华那卡，从多年经营经验积累中，想出了一个"企划成功的方程式"。约翰·华那卡认为：

成功的企划＝他人头脑＋他人金钱

即如果希望成功，就应该巧妙地运用他人的智慧与金钱创造利润。

2. 企划是令人愉快的表演

企划最重要的是要以看的人、读的人、听的人为观众，演出简单、易懂且有趣的戏剧。只有这样，才会引起大家的共鸣。因此，揣摩企划的最终对象的心理是决定企划好坏的关键。在企划立案阶段，企划者就必须事先预测该企划的登场人物、任务、演技等内容以及企划最终对象的反应。

3. 企划是一种推销活动

企划工作的本质与推销是完全一样的。可以认为，企划也就是推销。不能演出的戏剧就等于卖不出去的作品，毫无价值。企划不能推销出去，就等于在商场上找不到买主，再优秀的创意也要遭到失败的命运。企划不只是制作企划方案，其成功在于将企划的内容推销出去。

4. 企划是一种互利行为

为成功实施企划，企划者必须事先明确决定企划的"利益共享体"。即使是根据自己的创意立案的企划，如果所得的利益不能分享给大众，想独自占有，这种企划也是不可能成功的。

企划首先要考虑对方的利益，其次追求自己的利益，绝对不可以本末倒置。

5. 企划没有固定模式

企划时应极力避免模仿，尤其是绝对不可模仿他人的思考与思考方法。看到他人成功，也想做类似的努力，把他人的想法原封不动地搬过来，这等于把人类的能力推进倒退的深渊。

企划就是把创意出来的事以某种形态加以实现。然而，在企划立案时，如果依赖某种思考法的固定方式，就等于抛弃了自己的思考。一个人仅仅学业优异、记忆力强、知识丰富是远远不够的，作为人类，应该运用自己的思想，创造独特的思维方式。

6. 企划是美的艺术

人类行动的最高目的在于追求美的生活，而企划就是为了实现美的目的。所有人无论是有意识或潜意识中，都在以行动追求"美"。企划时，一旦忘记或省略其最终的目的是"美"，企划就是不完全的。

7. 企划是一种服务活动

企划是一种像照顾顾客那样"无微不至"的活动。因此，企划者必须有强烈的服务意识，同时还要有优质的服务态度和服务质量。

8. 企划没有专门领域，但需要渊博的知识

企划人考虑工作不同于专家，他不以技术为手段，而是综合考虑所有观点去设想企划方案。因此，企划者只有经常涉猎各种领域，广泛地加以吸收，并提高自己的素养，才能使企划工作得心应手。这种从外围迫近问题核心的方式，才是更好地进行企划的要诀。

9. 企划是"能卖的点子"

在企划中没有"不可能"三个字。企划是使有价值的产品服务"商品化"。有的时候，"什么也没有"也可以成为商品出售。忘记了商品化的企划，必定会失败。

二、企划的原则

企划者除应明确以上企划哲学外，还应正确把握运用企划方法的原则。

1. 企划应力争第一

现代社会流行的差别化经营策略就是"与众不同"，而"第一"是实行差别化经营的必要条件。虽然企业不可能永远保持第一的地位，但应特别关注"第一"。因为企业赖以生存的顾客对得到"第一"十分关心，理解并准确地把握了这点就抓住了企划的真谛。

2. 企划应超脱经验

企划立案时，我们会不知不觉地陷进保守的思维习惯中去，强烈地想把自己的经验或学到的知识应用于企划，尤其是在自信时。所以说，人们通常是在自己的经验与知识范围内企划。如此企划，很容易使创意发生偏差。实际中，企划者应该经常尝试将企划的出发点放在自己熟悉的领域之外，去体验从未经历过的事，并有计划地开发新的经验。即使见多识广，也必须脱离经验束缚去思考。

3. 企划应当机立断

在市场竞争中，如果过于慎重，常会导致失败。慎重是竞争胜利的重要条件，但绝不是成功的必要条件。因此，进行企划时必须果断，过于追求企划的完美，反而会变得胆怯，以致企划迟迟无法进展。同时，企划的过程必须有强有力的推行者，当机立断处理突发创意，才能真正完成好的企划。

4. 企划应扩充膨胀

企划由思考起步，在膨胀扩大中产生新的价值。不断地扩大新的思考领域，创造有新价值的智能活动，排除维持现状的因素，经常谋求发展壮大，是企划成功的秘密。

5. 企划应大胆假设

从虚构出发，然后创造事实，对"捏造"的事不应感到惭愧，而要坦然使其正当化，并加以实行，这是企划的本质。

6. 企划应领先攻击

生产出来的产品不销售出去，就会失去盈利的机会，也就等于忘记了经营的主动性。忘记了"进攻"，不采取进攻性的行动，必定会遭到失败。没有攻击性的企划就不能成为企划。

7. 企划应设定规模

企划的规模不能决定企划的价值，企划的规模是由企划的影响力、时间和资金等资源条件所决定的。企划者不能因为偏重理想，过于贪功好大，不顾自己的能力，导致企划的失败。

8. 企划应积极主动

在激烈的市场竞争中，只有紧紧掌握竞争的主导权才能保证自己在竞争中永不落败。因此，企划必须是以掌握主导权为目的的具体活动。要做到这一点，就要制作出出乎对方意料、切实可行的企划内容。

9. 企划应明辨性质

企划有时也要进行模仿。而且，无论是模仿性企划还是独创性企划，都可能成为非常成功的企划。模仿比率大的企划，根据其内容可以称为"计划型企划"；而独创性强的企划，则称为"企划型企划"。计划是意向明确的工作，有固定实行的顺序。实际中，对于有时进行的一般性企划，巧妙地运用以前的企划实例进行计划型企划，只要不是完全抄袭，也未尝不可。

10. 企划应有好奇心和游戏心

拥有游戏心和好奇心，就是指企划者必须对自己行业以外的部门，也要有所涉猎，以使自己的思考富于弹性。对于新事物绝不一概否定，而能有弹性地取舍。同时，还能够主动、积极地吸取新知识的营养。"多才多艺"是企划者必备的条件。

11. 企划应亲身体验

有许多事物都是不亲身体验就无法真正了解的。在亲身体验时，应进行完整的体验过程，并自己对体验及体验对象做出评价。同时，由于人的记忆力有限，必须以某种形式记录所获得的资料。更重要的是，要将亲身体验的所得与企划框架相结合，使之系统化。

12. 企划应明确对象

明确企划的对象，可以避免浪费。进行企划时，企划的对象可分为"企划书对象"和"企划对象"。企划书的对象，是评估与审查企划内容的人。而企划的对象则可能是吸引消费者的注意力，引起其购买行为等内容。由于现实生活中存在着许多对象不明确的企划，人们很容易就会受各种因素的影响而做出相同的企划，对此应多加注意。

13. 企划应注重实效

成功的企划制作完毕并不表明企划结束，这只是准备阶段的流程。企划者更应该对企划的实施进行关注。另外，包括为企划的顺利实施所做的事后修正在内的工作都不可忽视。总之，要使企划最后成功，企划者必须积极参与其后的服务，持有对企划负责到底的积极态度。

14. 企划应排除障碍

竞争激烈的现代多元化商业中，企划除了必须采取多元化的竞争战略，也不可忽略多元化防御的重要性。如果不事先排除障碍，企划在立案的瞬间就注定了会被多元化的外部竞争者以致命打击的命运。任何企划都有它的敌人。对企划的内容越自信，敌人的力量就越大，企划不能不为此而做全面性考虑。

15. 企划应善于沟通、磋商

企划的创意提出后，要尽快提出企划的概要，概要要简洁有力，以便其他人方便地了解其内容。通过与公司内部人员、客户等有关人员的磋商，可以检讨企划的内容，测知企划实施时的状况和气氛。

16. 企划应敢于实现梦想

有些企划一开始就被认为是破天荒、困难极大的企划。但是，这些企划也许几经周折后获得成功。其中，关键在于这些企划有具体的梦想实现模式。企划者若能认真地研究理想型企划的具体事例，即可了解企划得以成功的原因何在。

17. 企划应以"软件"为重点

企划要的是行动而不是主张。企划本身的灵活性表现在实施阶段中经常要加以变动。在立案时未想到的构想，在企划实施时可能会突然在脑海中浮现。这样可以弥补所疏忽的要点，提高企划的效果。但必须注意，企划的改变、修正，不应将企划固有的性质改变。企划的内容和实施方法是活的，而企划的性质是固定不变的。企划的性质来源于企划的对象，如食品业企划不能转变为电冰箱业企划。企划性质与内容、方法间的关系，好像计算机软、硬件的关系。企划的性质是硬件，企划的内容、方法是软件。企划的使命本身是软件的制作，若企划立案时以硬件为中心思考，也只不过是计划而已。企划是智慧，而计划是知识。

18. 企划应有翔实准确的情报

从军事上讲，不确定的信息为消息，而有根据的信息，即在数量、时间上均有明确根据，而且目标、性质明确的信息才被称为情报。企划与战争一样，需要情报的支持。如果是以推测估计作为构成的主体，企划就必定要失败。商业行为可视为一种战争，做生意如果以赌命的方式去面对形势，便可清楚地做到对情报的区分和分析。综合分析各种信息，然后迅速地推进企划，才是真正有效地运用情报。

19. 企划应活用战略与战术

计划虽然可以达到正确与精密的要求，但实施时却缺乏弹性的发展，不能随机应变地展开战略战术。企划的战略战术不像计划那样按部就班，直接实施即可，而是必须研究出某种创意。无论战略、战术，都必须出人意料，并切实可行。战略是长期的、综合展开的行动，战术是短期的、局部的行动，企划时应将其巧妙地结合起来，综合发挥其优点，构成一连串的企划内容。

20. 企划应根据人类行为来规划

接下企划后，自认为到图书馆收集资料，买参考书，或花钱去调查等必须花上一大段时间去做企划准备的人，其实压根不会做企划。社会环境在不断变化，企划者应毫不犹豫、当机立断地在短时间内归纳出要点，并立即进行企划。企划应以人类的行为举动为基础，不考虑人的需要的企划注定要失败。

第3节　企划的着眼点

企划人员面对复杂多变的内外环境和各种各样的棘手问题，必须拥有化繁为简、理清复杂问题的能力，即找出解决问题的着眼点。

一、着眼于顾客"不满意"的心声

1. "不满意"的心声是顾客潜在的需求

企业开发商品的目的，就是满足顾客的需求，让顾客满意。当顾客有不满、不平、不便、不快等现象出现时，商品的效用就无法充分发挥，这将给企业带来不利影响。同时，这也是给企业的最宝贵的暗示。只要将这种潜在的需求适当地具体化，就可以产生让顾客满足的商品。同时，这也可能产生企划的基本着眼点。

2. 应付抗议，实行思维转换

对营业人员而言，初听到顾客的抗议或不满实在非常头痛，甚至感到对方是在"故意找碴"，因而推诿。对于企划者而言，这就是将一个可以作为企划暗示的机会给推掉了。面对抗议等负面行为，企划者不妨转换一下思维方式，将抗议等负面行为视为"在提供下次企划暗示"，认真倾听顾客意见，将抗议视为"创意的宝库"。

二、着眼于顾客"希望"的心声

1. "希望"的心声也是顾客的潜在需求

当顾客的欲望得到满足后，他们会有更新的欲望。这些更新的欲望会表现为顾客的新的希望。这也是顾客潜在的需求，它一般不如不满意心声那样表面化。

2. 注重"异想天开"的心声

在接受顾客希望的心声的过程中，还会听到"异想天开"的心声。企划者千万不要否定这种"异想天开"的心声，应该将眼光放长远。"有这么有趣的想法吗？""顾客真的在想这种事吗？"显然，接受"异想天开"，可以给企划更多、更独到的暗示或启示。

在第二次世界大战中，正是由于可口可乐"异想天开"的承诺：无论美兵身到何处，可口可乐公司都将会在当地以每杯 5 美分的价格供应，由此造就了可口可乐的品牌神话。

【品牌故事】

可口可乐与美国精神

提到可口可乐，最早的消费者会想到它是一种感冒药饮，之后会认为它是美国最早的可乐，也是最正宗的可乐。但是现在，它象征着美国文化和精神，与美国的英雄和偶像联系在一起，它是巴菲特一辈子喝的饮料。这种品牌联想推动着全球消费者畅饮可口可乐。

可口可乐原总裁伍德拉夫曾表示，可口可乐 99.61％是碳酸、糖浆和水。如果没有品牌，那还有谁会喝它？

强大的广告传播是可口可乐成名的工具，但品牌价值观和精神才是经久不衰的核心。第二次世界大战以前，可口可乐的影响力远没有现在这么大，其国际化主要集中在加拿大等少数几个国家，在国内还受到百事可乐等饮料的冲击。如何脱颖而出，成为时任可口可乐总裁伍德拉夫的难题。于是，伍德拉夫想着是否能与美国政府合作，将可口可乐和美国政府采购相联系，打造象征美国精神的可口可乐品牌，以此撬动销售。

第二次世界大战伊始，当美国遭到日本偷袭珍珠港卷入大战后，伍德拉夫马上宣布："无论美兵身到何处，可口可乐公司都将会在当地以每杯 5 美分的价格供应。"于是，不少可口可乐公司的员工走到战地上，做后援支持，全力来实现这个品牌承诺。

时任美国总统艾森威尔看到可口可乐饮料能帮助士兵们摆脱战争的孤独和苦恼，在稳定军心、提高士气方面起了极大作用，便亲自写信到亚特兰大可口可乐公司总部，主动要求其每月给前线战士生产 600 万瓶可口可乐饮料。随后，可口可乐一发而不可收，销量持续增长。

一场战争造就了美国精神——自由、平等、牺牲、战斗，也造就了可口可乐品牌。随后，可口可乐公司针对这种品牌联想推进了持续的营销推广，将可口可乐与美国精神紧密联系在一起，成为美国主流价值观的重要组成部分。这种品牌价值观联想不断被大众认同，获得了消费者的持续支持。

资料来源：徐浩然，刘晓午. 首席品牌官日志. 北京：中国经济出版社，2014：56 - 57.

三、着眼于商品不寻常的销售状况

观察每种商品的销售情形，可以了解时代趋势中顾客的需求。反过来，依据需求走势，大致可以掌握商品的销售情况。当销售额和销售对象发生变化时，必须马上探究原因，掌握这种异于平常的销售情况。这样，一定可以发现可当作下次企划暗示的顾客需求。

四、着眼于不同范围内的畅销商品

1. 崭新的企划暗示就在不同范围的畅销商品内

通常，畅销的商品起码在某些方面极适合现在的顾客的需求。所以，要了解商品的畅销原因，就一定要仔细分析"这种商品为什么会受人喜欢"。也只有这样，才能看出现在购买者的需求。事实上，根据对畅销商品的详细分析结果，也可以帮助企划者发现宝贵的企划暗示。注意不同范围内畅销的商品，找出畅销原因，巧妙地将其活用于企划上，就能开发出崭新、成功的商品。老道的企划者更是可以在畅销商品尚未成为热门话题之前，先找出其畅销原因，尽量先于媒体介绍之前，进行调查。

2. 在不同范围的新技术中也蕴藏着不少企划暗示

新技术有可能带来新的变化。对市场竞争而言，新技术可能是新的市场机会。所以，企划者应关注不同范围的新技术。有时，可能与本企业无关的新技术也会对企业产生新的影响，也可以带来企划暗示。

五、着眼于时代趋势

棒球比赛时，击球者利用风势将球击出，外野球也能成为全垒打。企划如果善用时代潮流，也能事半功倍。其中的关键是要把握时代的脉搏。为此，企划者不仅要关注本行业的动向，还要关注其他行业乃至整个时代的变化。

值得注意的是，时代潮流多半是短期的趋势。做企划一定要先于风潮，否则可能会失败。

六、着眼于购买者不经意的谈话

1. 在毫不经意的谈话中充满了企划暗示

在正式谈话中通常很难洞察对方的心理，只有在轻松愉快的气氛中，才容易在毫不经意的谈话中听到对方心里想说的话。在忙碌的营业活动中与购买者谈天，虽耗费一些时间，但可以获得有效的企划暗示。

2. 与购买者毫不经意的谈话的两个着眼点

第一个着眼点：购买者受困扰的时候。购买者感到困扰时，本着"如何解决此问题"与购买者交谈，可以获得宝贵的企划暗示，并可以为解决此问题而拟定企划。

第二个着眼点：让购买者高兴的事。从让购买者高兴的事的角度与购买者交谈，可以很方便地找出有价值的资料，并将之用于企划上，也许能产生有趣的、成功的企划。

七、着眼于特别异常的现象

1. 仔细观察异常现象

企划者不但要在市场观察人群，也要在其他公共场合努力发现一些特别不一样的现象。如果发现异常现象，要探究其原因，了解市场的需求及时代的变化趋势。

2. 发现异常现象的两个着眼点

第一个着眼点：众人聚集的现象。这种现象，对购买者存在一种令人兴奋的魅力，这种魅力极有可能就是目前消费者的强烈需求。仔细观察的话，一定可以清楚地看出消费者到底要求什么，或是被何种魅力所吸引。这可以很方便地成为企划暗示。

第二个着眼点：生活形态的异常现象。生活形态的变化不是一朝一夕形成的。在变化的初期把握先机，巧妙地运用于企划思考，才能制定出成功的企划。

八、着眼于日常生活中的浪费

在企业活动和生活消费中，一定程度的浪费是不可避免的。但是，很多浪费经努力是可以改善的。因此，企划者通过注意浪费的问题，可以先拟定减少浪费的企划。在此基础上，挖掘更深层的意义，找到其他企划暗示。

在此，有两个着眼点。

第一个着眼点：与购买者、企业其他成员、合作者谈话，倾听大家的意见，注意关于浪费的问题。

第二个着眼点：企划人员本身也要在工作、生活中努力发现可能的浪费问题。只有如此，才能不断地发现企划暗示。

第 4 节　信息的收集

对企划信息的了解是发现问题、激发创意的基础工作。不进行信息收集，企划就没有现实基础，创意也只能是凭空想象。收集信息应从两个方面着手：一是进行日常的积累；二是运用专门的方法进行专项调查、收集。

一、日常信息的收集

企业要鼓励企划人员及其他人员进行日常信息的积累，扩大了解企业外部环境的范围，增加获得企划暗示的概率。企划人员更要努力做到以下几点：

1. 树立情报意识

企划的一个要领就是迅速处理最新的信息。企划人员的信息感知度愈高，就愈能看清周围的事物，愈能发现有利的信息。树立情报意识，更容易收集信息。有价值的信息不是随处都有，只有带着"信息精神"，才能从日常生活的细微处发现信息。这是收集新信息的重要原则。

2. 掌握有价值的信息

收集信息时，要注意信息是否有价值。注意以下两点将更有利于发现有价值的信息：

（1）注意并追踪使你产生悸动的信息。这些信息可能包括：以前不曾有过的新现象或新信息；跟以前不一样的现象或信息；以前不曾发生过的有趣、快乐的现象或信息；等等。

（2）在负面信息中也蕴藏着有利于企划的暗示。

3. 在街上及各种自媒体上获取最新信息

有效果的信息收集不应该只是局限于特定范围的信息来源。在收集信息时，企划者应扩大收集信息的范围。在工作中，可用"强烈好奇心""改变营业活动路线""养成记录习惯"等方式掌握最新生活信息。在日常生活中，可用"探访百货公司或超级市场""探访书店""去不同的餐饮店用餐"等方法收集信息。在各种自媒体高度发达的今天，某条微信朋友圈中的"吐槽"，也可能是使你"眼前一亮"的有价值的信息。

4. 注意在与人沟通时掌握全新、生动的信息

拥有丰富的人际关系网自然能获取很多信息。企划者要拥有丰富的人际关系网，必须注意以下几点：

（1）积极创造与人见面的机会。

（2）注重与人见面的场合。

（3）进入其他行业的人际关系圈子。

要巩固建立起来的人际关系，应注重以下几点：

（1）要有"在施予中接受快乐"的精神。

（2）做一个值得信赖的企划人员。

（3）继续保持良好的人际关系。

5. 在各种媒介及舆论中掌握信息

舆论信息是最高度概括的信息来源。因此，企划者要注意收集报刊、广播电视、互联网及各种自媒体上来自各种舆论的信息。

关注舆论信息时应注意：

（1）养成看到重要新闻立刻剪贴、收藏的习惯。

（2）剪贴、收藏的新闻需注明出处。

（3）细心保管新闻剪贴簿及收藏夹。

在阅读、收听（看）、浏览报刊、广播（电视）、互联网及各种自媒体时，要特别注重小的消息，着眼于著名人物的评论或总编的评述；着眼于新闻访谈；着眼于读者的心声。

6. 整理信息

日常收集的信息只有用于企划上，才会产生价值。为了使收集到的信息在必要时能够被利用，企划者平时要注意信息的整理和保管。虽然有些信息能立即用于企划之中，但大部分信息可能只在日后运用。在整理和存储信息的过程中，可以找到足可作为企划线索的必要资料。信息的整理最好由自己亲手进行，将资料进行粗略的分类，并设定信息整理时间，避免信息过于凌乱。整理信息的方法参见第 6 章第 2 节的相关内容。

二、市场调查

要获得企划所需的实际信息资料，可以使用实际的市场调查的方法。市场调查的目的不是把握过去或现在，而是为未来提供有益的信息。

1. 市场调查的方法

通常，实际市场调查方法主要包括观察法、实验法、访问面谈法、留置法、团体面谈法、邮件调查法、电话调查法等。

（1）观察法。该方法就是通过实际观察需调查的对象来收集信息。其具体实施方法及内容参见第12章第3节。

（2）实验法。该方法是调查一方给出任意的条件，通过对这些变化的反应来收集信息。其具体实施方法及内容参见第12章第3节。

（3）访问面谈法。该方法就是调查员对对象直接访问、直接会面进行调查。这种方法由于直接与调查对象会面，所以能进行对方能够理解的调查，答案较正确，但是需要较多的时间与费用。

（4）留置法。该方法就是调查员向调查对象发放问卷调查表，在一定期间之后收回。问卷设计及该方法的具体实施和内容参见第12章"营销调研企划"。

（5）团体面谈法。就是将调查对象集中起来，让他们进行民意测验、发表自己意见的方法。

（6）邮件调查法。就是指以邮寄的方式给调查对象发送及回收调查表的方法。此法不需要调查员，但回收率很低。

（7）电话调查法。就是以调查表为内容，通过向调查对象打电话进行调查的方法。此法费用很少，但只能问简单的问题。

2. 市场调查的推进方法

关于市场调查的推进方法，参见图4-4。该图介绍了具体的市场调查的流程。

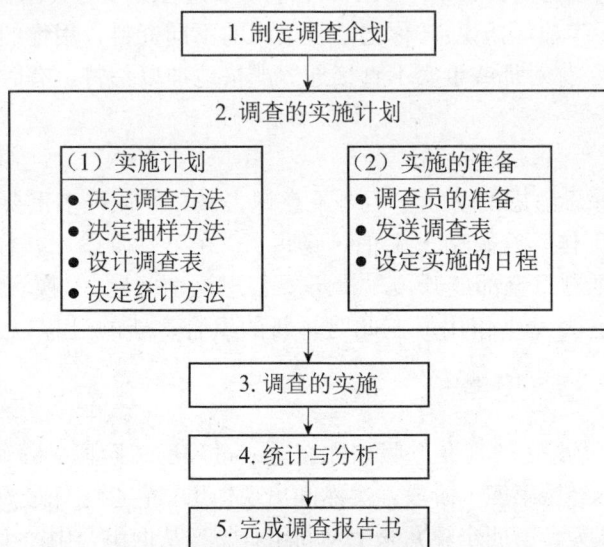

图4-4　市场调查的推进方法

第 5 节　创意寻求法

企划并不是单纯的计划，因为企划蕴含着某种新的构想、新的尝试，即新的创意。那么，企划者如何想出真正伟大的构想，并把此构想转化成一个成功的企划？显然，这与企划者的创造力密切相关。目前，提高人类创造力的理论和方法有许多，以下我们将介绍常用的几种产生创意的方法，这将有助于企划者了解构想是怎样发生的，并有助于企划者产生有效果的构想。

一、詹姆斯·韦伯·扬创意法

最广为人知的构想产生方法是由詹姆斯·韦伯·扬（James Webb Young）所提出的。詹姆斯·韦伯·扬曾任美国智威汤逊广告公司创意主任，并于 1940 年提出其产生构想的概念。之后，其思想被广为引用和讨论。詹姆斯·韦伯·扬创意法提出，在产生构想时有五个特定步骤：

1. 收集原始资料

詹姆斯·韦伯·扬认为要收集的资料包括特定资料和一般资料两种类型。特定资料是指解决眼前问题所需的资料；一般资料则是那些平时连续不断累积、储藏的一切与生活或大量事件有关的资料，以及个人收集的在其周围而自己感兴趣的事物的资料。詹姆斯·韦伯·扬认为，一切构想都不过是老要素的新组合。为此，依组合程度所收集到的要素愈多，则产生出真正使人兴奋与有效组合的可能性也就愈大。

2. 用心仔细检查这些资料

在此一步骤中，詹姆斯·韦伯·扬把观念的形成过程比喻为食用食物，即为了消化而咀嚼资料。詹姆斯·韦伯·扬说："你把已收集到的不同资料，用你的心智的触角到处加以触试。"他还提示"你对那些事实不直接地、严格地加以一瞥，有时会更快显示它们的意义"。

3. 孵化阶段

此阶段是加以深思熟虑的阶段，但要下意识去做，即让许多重要事物在有意识的心智之外去做综合的工作。詹姆斯·韦伯·扬说："在第三阶段中，你要完全顺乎自然，不做任何努力。你把题目全部放开，尽量不要去想这个问题。"换言之，你把问题置于下意识的心智中让它去发生作用。在此时，新的组合、新的过程以及新的意义才有可能真正地出现。

4. 构想的产生

詹姆斯·韦伯·扬说："现在，假如你在这一过程的三阶段中，确已尽到你的责任，几乎可以肯定你将会经历第四个阶段：突然间出现构想。它会在你最没有期望它出现的时机出现……"可以认为，第四步骤并未解释新组合怎样从旧组合中产生，它只是前三步骤所产生的一种结果。那是神秘费解的事，但确实是过程中使人兴奋的部分。

5. 最后形成与发展构想

詹姆斯·韦伯·扬精辟地指出，"此一阶段可名之为寒冷清晨过后的曙光"。而且，詹姆斯·韦伯·扬认为并非每一构想都完美无缺，一个构想常需要加工或改造才能完全适合使用。詹姆斯·韦伯·扬还提示，在此一阶段常失去了许多好的构想。失去的原因，只是由于产生构想者没有足够的耐心。企划者必须把最后形成的构想经过加工改造，使其能够实际应用。

不难看出，詹姆斯·韦伯·扬最重要的观点是"新构想是不折不扣的老要素之新组合"。

二、奥斯本核对表法

奥斯本核对表法是在新产品开发中最具盛名的创意方法。该方法就是利用一张预先准备好的核对表，以此为索引，有计划、有意识地将个人头脑中的构想引导出来。不管是个人还是团体，都可以使用奥斯本核对表，以询问的方式，引出构想。如通过"把公共汽车加倍"的思考，可以想出双层公共汽车。

【资料链接】

奥斯本核对表

（1）有没有其他用途——维持现状？稍做改变？

（2）能否借用其他创意——有什么类似的东西？能借用别人的创意吗？过去有没有类似的东西？能不能模仿什么？可以模仿谁的东西？

（3）可否改变形状、颜色、运动——重新塑造一下；试着改变意义、颜色、运动、声音、味道、形状、类型。

（4）能否变大——加上一点什么；多花一点时间；增加次数；拉长；变薄；附加其他价值；重叠起来；夸张看看。

（5）能否变小——试着取消一些东西；压缩看看；变小；变低；缩短；除去；变成流线型看看。

（6）能否替换——用别人去代替；用其他要素代替；用其他材料代替；改变一下程序；采用其他动力；换成其他语气；采用其他方法；等等。

（7）能否对调——把要素对调；换成其他类型；改用别种排列；采用别种顺序；原因和结果对调；改变速度；等等。

（8）能否颠倒——正、负反过来；里外颠倒；上下颠倒；功能颠倒；等等。

（9）能否加以组合——变成合金如何？组合起来如何？组合成单件如何？将目的组合起来；将创意组合起来；等等。

在奥斯本的建议基础上，鲍勃·埃伯勒将其进一步改编为帮助记忆的表格，即SCAMPER（S 代表是否替代；C 代表是否组合；A 代表是否改进；M 代表是否修正或扩大；P 代表是否用于其他方面；E 代表是否减少或消除；R 代表是否逆转或重新整理）。

为了更好地使用 SCAMPER，第一，要把你想考虑的挑战或课题独立出来；第二，在有关挑战或课题的每一个步骤上询问 SCAMPER 问题，并看看有什么新的构想产生。

在此，我们不妨针对下文中"太阳能屏幕充电"技术，应用奥斯本核对表进一步扩展该技术的可能应用领域。

【创意无限】

太阳能屏幕充电手机

在 2015 年的世界移动通信大会（MWC）上，日本京瓷公司展出了一款特殊的原型手机。其特别之处是手机屏幕整合了一层特制的光电转换膜，可以吸收太阳光并转化为电能为电池充电。这层膜与一粒芯片连接，用于管理光线转化后的电能。这项叫"Wysips Crystal"的技术由 Sunpartner 公司研发。据该公司介绍，这层膜厚度只有 0.1mm，很容易就能整合到手机屏幕里，不影响屏幕的触控灵敏度和整体外观设计。得益于最新技术的光伏材料，得益于其峰值功率能达到 $5mw/cm^2$，该充电功率虽然还无法满足耗电量大的平板设备，但对于电子阅读器等低功耗设备来说可以有效减少充电次数。

这项技术适用于 3～13 英寸的平板设备，如智能手机、手表等，只要有阳光的地方就能为设备充电，虽不能完全满足设备运行所需电量，但也可以延长待机时间甚至是无限待机。随着该项技术日渐成熟，应用前景将无可限量。

资料来源：http://www.chinadaily.com.cn/hqcj/xfly/2015-03-03/content_13310462.html.

三、珍妮特·沃斯与戈登·德莱顿的创意法

珍妮特·沃斯（Jeannette Vos）与戈登·德莱顿（Gorden Dryden）在《学习的革命》一书中所提出的创意法与詹姆斯·韦伯·扬创意法类似。他们将整个创意过程分成 12 个步骤：

1. 界定问题

预先明确而不限制地（restrictively）界定你的问题。

2. 界定最佳结果并设想它如何实现

界定你想要获得的东西（理想化的）。然后，组织起你的 1 000 个活跃的脑神经细胞，在现实与理想结果之间架起桥梁。它也极大地促进了理想结果的有形化以及"用你的思想的眼睛"设想可能有的最好结果。

3. 收集所有的材料

材料可以是特殊的，即那些直接与你的工作、行业或问题相关的材料；也可以是一般的，即那些你从千百种不同的方面收集来的材料。

4. 打破模式

要创造性地解决问题，必须开辟新的道路、寻找新的突破点、发现新的联系，即必须打破原有模式。打破原有模式的简单方法是，使你面临的问题参照奥斯本核对表进行改变后会怎么样？

5. 走出你自己的领域

试着把你目前的先入之见放在一边。用来解决问题的要素不应该仅仅是那些特别针对你卷入其中的行业和过程的东西。只使用这些，将会得出同样的老结论。因为，要你的大脑 1+1，它会自动得出等于 2 的结论，它是被程序化的。创意者必须永远记得去求索新的东西。

6. 尝试各种各样的组合

因为一个新想法通常是老要素的新组合。所以，去尽量尝试各种各样的组合。但它们出现时，赶快记下来。随意选择任何东西，如一种颜色、一个国家、一个行业，试着把它们与你的问题和答案联系起来，但不要太集中于你的特殊领域，或者不要被你自己的先入之见限制。要尽可能地阅读，特别是阅读那些远离你自己专业的、谈论未来和挑战的文章。

7. 使用你所有的感官

有意识地试着投入你所有的感官，如果你的问题已经被精确界定了，那么试着想象某些答案。

8. 关掉——让它酝酿

你吃下去好食物以后，体内的消化液会做余下的事，创意的"消化液"便是潜意识。

9. 利用音乐或自然放松

放松的技巧可以因人而异，如听音乐、散步、游泳等。

10. 把它带进睡眠

在临睡前，回忆你的问题及理想的解决方式。那么，你的潜意识就会接管它，它从来不睡觉。

11. 我找到了！它突然出现了！

创意突然出现。

12. 再检验它

当新的答案突然出现后，再检验它，看看它是否完全解决了你的问题，你能否修正或改进它。

珍妮特·沃斯与戈登·德莱顿的创意法和詹姆斯·韦伯·扬创意法的相似之处在于其共同的原则是：一个新想法是老要素的新组合。

四、狄波诺的水平思考法

1. 水平思考法的特点

狄波诺（Edward Debono）在其《管理上的水平思考法》（*Lateral Thinking for Management*）一书中提出了著名的"水平思考"法。

水平思考一般可认为是一种"不连续"的思考，或是"为改变而改变"的思考。与水平思考相对立的是传统逻辑上的"垂直思考"。垂直思考是从一种信息状态直接进行到另一种状态。它像建塔，以一块石头稳定地置于头一块石头之上；或像挖洞，把你已有的一个洞再深挖下去成为一个更深的洞。

狄波诺从 10 个方面对水平思考与垂直思考进行对比分析：

（1）垂直思考是选择性的；水平思考是生生不息性的。

（2）垂直思考的移动，只有在出现一个方向后才移动；水平思考的移动则是为了产生一个方向。

（3）垂直思考是分析性的；水平思考是激发性的。

（4）垂直思考是按部就班的；水平思考则是可跳来跳去的。

（5）用垂直思考法者必须每一步都正确；用水平思考法者则不必。

（6）用垂直思考法者，为封闭某些途径要用否定；用水平思考法者则无否定。

（7）用垂直思考法者要集中排出不相关者；用水平思考法者则欢迎闯入的机会。

（8）用垂直思考法时，其中类别、分类与名称都是固定的；用水平思考法则不必。

（9）垂直思考遵循最可能的途径；水平思考探索最不可能的途径。

（10）垂直思考是无限的过程；水平思考则是或然性的过程。

简而言之，水平思考寻求在各种要素、情况、事件甚至活动中探索新关系以产生新的独具特色的构想，并意图突破人们定型的思维，检查新的、在以前未探讨的关系或未探讨的范围的可能性。

2. 水平思考的原理

水平思考的目的是产生新构想并避开那些旧构想。传统的思考习惯对发展构想很有效果，但一般无助于再形成构想。水平思考旨在补充传统思考并特别导入不连续的思考，而不连续的思考为再形成构想所必需。

水平思考的基本过程是为避开旧构想并激发一些新构想，其基本原理可归纳如下：

（1）承认主要的构想或两极化的构想。

（2）搜寻对事物的不同看法。

（3）放松对垂直思考的严格控制。

（4）使用机会法与激发法以导入不连续思考。

狄波诺认为可从下面几个角度来激发水平思考并突破垂直思考：

（1）对目前情况进行选择。

（2）对目前假定进行挑战。

（3）创新。

（4）暂停判断一个时期。

（5）把一个普通方法反其道而行。

（6）根据目前情况进行类推。

（7）用头脑风暴法等。

总之，水平思考的概念不像传统的垂直思考那样要"彻底想通"，而是"想出"新的以前所未考虑到的可能解决问题的方法与途径。换言之，水平思考是把构想上下颠倒，并以不同的方式来看待它。

五、头脑风暴法

头脑风暴法是美国 BBDO 广告公司的阿历克斯·奥斯本创造的创意方法。简单地说，头脑风暴是在会议中运用集思广益的方法，以收集众人的构想的一种思考活动。

通常，头脑风暴法分选定项目、头脑风暴、选择与评估三个阶段。

1. 选定项目

确定所面临的问题或所需要解决的问题，并由此确定有关会议的主题。

2. 头脑风暴

召集会议集思广益。召集会议有以下注意事项：

（1）选出 5～7 名会议参加者。人数过多将会减少每个人发言的机会并增加管理难度，会议参加者应尽可能是不同领域的人员。

（2）确定会议主持者。会议主持者的主要作用是诱导参加者尽可能多地发言，并随时整理会议要点以及注意时间的安排。因此，会议主持者必须充分理解会议原则。有时，还要在会议中另外配备会议记录员。

（3）召开会议前，给参加者提供会议主题及最低程度的预备知识等相关资料。但有时为了避免先入为主，也可以不提供资料。

（4）会议的时间安排在 90 分钟左右较为合适。

另外，会议中还应遵循以下基本原则：

（1）禁止批评他人意见。

（2）充分地自由发挥，荒唐无稽都可以。

（3）注重数量而不注重质量，其目的是提出尽可能多的想法。

（4）可自由组合、改善、追加他人的想法。

在会议中除了遵循以上原则外，还可以灵活使用奥斯本核对表及 KJ 图表，以引出更多的创意。

3. 选择与评估

头脑风暴引出的创意是否有效，还需要针对目的及目标进行选择与评价，并考虑其实现的难度及障碍。一般地，选择与评估创意的常用方法是矩阵评价表法。

矩阵评价表法常在有多个创意方案时使用。具体方法是：将创意方案纵向排列，评价指标横向排列。然后，通过打分选出最好的创意方案。需要注意的是，由于每个评价指标的重要性不同，必须预先设定好评价指标的系数。这个系数不是由企划者来确定，而是在企划酝酿阶段由企划者与委托者共同商谈来确定，委托者拥有最终的决定权。矩阵评价表如表 4-1 所示。

表 4-1　　　　　　　　　　　　　　　矩阵评价表

创意方案	评价指标（1）	评价指标（2）	评价指标（3）	评价指标（4）	综合评价
	2	1	3	1	
创意方案 A	◎	○	◇	○	13
创意方案 B	◇	◇	◎	○	14
创意方案 C	◆	◎	◇	○	6
创意方案 D	○	○	◇	○	11

说明：◎：3 分　○：2 分　◇：1 分　◆：—1 分；评价者为多人时，将大家的评分加总。

【资料链接】

"635" 头脑风暴法

"635" 头脑风暴法又称默写式智力激励法，是德国人荷立根据德意志民族习惯于沉思的性格提出来的一种默写式头脑风暴法，是在对奥斯本头脑风暴法进行改造的基础上创立的。其与头脑风暴法原则上相同，不同点是把设想记在卡片上。头脑风暴法规定严禁批判，自由奔放地提出设想，但有的人对于当众说出见解犹豫不决，有的人不善于口述，有的人见别人已发表与自己的设想相同的意见就不发言了，而 "635" 头脑风暴法可弥补这些缺点。

其具体做法如下：每次会议有 6 人参加，坐成一圈，要求每人在第一个 5 分钟内在各自的卡片上写出 3 个设想，然后由左向右传递给相邻的人。每个人接到卡片后，在第二个 5 分钟再写出 3 个设想，然后再传递出去。如此传递 6 次，半小时即可进行完毕，可产生 108 个设想。

整理、分类、归纳这 108 个设想，找出可行的先进的解决方案。"635"头脑风暴法的优点是能弥补与会者因地位、性格的差别而造成的压抑；缺点是因只是自己看和自己想，激励不够充分。

资料来源：杨劲祥．营销策划实务．大连：东北财经大学出版社，2015：50.

六、凯斯勒的创意法

亚瑟·凯斯勒（Arthur Keostler）创意法的概念建立于"二旧化一新"的构想。"二旧化一新"是指一个新构想通常可以出自两个相互抵触的想法的再组合。换句话说，两个相当普通的概念或想法、两种情况甚至两个事件放在一起，经由"二旧化一新"，产生一个全新的构想。

下面，我们以一个广告创意实例来说明凯斯勒的"二旧化一新"的创意法。

劳温堡（Lowenbrau）是第一种在美国市场上市的德国啤酒，其价格昂贵、品质优良。上市的广告宣传创意若按一般的创意方法，其广告标题无外乎："劳温堡——超级品质"或"当你想要唯一佳品的时候——劳温堡"或"卓越的标记"之类。

而创意者按凯斯勒的"二旧化一新"创意法，提出的广告构想是："当他们用光劳温堡时，就订香槟酒"（在美国消费者心目中香槟酒是高品质的，而啤酒是大众消费品）。

显然，这一构想具有以下效果：

（1）它虽没说劳温堡是一种最高品质的啤酒，但却表达出"劳温堡是一种最高品质的啤酒"的概念。

（2）此一构想表达了一种关系。即将本产品与另一种更被接受的高品质象征相联系。此外，这种联系能证明本产品价格合理。

（3）这一构想采用了与正常思考反其道而行之的方法。即不说啤酒是可用以代替香槟酒的选择，而是做相反的提示。

总之，这一构想将两个不相关的构想，甚至互相抵触（香槟酒是高档的、啤酒是低档的）的构想经过结合，产生了另一个更使人注目的构想。这就是"二旧化一新"的作用。

【案例评析】

"悦耳"的创新

我们身边的电子产品越来越多，从手机到 MP3 再到 Pda，我们所要携带的耳机也就随之增多。但是，这么多的耳机塞在包里，耳机线难免会缠在一起，到用的时候不得不费力地将缠在一起的线解开。如果能有一种耳机，既能与手机相连，又能与音乐播放器相连，那该有多好啊！

美国最大的耳机生产厂商 Plantronics 公司推出的 Plantronics MX-100s 就是这样一款耳机，它的推出令广大 iPod 拥有者欢呼雀跃！可能很多人觉得这没有什么难的。这确实不难！但是这么简单的一件事，根本没有引起其他耳机生产商的注意和重视。Plantronics 公司正是注意并重视了这件事，才抢在其他耳机生产商之前识别并满足了消费者希望耳机能兼容的需求，使得该公司能够在美国耳机市场上一直稳坐第一把交椅。

事实上，Plantronics 公司以创新为经营策略的主旨并不是与生俱来的，可以说也是被形势和市场现状给逼出来的。1961 年，曾是 NASA 工程师的克斯·拉根创立了这家公司，公司最早主要是给航空站的操控台人员、军队话务员和宇航员提供耳机。当年，阿姆斯特朗登上月球所发表的举世闻名的"我们的一小步，人类的一大步"宣言，就是通过 Plantronics 耳机传递给地面上的人们的。为这些人提供耳机，事关重大，所以质量保障是第一要素，同时必须不断地通过技术创新来适应上天入地的特殊要求。后来，随着直复营销尤其是电话营销在美国的迅猛发展，众多电话营销公司成为 Plantronics 公司最主要的顾客，成千上万的客户服务代表用上了高质量的 Plantronics 耳机。Plantronics 公司因而开始走到前台，不再只为少量隐秘的客户服务。

随着时间的推移，Plantronics 公司开始在耳机市场上逐步确立自己的霸主地位。但是到了 2002 年，公司总裁肯·卡纳帕敏锐地捕捉到了一些不和谐音，最关键的就是公司的主要客户群，那些占了公司将近 80% 业务的电话营销公司和呼叫中心等客户，随着运营中心向低成本的海外迁移，开始大批裁员，这使得 Plantronics 公司深受打击，收入锐减 20%，利润更是下降了将近一半。卡纳帕总裁清醒地意识到，原先以 B2B 为主的商业模式到了不得不改变的时候了，他必须尽快为公司找到一条新的增加收入的出路，否则，恐怕难以避免灭顶之灾，因为市场上已有很多竞争者成了牺牲品。幸运之星似乎一直陪伴在 Plantronics 公司身边，此刻转向，时机还真是不错，因为手机和电子游戏机正如火如荼地发展，Plantronics 公司当机立断，将自己的目标市场转向这一全新的消费群。这一消费群对耳机有着特殊的需求，而且其需求量一点儿也不亚于呼叫中心的需求量。

但是，要吸引这些新的客户群并不容易，Plantronics 公司必须发现一个有效的方法，让人们重视对耳机的选择，进而培养其对于耳机品牌的忠诚度。为了吸引这些全新的目标顾客的耳朵，继而抓住他们的心，卡纳帕总裁的第一个举措就是重金聘请曾是 BMW 汽车设计师的达廉·开迪来做公司的设计主管。当卡纳帕总裁找到达廉的时候，因车祸导致半身瘫痪的达廉正在努力适应轮椅上的生活，耳机成为他生活中不可缺少的一部分。达廉欣然接受了 Plantronics 公司的邀请，并且为其设计了第一款新式耳机。在设计汽车时，达廉就一直秉持"汽车应该是人身体延伸的一部分"的设计理念，现在他把这一理念运用到对耳机的设计上。在他看来，耳机虽小，但是其本质和汽车应该没有什么两样，都应该让人们感觉更好。

达廉的设计小组用摄像机将一些志愿者在日常生活中使用耳机的情形记录下来，从而发现了人们的一些生活习惯。例如，当人们一手拿手机、一手拿耳机时，你知道他们是怎样开门的吗？他们是把耳机放在口袋里还是夹在腋下呢？这些问题看似有些荒谬，但是现实生活中确实会时时发生。而对于这些问题的解答结果，就是 Plantronics 公司开发出了可以折叠的耳机以及别在腰带上的耳机口袋。这一耳机被命名为 Voyager，它有无线传输功能，同时又配置蓝牙功能，尽管需要花费 99 美元，但是由于新颖的设计加上与其他电子产品搭配上的天衣无缝，一时间人们口口相传，纷纷要买这一产品。再如，Plantronics

公司发现人们的有线耳机线容易缠在一起，因此，就设计了装有抽线装置的耳机：一抽，耳机线就自动回收，从而避免了耳机线缠在一起。

优异的声音效果和质量也是保证 Plantronics 公司在耳机市场立于不败之地的重要原因。Plantronics 公司不断进行电子系统的各项试验，从而开发出独特的敏感度极高的麦克风，使得使用者极轻的说话声也能清晰地传送给对方。Plantronics 公司对于隔音的研究也有独到之处。Plantronics 公司工程师开发的技术，让消费者发现了耳机捕捉声音的超强能力，不仅可以捕捉到各种人声的不同，甚至连元音和辅音之间的细微差别也能分辨出来。Plantronics 公司生产的 M3500 耳机，售价高达 140 美元，就是采用了最新的麦克风技术，自从 2004 年 1 月上市以来，一直盛销不衰。使用过这个耳机的顾客都对它赞不绝口，纷纷称赞这一耳机对于声音的捕捉能力和音响效果无与伦比。而从经销商那里反馈来的信息也表明，顾客感受到了 Plantronics 公司耳机有别于竞争产品的舒适感。

之所以能取得非凡的成就，应归功于 Plantronics 公司不断地探索和试验。在 Plantronics 公司内部，有 100 多个硅胶制成的耳朵模型，主要是根据公司员工的耳朵制成的。这些耳朵模型组成了名副其实的"耳之墙"。新产品原型研制出来后，很关键的一道工序就是要通过"耳之墙"的测试，新产品只有通过"耳之墙"上 80% 耳朵的考验，才能进入下一道工序——用真人的耳朵来测试。

当然，市场竞争永远存在。在耳机市场上，也有不少竞争者虎视眈眈，尤其是针对 Plantronics 公司的新顾客群，大家都是铆足了劲希望能够分一杯羹。例如索尼就开发出了全新的环绕声耳机，摩托罗拉也开发了装置在滑雪夹克和 Oakley 太阳眼镜上的蓝牙技术耳机。不过，Plantronics 公司对此类产品并不感到很担心。在卡纳帕总裁看来，这些产品似乎超越了顾客的需求，而 Plantronics 公司真正的长处在于其专注于顾客在日常使用耳机中发生的问题，并且恰到好处地解决这些问题。比如说，就是 Plantronics 公司第一个帮顾客解决了耳机老缠线这么一个看似简单但却又经常发生的问题。Plantronics 公司认为，创新并不只是一味地追求新奇的东西，只有能够让顾客感到"悦耳"的创新，才是真正的有生命力的创新。

评析：好的企划创意能够解决问题，而能否解决问题，关键在于"能否发现烦恼的本质"。以市场、消费者为参照物，关注消费者的消费情境，更有助于看清烦恼的根源。找出烦恼的根源，才是重中之重。出发点对了，才能正确进行企划。

资料来源：http://www.51dh.net/magazine/paper/2008/282/282138.htm，有删改.

【核心内容】

企划观念是企划的出发点，它决定了企划的方法。基本的企划方法包括：浪漫型企划法、HITS 法、3P 法及 POS 法。

企划观念最本质的内涵来自企划的哲学，要更好地运用企划的方法就必须掌握企划的哲学，它是把握及选择正确企划方法的起点。同时，成功的企划还必须遵循基本的企划原则。

企划必须善于面对及鉴别不同的环境与各式复杂的问题，找出解决问题及企划的着眼点。

企划信息是发现问题、成功企划的基础。企划信息源于日常的积累及运用专门的方法进行专项调查、收集。

在企划过程中，成功的创意与合理运用创意方法有着重要的关系。常用的企划创意方法包括：詹姆斯·韦伯·扬创意法、奥斯本核对表法、水平思考法等。

【深度思考】

1. 比较、分析四种不同的企划方法。

2. 分析企划的基本原则。

3. 尝试用奥斯本核对表法进行某种新产品的构思。

4. 比较、分析"水平思考"与"垂直思考"。

【互联网＋】

"中国凤凰"小米的再度崛起

2017年末，美国《连线》杂志报道，在经历2016年从中国名列第一的智能手机制造商下滑到第五名之后，2017年小米再度崛起成为中国企业活力的标杆。

1. 小米是如何开展在线营销的？有哪些途径？

2. 小米成功的关键是什么？

【延伸阅读】

《互联网＋：从IT到DT》，阿里研究院著，由机械工业出版社于2015年出版。

作者简介： 阿里研究院，成立于2007年4月，依托并深深扎根于全球最大、最具活力的在线商业生态系统——由电子商务、互联网金融、电商物流、云计算与大数据等构成的阿里巴巴互联网商业生态圈。阿里研究院的研究定位：秉承开放、分享的互联网精神，面向研究者和智库机构，通过数据、技术、案例、理念的分享，成为新经济与新治理领域的智库平台，包括数据开放平台、专家网络与智库平台。

内容提要： 2015年，"互联网＋"写入李克强总理的政府工作报告，"互联网＋"成为国家经济社会发展的重要战略。本书深度解析了"互联网＋"的内涵及"互联网＋"与云计算、大数据、新分工网络的关系。世界正从IT走向DT（数据技术）。IT以自我控制、自我管理为主，DT以服务大众、激发生产力为主，未来属于DT时代。

"互联网＋"的过程也是传统产业转型升级的过程，IT企业与传统企业的完美融合，将对人类经济社会产生巨大、深远而广泛的影响。本书分为升维与变革两个部分，详尽地阐述了"互联网＋"行动将以夯实新信息基础设施、提升原有工农商业基础设施、创新互联网经济、渗透传统产业为指向，为中国经济实现转型与增长开辟新路。

无论是设计企划还是写作企划方案，我们都离不开互联网，现今的互联网及其所应用的信息技术已发生了巨大变革，企划人需要更全面、更深刻地了解互联网及其信息技术，这样才能充分利用当今的信息技术创作出成功的企划。

第 5 章
制定企划的
一般方法

攻人以谋不以力，用兵斗智不斗多。

——欧阳修

【学习目标】

1. 进一步确认企划的基本结构；
2. 了解企划每部分的主要内容；
3. 掌握企划每部分的基本写法。

虽然不同的企划会有不同的内容，但是我们还是可以找到企划的一般创作规律。前面我们已经介绍过，企划一般包括 8 个基本部分，即企划导入、企划概要、企划背景、企划意图、企划方针、企划构想、企划设计、附录（详见第 3 章第 2 节）。本章将参照企划的基本构成，详细介绍企划每一部分的一般写法。

第 1 节 企划导入的写法

企划导入的主要目的是引起企划读者对企划的关心与兴趣，企划者必须时刻充分考虑读者的需求。

一般地，企划导入包括企划的封面、前言及目录三部分内容。相对而言，前言的写作更为重要。

一、封面的写法

1. 封面的作用

一本商业杂志，读者对它的兴趣虽然取决于杂志的内容，但改变其封面同样会引起读者的注意、关心。匠心设计的封面是引人入胜的良好开始。企划封面的作用也同样如此。

一份正式的企划，封面是必不可少的。封面是企划的首页，最先映入读者的眼帘，因而给读者最先且较大的影响。封面的具体作用一般包括：

（1）封面可掩盖、修饰企划的整体。

（2）一般地，封面可清晰地标明企划的标题。

（3）封面是传达企划内容的首页。

（4）有些不宜在正文表述的内容，可以在封面中方便地进行表述。

2. 封面的构成要素

企划的封面一般应该包括以下内容：

（1）提出单位，指提出企划的单位及部门。

（2）企划者。有时，要具体写出提出企划的个人、所属部门、地址及电话号码等企划者个人资料。

（3）企划名称。企划名称要正确且简洁。一般地，企划名称可用主、副两个标题表达。主标题是企划的总名称，副标题则用以具体表现企划主题，展示企划的目的，反映企划的背景及由企划所带来的利益。有时，副标题甚至可以直截了当地指出企划的最吸引人之处。

（4）提出日，即企划的提出日期。

（5）机密程度，指企划的机密程度。一般地，企划可分为绝密、机密、一般等不同层次。

（6）企划的页数。

当然，由于企划者的风格、爱好不同，封面的构成要素及书写方式会有差异。但必须注意的一个基本原则是，封面的构成及风格必须与企划内容协调、一致。

3. 封面设计的要点

由于封面是企划的脸面，对其进行精心设计是值得的。设计封面时，一般应注意以下几点：

（1）封面的设计风格应与企划的其他页面有共同之处，从而形成与企划内容的协调、一致性。

（2）为了增加企划的魅力，封面不要仅限定于使用白纸，可使用质地不同的彩色纸。

（3）面向企业外的企划封面应该与面向企业内的企划封面有所区别。

（4）封面应该充分展示企划的个性。

（5）设计封面时应该牢记，封面是读者所见到的企划的第一页，应追求先声夺人的效果。

图 5-1 给出了一个简单的企划封面的实例。

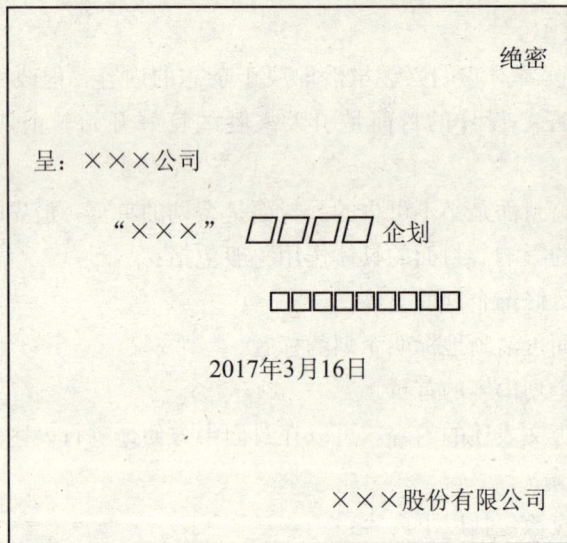

绝密

呈：×××公司

"×××" □□□□ 企划

□□□□□□□□□

2017年3月16日

×××股份有限公司

图 5-1　企划封面实例

二、目录的写法

1. 目录的作用

企划目录可以展示企划的整个构成，通过目录可以为读者了解企划、检索企划内容提供方便。另外，由于企划的程序与企划的构成往往是一致的，读者通过目录就可以轻松地了解企划的作业程序。并且，通过目录可预先把握企划的思路，从而为进一步理解、接受企划做好准备。

总之，目录要给读者与企划相关的预备知识，防止出现企划者与读者认识上的差异，并帮助读者充分理解企划的内容。

2. 目录的写作要点

（1）在目录中一般要写上企划各部分的标题及对应的页码。为了更详细地表明企划的构成，必要时可将各部分下的具体内容的标题及对应页码标示清楚。

（2）由于目录清楚地表明了企划的构成，所以，往往在企划作业之初就会写好目录中企划各部分内容的标题，而其对应的页码则往往在整个企划完成之后才标上。

（3）为了便于读者了解企划内容，可以在目录空白之处，加上与企划主题相关的宣传图片。

（4）当企划内容简单、页数较少时，可以将企划的目录、前言均放在企划的封面上。

企划目录实例

目　录

三、前言的写法

1. 前言的作用

前言是企划的开篇。因此，企划的前言非常重要。前言的作用主要表现在以下两方面：

（1）清楚地表明企划者的基本姿态。在前言中，企划者往往可以比较自由地表述自己对企划的思考，以及对企划主题的基本态度与理解。

（2）引起读者的关心。前言是读者首先接触的企划的具体内容，如果前言部分不吸引人、不能引起读者的兴趣，有可能造成读者对整个企划失去信心，甚至就此打住，放弃对企划的进一步关注。因此，前言应力求精简、有趣，并给予读者足够的"承诺"，以打动、吸引读者。

2. 前言的构成

前言不宜过长，应以精简的语言叙述以下内容：

（1）企划的背景及目的（企划提出的原因及一般的利益）。

（2）企划内容的基本概要。

（3）企划的特色（与其他相比的长处或优势，以及能带来的重要的承诺）。

（4）对有关人员的感谢。

3. 前言的写作要点

（1）前言必须精简、有趣，不能详细说明企划的内容。前言过长，会减少读者对企划及其内容的关心。

（2）前言可以在企划写作之初进行，但必须在企划完成之后进行修改。正因如此，有人建议前言的写作可以放在企划写作的最后环节来进行。

（3）若前言部分文字内容较少，可在空白之处加上与企划主题相关的宣传图片。

（4）当企划内容简单、页数较少时，可以将企划的目录、前言均放在企划的封面上。

企划前言实例

前　言

贵公司自创立以来，一直致力于中国食文化的传承，拥有许多的畅销商品，对光大中国食文化做出了重大贡献。本公司对此深表钦佩。

然而，随着我国经济的飞速发展，整个市场结构变化巨大。"食"市场同样如此。市场竞争日益加剧，特别是 A 公司成功地开发了新的流通渠道，全面展开新的直接营销方式，使贵公司市场面临巨大威胁。

在这样的市场环境下，贵公司自去年开始设立 XYZ 研究项目，着手开发即时营销的新系统。

本企划的目的，是为贵公司构筑并展开"食"市场的即时营销系统，并为此而开发、运营战略顾客数据库。

如此，本企划的重点是运用一对一营销理论，为贵公司开发战略顾客数据库并保证其有效运用。

最后，非常感谢贵公司的信任，使本公司获得共同发展的机会。

第 2 节　企划概要的写法

企划导入之后，紧接着的部分就是企划概要。在此部分，通常要用 1 页纸的篇幅及框图的形式浓缩企划的整体内容，并清晰地表述企划的思路、过程。

一、企划概要的作用

1. 企划概要可以清晰地提示企划的结论

企划者自然对企划的内容了如指掌，但是企划阅读者则不然。如何使企划阅读者快速、全面地了解企划内容，就是企划概要的任务之一。企划概要在企划的开头直观地向企划阅读者提示企划的结论，从而令阅读者把握企划整体，帮助其更好地理解企划在此之后的内容。

2. 企划概要可以简洁地介绍企划内容

企划概要可以起很好的引见作用。一般地，企划的阅读者（上司或委托方）往往因为繁忙而不能有太多的时间充分了解企划的全部内容。所以，他们可以、同时也愿意通过企划概要获取来自企划的有关经营决策的必要信息。

事实上，企划概要的重要性日渐加强。有人甚至认为，企划有浓缩在一张纸——企划概要上的趋势。可见企划概要在企划中的地位。

3. 企划概要是检查企划内容的有效工具

因为企划概要在较小的篇幅内明示企划的整体内容，所以，很容易通过它发现企划前后观点、结论是否一致，企划是否周密，有没有存在可能的错误等企划内容上的诸类问题。

二、企划概要的写作要点

企划概要将企划整体内容进行简要归纳、整理，并用简明的图示表达出来。

1. 企划概要的写作方法

通常，企划概要的写作方法有两种：在整个企划内容完成之前或完成之后写作。前者一般是首先确定企划概要，然后逐渐补充概要的各项内容，最后完成整个企划。这种方法有利于企划内容的写作。后者则是在所有企划具体内容完成之后，再按由前至后的顺序将各部分内容进行总结。这种方法近似于机械化操作，写作概要比较方便。

实际中，究竟采用何种方法写作企划概要，企划者可根据自己的习惯、爱好来确定。

2. 企划概要是整个企划的骨架

由于受篇幅限制，企划概要只能简要说明企划内容，而不能展示企划的细节内容。重要的是，要通过企划概要使阅读者头脑中留下企划的整体印象。显然，在概要中过多地说明企划的细节内容，会与之后的企划内容形成重复。因此，企划概要必须是提纲式地表达企划的整体内容。

3. 用图示的方式写作企划概要

企划概要中各部分内容之间的关系往往用图示的方法来表明。直观的图示，有利于阅读者对企划内容的理解。

企划概要实例见图 5－2。

企划概要

★现状分析（P3）

★目标设定（P4）

外部环境	(1)⋮(2)⋮(3)⋮	内部环境	(1)⋮(2)⋮(3)⋮	分析结果	◆机会⋮	◆威胁⋮	◆优势⋮	◆劣势⋮

问题⋮	可能性⋮	课题⋮	目标⋮

★概念形成（P5）

概念⋮	目标（指标）⋮	目标⋮

★具体实施方案（P7~P9）

● ××实施策略
（1）目标……
（2）关键点……
（3）实施策略……

● ××实施策略
（1）目标……
（2）关键点……
（3）实施策略……

● ××实施策略
（1）目标……
（2）关键点……
（3）实施策略……

★实施计划的确定（P10）

● 进程安排

作业	时间
(1)……	……
(2)……	……
(3)……	……

● 预算

作业	时间
(1)……	……
(2)……	……
(3)……	……
合计	

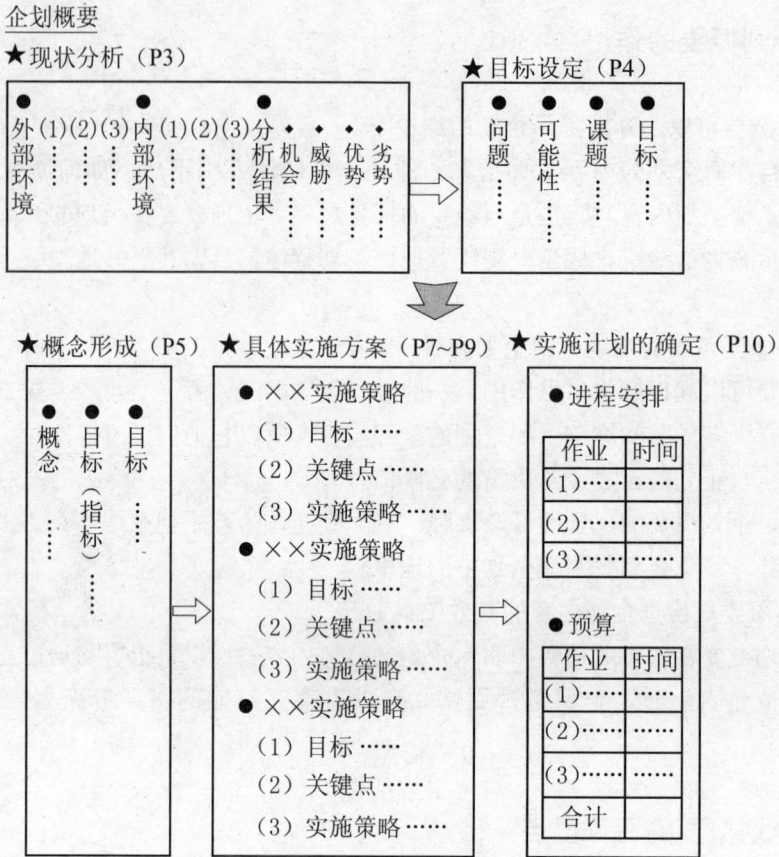

图 5－2　企划概要实例

第3节　企划背景的写法

从企划背景开始，就进入了企划的正文部分。企划背景的主要内容包括现状分析和企划前提两大部分。通常，我们可以把企划背景看作企划的"出生证明"。

一、企划背景的作用

1. 企划背景必须阐明企划的必要性

企划并非空想的结果，是在充分的客观实际调查的基础上进行周密的现状分析而产生的。"为什么要进行企划？"这是企划背景要回答的根本问题。这一问题的答案，显然要通过现状分析，使企划者与阅读者产生共识，从而寻找出进行企划的必然性来给出。

2. 企划背景提示企划的前提条件（制约条件）

在企划背景中，要站在委托者的立场上提示企划进行的前提条件（约束条件），从而使企划的进行更具可能性、合理性。

二、企划背景的构成要素

一般地，企划背景主要包括下面几个方面：

（1）企划对象（内容）的背景；

（2）现状分析及现状分析的结果；

（3）企划的契机或动机；

（4）企划的前提条件（制约条件）及其影响。

三、企划背景的写作要点

1. 企划对象（内容）的背景的写法

背景应全面、简洁而富有条理。通常，可以对企划对象（内容）所处的背景进行综合、概括性的描述。

分析背景时，应该收集、关注现有资料及有关的书、报纸、杂志等媒介提供的二手资料，即从查询企业相关资料、数据库等方面入手，整理出可能影响企划的因素及数据，为企划的必要性、企划的目的及目标的设定提供依据。

2. 现状分析

包括微观环境分析及宏观环境分析两大部分。

一般地，因为市场分析直接影响企划的内容，所以与营销相关的企划的微观环境分析主要是进行市场分析。可以认为，市场分析的正确与否将决定企划的成功与否。

在进行市场分析时，要特别注意事实及数据的运用，它应该与相应的市场调查与研究紧密结合，并有效地运用市场调研的分析与结果。所以，为了完成市场分析，除要收集、分析相关二手资料外，大多数情况下还必须有通过实际调研获得的一手资料。通常，这部分内容的素材可以自己组织人力进行市场调研获得，也可以付费通过委托专门的调查公司调研来获得。

市场分析的内容众多，应尽可能灵活运用客观的事实及数据进行分析。其中，需要重点进行分析的内容包括：

（1）市场规模的变化；

（2）市场占有率的现状及变化；

（3）市场结构现状及其变化与变化原因；

（4）未来市场的发展；

（5）购买者分析；

（6）其他。

表 5-1 通过对青少年化妆品市场的市场分析，给出了市场分析的具体分析内容。

表5-1　　　　　　　　　　　　青少年化妆品市场的市场分析

分析项目	项目发展动向（环境变化）	对企业的影响
市场规模	● 少儿抚养费用增加 ● 青年组织出现	● ××××
市场占有率	● A公司市场占有率20% ● 特定企业增加	● 企业竞争压力增加
价格动向	● ×××× ● ×××	● ×××
生产动向	● 虚拟企业出现 ● ×××	● 行业生产重心向亚洲移动
购买动向	● 中药及相应制品需求增加 ● ×××	● ××××
技术动向	● 防皮肤衰老技术进步 ● ××××	● ××× ● ××××
信息传递	● 建立顾客数据库 ● ×××	● 以数据库技术支撑一对一营销
行业变化（新行业、新企业加入）	● 服装业厂商加入 ● 家庭用品企业加入 ● 流通企业商标出现 ● 医药企业加入 ● ××××	● 市场竞争日趋复杂、激烈
政策法规变化	● 销售限制撤销 ● ××× ● ×××	● 国外商品进入 ● ×××× ● ×××

图5-3给出了一个市场分析（局部）的实例。

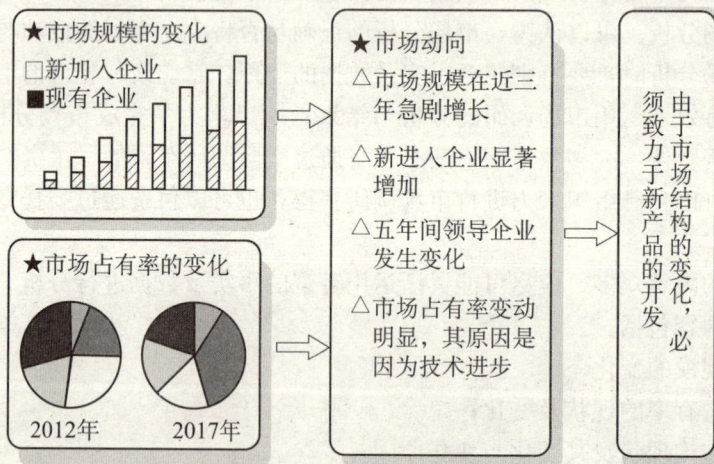

图5-3　市场分析实例

　　进行现状分析时，必要的时候还必须进行宏观环境分析。宏观环境分析可以包括宏观经济因素、人口因素、自然因素、技术因素、政治因素、文化因素等六大宏观环境因素分析。如图5-4所示。

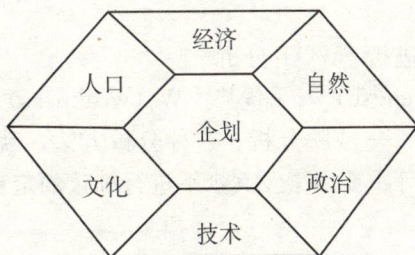

图 5－4　企划的宏观环境因素

图 5－5 给出了一个宏观环境分析（局部）的实例。

★人口因素分析

老年社会将来临，老年市场因此而急剧扩大。

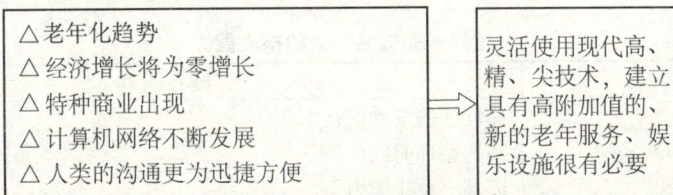

△老年化趋势
△经济增长将为零增长
△特种商业出现
△计算机网络不断发展
△人类的沟通更为迅捷方便

灵活使用现代高、精、尖技术，建立具有高附加值的、新的老年服务、娱乐设施很有必要

图 5－5　宏观环境分析实例

3. 企划的契机或动机

企划的契机或动机分析，主要是通过分析企业面临的机会与威胁，发现企业的优势与劣势。现实中，许多企业新事业的开发正是源于危机的出现，如"老干妈"辣酱的诞生。通常，此部分分析内容又可分为企业经营能力评价、SWOT 分析及核心能力分析三部分。

（1）企业经营能力评价。

企业经营能力评价的具体项目见表 5－2。当然，企划者也可以根据自己的思考对这些项目进行增减。通过企业经营能力评价，寻找出企业的优势与劣势，并进一步确定、表述为与本企划相关的优势与劣势。

表 5－2　　企业经营能力评价

分析（评价）		企业的优势与劣势		与企划相关的优势与劣势	
项目		优势	劣势	优势	劣势
企业理念					
经营领域					
基本战略					
战略要素（经营资源）	产品				
	价格				
	渠道				
	销售力				
	技术				
	研究开发				
	生产				
	人才				
	信息				
	资金				

（2）SWOT 分析。

在现状分析的基础上，进行 SWOT 分析。

SWOT 分析，即 S（strength）——优势、W（weakness）——劣势、O（opportunity）——机会、T（threat）——威胁分析。这种分析方法，就是参照领导（目标）企业将本企业的各种技术、产品等重要因素及其水平进行细致的定量评价。

（3）核心能力分析。

所谓核心能力，是指本企业所独有的、别的企业不能模仿的特殊资源与能力。通常，企业的核心能力可以包括其技术能力、经营管理能力、组织能力及制度等内容。世界上众多知名企业之所以在市场中持续存在并发展，与其出色的核心能力密切相关（参见表5－3）。如果一个企业不具备核心能力，其生存必将受到威胁。核心能力是一个企业的战略支柱，企划之初需要对此进行仔细分析。

表5－3　　　　　　　　　　　　世界一些知名企业的核心能力

企业	核心能力
丰田	高性能的发动机技术
摩托罗拉	高速循环时间生产
索尼	商品小型化能力
夏普	液晶技术
佳能	相片保存、处理概念的构筑力
P&G	国际市场的开发能力
花王	生活信息系统

SWOT 分析及核心能力分析的基本内容如图5－6所示。

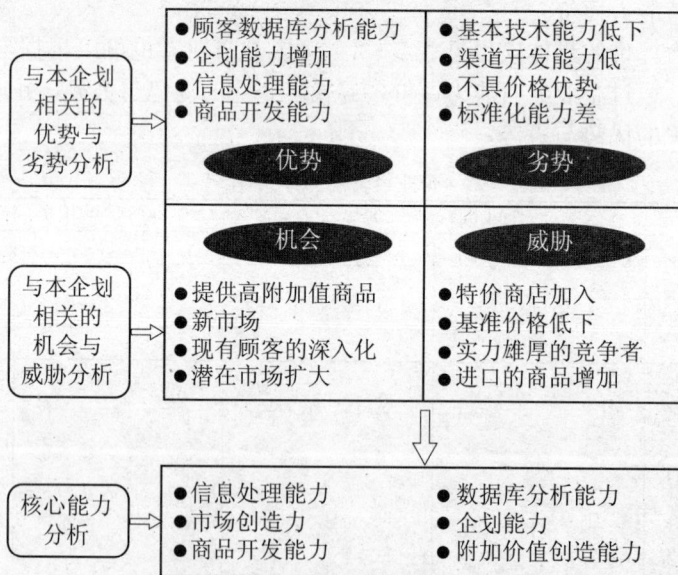

图5－6　SWOT 分析及核心能力分析实例

进行现状及企划的契机或动机分析时必须注意：

第一，现状分析中必须合理使用数据。必要的数据有助于增加企划的可信性。处理、引用数据最好的方法是使用图（柱形图、曲线图、面积图等）和表。通过数据分析图表，可以有助于分析过程的进行及结论的得出。同时，也有助于阅读者的阅读。

第二，现状分析必然要涉及大量的数据，但不能将全部数据资料都列入企划中。满篇数据的企划很可能会降低阅读者的阅读兴趣。所以，一般建议将非必要的数据放入企划的附录中，以备读者查阅。

第三，通过现状分析，必须明确其结论。即必须明确机会与威胁、优势与劣势，并最终将结论分条列出。

第四，为了明示现状分析的过程及结论，建议按照图5-7的方式进行整理及表述。

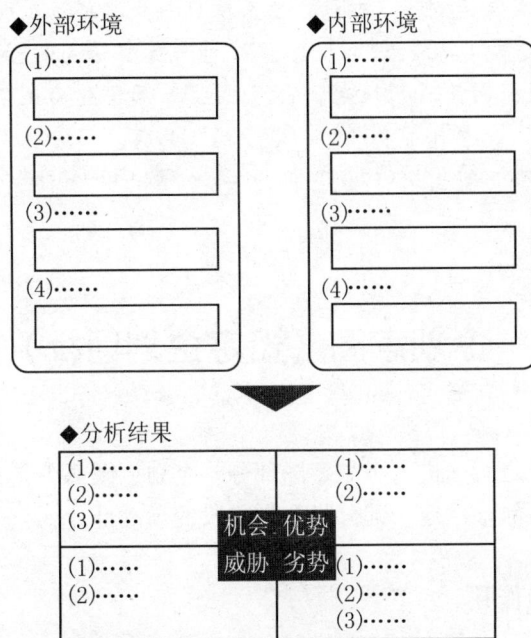

图 5-7　现状及企划的契机或动机分析的整理

4. 企划的前提条件

在企划背景部分，还需要简要说明本企划的前提条件。企划的前提条件是企划得以实施的基础。如果没有切合实际的实施基础，企划只是空中楼阁。举世闻名的三峡工程，在孙中山时期就有类似的企划。然而，由于严重缺乏实施前提，真正意义的企划及实施却是在当今的时代。因此，在实际中也许有比本企划更好的企划，但却是在现有条件下无法实施的，这样的企划是没有意义的。所以，在企划背景中应该简要说明企划的前提条件。如，企划对象的人员、组织、费用；企划实施的技术要求；企划实施的时机；等等。

确定企划的前提条件时，必须注意以下几点：

（1）书写方式应该简洁、明了。

（2）企划的前提条件只需提出条件，无须提出应对措施及解决方案。

（3）前提条件的提出必须与现状分析紧密结合。

【品牌故事】

"老干妈"陶华碧：酱缸中的生意

国人眼中原本稀松平常的"老干妈"，被美国商家捧成了"高端食材"，同等分量一瓶辣酱，国内外价格相差数倍。所谓"物以稀为贵"，自由市场经济中，商品价格由供需关系决定，"老干妈"扬名海外，正应了那句老话："壶里乾坤大，洞中日月高"，小生意亦可蕴藏大商机。

陶华碧是偶然发现辣酱中的商机的。1989年，困窘中的陶华碧在贵阳街头开办了一家快餐店，开业后顾客盈门，生意日益红火。不料有一天，生意一落千丈，陶华碧百思不得其解，打听之下才恍然大悟，原来小店之所以日日客满，是因为顾客喜食店中免费提供的麻辣酱，对主食反倒并不在意，恰逢这日麻辣酱耗尽，顾客食之无味，纷纷败兴而归。麻辣酱有促进食欲的功效，陶华碧原为增加消费而提供的免费作料，最后竟"喧宾夺主"地成为吸引回头客频频光顾的"法宝"。陶华碧后来索性关闭快餐店，一门心思钻研辣酱制作工艺，才有了今日的"老干妈"品牌。

资料来源：http://news.brandcn.com/pinpaigushi/130225_343784.html，有删改.

第4节　企划意图（设定企划目标）的写法

企划背景部分完成之后，进入企划意图部分。企划意图部分是充分发挥企划者的分析能力，提出理论结论的部分，这一部分是企划前段的高潮部分。

一、企划意图的作用

企划意图的主要内容是进行企划目标及目的的设定。因此，企划意图的主要作用是以现状分析结果为基础，由企业的威胁及劣势中寻找出存在的问题；同时，由企业的机会和优势中把握企划的可能性，从而最终明确企划必须达到的目标。由此可见，"现状分析"是企划的出发点，而"目标设定"则是企划的目的地。

二、企划意图的构成要素

企划意图部分由以下要素构成：
（1）明确存在的问题及企划的可行性。
（2）明确企划课题。
（3）设定企划的目的和目标。

三、企划意图的写法

1. 企划意图的具体内容

（1）存在的问题与企划的可行性。

存在的问题是指企业目前所存在的与本企划内容相关的各项问题，这些问题是企业实施企划内容的障碍。在实际中，往往通过对现状分析结果中的威胁与劣势的分析来寻找问题。事实上，确定了问题，也就可以很好地探寻、明确企划的可行性。

（2）明确课题。

在分析存在的问题及企划可行性的基础上，需要明确提出本企划的课题。这一阶段就如同医生为病人看病的过程：医生首先通过对病人的仔细诊察，获取第一手资料，并对这些资料进行客观的整理（这一过程就如同企划的"现状分析"）；接着，医生必须根据诊察对病人做出诊断（这就是企划意图的过程）。

医生的职责并非仅找出病人生病的原因（问题），而必须根据病人及医疗技术的状况找出病人治愈的"可能性"，并确定为了使患者达到理想的健康状况（目的和目标）究竟应该做什么，即直截了当地提出课题。显然，企划者是否为"名医"，关键在于课题的提出。

概括地说，"明确课题"就是灵活运用"可行性"解决实际存在的问题，并明确提出为实现目标所必须做的事情。

课题的提出是企划前段部分的重点。特别是受外部委托的企划，企划者能否获得委托者的信赖及认可，很关键的因素就是课题提出的正确与否。如果企划者能获得委托者的信任，可以与之建立良好的长期关系。

（3）目的与目标的设定。

目的与目标略有差异。"目的"是企划目标的粗略、定性表述；"目标"则是企划目的的具体、定量化表述，如：确定具体的市场占有率为 15％等。目的是企划努力的方向，而目标则是企划必须实现的具体程度。在设定目的与目标时，应该注意以下事项：

第一，目的与目标应该在对企划实施成果的科学预测基础上慎重确定。目的与目标定得过高，将不具有实现的可能性；反过来，目的与目标定得过低，则不能提高士气，会给人以消极影响。

第二，制定目的与目标应尽量考虑企业自身、企划委托方、顾客等相关对象、因素的需求、利益、动机及条件。

第三，企划目的的设定应该尽可能从宽广而水平较高的视点出发，使之具有"一石多鸟"的良好效果。例如，企业的一个事业企划的目的，自然可以是扩大销售。但除此之外，还可设定革新现有技术、培养人才、建立顾客数据库等目的。但是必须注意，相关目的的设定只是为了更好地实现企划的中心目的。

第四，企划目标一般可以采用图表的方式表述，以求直观且更具表现力。

2. 企划意图的写作实例

图 5-8 所显示的是某方便面企业对其新品种方便面的销售企划中所制定的目的与目标。该企业的这种新品种方便面刚推向市场时销售状况较好，但近来出现销售不力状况。这一企划就是为了改善销售不力而制定的。通过该实例，可以了解企划意图的基本写法。

目标设定

◆问题   ◆可能性

销售能力较差及其他企业产品占领市场

（1）目标产品进入市场之后，对其销售能力关注不够
（2）其他企业的竞争产品加强了销售力度，使本企业产品面临淘汰

本企业产品与其他企业产品相比具有相当优势

（1）与其他企业的产品相比，存在产品的差异性
（2）本企业产品的品牌忠诚者虽然不高，但确实存在

◆课题

对本企业产品的概念及品质进行彻底再认识

（1）重新认识本企业产品的优势
（2）一旦品尝本产品，使消费者一定喜欢
（3）营建本企业的协作机制

◆目标   ◆目标

确定领导产品不可动摇的地位

（1）与其他企业的产品相对抗
（2）在企业内部努力开发与培养第二主打产品

在冬季实现5%的市场占有率

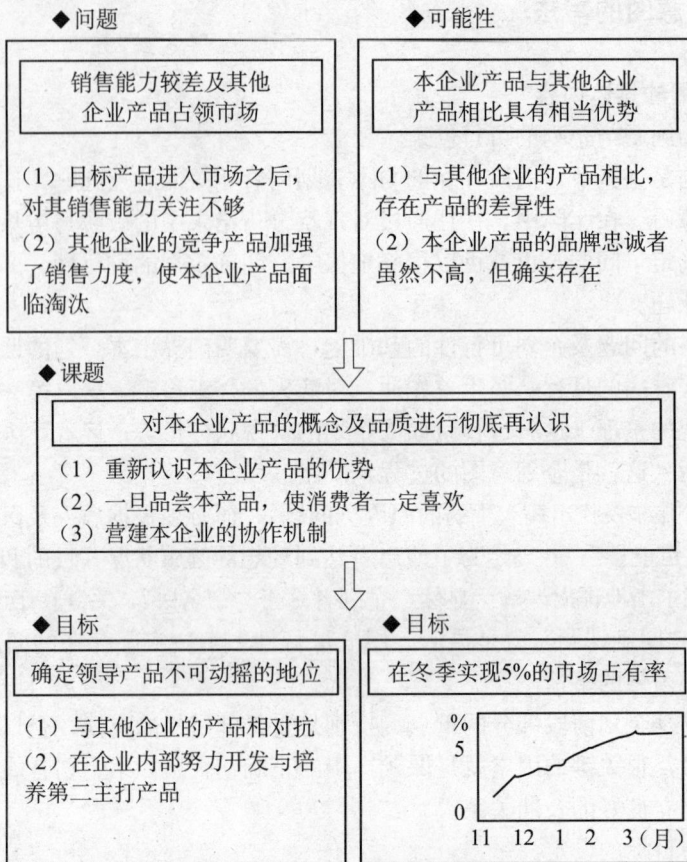

图 5 - 8　企划意图实例

第 5 节　企划方针的写法

企划方针就是对商品、事业或市场等企划对象进行定义，即进行"概念的形成"。

企划方针的主要内容包括 KFS、目标、定义、主题。通过该部分，明确企划的内容方向，并粗略提示企划的实施策略。

一、企划定义

1. "企划定义"的作用

对企划的对象，如企业的事业、商品进行定义是非常重要的。如果定义不同，将会使企划的方式、方法及其他具体内容产生很大的差异。实际上，对企业的事业、商品的定义不同，肯定会使企业的市场结构、营销方式等发生重大改变。例如，某化妆品生产企业将企业的事业定义为"生产与销售化妆品"和定义为"生产与销售美的希望"，效果是截然不同的。

世界上一些著名的企业对自己的事业都有完美的定义，例如：

IBM：适应企业界解决问题的需要（四海一家的解决之道）。

美国电话电报公司：提供快速有效的通信能力。

壳牌石油公司：满足人类的能源需要。

施乐公司：我们帮助改进办公效率。

所以，在企划中科学、正确地对企划对象（企业的商品或事业等）进行定义十分重要。其意义具体表现在：

（1）定义是企划理想状态的表现。企划最终可以达到的理想状态可以通过"企划定义"来表现。并且，通过定义可以方便地引出企划的实施策略。因此，"企划定义"是企划作者与阅读者的共鸣器。

（2）企划定义作为企划的向心力，可以使企划的具体实施策略目标一致。因此，可以认为企划的内容是由"企划定义"所决定的。

2. "企划定义"的写作要点

（1）对企业的商品或事业定义时，应该避免仅从产品或技术的角度寻求答案。如，"IBM 是生产计算机的企业""本企业是生产复印机的企业"等。按产品或技术导向进行的定义，对企业今后的发展、扩张非常不利。因为产品或技术随着时间的推移，有可能过时而被市场淘汰。相比而言，市场的基本需求却是长存的。因此，企业在对商品或事业定义时，首先必须考虑市场的需求及顾客的利益。只有这样，才有可能使企业关注市场需求动向，并及时开发可以更好地满足不断变化的需求的新产品、新事业，从而使企业持久地保持竞争、发展活力。

（2）企划定义应与企业的竞争者及参照企业的有关定义存有明显的差异。

（3）进行企划定义时，应建立一个"定义体系"，即在总定义之下划分出若干个分定义，并最好添加上相应的顾客利益，以增加说服力。

图 5-9 给出了一个企划定义体系的实例。

那么，下文中的独特创意"土壤里'种'家具"，我们又该如何定义其事业呢？

【创意无限】

英国设计师土壤里"种"家具

英国一名设计师加文（Gavin Munro）研发出一种新的技术，让柳树、白蜡等木头沿着专门的模型生长，而这种独一无二的特制家具，最大的特点就是全都是由土壤里"种"出来的！

身为环保主义者的加文突发奇想，想要在土壤里"种家具"，于是他制作特制的塑胶模型，让树木幼苗能顺着模型成长。而他也会在树木生长的过程中，不定期修剪与引导，让木头能够顺利连接成"一体成型"的家具。

加文利用各种不同的树种做实验，例如梧桐、柳树、山楂树、红橡木等，并将这种技术比喻为"有机 3D 打印"，成分是阳光、空气与土壤，这些纯天然的材料和技术，既不污染环境，又可以再生利用。

他表示，目前已经有 400 多件桌椅和灯罩等家具正在等待"收成"，未来也将考虑种植更高难度的书架和五斗柜。

资料来源：http：//mil. news. sina. com. cn/2015-04-13/1113827654. html.

```
                为孩子及大人服务的大型游乐场
                              │
                              ▼
        ┌──────────────────────────────────────────┐
        │  主定义：        充满梦想与快乐的世界          │
        ├──────────────────────────────────────────┤
        │  主定义1：    超越时空的冒险、童话，未来的国度  │
        ├──────────────────────────────────────────┤
        │  主定义2：        深知孩子们的心              │
        ├──────────────────────────────────────────┤
        │  主定义3：     经进严格试用的超一流世界品质     │
        ├──────────────────────────────────────────┤
        │  主定义4：       独具特色的正宗精彩项目         │
        ├──────────────────────────────────────────┤
        │  主定义5：         世界一流的服务             │
        ├──────────────────────────────────────────┤
        │  顾客利益：孩子及其家长所爱                    │
        └──────────────────────────────────────────┘
```

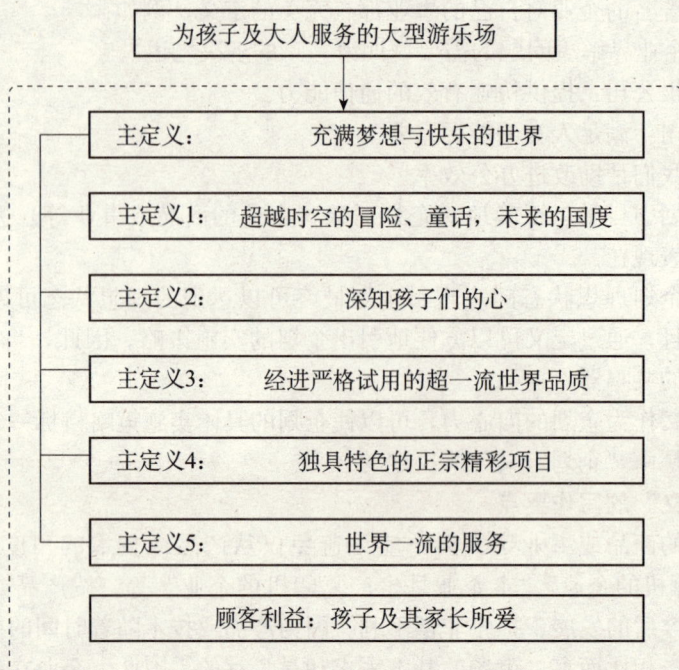

图 5 - 9　企划定义体系实例

二、明确 KFS 及目标市场

1. KFS

KFS（key factor for success）是通过"现状分析"及"目标设定"，把握住令企划走向成功的关键要素。这些关键要素是企划顺利实现的钥匙。

2. 目标市场

这里，对目标市场的描述是指为了提高企划效果，对令企划发挥效用的对象市场进行具体表述。如，对商品的营销目标市场的具体表述（购买者的年龄、性别，购买者与使用者，等等）。

一般地，对目标市场的分析应该包括分析主目标市场、分目标市场、市场定位、当前目标市场等内容。

三、设定企划主题

在此，企划主题既是企划定义的具体化，也是使企划定义具体实施策略展开的统一主题。

图 5 - 10 给出了一个以前述方便面企业为对象的企划的企划方针实例。

企划方针

◆KFS

为确保市场占有率必须做好流通渠道的工作
（1）为了维持相当的销量，应将目标商品放置在店内显要位置 （2）企业成功的关键，在于推动流通渠道的工作

◆目标市场

尚未确定品牌的主妇（实际购买者）
（1）将尚未确定固定品牌的顾客作为目标顾客 （2）实际使用者是学生，实际购买者是家庭主妇

◆定义

捕捉内心的试品尝
（1）无论是否品尝过，都令更多的顾客关注本商品 （2）一旦品尝本商品，使消费者一定喜欢

◆主题

真正的满足
（1）以销售促进为中心，努力追求顾客内心及味觉的满足 （2）以广告为中心，提高品牌知名度

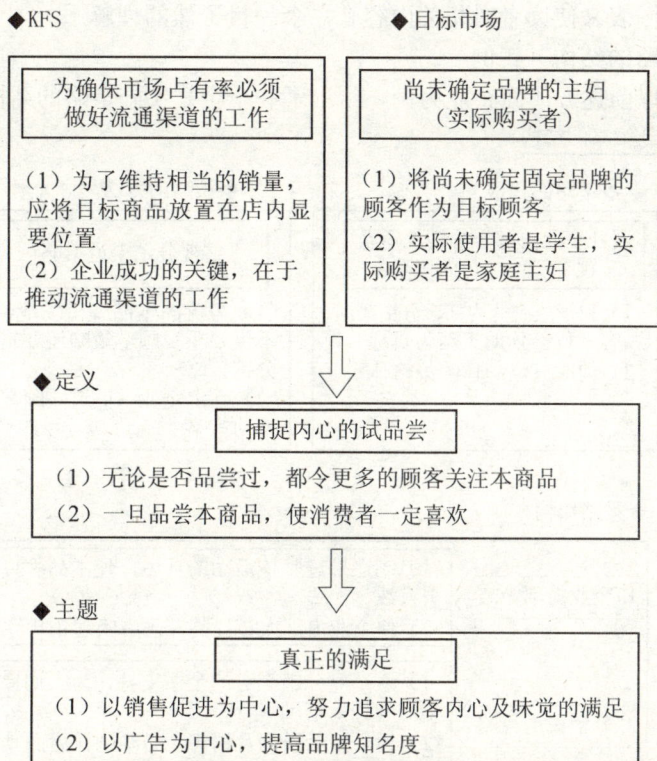

图 5 - 10　企划方针实例

第 6 节　企划构想的写法

企划构想包括"确定实施策略的结构"及"具体实施策略"两个部分。

一、企划实施策略的结构

1. 作用及构成

"实施策略的结构"必须简要提出为了实现企划目标而制定的具体策略。实际上，此部分内容是企划整体实施策略的索引。

一般地，"实施策略的结构"可以由实施策略的策略构成、策略方法及策略结构三部分组成。

2. 写作要点

在企划中，一般在具体说明每一项策略之前，有必要对策略进行整体概括，使读者对实施策略的结构有一个整体概要的认识。因此，在写作实施策略结构时，不仅要显示出企划策略的整体结构，还要尽可能地使读者明了如何使各项策略相互配合从而形成乘数效应。

在写作本部分时，还应注意"实施策略的结构"与"具体实施策略"间的关系。通常，这两部分的关系应该是具体实施策略的整体与细节的关系。这种关系不仅可以通过文字，还可以通过图表来使读者对相关内容有一个一目了然的理解。

3. "实施策略的结构"实例

图 5 - 11 仍以前述方便面企业为例，给出了一个企划实施策略的结构实例。

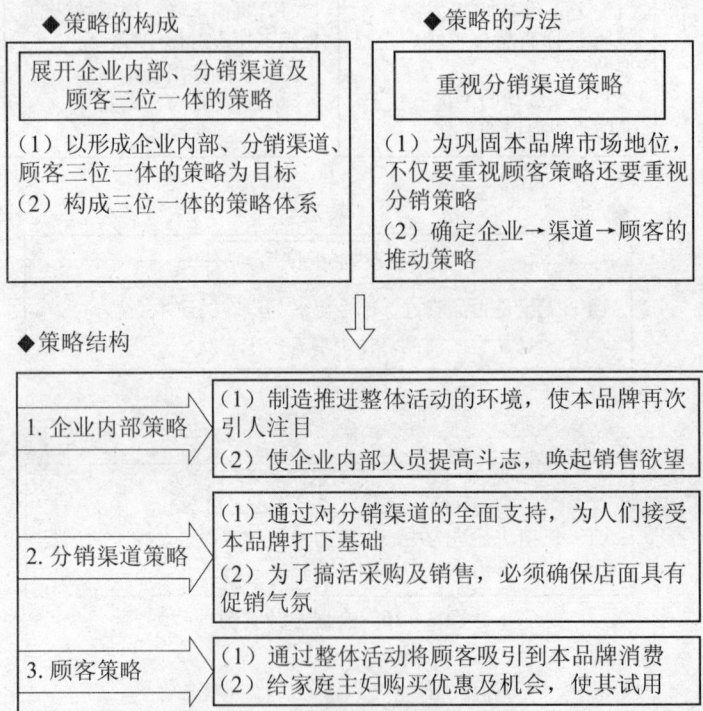

图 5 - 11 实施策略的结构实例

二、具体实施策略

1. "具体实施策略"的作用及构成

根据"实施策略的结构"，在本部分必须对每一策略进行具体说明。

（1）"具体实施策略"是企划中最精彩的部分，也是企划中分量最重的部分，它包括企划的中心内容，因此也是企划的顶峰。企划者提出的实施策略决定企划的可操作性及实际水平。

（2）"具体实施策略"往往在很重要的程度上影响对企划的最终评价。企划中有些部分是可以省略不写的，但这一部分不可或缺。实际上，企划委托者往往根据此部分的内容来决定是否采用企划。

一般地，企划的"具体实施策略"包括实施策略的目标、实施策略的要点、具体实施策略三个部分。

2. 写作要点

（1）企划者为了使所提出的实施策略具有较强的说服力，应预先归纳并准确地表述策略的目标及要点。

（2）实施策略的表述应具有生气与魅力。实施策略是企划者智慧的结晶，只有有效地传达给阅读者才能真正地发挥作用。因此，应尽量使实施策略表述得富有生气与魅力，引人入胜。

（3）具体实施策略可以尽量使用图表等视觉化元素来表述。在实际的企划中，实施策略并非仅用文字来表述。一般地，文字附加图表等视觉元素，可以有效地增加沟通效果。如，广告企划中的素描、商品企划中的设计图、展览会企划中的示意图，等等。视觉化元素贯穿于企划实施策略之中是非常必要的。当然，企划者对类型不同的企划，其实施策略的表述应采取不同的手法。但一般情况下，从传递效果来看，视觉化元素的运用比单纯的文字表述更具效用。

（4）实施策略必须具有一定的抗风险性。企划的实施过程中，由于有些条件、因素及其变化的不可预见性或不可控性，可能具有一定的风险或出现一些意外。因此，具体实施策略应对可能的风险及意外进行预测并提出对策。例如，户外集会若为雨天应该怎么办；玩具若被婴儿吞食如何解决；等等。诸如此类的问题都应预先设计好对策，以使企划策略更好、更现实地实现。

3. "具体实施策略"实例

图 5-12 仍以前述方便面企业的企划为例，给出了一个企划具体实施策略的实例。

具体实施策略

◆策略目标

强化企业战斗力
（1）统一所有相关者的思想，强化目标商品的战斗力 （2）以营业部门的负责人为对象，充分理解活动的宗旨 （3）发挥每一个营业人员的干劲

◆策略要点

吸引及训练销售人员
（1）为培训销售员进行外销活动准备必要的工具 （2）设定销售目标、销售理想状况，吸引销售人员加入 （3）保持销售力持久旺盛

◆具体实施策略

教育		激励	
名称	销售特别研修	名称	销售竞赛
时间	2017年10月	时间	2018年1月至2月
会场	本公司研修中心	对象	全体销售人员
对象	企业销售部门经理、各分店销售部负责人	内容	根据实现销售目标的不同实施不同奖励： 经理奖 月奖 年终奖 销售状元奖
内容	统一思想；理解活动宗旨；商品试品尝		
备注	准备"销售指南"等销售资料，并在研修时灵活运用	备注	安排宣传画、销售会议等宣传活动，3月份召开奖励大会
费用	3万元	费用	10万元

（实施策略的具体叙述略）

图 5-12　具体实施策略实例

第7节　企划设计的写法

企划设计就是要具体确定企划实施策略的实施计划，即确定好策略实施的具体时间、费用、人员等资源分配计划。

一、企划设计的作用与构成

1. 企划设计的作用

（1）企划设计要分析企划实施策略的可行性及有效性。为了达到这一目的，需要对企划项目的收益与成本进行比较。一般地，究竟是否采用企划，首先取决于企划实施策略，其次取决于企划实施计划的可行性与有效性。

（2）企划设计要提出实施企划的程序安排、资源预算及体制。程序安排、资源预算及体制通常被称为企划实施计划的三要素。三要素的安排应越严谨越好。如果企划实施策略较多、规模较大，三要素在企划中起码要各占一页篇幅。

（3）实施计划的制订，实际上是企划制定过程的最后阶段。实施计划要对企划具体实施策略的时间、费用、人员等各方面进行全面论证，从而确定其可行性。如果实施计划不可行，无论怎样优秀的企划都毫无意义。

2. 企划设计的内容构成

企划设计包括的基本内容有：日程—资源进度安排；资源预算；确定体制；企划效果预测；等等。

二、日程—资源进度安排

日程—资源进度安排是对企划的实施策略做出时间、资源上的分配、进程与衔接安排，即确定如何在有限的时间、资源下，合理安排每一项作业及其相互关系。

制定日程—资源进度安排，最好的方法就是甘特图。这种方法简单易行，而且容易将计划与实际进行对比。如果策略实施涉及日期较长，可以使用箭线图或计划评审术（统称网络图）来安排日程与资源。

【资料链接】

甘特图

甘特图（Gantt chart）是亨利·L. 甘特先生在第一次世界大战时期发明的。甘特图内在思想简单，即以图示（通常是线条图）的方式通过活动列表和时间刻度形象地表示出任何特定计划项目的活动顺序、进展情况与持续时间。在图中，横轴表示时间，纵轴表示活动（项目），线条表示在整个期间上计划和实际的活动完成情况。甘特图直观地表明计划任务在什么时候进行，及实际进展与计划要求的对比情况。管理者由此可便利地弄清一项计划任务（项目）还剩下哪些工作要做，并可评估工作进度。

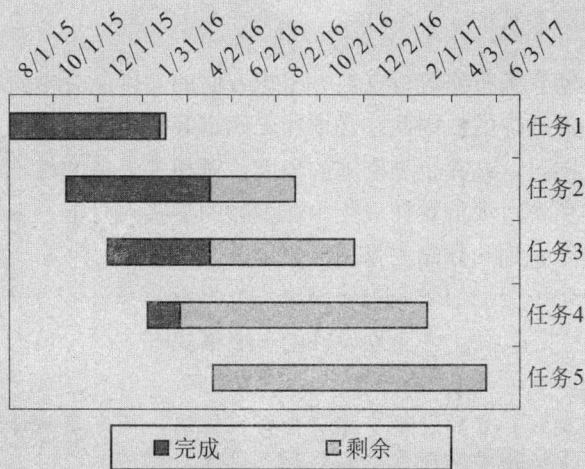

甘特图示例

甘特图用于计划的实施管理，其优点在于将计划任务图形化，简单、直观，易于理解，特别是现在有专业软件支持，无须担心复杂计算、分析和图形制作。该方法的局限性在于仅仅部分地反映了项目管理的三重约束（时间、成本和范围），因为它主要关注进程管理（时间）；尽管能够通过专业管理软件描绘出项目活动的内在关系，但是如果关系过多，纷繁芜杂的线图必将增加甘特图的阅读难度，所以甘特图一般用于中小型计划项目不超过 30 项活动的实施管理。

资料来源：陈建萍．企业管理学：理论、案例与实训（第三版）．北京：中国人民大学出版社，2014：75.

三、资源预算

此部分是对企划的实施策略做出费用及其他资源的预算。

在进行资源、费用预算时，首先必须确定企划的预算总额（总量）。实际操作时，有时会根据每一项实施策略的资源、费用来求总资源、费用，但这种预算可能会带来脱离现实的结果。如果受托进行企划，往往只提出各个阶段所需资源及费用；如果委托方没有资源、费用上的指示，可以参考以前的企划或其他企业的企划来进行预算。另外，促销企划及广告企划的费用预算通常可以根据实际销售额或目标销售额的一定比例来决定。

预算总额（总量）确定之后，必须对应分配于各项具体策略。此时，要注意不能在各项具体策略之间进行机械性地比例分摊，应根据实际情况有重点地分配，使有限的预算尽可能地获得更好的效果。

实际中，委托方或企划读者可能对诸如"各项策略是否可以在规定的预算中实施""预算分配是否合理"等问题存有疑问，企划者事先应有相应合理的解释或说明。

四、体制安排

体制安排是对企划实施策略进行人员、组织方面的安排。企划要顺利实施，合理安排相应的组织体制是必不可少的。因此，必须预先确定好实施企划所涉及的所有内、外部人员及其构成和作用。同时，站在企划实施的角度，对相关人员的权、责、利要有清晰、合理的界定。要注意避免将过大的责任只集中在少数的某些人身上。企划中，往往可以用组织图来直观地表示整个企划的体制安排。

企划设计的一般格式

确定实施计划

针对企划实施的日程—资源进度安排、预算及组织，确定实施计划。

◆日程—资源进度安排

作业	时间/资源							
	×月	×月	×月	×月	×月	×月	×月	×月
(1) ×××								
(2) ×××								
(3) ×××								

◆预算

作业费用	资源	补充	金额	
(1) ×××				
(2) ×××				
(3) ×××				
合　计				

◆组织

作业	补充	人数
(1) ×××		
(2) ×××		
(3) ×××		
合　计		

企划设计实例

确定实施计划

以大抽奖作为销售高潮而做出日程—资源安排，并进行大致预算。

实施策略（作业）		10月	11月	12月	1月	2月	3月
企业内部策略	（1）教育						
	（2）激励		销售竞赛开始 2人，场地，1.5万元				表彰
分销渠道策略	（1）对中间商促销		赠送商品 10人，样品，1.5万元				
	（2）促销			5包一套陈列 10人，2.5万元 送促销装（商店） 10人，2.5万元			
顾客策略	（1）大抽奖			宣传大抽奖 6人，10万元			抽奖
	（2）现场表演			店内试品尝 10人，5万元 专供出差试品尝 5人，5万元			

◆ 预算

	实施策略	费用（万元）	人员（人）	其他
企业内部策略	（1）促销特别研修	1		
	（2）销售竞赛	1.5	2	
分销渠道策略	（1）中间商试品尝	1.5	10	
	（2）5包一套	2.5	10	
	（3）赠促销装	2.5	10	
顾客策略	（1）大抽奖	10	6	
	（2）店内试品尝	5	10	
	（3）专供出差试品尝	5	5	
合 计		29	53	

第8节 附录的写法

一、附录的作用

一般地，在企划的最后往往有必要附加一些与企划相关的资料，形成企划"附录"。在企划中，附录的作用主要有两方面：

（1）证明企划的客观性。企划附录可以说明整个企划是依据充实的资料客观制定的。并且，通过展示这些资料，还有助于阅读者理解企划内容。

（2）说明企划所使用数据的时间、出处。数据的构成要素包括标题、内容及出处、时间。调查数据则还包含样本。这些内容在企划正文中无法一一表明，可以在附录部分详细列出。

二、附录的写作要点

（1）附录中的"参考资料"可以添加在企划的后面，也可以单独成册。当现状分析、制定实施策略的参考资料、数据不太多时，通常将"参考资料"放在企划最后。但是，当数据资料比较多时，则往往将其单独成册。数据资料越多，数据版面设计越复杂。数据资料通常以图表的形式呈现，并加上适当的注释。如果是单独成册，建议加上相应的资料目录。

（2）添加资料要尽可能地精简。企划中的数据应尽可能单纯化及视觉化，将资料列得过细，反而令人难以理解其意图。所以，附录部分列出的数据资料只要可以满足阅读者进行判断的需求即可。

【案例评析】

高端品牌迪奥真我香水营销环境分析

1 宏观环境分析

2010 年以来，内需增长从政策推动向市场驱动转变，投资增长动力实现市场接替，消费增长依然强劲，物价涨幅趋稳，资产价格泡沫化风险降低。与应对金融危机初期相比，2010 年以来经济增长的动力结构发生积极变化，形成了市场驱动的投资、消费和出口共同拉动经济增长的良好格局。同时，物价涨幅出现趋稳迹象，资产泡沫化风险降低，经济运行从应对危机的特殊状态向正常增长轨道的转变有了重要进展。

研究显示，中国已经进入奢侈品消费初期。《新财富》通过对九家奢侈品品牌代理商的采访发现，这些奢侈品品牌近两三年在我国市场的增长率都保持在 80% 以上，远远高于其在全球其他国家和地区 10% 左右的增长率。2009 年，我国奢侈品消费额约占全球销售额的 15%，已经成为世界第三大奢侈品消费国。摩根士丹利预测，在未来 5 到 10 年内，我国内地的高档奢侈品的消费者规模将达到 1 亿人，户均拥有资产 52 万元。日渐巨大的潜在消费群和稳步上升的消费欲望及消费能力足以成为世界奢侈品牌进军我国的充分理由。

2 微观环境分析

2.1 香水市场概况

在全世界的香水销售量目前持续降低的情形下，巴黎和纽约的香水制造商开始将中国作为重点。而事实上，中国人过去并没有使用香水的习惯，在中国历史上也找不到香水的文化根源。在中国，香水仍是一个相对新鲜的事物。中国人直到 20 世纪初才开始使用带香味的沐浴用品——这些产品的功能是提神和预防蚊虫。20 世纪 80 年代，西方的香水才开始被引进到国内，而直到今天，中国消费者仍然偏好轻盈而简单的气味。迪奥发展至今，备受人们关注，它是时代潮流前进的代表作，也是一种尊贵的象征。

在中国，香水部门的增长主要以男用和女用高档产品的强劲表现为动力，后者在
2009 年得到 7.1％的增长。生活日益富裕和西方生活方式的熏陶，再加上每当新产品投放
市场时富有煽动性的促销活动，推动了对高档香水的需要。其中，女性的爱好支配着市
场。香水的消费由女性主宰，许多女性杂志定期推荐新产品并提出建议，这成为制造商宣
传其品牌和新产品的一种有效媒介。一些公司与杂志和百货公司合作，在新产品投放市场
的时候发放免费试用的样品。

2.2　消费者分析

2.2.1　现有消费者分析

在奢侈品消费中，人们追求的核心价值已不再侧重于商品本身的功能利益，他们更看
重的是依附在商品使用价值之外的"符号象征价值"，即商品的象征性利益。奢侈品的消
费者在满足了精神需求后，对价格是不怎么在乎的，或者愿意付出相当的代价。

2.2.2　目标消费者分析

（1）主要市场（活跃客户）。

A. 主要对象为 22～45 岁的高层白领女士、时尚年轻女士、阔太太。该消费群多有一
定的经济基础，并且注重自己的仪表和品位，迪奥真我香水的高贵优雅正是体现她们品位
与地位的依托。

B. 美容界的专业人士，如美容师、化妆师等。该消费群由于工作的原因，品位与欣
赏水平要高于平常人。迪奥品牌自创立以来，就一直是华贵与高雅的代名词，使用迪奥香
水自然也是华贵与高雅的品位的体现。

（2）次要市场（不活跃客户）。

A. 18～22 岁的未婚白领时尚女性。该消费群大多以时尚为生活的追求，迪奥香水虽
然是优雅高贵品位的代名词，但也是时尚的标志。与 22～45 岁的高层白领女士、时尚年
轻女士、阔太太相比较，该消费群的经济基础不是很好，但其中也不乏家庭条件本身就很
好的，所以可以作为次要市场。

B. 18～40 岁的男性。虽然男性用香水的并不是很多，但也不排除他们买来作为礼物
赠送给他人。

2.2.3　潜在消费者分析

潜在消费者特征：收入偏高、感性、爱美、时尚。潜在消费者的购买行为：对各类高
档香水颇有研究，但之前一直使用别的品牌，后被迪奥真我香水的魅力所吸引；消费者本
身也乐意尝试不同的香水或是对香水瓶身感兴趣。

3　营销环境分析总结

（略）

评析：企业组织总是存在于一个宏微观环境之中，环境影响着企业的市场经营活动。
所以，在进行企划时，需要考虑企业所面临的环境，否则，做出的企划方案就如同纸上谈
兵。为此，企划者需要多方面了解、收集、关注影响企业的环境因素，并进行整理与分
析，为企划提供依据。

资料来源：http：//www.ciod.cn/Item/Show.asp? m=1&d=7034，有改动.

【核心内容】

企划导入包括企划的封面、目录及前言三部分内容。

企划概要以框图的形式浓缩企划的整体内容。

企划背景是企划正文部分的开始，包括现状分析和企划前提两部分。

企划意图的主要内容是进行企划目标及目的的设定，是企划前段的高潮部分。

企划方针是对企划对象进行定义，即进行"概念的形成"。

企划构想包括确定实施策略的结构及具体实施策略两个部分。

企划设计就是要具体确定企划实施策略的实施计划，主要包括日程—资源进度安排、资源预算、体制安排等内容。

企划附录是在企划最后附加的与企划相关的资料。

【深度思考】

1. 在对可口可乐在中国的营销环境进行分析的基础上，对其进行 SWOT 及核心能力分析。

2. 分析世界上一些著名企业的事业定义。

3. 自由选择企划主题，尝试企划意图的写作。

4. 自由选择企划主题，尝试企划方针的写作。

【互联网＋】

微信营销

"微信营销"作为微信的衍生产品，随着微信的普及而悄然兴起并以势如破竹之势迅猛发展。微信营销以其独特的功能和模式改变了传统电商营销的格局。

1. 什么是微信营销？

2. 微信营销的方式有哪些？

3. 微信营销的优势和劣势各是什么？

【延伸阅读】

《大数据时代》，维克托·迈尔-舍恩伯格、肯尼思·库克耶著，盛杨燕、周涛译，由浙江人民出版社于 2013 年出版。

作者简介：维克托·迈尔-舍恩伯格，大数据时代的预言家，《科学》《自然》等著名学术期刊最推崇的互联网研究者之一，"大数据商业应用第一人"，拥有在哈佛大学、牛津大学、耶鲁大学和新加坡国立大学等多个互联网研究重镇任教的经历。

肯尼思·库克耶，《经济学人》数据编辑，曾任职于《华尔街日报》（亚洲版）和《国际先驱论坛报》。他是美国外交关系协会成员，CNN、BBC 和 NPR 的定期商业和技术评论员之一。

内容提要：《大数据时代》是国外大数据系统研究的先河之作，本书前瞻性地指出，大数据带来的信息风暴正在变革我们的生活、工作和思维，大数据开启了一次重大的时代转型，并用三个部分讲述了大数据时代的思维变革、商业变革和管理变革。

维克托最具洞见之处在于，他明确指出，大数据时代最大的转变就是放弃对因果关系的渴求，取而代之关注相关关系。也就是说，只要知道"是什么"，而不需要知道"为什么"。这颠覆了千百年来人类的思维惯例，对人类的认知及与世界交流的方式提出了全新的挑战。

本书认为，大数据的核心就是预测。大数据将为人类的生活创造前所未有的可量化的维度。大数据已经成为新发明和新服务的源泉，而更多的改变正蓄势待发。书中展示了谷歌、微软、IBM、苹果、Facebook、Twitter、VISA等大数据先锋最具价值的应用案例。

本书所展示的核心思想可以为企划方案的构建提供新的、与过去完全不同的视角。

第 6 章
制定企划的
一般技巧

缺乏智慧的幻想会产生怪物，与智慧结合的幻想是艺术之母和奇迹之源。

——戈雅

【学习目标】

1. 了解企划准备工作的主要工作内容；
2. 学习资料整理的常用方法；
3. 掌握企划的表现技巧；
4. 熟悉企划的完善工作内容；
5. 灵活应用企划的介绍技巧。

企划者往往倾其全力去制定一个优秀的企划。然而，很多人却常常得到这样的结果：自认为优秀的企划却得不到上司或委托方的认可，自认为充满新意而又有效的企划却在会议上无法通过。这样的状况，往往并非企划的问题，而是企划的表现出现了问题。那么，企划者如何才能制定出一个成功的企划呢？

第1节　成功的与失败的企划

成功的与失败的企划的差异主要表现在：企划的条理是否清晰；逻辑是否分明；是否具有现实性。企划者都希望创造出一个成功的企划，而避免企划失败。然而，成功的与失败的企划各有怎样的特点呢？

一、失败的企划的基本特征

企划如果出现以下特征，则必定是一个失败的企划：

（1）企划没有反映出企划者的真诚，看起来令人不舒服，读起来也索然无味。

（2）企划以企划者自我为中心，不关心其他人（如企划委托方、顾客等）的情况，完全从企划者自身的角度出发。

（3）不具说服力。

（4）企划仅用文字表现，如同行政文件，读起来费劲。

（5）缺乏逻辑性及现实性。

二、成功的企划的基本特征

成功的企划一般有以下特征：

（1）粗略过目就能了解企划的大致内容。

（2）使用浅显易懂的语言，充分体现对方的利益与要求。

（3）企划所展示的内容与同类企划（如其他企业的企划）相比，有相当明显的差异性与优越性。

（4）图文并茂，加强企划的表现效果。

（5）全文条理清晰、逻辑分明，令阅读者有"果真如此""原来如此"的感觉。

（6）企划能够充分体现企业的勃勃生机和企业的基本特征。

以上特征看似简单，然而要完全做到却并非易事。为此，必须注意以下几点：

（1）企划者事前必须做好充分的准备。这包括企划者应在日常不断学习，全面掌握制定企划的技术、知识，如收集、分析、处理信息的能力，并富有想象力。优秀的企划制定者应是充满幻想并令幻想实现的人，还应是优秀的战略制定者、优秀的剧作者及优秀的务实者。优秀的企划人应该与优秀的服装设计师一样，既要具有独具匠心的创意能力，又要有依据所掌握的多方面的知识与技巧将创意付诸实践的能力。

（2）企划的制定程序应实施标准化，以谋求提高企业的整体企划力。这就要求企业用明确的文字制定企划的总原理及原则，并对企划人员进行富有成效的培训。

（3）企业应努力追求工作标准化，即 SFA（sales force automation），建立自动强化企业工作能力的系统和结构。这就要求企业建立、健全自己的信息系统，并有效地实施计算机管理。SFA 的实施，便于企划者通过企业信息系统，收集、制定企划所需的各种资料，从而提高企划的说服力，增加其现实性。

（4）企业应该建立有效的激励机制，并从组织上保证每个员工能够不断提高自身的能力，从而保证企划的有效实施。

总之，企业的企划成功与否，不仅与企划者的能力有关，还与企业及其组织机构合理与否密切相关。

本章以下各节内容主要讨论企划者如何制定出成功的企划。

【品牌故事】

克里斯汀·迪奥

克里斯汀·迪奥（简称 CD），一直是炫丽的高级女装的代名词。它继承法国高级女装的传统，始终保持高级华丽的设计路线，做工精细，迎合上流社会成熟女性的审美品位，象征着法国时装文化的最高精神。

迪奥品牌在巴黎地位极高，其创始人是克里斯汀·迪奥（Christian Dior）。1905年，迪奥出生于法国诺曼底一个企业主家庭，曾因家人的期望，学习政治，后终因个人喜好转向美学，并结识了毕加索、马蒂斯、达利等画家。1931年，迪奥先生的父亲经商失败，宣告破产，而他最敬爱与亲近的母亲也不幸去世。在如此沉重的打击下，迪奥先生在一位做裁缝的朋友那里觅得一份画素描与纸样的工作，而这却成了他日后辉煌生涯的起点。他曾先后在巴黎服装设计师 Robert Piquet 与 Lucien Lelong 门下担任助理，学习如何制作高级定制服装的精深技艺。1942年与皮埃尔·巴尔曼共事，此时他掌握了服装设计与结构等方面的技巧。1946年，迪奥推出的第一系列作品——"新风貌"使他一举成名。接下来他的设计一发而不可收：不对称裙子、垂直型服装、O 形、A 形、Y 形、H 形、郁金香形、箭形……这一系列独具匠心的设计，让他始终走在时尚的最前站。他在巴黎时装界辛勤工作的 10 年里，巴黎女装从整体到细节都发生了耳目一新的变化。

二战结束后，迪奥先生在偶然的机会下巧遇商业大亨 Marcel Boussac，两人一拍即合。于是，1946年，拥有 85 位员工与投入 6 000 万法郎资金的第一家 Christian Dior店，在巴黎最优雅尊贵的蒙田大道（Avenue Montaigne）30 号正式创立，全店装潢以迪奥先生最爱的灰白两色与法国路易十六风格为主。影响 20 世纪流行女装服装史的最重要一刻，从此开始。

资料来源：品牌故事：迪奥．中国纤维，2013（7）．

第 2 节　制定企划的准备工作

企划者在制定企划之前，有一系列准备工作是必须首先完成的。这些必须做的准备工作主要包括：收集和整理资料；确定企划的结构；设计企划版面；决定企划的写作顺序；

等等。

一、收集和整理资料

企划者企划能力的强弱，与其资料的收集、整理能力密切相关。特别是完成一个全新的企划，由于其中包含众多的未知要素，资料就尤显重要。

1. 收集资料

站在收集信息资料的角度，可将企划分成准备期、初始期、构想期及提案期四个阶段。

准备期是指具体的企划作业开始之前的阶段；初始期是指具体企划主题已经确定，基本知识已初步预备的阶段；构想期是指分析资料、设定目标、发现问题，并确定解决问题的方法的阶段；提案期则是指形成企划内容，并介绍及通过企划的阶段。

在进行企划作业过程中，不同企划阶段所要求的情报资料是不同的。因此，企划者必须收集与各企划阶段相对应的信息资料。

（1）准备期的资料收集。

企划者在平常应努力培养自身的信息意识，掌握各种收集信息的方法。企划者对自身职责范围内的信息，以及整体社会的变化都应极其敏感。因为在一个商业社会中，如果不能捕捉社会变动趋势，那么，所完成的企划即使在短期可行，在长期必然无法成功；再有，在我们目所能及的现象背后，一般都隐藏着极复杂的因果关系，不做全面、深入、仔细的调查了解就根本不可能准确地把握事物真相。所以，企划者必须积极拓展自己的视野，善于观察与发现。

一般地，准备期信息的获取方式有三种：第一，从各种媒体（如电视、广播、报纸、杂志、互联网络等大众媒体及各种自媒体）中获取信息；第二，从街头获取信息；第三，从与人沟通的过程中获取信息。

从各种媒体中获取信息是许多人常用的信息收集方式。此时，信息收集的逻辑性和速度与收集者的能力密切相关。为了提高信息收集能力，企划者应善于灵活运用数据库。在此阶段利用数据库的 SDI 服务是非常有效的。SDI（selective dissemination of information）是指自动信息传输系统。利用者通过预先注册进入各信息网络，各网络根据不同人员所给出的情报检索的关键词，每日或每周定期将其所需的信息发送到相关人员的计算机或传真机上。

从街头获取信息主要依靠收集者的观察力，一般地，企划者可在营业活动及日常生活中获取信息。

从与人沟通中获取信息，关键在于收集者必须拥有丰富的人际关系。

（2）初始期的资料收集。

在企划的初始期，企划主题已确定。此时，关键应很好地了解企划对象的基本结构。因此，在此阶段书籍应属最好的信息源。由表 6 - 1 可见，报纸虽具有时效性、速度快、知识新的特点，然而要把握整体，掌握系统化知识却首推书籍。速度与系统二者之间的关系很难协调，在企划初期应先掌握成体系的资料，故应优先考虑书籍。在此之后，针对企划主题的各专业领域，利用杂志、报纸获取资料。在此阶段，还可根据企划要求，委托专门的调查公司进行调查，或自己调查及查询一些专业调查公司的调查报告等。

表 6 - 1　　　　　　　　　　　　各信息媒体的特征

媒体	作为信息源的特征
书籍	知识成体系化，数据过旧，仅读一本，理解较浅
杂志	较成体系，数据较新，有主张也有异议
报纸	数据新，时效性好，有可能有错误，企业宣传报道较多
网络、自媒体	时效性好，数据丰富且具有全球性，有可能有错误
画面、图片等	百闻不如一见，一目了然，印象深刻

收集资料的目的不同，所主要利用的信息源是有差异的，具体内容见图 6 - 1。

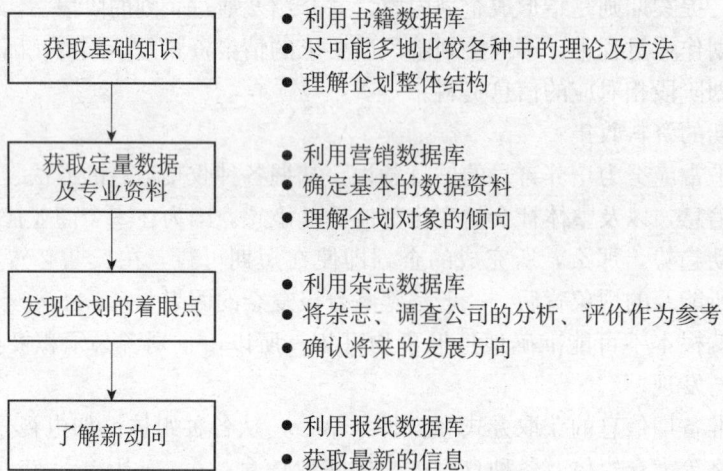

图 6 - 1　企划初始期的信息收集

（3）构想期的资料收集。

在此阶段，收集资料的主要目的在于为创意提供线索，并对假设进行验证。

我们以一个食品加工企业为例。如果该企业准备进入快餐业，则在企划初始期需要收集快餐业的基本数据；而进入构想期，则必须提出能否以连锁店方式进入快餐业的假设。然后收集资料，对该假设进行验证。

因此，首先，在企划构想期，往往有必要考虑那些也许最初没考虑的其他产业的信息资料，仅仅依靠最初所收集的资料进行企划很可能出现错误。其次，我们曾说过，信息获取渠道有各种媒体、街头传播及与人沟通传播三种。虽说在构想期获取信息以大众传播媒体为中心，但此时还必须特别重视与人沟通，即从各种人那里获取资料。若在企划初期很少倾听专家、竞争对手的想法，在构想期则必须了解对手并听取专家的意见。

资料一般可分成二次资料、一次资料与零次资料（见图 6 - 2）。所谓二次资料，是指从书报、杂志等的索引集中寻找的粗略资料；一次资料指在二次资料的基础上，由报纸、杂志、网络等媒体中获取的资料；而零次资料则指存在于人类的大脑之中的资料。收集专家、竞争对手、消费者以各种方式表达出来的看法、评论及心声即是收集零次资料。

```
┌──────────┐    ● 索引、书刊摘要
│  二次资料  │    ● 参考数据库
└────┬─────┘    ☆ 必须将以上资料整理才能发现所需资料
     │
     ▼
┌──────────┐    ● 书籍、杂志、报纸、互联网
│  一次资料  │    ● 事实（实际）数据库
└────┬─────┘    ☆ 无论何种媒体都应固定地进行传递、记录
     │
     ▼
┌──────────┐    ● 存在于人的大脑中
│  零次资料  │    ☆ 许多未经整理的、片面的资料
└──────────┘
```

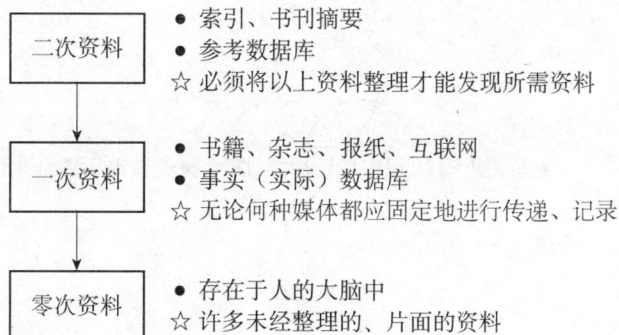

图 6 - 2 企划构想期的资料收集

在企划构想期阶段获取零次资料特别重要。为了获取零次资料，可以利用人才数据库，了解委托方的业绩、简介及竞争对手的喜好、简介、最新动向等，收集这些情报会从根本上有利于企划的成功。

（4）提案期的资料收集。

提案期阶段收集资料的主要目的是为企划的顺利通过提供证据。

提案期是企划作业的重要时期。企划的形成若要令委托人或上司认可，则需要提供一系列支持现状分析、企划内容、企划结论的证明资料。如果资料充实且具逻辑性，则会令上司或委托人印象深刻，从而增加他们对企划的信任感。

为了保证推理的合理性，可利用数据库。如营销企划中，可列举出最近五年的指标数据从而对企划结论进行评论。

提案期进行资料收集的要点见图 6 - 3。

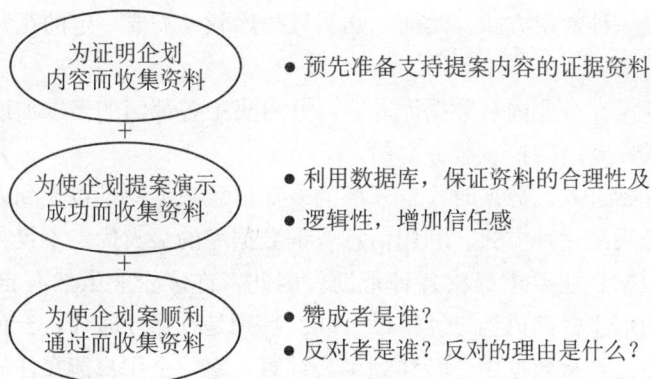

```
   ╭──────────╮
  │  为证明企划  │    ● 预先准备支持提案内容的证据资料
  │ 内容而收集资料 │
   ╰──────────╯
        +
   ╭──────────╮
  │ 为使企划提案演示 │   ● 利用数据库，保证资料的合理性及
  │ 成功而收集资料  │   ● 逻辑性，增加信任感
   ╰──────────╯
        +
   ╭──────────╮
  │ 为使企划案顺利  │   ● 赞成者是谁？
  │ 通过而收集资料  │   ● 反对者是谁？反对的理由是什么？
   ╰──────────╯
```

图 6 - 3 企划提案期资料收集

在利用报纸、杂志资料时，必须注意其时间性。如果报纸、杂志种类繁多，应对其内容进行比较。此外，作为重要证据的内容，应首先提出专家的意见。

总之，数据库中的资料是无限的，但我们不能原封不动、不加处理地使用。因此，必须掌握对数据的收集、评价的方法，提高信息收集能力。图 6 - 4 列举了评价信息价值的方法。

● 有没有缺损？

逻辑性

● 是否正确？　可信性　时间性　● 必要时可否迅速获取？

情报源的价值：

● 得到该情报是否合算？

经济性

● 是否归自己独占？　垄断性　机密性　● 竞争对手是否知晓？

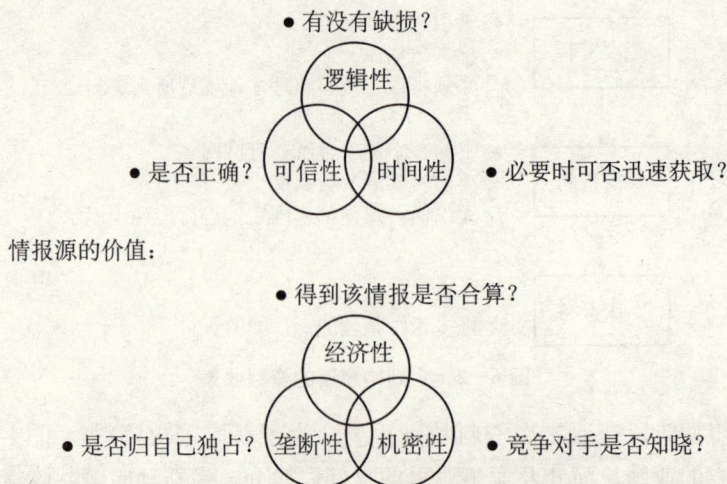

图6-4　评价信息价值的方法

2. 资料收集的关键

由以上企划四个阶段的资料收集可见，无论哪个时期收集资料都需使用数据库。目前，各种信息源（如书籍、报纸、杂志等）都逐渐走向数据库化。现在，我们正在进入以计算机为工具的联机数据库化的年代。

目前，利用联机数据库的方式主要有以下三种：

（1）自己购买计算机及通信软件构筑数据库，由本人直接使用；

（2）建立企业内部数据库；

（3）利用外部的信息咨询数据库。

第一种方式是一种常用方式。然而，购买数据库软件需要一定的花费，如果利用频度较低则不太经济。

第二种方式则需在企业内有数据库专家，并可集中各部门的需求加以利用。采用此种方式，企业最好成立专门的信息服务部门。

由于目前已开始进入大数据时代，外部的专业信息数据库日益受到人们的重视，越来越多的企业开始采用第三种方式。利用信息咨询数据库的最大优点不仅在于外部可提供查询检索，并且可根据企业要求提供各种帮助。因此，许多企业虽然有自己的信息服务中心，仍然与专门的信息咨询机构订立协助合同。特别是在当今时代，云计算技术的推行应用日渐广泛，网络已经从数据中心转移到了云计算，每一个用户能在任何时间从任何地点访问需要的数据库。

企业为了提高企划效率，应该更加重视情报的收集和利用技术。今后，使用数据库也会变得日益方便。并且，由于市场竞争加剧，各企业为了有别于竞争对手，也应该更加注意发挥企业内部数据库的威力。随着整个数据库技术的发展，企业内部数据库技术也会有长足的进步。企业可以将购买的外部数据库与自己的数据库组合，形成独特的综合数据库。

【资料链接】

云计算技术

云计算（cloud computing）为分布式计算技术的一种，其最基本的概念是通过网络将庞大的计算处理程序自动分拆成无数个较小的子程序，再交由多部服务器所组成的庞大系统经搜寻、计算分析之后将处理结果回传给用户。通过这项技术，网络服务提供者可以在数秒之内，处理数以千万计甚至亿计的信息，达到和"超级计算机"同样强大效能的网络服务。云计算这个名词可能是借用了量子物理中的"电子云"（electron cloud），强调说明计算的弥漫性、无所不在的分布性和社会性特征。

云计算代表了一个时代的需求，反映了市场关系的变化，谁拥有更为庞大的数据规模，谁就可以提供更广更深的信息服务，而软件和硬件影响相对缩小。按照云计算最普通的和最雄心勃勃的解释，它的目标是把一切都拿到网络上。云就是网络，网络就是计算机。分布世界各地的用户，可以把一些数据和处理需求交给第三方，其数据将由口令保护，就像在本地网络上一样，并且能够在整个网络上加密，然后使用手机、移动电脑或者其他设备根据需要进行随时随地访问。网络已经从数据中心转移到了云计算。每一个用户的手上都有一台潜在的超级计算机。

正在使用的最著名的云计算的例子是亚马逊的 EC2 网格，《纽约时报》租用这个网格创建了数据容量达 4TB 的 PDF 文件库，包含了 1851 年至 1920 年《纽约时报》发表的 1 100 万篇文章。《纽约时报》的 Derek Gottfrid 说，他在不到 24 个小时的时间里就编排完成了全部的 1 100 万篇文章，并且生成了另外 1.5TB 数据，累计用了 240 美元。

3. 整理资料

为了充分了解所收集的资料，必须对资料进行加工、整理。因此，我们必须掌握整理资料的方法。

（1）KJ 法。

KJ 法是进行资料整理的代表性方法之一。KJ 法最初是由原东京工业大学的川喜田二郎在研究文化人类学时于 1960 年创造的。后来，取其姓氏的罗马读音之首而命名为 KJ 法。文化人类学是一门研究未知文化的学问，如研究风俗、仪式、阶级制度和家庭构成等状况及其产生的原因等。由于企划同样是必须明确未知问题的状况及其原因、结果，所以利用 KJ 法是非常合适的。

运用 KJ 法时，首先，将收集到的资料记在卡片上；然后，根据卡片的关联性进行分组，并为每组卡片取标题；最后，考虑各组间的关联性，再将相关联的组组合成一个更大的组，并命名。利用 KJ 法整理资料的程序见图 6-5。

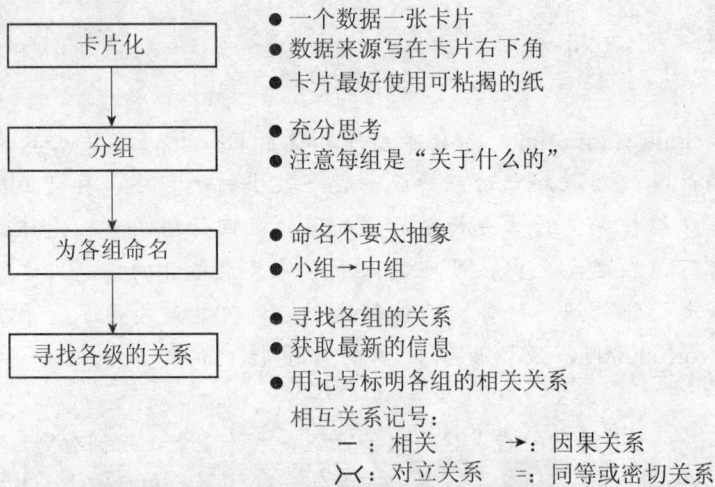

```
┌──────────────┐     ● 一个数据一张卡片
│    卡片化     │     ● 数据来源写在卡片右下角
└──────┬───────┘     ● 卡片最好使用可粘揭的纸
       │
       ▼
┌──────────────┐     ● 充分思考
│     分组      │     ● 注意每组是"关于什么的"
└──────┬───────┘
       │
       ▼
┌──────────────┐     ● 命名不要太抽象
│   为各组命名   │     ● 小组→中组
└──────┬───────┘
       │
       ▼
┌──────────────┐     ● 寻找各组的关系
│  寻找各级的关系 │     ● 获取最新的信息
└──────────────┘     ● 用记号标明各组的相关关系
```

相互关系记号：
　一：相关　　　　→：因果关系
　⋊：对立关系　　＝：同等或密切关系

图 6-5　利用 KJ 法整理资料的程序

KJ 法的卡片整理实例见图 6-6。

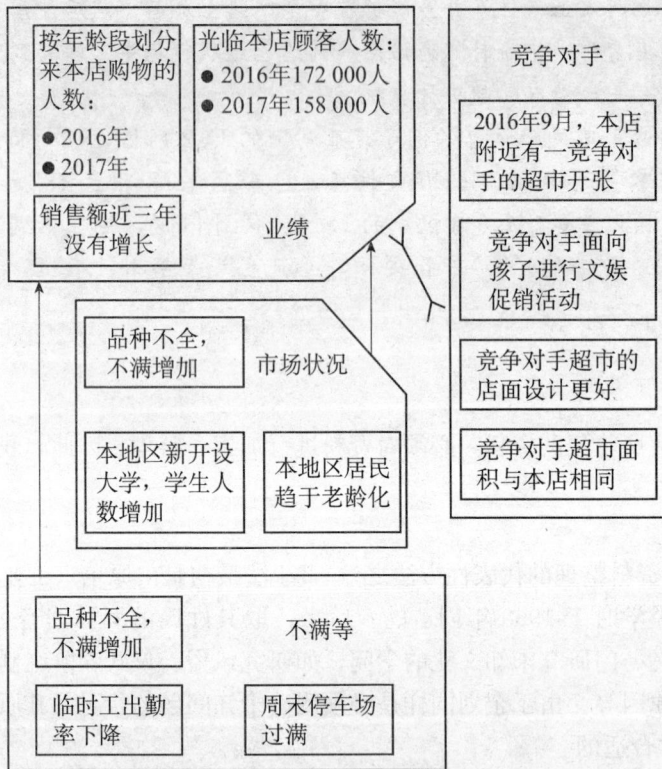

图 6-6　KJ 法的卡片整理实例

KJ 法虽不是万能的，但这种将信息资料分解成卡片并形成图表的方式非常便于对整体资料进行理解，并且可在整个企划过程中加以利用。

（2）关联图法。

在整理资料的过程中，利用 KJ 法仅仅是资料整理的第一步，紧接着需要将用 KJ

法整理出的图表中的多余部分删除，从而引出原因与结果和目的与手段等相关联的事项。

原因和结果的寻找看似比较简单，不需要特别技法，但是当原因众多且非常复杂时，则用关联图法比较有效。关联图法没有复杂的规则，可以非常自由地书写，它与 KJ 法一样，都是对资料分组进行整理。

关联图法的程序是，首先从 KJ 图表中或调查资料中，发现原因和结果或目的与手段的最小单位，一般原因在左、结果在右。写原因与结果的卡片最好是四方形，其间用箭头连接。这时应分清事实是什么，是谁的意见等。然后，由此发现较重要的结果，并将其集中起来，形成一个整体的关联图。

关联图一般有两种，即单一方向型关联图与中央集中型关联图。单一方向型关联图适用于最初问题并不明确的情况；而中央集中型关联图适用于问题与结果都较明确的场合。这两种关联图的具体比较见图 6-7 与图 6-8。

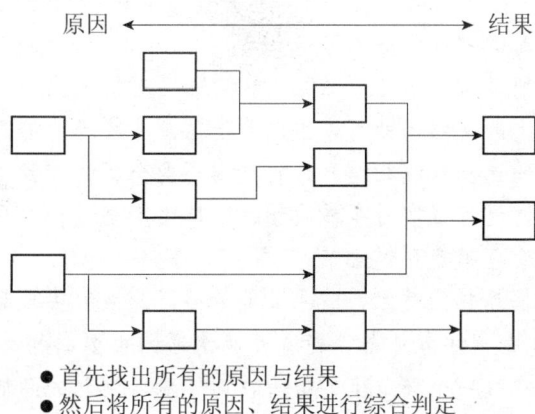

原因 ←————————→ 结果

●首先找出所有的原因与结果
●然后将所有的原因、结果进行综合判定

图 6-7 单一方向型关联

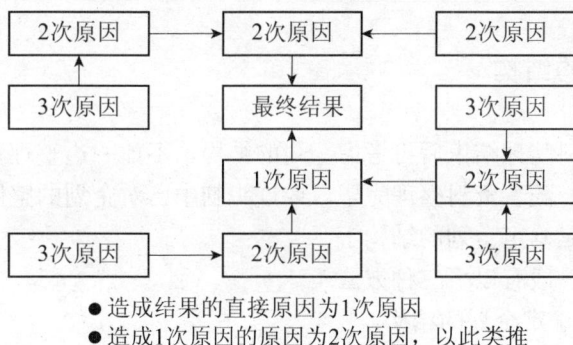

2次原因	→	2次原因	←	2次原因
3次原因		最终结果		3次原因
		1次原因	←	2次原因
3次原因	→	2次原因		3次原因

●造成结果的直接原因为1次原因
●造成1次原因的原因为2次原因，以此类推

图 6-8 中央集中型关联

（3）整理资料的要点。

第一，按照企划的构成顺序整理资料。在资料的整理过程中，企划者的头脑中已初步形成了企划的梗概。所以，最好将分类好的资料用夹子夹好，并依照企划的构成顺序依次放好。

第二，资料必须自己整理。对于企划者来说，信息资料由收集到整理是非常辛苦的工作。但是，信息的整理必须由企划者亲自动手，这是一条不变的原则。其原因在于，企划者在整理资料的阶段可以重新审视一遍所收集的信息资料，因而对信息的感觉越加敏锐，往往会产生意想不到的企划创意。

第三，要保管好暂时不用的信息资料。信息资料有很多种，其中有的资料可以在企划中立即使用，而更多的资料是为了供日后的企划所用。所以，应保管好暂时不用的资料。在资料的保管储存中，或许会找出下次企划的创意。

【创意无限】

蒙牛"云端精选牧场"

想知道自己手中的牛奶是如何诞生的吗？简单，现在只需扫描蒙牛精选牧场纯牛奶包装盒上的二维码，或百度搜索"蒙牛精选牧场纯牛奶"，轻松点击，就可实时看到千里之外的牧场、工厂，足不出户在线见证牛奶生产的点点滴滴。这是蒙牛联手百度于2014年9月推出的精选牧场纯牛奶可视化追溯系统，也是国内乳制品行业通过云技术应用，首次为消费者带来在线、实时的"牧场探索频道"。

蒙牛精选牧场纯牛奶是蒙牛乳业于2013年年底推出的国内首款二维码可追溯牛奶，消费者通过扫描包装盒上的二维码就可以追溯到产品源头牧场的信息。现在更是借助百度的云技术与原有的二维码追溯系统相结合，打造出行业全新的"云端牧场"概念，消费者不仅仅看到文字、图片，更可以实时观看牧场、工厂生产全过程的视频信息，了解奶牛是如何生活、牧场是如何管理等产业链细节。

应用云技术、大数据等热门技术，蒙牛乳业希望以此来解决乳品生产的透明、安全可视化难题。"云端牧场"是蒙牛乳业与消费者开放沟通的重要举措之一，让消费者用自己的双眼去见证蒙牛乳业在每一个环节上的努力，而"看得到"的品质也可以极大地增加消费者对产品的信心。

资料来源：http://www.mengniu.com.cn/2014/0904/2652.html，有删改.

二、确定企划的结构

企划者与其在资料整理结束后再考虑企划的结构，不如一边整理资料，一边思考企划的结构。如果能这样，随着资料整理完毕，或许头脑中已对企划的整体结构有了粗略的想法，紧接着的工作就是确定企划的结构了。

确定企划的结构一般有以下三种方法：

1. 按照企划过程确定企划的结构

企划的过程是企划的梗概，包括针对企划内容从现状分析开始到结论的得出为止的整个过程。由此，企划者必须按照企划的基本过程确定好企划的结构。

2. 按照介绍企划的过程确定企划的结构

企划作成之后，必须要得到委托方或上司的认可。因此，必须向委托方或上司介绍企划。那么，在介绍企划之前，必然要考虑：我从何处开始说，参加者都有谁，当天的时间安排如何，需要准备哪些资料，等等。在实际中，企划者可以由此来确定企划的结构。

3. 按照企划的整理方法确定企划的结构

一般地，可以根据封面、目录、正文、封底等内容来整理企划。由此，也可以确定企划的基本结构。

许多企业为了提高企划效率，往往根据企划的基本结构定制"企划构成专用纸"，即有专门的封面、目录、正文等的用纸。这样，不同的企划的基本结构都相似，只是企划的各部分用纸页数不同而已。

三、企划的版面设计

企划的各页应保持统一的版面风格。风格一致，阅读者从视觉上就比较容易接受。在实际中，每一页的内容不同，因而每一页在细微之处版面设计会有所不同，但为了防止阅读者对企划的理解出现混乱，应该对企划进行统一的版面设计。一般地，企划实行统一的版面设计有助于对企划内容的顺利理解；另外，对于企划者来说，若实行统一的版面设计，有利于缩短企划的制定过程，有利于企划的修改与润饰，即有利于提高企划的制定效率。特别是当某些企划者同时承担几项企划任务时，这一点就显得尤为重要。

1. 决定企划形象的各要素

企划的整体形象往往可通过以下要素得以反映：

（1）封面的标题。在企划的封面上往往有主标题、副标题等，一个恰当的标题可以正确表现企划。所以，确定标题时应深思熟虑，要避免随意地用类似"×××企划"的方式命名。

（2）目录。目录仅仅单纯地排列，很容易令阅读者失去兴趣，因而往往达不到目录的效果。所以，目录设计也必须注意合理安排。

（3）图表。图表、图片的形式，对企划形象影响很大，所以要下功夫，要在显眼的地方灵活地使用一些图表。

（4）页标题。各页都标上本企划的记号，将使企划的页面形象焕然一新。应认真考虑企划的视觉形象设计。

（5）注释。不要忽略一个小小的 ＊ 符号或"注"字。这些简单的元素也会代表企划的一种风格。因此，对箭头等各种符号都要认真加以处理。

2. 企划版面设计的要点

企划是由写有不同内容的一页一页所组成的。如果每一页的版面式样、风格不同，将会使阅读者不易理解企划。因此，对企划的每一页都要按统一规则进行设计。在进行页面设计时一般要考虑好以下问题：

（1）统一决定企划的用纸规格。

（2）统一决定企划页面标题所处位置及字体和字号大小。

（3）决定每页正文所占面积大小。

（4）注意每页上下左右的空白应适当，一般页面左侧空白大于右侧。

（5）统一决定页码位置及字体。一般页码位置在页面下端的中端或右端。

由于目前一般都借助电脑来写作企划，所以，以上问题很容易解决，页面的统一设计也变得日益轻松、方便。

四、企划的写作顺序

企划到底由哪页开始写呢？这对初次写企划的人来说确实是个问题。一般地，如果企划名称已确定，则可开始写封面；如果各页的标题已确定，则目录的完成轻而易举。如此看来，什么内容无法动笔呢？自然是企划正文。如果企划完成，则意味着应该写的内容已确定。所以，很多人往往是哪部分写起来有困难，则从哪部分开始下笔，所谓"知难而上""先苦后甜"。

然而，在一般情况下，提倡从整个企划的核心部分开始写，核心部分一般是指企划概要。所以，比较好的企划写作顺序为：

第一步，写企划概要，从而决定企划的整体构成；

第二步，写企划背景、现状分析等；

第三步，参照企划展开的顺序写日程安排部分；

第四步，写企划核心部分的个别企划；

第五步，最后补足其他部分。

第3节　企划的表现技巧

企划并非仅仅采用文字的方式来表现其内容。在一般情况下，为了更形象、更直观地表现企划内容，通常采用文字、框图、数据及视觉图片等四种方式来表现企划内容。这四种表现手法的特征为：

（1）文字是企划最基本的表现手法，比较适合对概念进行说明。然而，若企划仅采用文字这一种表现手法，则会给人以单调呆板的感觉。复杂的因果关系及数据资料和感觉信息，若采用其他的表现手法则效果更佳。

（2）框图表现手法比较适合表现整体结构及流程，并方便进行简洁说明。对于那些需要极力说服委托者或上司的企划而言，这种表现手法的利用价值更大。

（3）数据表现手法就是利用数据表或数据图对某些重要数据资料进行重点提示及说明。特别是数据图，因为能将数据转化为一种视觉图形，所以能更准确、更形象地传达数值的含义。在实际中，企划者要根据表达内容的不同采用不同的数据图。

（4）图片表现手法比较适合那些用语言文字无法直接说明而必须通过设计图或照片来说明的企划内容。如商品的外观、展览会的布置等。

表6-2详细比较了以上四种表现手法的优缺点。

总之，对于企划者来说，应根据所要表达的企划内容，选用合适的表现手法并灵活地将各种表现手法进行有效组合。

表 6 - 2　　　　　　　　　　　　　　企划的四种表现手法及其优缺点

表现手法	优点	缺点
文字表现	适于进行概念性说明；条理清晰，简洁明了；准确传达企划内容；与其他表现手法形成互补	仅用文字表现难以形成冲击效果；企划形象单一；若文字大小及字体不一，则阅读企划比较困难
框图表现	能够使用线及箭头明确表达企划的整体结构及逻辑关系；图形化使阅读者比较容易理解复杂的关系	由于受图形框面积限制，图形框内文字表达空间过小，使其表现很容易显得过于死板，拘泥于形式，难以传递带有感情色彩的信息内容
数据表现	由于可以用数据图及表将数据资料进行视觉性表达，所以阅读者更易理解数据含义，有利于企划者进行数据分析	有时对于那些不习惯阅读数据的阅读者而言，该种手法反而使其含义更不易理解，必须附加文字说明或文字概括
图片表现	能传递仅用语言无法表现的微妙差异；在具体策略中附上图片进行说明，可以增加企划的现实感	容易受企划者或委托者主观及喜好的影响，难以客观传达企划内容；企划中出现与企划内容不相关的图片，将有损企划的整体形象

一、文字表现手法

有些人可能不擅长使用文字，但是在企划中为了准确且简单明了地表现企划内容，文字是必不可少的。因此，企划者应在平时训练自己的写作能力。在写企划时，应避免使用令人难以理解的措辞，仅用最普通的文字就足够了。

文字表现手法适用于对企划内容中的各种概念、状况、策略等加以说明。文字表现手法是企划最基本的表现手法，是框图表现手法的支柱，是数据表现手法及图片表现手法的补充。

1. 文字表现的原则

文字表现的总原则是使阅读者易于理解所表达的企划内容。其具体原则是：

（1）文体统一。在整个企划中，前后文体必须统一，避免使用口语化的文体及过于尊敬的文体。

（2）文字简洁。简洁在文字表现中是非常重要的，它要求：第一，一段文字最好控制在 40 字～50 字；第二，最好能将文字内容分条列出。将文字条理化的最大好处在于即使不擅长写文章的人也比较容易写作，而且这种方式能够明确文章主题，加深阅读者的印象。

（3）结论明确。企划中应避免出现内容含糊、态度暧昧的措辞。例如，在文中出现"也许……""我想大概……"等，容易给人留下企划者缺乏自信或过于主观的印象。

（4）企划用语要统一。在企划中，某些企划用语的使用有助于阅读者理解企划内容。然而，要注意避免某一相似含义的词语却出现不同的用语表达。如，"课题""项目""主题"混用，"目的"与"目标"混用，"企划"与"策划""计划"乱用，等等。企划用语既要浅显易懂又要前后统一。

（5）按顺序记述。按照某种顺序记述的文字是比较容易理解的。写作企划时，一般可按逻辑顺序或时间顺序来归纳文字。

（6）文字准确。避免使用具有感情色彩的用语（如绝对、非常、很等）；避免使用易产生误解的多义词语；尽量少用代词（如这、那、这个、那个等），以保证企划内容的明确性。

（7）数字使用方法要统一。数字表达有大写、阿拉伯数字及加括号或加圆圈等多种表达方式。在使用时，应预先确定好使用规则，特别是与企划内容相关的章节、目录等内容的数字表达，直接关系到企划中各内容的相互关系，务必准确。

2. 文字表现的实例

企划概要

1. 宗旨：提高营业人员的企划写作能力

目前，营业人员制定企划已成为日常工作内容之一，并且企划自身也越来越重要，为此，以企业营业人员为对象开设企划写作讲座，以提高营业人员的企划写作能力。

2. 讲座主题：企划的框图表现手法

仅以文字表现的企划转化为框图化的视觉企划，从而强化企划的逻辑性及说服力，提高企划的视觉效果。

3. 展示的要点：在写作企划时灵活使用电脑

首先必须了解写作企划的基本方法并进行实践，特别要了解电脑对企划写作所起的作用，有效利用电脑，从而提高企划的写作效率。

4. 课程计划：开设"视觉企划"讲座

第 1 次：版面设计的统一

第 2 次：企划的框图化

第 3 次：实际做成框图

第 4 次：视觉要素的汇集

第 5 次：企划的完善

5. 目标：提高企划写作水平，实现企划视觉化

通过以上五次讲座，学习使企划内容得以完善表现的诀窍。

二、框图表现手法

框图包含"用图来理解"及"用图来说明"这样两个含义。因此，框图表现手法就是将图形与文字二者结合到一起的表现形式。

采用框图表现手法的主要目的是更好地表现企划的整体结构及企划内容相互间的逻辑关系，从而使阅读者更好且更易理解企划内容。

1. 框图的作图方法

一般地，采用框图表现手法就是在图形框中填入关键词，然后将各图形按逻辑关系用箭线连接起来。这种表现手法最初用于整理计算机程序框图，现今在企划中已广泛使用。

（1）框图表现的构成要素。详见表6-3。

表6-3 框图表现的构成要素

构成要素	特征及使用方法
直线	框图表现中的直线可以有粗有细，且有实线、虚线、双线等各种形式。一般地，在标题下画上较粗的线，而框线则较细一些；已确定的事实用实线框住，而推断事项则用虚线框住；等等
箭头	箭头不能单独使用，一般与直线合用，主要用来表示各企划内容的展开及逻辑关系。箭头方向一般从左至右、从上向下，从而顺利引导阅读者的视线。一般在一个图形中，箭头的形状和大小应一致
网格	通常对企划内容的要点及重点加上网格。网格可选用各种类型及不同浓淡。文字上若加上网格，则文字一般应使用粗体较好
阴影	阴影在图框及其周围使用，或在企划内容中特别想强调的地方使用。阴影的幅度及浓度可以选择，但要注意不要同时使用多种。一般在标题、企划用语等需要捕捉阅读者视线的地方使用，这样往往能提高视觉效果
标记符号	企划中的标记符号，主要用于标题或分条列出的字头前，其目的是引导阅读者的视线，说明内容的次序及轻重。至于到底在何种场合使用标记符号，则必须在写之前定下规则，且标记符号的用法应保持一致

（2）框图的作图原则。在企划中，若采用框图表现手法，在画框图时则应遵循以下原则：

第一，框图应尽可能简单，若各框图间关系过于复杂，反而容易使阅读者头脑混乱。

第二，画框图应遵循从左至右、从上而下的流程。

（3）画框图的工作程序。

第一步，整理资料。把握各内容的逻辑关系，将要传递的内容分条列出，主要的归类内容列出标题。

第二步，决定框图的面积大小，并且把各框图用箭线连接起来，以明确关系。

第三步，将条理化的信息记入图框中并列上标题，根据资料多少，将无法记入图框中的内容剔出。

第四步，修改图框。考虑整个图框之后，重新修改图框的组合方式及形状。另外，标题较重要的部分可改变字体或加上网格及下划线等。

（4）框图化的要点。相比于用文字，框图所能表现的资料是有限的。所以，在框图化时，首先要对框图内的文字进行高度概括。而且，通过框图化展开企划内容有时会突出文字表现中所看不见的矛盾。正因如此，有时会出现企划过程中结论较好而在企划的归纳阶段却出现结论很坏的情况。

2. 框图表现法实例

见图6-9。

企划概要

1. 宗旨

提高营业人员企划写作能力

（1）目前，写企划已经成为营业人员的工作内容之一

（2）以营业人员为对象举办企划写作讲座

2. 课程计划

框图化的表现手法

（1）从文字表现到框图表现

（2）增强逻辑性及说服力

（3）提高视觉效果

3. 展开的要点

灵活运用电脑

（1）了解电脑的基本功能并实践

（2）了解电脑的附加功能并应用

（3）提高企划书写作效率

4. 课程计划

编写视觉企划的讲座

（1）版面设计的统一　　（4）视觉要素

（2）企划的框图化　　　（5）企划的精益求精

（3）框图化的实际做成

5. 课程计划

提高企划写作水平，使企划视觉化

学习使企划内容得以完美表现的理论和方法

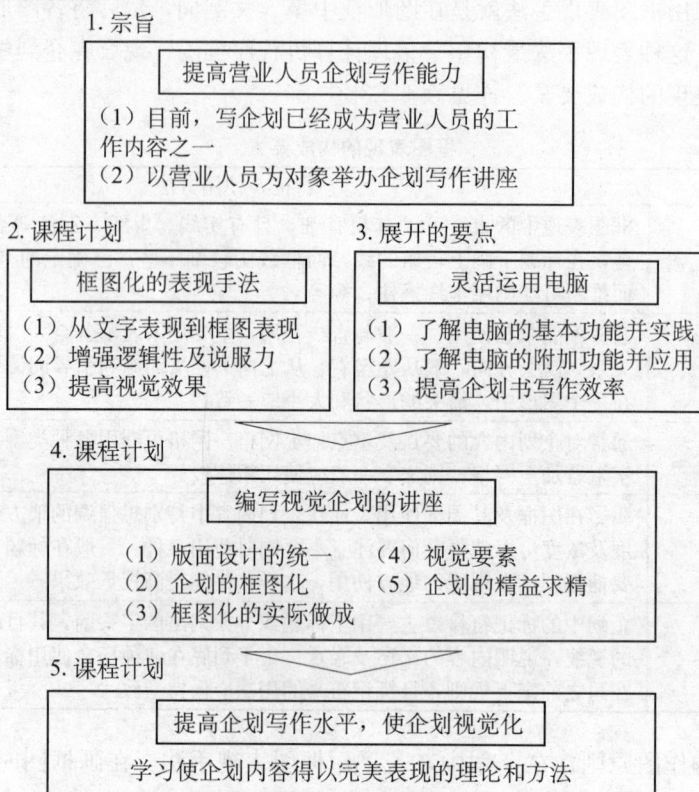

图 6-9　框图表现法实例

三、数据表现手法

在企划中通常存在大量数据，这些数据往往可以起到增加企划内容的客观性、合理性及准确性的作用。所以，以适当的数据表现形式将能更好地传递企划者的意图。

1. 图表表现的必要性

若能将数据转化成数据表，则可以更好地理解数据的内涵（见表 6-4）。然而，要将数据表的内容充分理解往往要花费一定的时间，如果数据表过于复杂，则理解数据内涵就变得更为困难。因此，若能进一步将数据表转化为图形，将使数据的表现更为充分且易懂（见图 6-10）。所以，为了使数据资料得到更好的理解，在企划中运用图表形式来表现数据是必不可少的。

表 6-4　　　　　　　　　　　　　实例：商品销售收入　　　　　　　　　　　　单位：万元

商品	2013 年	2014 年	2015 年	2016 年	2017 年
照相机	2 500	2 600	2 600	2 700	2 800
电脑	1 500	1 800	2 100	2 200	2 600
摄像机	1 300	1 700	2 000	2 000	1 800
手机	500	700	1 100	1 200	1 600

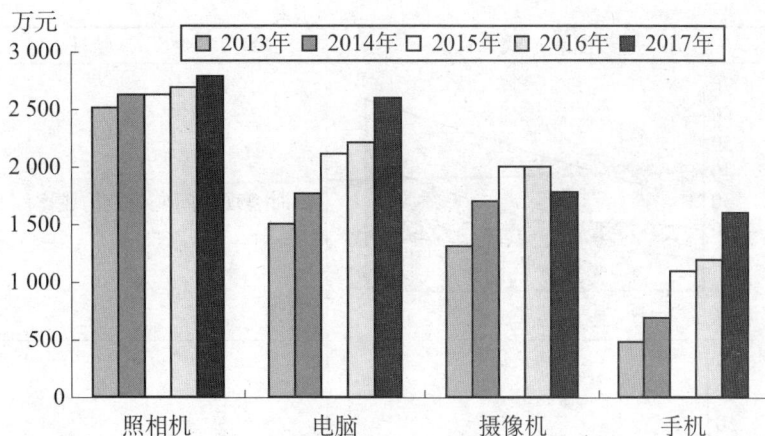

图 6 - 10　实例：商品销售收入

2. 图表的类型

图表的类型有许多种，企划者可根据其目的，选择合适的图表。企划中所使用的典型图表类型及其主要特征见表 6 - 5。

表 6 - 5　　　　　　　　　　典型图表类型及其主要特征

图表名称	图表形状	特征
柱形图		比较数值的大小，发现随时间推移的数值变化
饼图		表现构成比例
折线图		发现随时间推移的数值变化，比较两个以上因素间的数值关系

续前表

图表名称	图表形状	特征
面积图		同时表现时间变化及构成比例变化
散布图		表现分析对象的整体分布，发现其规律性
带状图		表现构成比例，比较随时间变化的数值关系
雷达图		变数较多时，表现各变数间的相关关系

在企划中，一般柱形图、饼图及折线图用得比较多，而其他图形用得相对较少。这里需特别指出的是，雷达图虽然用得较少，但它对于分析对象物的长处、短处及特性非常便利。由于电脑制图技术不断进步，特别是商用图表软件（如 Excel 等软件）的出现，使企划中的图表制作变得日益便利。

图表不仅美观，而且有助于对数据的理解，所以，企划者应选用最适当的图表来表现其数据。

四、图片表现手法

1. 图片表现的必要性

目前，信息传递的重点已逐渐由文字表现向视觉表现方向转变。借助图片等视觉化元素，将更有助于企划整体形象的表现。通过图片能够表现出用文字难以表述的微妙差异，强化企划内容的现实感。但是，若图片形象太差，即使企划内容很优秀，也反而会使企划表现效果变差。因此，图片的选择对于企划而言是非常重要的。

2. 图片的种类

（1）插图。插图可选用绘画、漫画等各种手法来绘制。插图的应用非常广泛，企划者可根据要表述的内容选择最适当的手法，绘制相应的插图。

（2）设计图或透视图。所谓设计图，就是将商品或宣传的形象描绘出来；而透视图则将诸如设施的完成结果及集会的实际布置等内容用透视的手法描绘出来。

（3）照片。将实实在在的人、物及设施用照片表现出来。

（4）拼贴画。把照片或印刷物进行剪切，拼贴成一个新的图画，展示一个新的形象。在做设施企划时，常常将相关的设施、服务等的照片拼贴起来，传递一种企划形象。但要注意不要侵犯他人的著作权。

第4节 企划的完善

企划写作完毕，必须进行最后的修改、确认等后期写作工作，一般地，统称为企划的完善。换言之，企划的完善，就是对企划进行通篇复查，对重点内容进行审核，以期尽可能地修正错误与不妥之处，提高企划的质量。企划的完善是非常必要的，它将决定整个企划的可信性。

一、企划的校正

企划写作完成后，要进行全面的校正。所谓校正，就是对企划内容及其表现和文字进行校正。一般地，应先进行企划内容及其表现的校正，然后进行文字的校正。文字校正主要是发现错字及漏字。企划文字上的错误，有时会导致阅读者对企划内容及企划者素质的质疑。所以，文字校正必不可少。

1. 校正作业的要点

校正时，应尽量让第三者加入，并注意以下要点：

（1）有没有错字？

（2）数值有没有错误？数值一定要与原始数据进行对照检查。

（3）文字的大小、字体及开始、结束的位置是否适当？

（4）各种直线的粗细、长短及开始、终了的位置是否合适？

（5）网线及阴影的修饰是否适当及统一？

（6）页码是否连贯？

（7）标题、页码是否与目录对应？

（8）标记符号是否全篇统一？

（9）版面设计是否合适？

以上要点必须逐一进行仔细的检查。

2. 最后确认

企划校正完毕，应将企划从头读到尾，进行最后的确认。通过这种方式来确认企划内容及其表现是否真正合适，企划文字是否有错误。此时，企划者应与企划保持距离，要不带感情色彩地客观地看待企划。应站在委托者的立场，确认是否有疑点，是否有不清楚的地方，因为令委托者理解是企划作业最重要的工作。最后，企划者还应对企划的提出者（或单位）、标题、提出时间、封面等进行最后确认。

二、企划的装订

企划完成后，不能零散地递交给企划的委托者或上司，而应该进行装订。

1. 装订企划需注意的问题

装订企划时，需要对以下问题进行认真考虑：

（1）企划是否要分成若干册？

1）是否需将企划正文与资料部分分开装订成册？如果需要分开，则应预先准备好几张相应的封面用纸。

2）若企划正文与资料部分合为一册，那么，如何将企划正文与附加资料区分开来？在实际操作时，一般通过纸的质量和颜色的改变来区分。

（2）每大部分之间是否要插分隔页？

1）一般分隔页用带颜色的纸，并且在分隔页上要写上标题。企划的封面、封底及分隔页应使用与本文不相同颜色的纸，这有助于提高企划的品质。

2）较厚的企划，分隔页、目录及个别企划的分目录加在一起的页数一般不应超过总页数的 10%；而一般的企划应控制在 5% 以下。

（3）如果企划内含有彩色图片，则应灵活运用彩色打印或复印。

1）当企划内使用彩色照片和插图时，最好进行彩色打印或复印。

2）当企划要准备实物模型时，最好预先将实物摄下，然后采用彩色打印或复印。

（4）确定企划的复印或印刷册数。

1）若提交企划册数不多，则可进行打印或复印。

2）若提交册数较多，则采用印刷方式。此时，企划者应决定企划的用纸、颜色等一系列问题。

2. 企划装订式样分类

在装订企划时，首先要确定是否有漏页，页码是否连续，是否有白纸混入，等等。企划的装订式样主要有以下几种：

（1）用订书钉装订。此种装订比较简陋，一般在商谈阶段使用。而最后正式提交的企划最好避免使用此种装订方法。采用这种方法，一般在企划的左侧订 2 个订书钉，也有在左上部订 1 个订书钉的。

（2）用铁夹子装订。此种方法整理及拆合比较容易。所以，那些以数据资料为中心的企划常用。但此种方法一般只在商谈阶段使用。

（3）用胶带装订。先将企划用订书钉订好，再用胶带将边沿包好。胶带颜色一般较封面颜色更深。此种方法，不用专门的装订机，所以装订成本较低。

（4）简易装订。用简易装订机钉好，然后套上透明的套子。此法使企划外观较好，且易保存。

（5）正式装订。当企划页数很多、自己无法装订时，往往请专门的装订企业装订成册。

（6）活页装订。此法适用于企划页数特别多的情况。采用活页装订，添加或削减企划内容比较自由、方便，所以，处于反复商谈阶段的大型企划使用此法非常便利。此时，要选择厚度适中的活页夹。

以上各种装订方式，如图 6-11 所示。

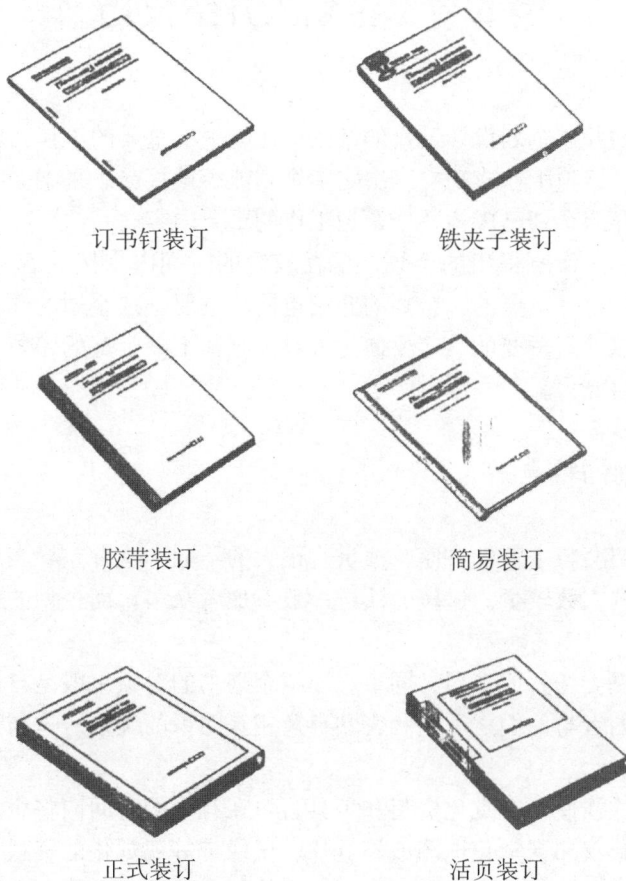

订书钉装订　　　　　　　　　铁夹子装订

胶带装订　　　　　　　　　简易装订

正式装订　　　　　　　　　活页装订

图 6-11　企划的装订方式

三、写作企划的常用工具

在写作企划的过程中，为了提高效率，企划者需要准备各种工具。当然，没有哪种工具是企划者必须使用的。企划者完全可根据自己的习惯来选择自己的工具。以下，我们仅介绍最常用的一些工具。

（1）画线及绘图用的笔。为了提高画线及绘图精度，一般使用签字笔等。

（2）画圆、椭圆等图形的图形板。若图形板上的图形较少，则可通过放大复印后剪下贴上。因此，还要准备胶棒（胶水）或胶带纸及裁纸刀等。

（3）透明坐标纸。若自己画图表，则还需准备一些透明坐标纸。

目前，企划者已广泛借助电脑来完成企划，电脑已成为企划者的必备工具。与手写企划相比，用电脑完成的企划给人的感觉更为整洁、美观。因此，使用电脑可大大提高企划的表现力及完成效率。电脑不仅使企划更显美观、整洁，而且，它也使企划的修改变得更为容易。

第5节　企划的介绍技巧

企划者完成企划并非企划设计工作的结束，还有一项重要的工作，就是向上司、同事或委托者介绍企划。这项工作成功与否决定了企划能否被接受、采纳，决定了企划是否能付诸实施。因此，介绍企划已成为整个企划工作的重要内容之一。

经过长时间辛勤工作所得出的企划，要在较短的时间内令接受者了解并非简单的事情。企划内容自然是第一重要的，企划的介绍也同样重要。在企划的介绍中，除了要令接受者理解企划内容以外，重要的是还要使对方对企划留下一个好的印象，这就取决于企划者的交流能力和表演能力。

一、介绍企划的特点

召开企划的介绍会与一般的讲座、演讲有很大的不同，这种差异表现在：

（1）介绍对象的人数较少。讲座、演讲一般参加者众多，而企划的介绍会参加者绝不会超过百人。

（2）介绍对象是委托者或上司、同事。介绍企划书的对象一般是自己的上司、同事或企划的委托者，企划者与他们之间是利害共存及相互熟识的关系。这与讲座、演讲中的大众沟通有很大的差异。

（3）介绍企划往往使用视觉化资料和工具。要在有限的时间内将企划内容很好地表达出来，必须使用投影仪和视觉化框图或幻灯片、录像带等视觉化的资料。与此对应，需要灵活使用各种各样的视觉工具。现今，由于多媒体技术的广泛应用，企划的介绍变得更为生动、灵活。多媒体技术具有以下几个主要特点：

1）集成性。能够对信息进行多通道统一获取、存储、组织与合成。

2）控制性。多媒体技术以计算机为中心，综合处理和控制多媒体信息，并按人的要求以多种媒体形式表现出来，同时作用于人的多种感官。

3）交互性。交互性是多媒体应用有别于传统信息交流媒体的主要特点之一。传统信息交流媒体只能单向地、被动地传播信息，而多媒体技术则可以实现人对信息的主动选择和控制。

4）非线性。多媒体技术的非线性特点改变了人们传统循序性的读写模式。以往人们读写方式大都采用章、节、页的框架，循序渐进地获取知识，而多媒体技术借助超文本链接（hyper text link），把内容以一种更灵活、更具变化的方式呈现给读者。

5）实时性。当用户给出操作命令时，相应的多媒体信息都能够得到实时控制。

6）信息使用的方便性。用户可以按照自己的需要、兴趣、任务要求、偏爱和认知特点来使用信息，任取图、文、声等信息表现形式。

7）信息结构的动态性。"多媒体是一部永远读不完的书"，用户可以按照自己的目的和认知特征重新组织信息。

总而言之，应用多媒体技术介绍企划的优势在于：第一，给受众临场感，体验深刻；第二，内容展示形象生动，更易理解；第三，可以在介绍的过程中根据需要与介绍对象进行互动，随时将企划数据及形象进行模拟。

微软公司的 PowerPoint 使用最普遍，它的方便之处在于：能够简单移动页面；具有简单制作图表的功能，同时也具有强调字体或加颜色、增加声音效果等功能；通过 Excel 做的表格以及由他人协助制作的部分也可以很方便地加入；能制作出简单的动画效果。

（4）介绍企划的目的是说服对方进行决策，讲座或演讲的目的一般是使参加者了解而进行说明。

二、介绍企划的程序

介绍企划的工作程序见图 6 - 12。

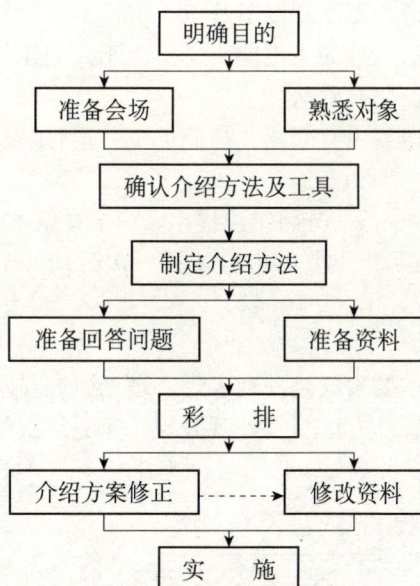

图 6 - 12　介绍企划的程序

在介绍企划时，每一步工作的要点见表 6 - 6。

表 6 - 6 　　　　　　　　　　　　　　　介绍企划的准备工作内容

工作项目	工作内容
明确目的	介绍的目的是什么？ 必须达到的最低目标是什么？ 是否预先将此目的传递给对方？
熟悉对象	对象的知识水平如何？ 赞成派、反对派是谁？ 竞争企业和费用调查。
准备会场	确定会场的大小及布置会场。 所需使用的装置、工具是什么？ 到达会场的交通如何？
资料	资料是否易懂且令人印象深刻？ 资料是否过多？ 提供证据的数据是否已准备？ 可能会出现哪些问题且资料是否准备充分？
彩排	了解方案及时间安排是否可行。

三、介绍企划的技巧

1. 说话的技巧

介绍企划的中心是使用语言。在企划的介绍中，说话的方法非常重要，同样的内容若说法不当，结果会差异很大。认真的态度，充满自信的说明是必要的；紧张、声音小，将降低企划的可信度。对于说话，要注意以下几点：

（1）声音响亮，应使最后一排的人也能听见。由于人们往往不确知自己声音的大小是否适当，所以有必要请同事、朋友确认一下。

（2）声调的高低及说话速度应有变化。声调的单一很容易使听众厌烦，对于重要的内容，应大声说并放慢速度。

（3）应适当地提出结论。一般应先将结论提出，当全文叙述完毕后，再重复一遍结论。

（4）重要的内容应反复强调。重要的内容仅提一次听众并不能完全理解，所以应反复强调。

2. 外观技巧

交流除了用语言外，另一要素就是外观表现。理论研究显示，人与人的交流中包含有三个层次，即内容、语言（说话方法）及外观表现，每一层次的重要性见图 6 - 13。

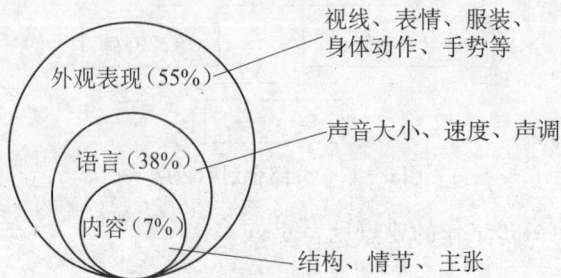

图 6 - 13 　交流的三个层次

由图 6 - 13 可见，交流中处于中心地位的是最内层的内容。而外观表现主要是给人印象并加强记忆的，其重要程度最高。

外观表现包含以下基本要素：

（1）视线。介绍者应凝视对方，抓住对方视线，吸引其加入交流之中。在一对一交流中，视线的处理并不困难，只要真诚地凝视对方就行。但是，如果介绍对象人数较多时，要抓住每个人的视线就很困难。所以，此时最好预先将介绍的内容分成各小段，根据接受者的状况选择凝视的对象，每一小段内容切换一人。

（2）手的动作。说话时辅之以相应的手的动作，将会增加说服力。如使用手指表示数字、用手比拟销售额提高的曲线等动作，都能给接受者留下深刻的印象。但要注意动作一定要自然，过多的动作有时会起反作用。

（3）表情及站立姿势。表情应是温和的，站姿应舒展，不要东摇西晃。另外，要注意必要的身体移动，说到重要的内容应逐渐靠近对方，不要背向对方说话。

（4）服装。服装也是交流的手段，着装不合适会令对方不快。所以，介绍者一般应穿整洁的正式套装。

3. 回答问题的技巧

常常有这样的情况：顺利介绍完企划，却因回答问题不当而导致最后的失败。所以，回答问题的能力如何将最后决定企划的成败。在回答问题时要注意以下几点：

（1）事前做好充分的准备。即在企划介绍之前，就必须考虑可能出现的问题，并将答案预备好。

（2）始终抱着欢迎提问的态度。应充满自信地要求大家提出问题。企划者应当了解，提出疑问是接受者在寻求正面的证据。实际中，对否定的疑问最好持肯定的态度加以修正。

（3）不要令对方难堪。对于明显不对的提问或粗暴无理的提问，切忌以牙还牙，而应高姿态首先检讨自身没做好充分说明，以致形成误解，并赞扬对方的着眼点，再重复一遍自己的主张。

（4）回答中要反复强调自己的主要主张。实际上，回答问题是反复强调自己主张的最好机会。

（5）最后，在介绍的结尾必须注意以下几点：

第一，在时间充裕的情况下结束。因为时间紧迫往往会显得慌乱，从而造成不好的结果。所以在介绍中，要根据计划安排的时间进行。

第二，回答问题结束后，要总结企划的概要。

第三，确认目的是否达到。企划者一般都希望当场有一个明确的结论。此时，应充分发挥对方（委托方）支持者的作用。若结论不明确，则应努力确定以后所需进行的活动。

第四，致辞表示谢意，千万不能失礼。

【案例评析】

地方高校大学生服装品牌企划

到 2013 年年底为止，中国有 2 245 所大学，在校大学生总数已超过 2 540 万人。

迅速壮大的大学生群体已经成为一个庞大的消费市场。本文以地方院校湖北黄冈师范学院为例做问卷调查。黄冈师范学院地处大别山南麓人文重镇——湖北省黄冈市，是拥有740万人口的黄冈市的第一高等学府。学校面向全国27个省市招生，全日制在校学生15 050人，涉及文、理、工、法、经、管、教、农、艺等九大学科门类。本次调查共发放调查问卷900份，回收有效问卷820份，有效率为90%，其中男生390人，女生430人。通过对大学生进行调查，进而了解大学生在服装上的消费情况，总结大学生对服装选择的一般规律，在此基础上以市场趋势及消费者需求为出发点，以创建个性化品牌为主要任务，制定出相应的企划，能够使设计、生产、销售得到很好的统一。

1 目标市场调查

大学生具备较高的文化程度，有自己的个性、态度和生活方式。在经济上没有完全独立，虽然会做一些兼职工作，但在经济上对父母的依赖性还很强。在时尚意识上，对个性化和时尚性的服装品牌有较强的欣赏水平。由于他们是纯消费群体，对潮流的追赶只限于观念上的认同，能力上无法企及。

目前，高校男装市场主要是潮流前线、361度、李宁，女装市场主要被阿依莲、朵以、秋水伊人等女装品牌所占据。另外，大学生服装市场份额很大一部分被运动休闲品牌所填补，比如森马、美特斯·邦威、以纯等。市场上鲜少针对大学生特色需求的服装品牌，故此，应该重视大学生的需求，打造属于大学生自己的服装品牌。

2 消费水平调查

调查显示，大部分大学生的生活费平均每月1 000元，其中饮食费500元、通信费100元、娱乐费100元、生活用品费300元（包括置装费）。调查显示，48.94%的大学生每月置装费占生活费的15%，40.42%的大学生每月置装费占生活费的5%。虽然大学生的消费水平偏低，但其单次购买能力强，可以培养发展为最终目标消费群体。

从生活费来看，大学生对单件服装价格定位如下：春夏装方面容易接受的价格是200元以下，最能接受的单件价位是39～99元；秋冬装可接受的价格基本在400元以内，单件169～299元是消费的主导区间。

3 服装要素调查

3.1 服装色彩与面料分析

63.83%的大学生喜欢大众色系：白、黑、蓝色，最喜欢购买的是白色系的服装，代表纯洁、干净。另外，大学校园里的流行色是与某一时期的社会流行色相关联的，不同时期有不同的流行色。在面料方面，76.6%的大学生偏爱纯棉面料，纯棉以其穿着舒适而价位不高抢占了大片市场。

3.2 服装风格分析

53.19%的大学生偏爱轻松舒适的休闲装，以此为基础再加上流行的元素。大学生处于青年时期，由青春逐步走向成熟，也将步入社会走向工作岗位，他们希望自己的着装日益端庄大气，而不是单纯为了漂亮、潇洒，但正装价格偏高，大学生消费不起，故选择休闲风格的服装居多。

3.3 购买渠道分析

63.83%的大学生购买服装的信息渠道主要是柜台陈列商品和他人的着装，这与大学生爱逛街的喜好分不开。59.57％的大学生主要在平时购物，只有23.4％的大学生选择换季或促销打折时购买商品。

大学生购买服装的场所通常是品牌专卖店和大型商场，占68.09％，他们很少在批发市场和集贸市场购买服装。这表明大学生对品牌的忠诚度高，不愿意消费低档次的杂牌货，对服装的选择有自己的品位。57.47％的大学生在购买服装时不受参照群体的影响，按照自己的需求购买，个性服装在大学生市场很受欢迎。所以，创立一个属于大学生自己的服装品牌是很有必要的，市场前景会很大。

3.4　注重因素分析

大学生的主要活动领域在学校：上课、校内社团活动、私人约会或老乡聚会、集体性的娱乐活动。为了引人注目和展示个性，在购买服装时，74.47％的大学生最看重的因素是风格，其他的外在因素对服装的选择不会造成太大影响。企业可以紧跟潮流并不断变换款式，在保证质量的前提下降低价格，这样会对销售量起到一个很好的促进作用。

4　"Qs"春夏品牌企划

品牌名称：Qs（CUS—CLOTHING OF UNIVERSITY STUDENTS），大学生自己的品牌。

品牌标识：Q哥和S妹形象，Q哥以酷酷的表情展现个性自我；S妹以清纯的神情展现青春激情。

目标顾客：以年龄在17～24岁的高校大学生为主体，他们有较高的文化内涵，年轻，有个性。

产品系列：大一品牌：FRC；

大二品牌：SOC；

大三品牌：JUC；

大四品牌：SEC。

价格定位：59～199元。

销售策略：销售环境应在学生街、学校或电影院附近。商家应注重双休日、正午和傍晚时间，以合理的价格来增大销售量。

评析：一个好的企划应该条理清楚，逻辑分明。本企划通过翔实的市场调查，得出具有说服力的结论，并以此为指导，设计出符合大学生需求的服装品牌。全文看似简单，但前后逻辑关系明确，并从市场角度出发，具有较强的说服力及现实性。

资料来源：张凌，杨荣盼. 地方高校大学生服装品牌企划. 山东纺织经济，2014（4）.

【核心内容】

写作企划的准备工作包括：收集和整理资料；确定企划的结构；设计企划版面；决定企划的写作顺序；等等。

站在收集信息资料的角度，可将企划分为准备期、初始期、构想期和提案期。不同时期，资料收集的内容与方法不同。企划资料的整理可以运用KJ法、关联图法等。

在进行实际的企划写作之前，必须有清晰的企划结构、统一的企划版面设计并确定合理的企划写作顺序。

企划通常采用文字、框图、数据及图片等四种方式来表现。

企划写作完毕，必须进行最后的修改、确认等后期完善工作。

写作完企划之后，必须细致地准备面对领导、委托者等有关人员所进行的企划介绍工作。

【深度思考】

1. 请比较成功的与失败的企划的不同特点。

2. 自由选择企划主题，收集、分析不同时期的企划资料。

3. 比较、分析企划的四种表现手法。

4. 仿照实例，自由选择企划主题，尝试运用企划的四种不同表现手法。

5. 自由选择企划主题，确定介绍企划的程序与注意事项。

【互联网十】

"双十一"

"双十一"指每年的 11 月 11 日，由于日期特殊，又被称为"光棍节"。自 2009 年开始，以天猫、淘宝、京东为代表的大型电子商务网站一般会利用这一天来进行一些大规模的商业活动。2011 年 11 月 1 日，阿里巴巴集团控股有限公司向国家工商总局提出了"双十一"商标注册申请，2012 年 12 月 28 日取得该商标的使用权。2014 年 10 月末，阿里发出通告函，称已经取得"双十一"注册商标。2014 年 11 月 11 日，阿里"双十一"全天交易额 571 亿元，2015 年阿里天猫"双十一"总成交金额达 912.17 亿元，2017 年更是达到 1 682 亿元（阿里加京东交易总额达到 2 953 亿元）。

1. 你怎么看待这种由民间自定的节日所带来的全民购物狂欢？

2. 从消费者的角度看，"双十一"为什么会如此火爆？

3. 继阿里巴巴注册"双十一"后，京东成功注册"618"系列商标，这两个购物节有何不同？你是否看好京东"618"购物节？为什么？

【延伸阅读】

《创造力：心流与创新心理学》，米哈里·希斯赞特米哈伊著，黄珏苹译，由浙江人民出版社于 2015 年出版。

作者简介：米哈里·希斯赞特米哈伊，"心流"理论提出者，积极心理学奠基人。美国心理学会前主席马丁·塞利格曼评价他为"世界上最伟大的积极心理学研究者"。1970 年至 1999 年担任芝加哥大学心理学系主任，1999 年至今任教于美国加州克莱蒙特大学德鲁克管理学院。他的著作包括《创造力》《心流》和《自我的进化》等世界级畅销书。

内容提要：本书是"心流之父"、积极心理学大师希斯赞特米哈伊历时 30 年潜心研究的经典之作。他访谈了包括 14 位诺贝尔奖得主在内的 91 名创新者，分析他们的人格特征，以及他们在创新过程中的"心流"体验，总结出创造力产生的运作方式，提出了令每个人的生活变得丰富而充盈的实用建议。

创造力并不是凭空产生的，它来自构成系统的三个要素之间的互动。这三个要素分别是：包含符号规则的文化，给某个领域带来创新的人，以及该领域中被认可、能证实创新的专家。对于创造力的观点、产品或发现，这三者都必不可少。

　　一个企划人应该是富有创造力的，富有创造力的人之间彼此千差万别，但他们有一点是相同的：他们都非常喜欢自己做的事情。他们通过从事费力、有风险且困难的活动扩展自己的能力，从中体会到"心流"。

第7章 企划人

如果缺少个体的有勇气的行动，任何公司的新生，乃至民族产业的复兴，都是不可能的。

——哈维·霍恩斯坦

【学习目标】

1. 了解何谓企划人；
2. 掌握企划人的基本素质和必备知识；
3. 了解企划人的培养与能力提高的途径。

优秀的企划离不开杰出的企划人。从乔布斯创办苹果电脑公司，希尔顿投身旅馆业，到山姆·沃尔顿建立沃尔玛零售连锁集团；从被日本企业界誉为"经营之神"的传奇人物松下幸之助，韩国"现代"之父郑周永，到印度世界钢铁大王拉克希米·米塔尔，这些企业经营者的成功，无不与他们超强的企划素质和能力密切相关。在激烈竞争的市场中，企业要站稳脚跟，就必须有有创意的企划，而拥有能够产生这些企划的人才，是企业成功的根本。那么，企划是一个怎样的职业？如何才能成为一个优秀的企划人呢？

第 1 节　何谓企划人

在激烈的市场竞争中，企业要在所经营的行业中领先于他人，就要有被市场接受的与他人不同的经营优势。只有这样，才能获得经济利润。实际中，这种经营优势（竞争优势）从根本上来源于企业的研究与开发。成功的研究与开发使企业获得产品优势、成本优势等经营优势，因而在市场竞争中立于不败。

明确了企划的性质后，我们对从事企划工作的人即企划人就有了一个清晰的了解。所谓企划人，就是为获取经济利润，主动提出切实可行的创新经营方案的人。优秀的企划人是企业获得经营优势的重要基础。实际上，关于企划人，可以做如下的界定：

（1）企划人就是主动追求经济利润的人，他不满足于现状，在事业上不断进取。

（2）企划人并不专门从事某项具体产品的开发与研究。例如：他不是产品开发设计人员，也不是财务人员。企划人从事促成、发现、利用研究开发成果的优势，并将其融入经营活动中的工作。

（3）企划人要完成经营上的创新。企划人不仅仅要发现销售机会，更主要的是要创造销售机会。企划人要善于通过独特的经营管理策略（经营思想）来获取竞争优势。

（4）企划人由于所处企业的性质及规模的不同而不同。有的企业的企划人要完成从目标确定到企划完成的全过程；有的企业的企划人则只需根据企业调查部门的信息完成企划，并由企业上层决策采用哪一个企划。广告公司、市场调查公司等专业公司，企划人员做广告企划和调查企划，而大型公司则还要做新产品开发企划、营销企划、员工训练企划、年度经营企划、公共关系企划、企业长期发展企划等形式多样的企划。对于绝大多数企业来说，只有一个企划部门是不够的，不同的专业部门都需要企划人员从事相应的企划工作。

在同一企划部门中，不同企划人员的特长应该不一样。有的人善于提出创造性建议，而有的人善于将想法转变为现实，具有较强的执行力。这样，就产生了将不同类型的企划人结合起来的需要。为此，或者建立一个工作机制协调两类人的工作；或者引入一个具有较强的综合能力的第三者，将两者的想法融合在一起。

事实上，这也就出现了企划工作中的分工与组织问题。但是，无论如何，为促成一项整体企划工作，参与完成的各类人员都是企划人。

（5）企划人是个行动者。企划人注重创新，但不能只停留在幻想的水平上，其创新的目的是获取经济利润、实现企划目标。因此，所有的新点子、新想法都应该切实可行，不应只是纸上谈兵，所提的方案不应是空中楼阁。

第2节 企划人的基本素质和必备知识

一、企划人能力基本框架

企划人首先必须具有创新能力，其次是拥有制订指导行动的计划的能力。

1. 创新能力

由于企划人所处的经营环境是变化多端的，企业经营的使命通常又不十分明确，在这种情况下制定作为行动纲领的企划，必须能够面对和应付各种挑战。问题是新的，就必须以新的方法和思想予以解决。这就要求企划人应该具有较强的创新能力。具体地讲，就是发现新问题的判断力，思考问题解决途径的信息收集力和创意力，以及在解决新问题的过程中，解决可能出现的没有意识到的问题的能力。简言之，创新能力就是企划人对环境变化快速做出判断、提出有效解决对策的能力。企划人要具备这种能力，就必须使自己具备"非线性"思维的能力。根据创新能力心理学的研究，"非线性"思维，即非逻辑思维是创造思维的总体特征，其具体形式表现为进行逆向思维、类比思维、发散思维等。"非线性"思维是一种灵活、全面、辩证的思维，要提高创新能力，就必须熟练地运用这些思维模式。

2. 计划能力

除了要具备创新能力之外，企划人还必须掌握将思想付之于行动的技术，即计划能力。任何想法付之于行动之前的条理化、科学化的表达方式就是计划。计划是行动的指南。企划人必须具备熟练地运用文字、图形、符号等方式，进行确定目标、分析说明形势、提出对策、提交预算等的能力。这些能力是表达自己的思想、规范未来行动、统一思想所必不可少的。

有人说企划是"策略＋计划"（strategy＋plan），也有人说企划是"创意＋行动力"。英文里，strategy 的含义是在不同的情境下采取不同的行动。就这一点而言，策略与创意是有些相通的。这两种说法，也从不同角度表明了企划人素质和知识的基本构架。图7-1给出了一个企划人必须具备的基本能力结构框架。

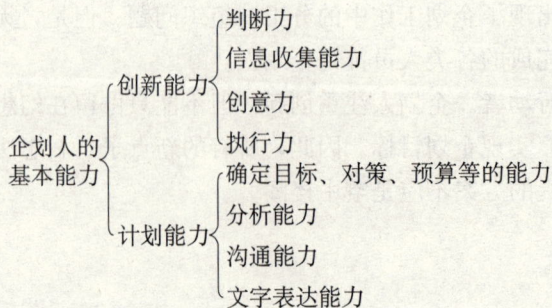

图7-1 企划人的基本能力

世界知名的耐克公司的成功创建及不断发展壮大，充分展示了其创始人菲尔·奈特所具备的创新能力与企划能力。

【品牌故事】

1 000 美元起家的耐克

菲尔·奈特出生于 1938 年 2 月 24 日。青少年时，他就十分热爱体育运动，他高中的论文几乎全都是跟运动有关的，就连大学也选择的是美国田径运动的大本营——俄勒冈大学。虽然喜欢运动，但奈特只是一位成绩一般的跑步运动员。他的教练比尔·鲍尔曼为了使运动员减少脚部伤痛，跑出好成绩，开始自己设计运动鞋，并学会了制鞋。奈特曾幽默地说："由于我不是队里最好的队员，教练（鲍尔曼）设计出来的鞋子理所当然地由我来做试验。"

1964 年，奈特和鲍尔曼各自出资 500 美元，创立了"蓝带体育用品公司"。奈特在一次鞋类产品交易会上，遇到了日本的制鞋商鬼冢虎，这个精明的日本人看过奈特他们新款运动鞋的设计图样后大喜，当即签订了合同，由美方设计经销，在日本制造。一年后，日本方面送来 200 双运动鞋，公司才正式开始营业。到 1969 年，奈特卖掉了一百万双贴着蓝带商标、在日本生产的运动鞋。

1971 年，蓝带公司销售额已超过 600 万美元。鬼冢虎派人来到美国，提出由鬼冢虎购买公司 51％的股份，并在 5 个董事中占两席，如果不答应这个要求，立即停止供货。面对日商的刁难，鲍尔曼和奈特忍无可忍，断然拒绝了这一无理要求。凭着自己的设计专利，他们很快找到了合伙人，并且就在当年年底，奈特以希腊胜利女神的名字将公司命名为耐克（NIKE）公司。NIKE 这个名字，在西方人的眼里很吉利，易读易记，很能叫得响。奈特和鲍尔默很快推出了以"耐克"命名的运动鞋，并且设计了精美的商标。奈特的一个朋友卡罗琳·戴维森，以 35 美元的价格将她设计的"钩子"状耐克标识卖给了奈特。恐怕当时没有人会想到，这个简单的标识会遍布全球各地。

二、企划人的基本素质

企划人的创新能力是许多相关素质的综合反映。这些素质主要包括：迅速反应的能力；浓缩情报的能力；图形感觉能力；条理清晰的系统思维能力；战略前瞻能力；提出未来概念能力；组织能力；瞬间想象能力；丰富的感性能力；多角度的思考能力；综合作业能力；等等。

1. 迅速反应的能力

具备迅速反应的能力，可以自如地以相同的企划模式拟定各式各样的企划，是成为企划人的首要条件。

企划所处理的问题是瞬息万变的、不稳定的，时时都可能出现新的情况，这与在稳定条件下做程序化的计划是不同的。企划人没有很多的反应时间来识别处理可能的"机会与威胁"。没有迅速反应的能力，所做的企划就会失去时效，丧失应对环境变化的时机，从而没有太大的实际意义。

2. 浓缩情报的能力

浓缩情报的能力主要包括：对复杂多变的市场信息及时识别、整理储存的能力，以及从大量的信息中剔除无用的不相关信息、挑选出有用信息的能力。如：对时代趋势、市场状况、顾客心态、竞争对手状况等企划相关信息做出正确了解、分析、判断的能力。只有具备这样的能力，才能制定出科学、正确的对策，提出有效的企划。

3. 图形感觉能力

图形感觉能力是想象力的基本特征，而想象力是创造力的基本前提。与有些人交谈，会发现他前言与后语不连贯，但并不难理解其中心思想。谈话人思维活跃，话题跳跃大，带动听者的思路在很大的空间内运动，形成生动的画面。图形感觉者说话时思维发散，善用比喻、类比的方法，将毫不相关、涵盖范围广泛的话题聚在一起来表达他们的思想。图形感觉者在用文字表达他们的思想时，多用插图、表格等方式直观地表达信息之间的结构关系，并忽略对信息细节的描述。

4. 条理清晰的系统思维能力

图形感觉水平的提高，必须具有思路清晰有序的结构性概念。没有条理清晰的系统思维能力，企划过程中就可能陷入无谓的细节之中，从而无法推动整体创意的发展。保持系统高层次（高瞻远瞩式）的思维，才能更加有效地把握创新主题，提高企划效率。

5. 战略前瞻能力

系统感觉可以使人们把握事物发展的总体特征，因而具备前瞻性和长远性的特点。这种特征，可以使企划人把握形势变化的主要趋势及事物的本质，预先采取措施应对形势的变化，避免行动的仓促性、盲目性。实际上，前瞻战略与围棋赛中棋手的大局观是完全一致的。

6. 提出未来概念能力

模糊的图像思维和总体的系统思维虽有助于转化、创造，但很容易造成概括性损失，在企划过程中可能导致企划者无法准确把握消费者及市场的特征，无法使他人清楚地了解自己的思想。企划人必须有归纳、概括的能力，并善于提出一些准确表达企划意图、符合未来发展、引领潮流的"未来"的概念。

7. 组织能力

成功的企划绝对不只是一个个人的行为。在做企划时，企划人必须与各方面搞好关系。以进行新产品企划为例，实际经验告诉我们，要进行一个基本的新产品企划，通常会涉及广告、宣传、促销、调查等各项活动，在预算范围内，至少需要 10 人，甚至 20～30 人的通力合作才能完成。所以，在做企划特别是大规模企划时，如何进行多方面的考虑和合作是至关重要的。

8. 瞬间想象能力

瞬间想象能力是指对任何抽象事物，在瞬间赋予整体性形象的能力。从某种意义上说，想象力与图形感觉一样。企划人在经营、事业、商品等方面都需要以想象力来思考整体情况，从而可以更加符合实际地进行合理性企划。

9. 丰富的感性能力

目前，许多商品的销售已达饱和状态。而另一方面，许多新奇产品还在不断推出。大量的事实告诉我们，好的商品需要调动人们的好奇心。因此，以感性为取向的商品是时代潮流。若不承认社会不断在改变的事实便难以生存，企划人必须善于创造感性。

【创意无限】

电子鱼缸：养什么鱼用画笔决定

很多小朋友希望养宠物，不过父母的顾虑则比较多。有人担心小朋友过早面对生离死别，有人担心小朋友三分钟热度，更大的可能性是住处面积有限，无处饲养。日本玩具商 TOMY 推出的一款电子鱼缸，一次性解决了上述问题。

这个名为 Picturerium 的鱼缸十分迷你，只有一部 iPhone 大小，并不能真正养鱼。不过只要将 iPhone 放在水族箱顶部，原本空荡荡的水族箱就会出现海草和装饰，等候鱼类入住。原来这是 TOMY 设计的电子鱼缸，小朋友只要在卡片上画上喜欢的鱼，再利用 iPhone 自带的相机扫描，小朋友画的鱼就会在鱼缸内出现。

除了各式各样的鱼，Picturerium 还可以将人脸代替鱼脸，爸爸妈妈马上变身"美人鱼"。

资料来源：http://tech.sina.com.cn/q/life/2015-06-29/doc-ifxenncn6771817.shtml.

这款用画笔决定养什么鱼的电子鱼缸新产品，充分显示了创造者如何将感性的欲求转化为理性的产品，并由此满足消费者感性的取向，这也是一个企划者应该具备的能力。

10. 多角度的思考能力

拥有广泛的好奇心，是企划人应该具备的典型特征。企划人只有博学多才，才有能力将自己所具备的知识瞬间组合，拟定各种提案，描绘目前与未来的前景。

11. 综合作业能力

企划人必须充分发挥综合作业能力，有效利用时间及其他资源，制定有效的综合作业程序，进行多项综合作业，只有如此才能应付堆积如山的工作，保证企划工作的效率。

三、企划人应具备的知识

企划人应具有丰富的知识，任何一个企划都可能因为涉及的对象和主题不同而需要不同的专业知识。在众多的知识中，有两门知识对于企划人来说是不可缺少的，这就是经济学知识和统计学知识。

1. 经济学

经济学所注重的是"供给"和"需求"之间的关系。企划的本质，是对未来资源的调动与合理配置，当然涉及"供给"和"需求"。"在什么条件下，能有多少资源？投入这些资源，会有多少回报？"这是任何一个企划的重点。要掌握经济学要领，首先要重视观念，而观念的建立需要借助日常生活、阅读若干经济学方面的书籍等。

2. 统计学

企划的资料讲究真凭实据，以理服人。因此，如何凭借所收集的资料验证自己的判断，是每一个企划人所必须关注的。统计学基本上就是为满足此项需求而产生的。

一般的企划人应该学习统计的基础应用过程，主要是对资料误差的推理和解释。在企划时应避免复杂而深奥的统计公式，以简单浅显为原则，或借助计算机软件进行辅助计算和分析。

四、成熟的表达技巧

企划做好后要呈现给大家看。管理阶层越高，主管人员要做的决策就越多，也就越没有时间了解企划的细节。对于其他了解企划的人来说也大体如此。因此，如何呈现企划内容，需要一定的技巧。

1. 数值化技巧

为了证明方案的可行性，免不了要收集许多相关资料。然而，这些原始资料的格式、项目不一定与自己的企划需求相符，若不加工整理就不能直接引用。因此，每个企划者都应更进一步地学习数值化技巧。

统计图表是数值化最常用的技术。善用平均数、变异数、饼图、长单数等统计观念，可以使企划接受者更明确地了解企划所要表达的理念。

基本统计观念大家一定都有，但不一定都能适时、适度地运用到企划中。如果所收集到的资料性质相似，或有时间序列上的关系，就可进行统计分析，并以统计图加以呈现，从而加强企划的说服力。

2. 图像化技巧

所谓图像化技巧，是指多利用流程图、关联图或实体模型等非文字方式表达企划内容。此外，美化版面也是其中一部分。非文字的图示可以弥补文字叙述的不足，更能将内容的逻辑关系准确、方便地表现出来。所以，这项技巧的训练着重于逻辑与因果的思考能力。现在，可利用现有的文字处理或排版软件比较便捷地进行企划内容的图像化。

3. 良好的表达力

企划是企划人思想的陈述与表现。所以，良好的表达能力是企划人不可少的。书面表达的成果是外界接触企划的第一步，行文流畅、主题明确、简明扼要是书面表达的要点。有时，高层主管无暇详细研读企划，只能靠边看简报边听企划人的报告来接触企划，因而口头表达的技巧也不容忽视。自信是口头表达的首要技巧，其次要重点突出、富有条理。

第3节　企划人的培养与能力提高

企划人的素质及能力提高是要经过长期训练方能获得的。不同于做稳定条件下的重复性强的计划，企划人创造性才能的增长，随机应变能力的提高，表达技巧的熟练运用，需要工作经验的积累、日常生活中的自我磨炼及运用科学方法有目的地进行训练与培养。

一、在工作中积累经验

1. 从点滴做起

对于一个初步涉足企划的人来说，不要想一开始就投入以大成果为目标的企划，最好从子成果出发，慢慢开始累积。

企划并不单靠勇气。企划人必须头脑好并有足够的知识底蕴。另外，还要积累工作的经验，尤其是与他人合作共同做企划工作的经验。初级企划者如能与有经验的企划人一起工作，接受他们的言传身教，会增长不少见识。哪怕是企划中极小的部分，像这种高徒式的训练也是积累实际经验的较好方式，这样会比较迅捷地将一个人头脑中的幻想变成现实的企划力。毫无怨言地努力完成企划的局部工作，企划力就会渐渐地扎实起来。也只有通过由局部到全局的点滴积累，才可以有效地培养一个企划者应有的脑力、体力、气力和气质。在积累经验的阶段，企划人除可以充分吸收、储存知识，不断训练、提高自己的创意构想能力外，也可着眼于研究前辈、同行，慢慢体会企划的专业知识和诀窍。

2. 树立信心，确定目标

不同的人，企划能力是有差异的。但通过努力，几乎所有的人都可以提高自己的企划力，达到让企划同行给予良好评价的水准。每个企划人都必须结合自身条件，制定出自己要达到的切实可行的目标，有合理的期望，才不至于气馁，不至于失去进步的动力。为此，必须从以下几点着手：

（1）树立提高企划力、成为高素质企划人的信心。坚定信念，遭遇任何困难都不要屈服，这是做任何事情，包括企划工作的基本前提。

（2）寻找可做学习榜样的前辈。如果自己的部门没有，可在别的部门甚至其他公司找，只要是自己认为杰出的企划人，具有令人佩服的企划力，就应该去向他学习。

（3）有计划地持续学习。尤其要注意对和自己职务有关的专门性理论和知识的学习。另外，还必须关注本行业以及相近行业企划实例的研究，进行创意构想的训练，专业刊物及行业出版物的剪报，乃至从自己周围寻找主题做具体企划的练习等。

（4）从多方面累积实际企划经历。注意寻找机会，即使是非常小的企划或企划的一部分也尽可能去把握。同时，还要尽可能多做各方面的企划。而且，一定要把自己做的企划拿给前辈看，请前辈批评、指导。诚心诚意地听取实施者的想法、意见，如果需修改，或被否定，要有一而再再而三地修改提案的毅力，以此来不断磨炼自己。

3. 富有"企划心"

人无完人，关键要有"企划心"。企划的类型有很多，涉及的方面也很多，企划人不可能做到面面俱到。实际上，一味地贪求"全"，有可能会影响一个人的成长。在工作中如果能够思考适合自己做的企划类型，成为能独当一面的企划人，也是大有作为的。

无论从事的企划工作的差异有多大，企划人都必须具有"企划心"，即做企划的心、爱企划的心，也就是爱工作的心、爱自己企业的心。对自己的工作、对工作对象有强烈的使命感，只有这样才能与别人通力合作，产生真正对企业有用的构想；才能克服企划过程中的种种误解，从失败、失意中走出来，成为优秀的企划者。

没有好的企划人员，企业就很难成长和发展。企划是信息选择、组合、加工的智慧，具有实行的力量，这种智慧和力量带来了企业的壮大。企划人必须保持"自己的企划力就是企业成长的原动力"的强烈自觉和自尊心，不断培养自己的企划心。

依据马太效应，只有在企划工作中不断累计，不断尝试，才能形成积累优势，由此使企划者的企划能力不断提升。

【资料链接】

马太效应

美国科学史研究者罗伯特·莫顿（Robert K. Merton）归纳"马太效应"为：任何个体、群体或地区，一旦在某一个方面（如金钱、名誉、地位等）获得成功和进步，就会产生一种积累优势，就会有更多的机会取得更大的成功和进步。

"马太效应"这个名词源于圣经《新约·马太福音》中的一个故事：从前，一个国王要出门远行，临行前，交给3个仆人每人一锭银子，吩咐道："你们去做生意，等我回来时，再来见我。"国王回来时，第一个仆人报告说："主人，你交给我的一锭银子，我已赚了10锭。"于是，国王奖励他10座城邑。第二个仆人报告说："主人，你给我的一锭银子，我已赚了5锭。"于是，国王奖励他5座城邑。第三个仆人报告说："主人，你给我的1锭银子，我一直包在手帕里，怕丢失，一直没有拿出来。"于是，国王命令将第三个仆人的一锭银子赏给第一个仆人。国王说："凡是少的，就连他所有的，也要夺过来。凡是多的，还要给他，叫他多多益善。"

"马太效应"后为经济学界所借用，反映贫者愈贫、富者愈富、强者恒强、弱者恒弱或者说赢家通吃的收入分配不公的现象。

二、日常生活中的磨炼

1. 敢于打破习惯

打破习惯、勇于创新是企划力的源泉。哲学家詹姆斯说："其实，天才只是以非习惯方式去了解事物罢了。"美国一项研究指出，人的创造力在5～7岁时下降39％，到了40岁，创造力只有5岁时的2％。年龄越大，创造力越低。分析其中的原因不难发现，创造力的萎缩是大部分人成了"习惯"的奴隶。长期的传统教育与固定的工作经历，使我们有计划地自我限制。企划人要提高能力，必须在日常生活中善于打破习惯，去除自主的框框，检视每天的生活，对自己的习惯不断反省与批判，克服产生创意的最大障碍。

2. 敏锐观察

发明家之所以成为发明家，就是因为他们可以看到别人没有看到的东西。企划者也是发明者，因此，企划人要注意提高观察能力。而观察能力的提高，只有靠训练，没有捷径。

3. 天天阅读

企划人获得创意最常见的方法就是"组合"。整体大于部分之和，好的组合经常会产生让人意想不到的效果。大部分好点子，都是由平凡的事物或观念组合而成的。当然，"组合"需要大量素材，愈多愈好，而获得素材的最便捷、最经济的方法就是天天阅读。

阅读要有恒心、有选择，要利用每一个可能的片段时间。阅读除了可以获得大量组合素材之外，还可以培养出丰富的想象力。

4. 喜爱旅行

旅行可以扩展视野，增长见闻。在旅行中可以收集资料，充实经历，寻找新鲜事物。凡事自己动手，最能激发想象力。

5. 随手记笔记

在日本，有人调查了一百三十多个发明家，结果发现，他们获得灵感的时机依次为：休息中；散步中；刚睡醒和刚入睡时；洗澡时；乘车时；盥洗时；上厕所时。显然，不管你在什么时间、地点都有可能得到灵感。对待随时都有可能忽而出现、忽而消失的灵感，最妥当的处理方法就是：抓住它，用笔记本或其他工具记下来。因此，成功的企划人会随身携带记录工具，以备不时之需。

6. 收集资料

创意是从众多构想中孕育出来的。因此，要获得创意，必须先求量后求质。求量就是要收集足够多的资料，收集与工作有关的资料或自己关心、感兴趣的资料。收集资料可以查阅报纸、杂志，用剪报的形式；也可用书籍、企业内部资源、政府统计与登记资料及现成的调查报告等。

7. 随处讨论

创意产生后就应多听取他人的意见，与他人讨论自己的构想，特别是运作性质不同的企划时。讨论的过程是对创意的修改、完善过程。

8. 自我松弛

在紧张的时候不可能出现好构想，优秀的企划人应学会在紧张工作之余，放松自己，让自己获得充分的休息，让潜意识发挥作用，从而产生更好的新构想。自我松弛的方法很多，比如去散步、慢跑、游泳、练气功、打太极拳、写毛笔字等。持之以恒，才会见效。

9. 企划人要在日常生活中磨炼自己

企划人可以从以下方法中，选择适合自己的磨炼方法，一点一滴地提高自己的企划力。这些方法主要包括：

（1）从失败中获得启示；

（2）尝试回答新闻媒体的问题；

（3）练习谬论（拐弯抹角）；

（4）探寻公司名称的由来；

（5）练习说谎；

（6）尝试做一次侦探；

（7）改写故事；

（8）拥有自己的进化论；

（9）读有关的书；

（10）去喝矿泉水；

（11）捡漂流物；

（12）买一双布鞋；

（13）种花；

（14）突然跳上公共汽车；

（15）记住上班途中的风景；

（16）打开地图看看；

（17）在公司内闲逛；

（18）将自己的书加以分类；

（19）收藏喜欢的广告；

（20）关掉电视声音；

（21）观察市场；

（22）远离大众传媒一个星期；

（23）采取他人想象的行动；

（24）拍摄路上的东西；

（25）去简陋的旅馆住一晚；

（26）考虑辞掉工作后的自己；

（27）去澡堂；

（28）注意公交车乘客的言行；

（29）听流行歌曲；

（30）看电影和小说；

（31）将消费分成 needs（需要的）和 wants（想要的）；

（32）想一想高度信息化社会；

（33）分析杂志；

（34）想一想犯罪和"演技"；

（35）错开目标、射中目标。

【案例评析】

大疆创新：用技术创新定义中国制造

全球市场份额 70%，2015 年销售收入突破 50 亿元，估值已超过百亿美元，这是成立 9 年的大疆创新给出的成绩单。

创客出身的大疆创始人汪滔一直认为，中国缺少一个能够打动全世界的产品，性价比成了"中国制造"赢得市场的标签。他希望通过大疆无人机，为"中国制造"贴上高质量、高品位的标签。事实上，他做到了。

技术创新是大疆创新的发展命脉，也是大疆重新定义"中国制造"的核心。无人机是一个跨领域的产品，如何在高技术的制造领域里，为一个硬件产品不断注入技术含量，是大疆一直在思考和努力的。

从商用自主飞行控制系统起步，大疆逐步推出了飞行控制系统、云台系统、多旋翼飞行器、小型多旋翼一体机等产品系列，填补了国内多项技术空白。从 2009 年起，大疆几乎每年都有新产品问世。仅在大众消费领域，从 2012 年的首款航拍一体机大疆精灵 Phantom 1 开始，每一代产品都是一个大的跨越。2012 年推出的大疆精灵 Phantom 1，将原本局限在航模爱好者领域的无人机推向大众消费市场；2013 年的大疆精灵 Phantom 2 Vision 的单轴云台，可以让使用者通过终端控制摄像机镜头，从空中进行拍摄；2014 年的"小悟"可以自主收放起落架，被誉为"迄今为止最酷的无人机"；2015 年推出的大疆精灵 Phantom 3，其高清数字图像传输系统可实现 2 千米内的图像传输，并且实现室内自主悬停。

大疆无人机的飞控系统、机架、云台和摄像头全都是自主研发的，不仅如此，生产也是在自己的工厂完成。潘农菲说，从研发、设计，到原材料采购、组装，关键零部件生产，以及最后的质检和试飞，每一个环节都有一套严格标准，不但所有物料会进行自检、互检等多重严密检测，产品也有全面及苛刻的可靠性分析测试，更重要的是大疆出品的每一套产品，均由专业的测试工程师经过 100% 真实环境飞行测试，从而确保产品出厂的品质。

官方数据显示，大疆在全球无人机市场占有七成市场份额，超过八成的产品销往海外。国内的一些科技企业以前"走出去"的时候，往往选择的是从低端市场进入，而大疆在海外占有率最高的却是欧美等高端市场。

很多人把大疆比作无人机行业的"苹果"，这是从对技术不懈追求和消费者的体验角度说的。大疆与苹果有相似的地方，但不能完全将手机和无人机进行类比。和大众消费品不同，无人机有相当强的技术驱动力。手机的同质化很严重，而无人机还远没到 PK 性价比的时间。

在这样的背景下，大疆仍然强调的是核心技术。大疆认为"只有技术足够创新，壁垒才能建立起来"。据统计，大疆无人机的核心研发人员为 800～1 000 人，是目前全球最大的无人机研发团队。大疆近年的研发投入极高，为了把研发这件事做好，大疆可以"任性"地花钱。

评析： 这是一个日新月异的世界，没有创新就没有未来。创新也是企划力的源泉。企划人必须善于打破旧习，勇于创新。也只有这样，才能创制出真正有活力的企划，使企业在未来商业格局中占据优势。

资料来源：陈姝．大疆创新：用技术创新定义中国制造．深圳商报，2015 - 09 - 14，有删改．

【核心内容】

企划人首先必须具有创造力，其次是拥有制订指导行动的计划的能力。

企划人的创造力及计划能力是许多相关素质的综合反映。

企划人应具有丰富的知识。在众多的知识中，有两门知识对于企划人来说是不可缺少的，这就是经济学知识和统计学知识。

企划人的素质及能力提高是要经过长期训练方能获得的。企划人创造性才能的增长，随机应变能力的提高，表达技巧的熟练运用，需要工作经验的积累、日常生活中的自我磨炼及运用科学方法进行有目的的训练与培养。

【深度思考】

如何成为一名合格的企划人？

【互联网＋】

电商平台的个性化推荐

稍加留意，我们会注意到，许多电商平台的页面都有类似于"猜你喜欢""向你推荐"等个性化推荐，根据顾客的喜好推介商品。

请以天猫商城为例，多浏览几次，观察"猜你喜欢"栏目的变化，并回答下列问题。

1. 你认为它的判断是否准确？

2. 仔细观察其推荐的产品，是否为该类产品中的热门产品？如果不是，你认为是什么原因？

3. 除了"猜你喜欢"的推荐，你还收到过什么类型的个性化推荐？这些推荐方式对你是否有效？为什么？

【延伸阅读】

《创意@东京》，苍井夏树著，由生活·读书·新知三联书店于 2009 年出版。

作者简介： 苍井夏树，现任台湾中国文化大学广告系助理教授，兼想象力实验室主任。玩广告、写企划、拍短片、搞出版、策艺展。长期研究日本消费趋势与设计美学，著有《创意@东京》《日本·美的远足》《共感@东京》《东京·里风景》。

内容提要： 苍井夏树的《创意@东京》读起来轻松愉快，同时又给人以启示——身边处处有创意的机会，不要让它溜走，抓住它。本书从建筑师安藤忠雄的上野国际儿童图书馆与东京大学情报中心到任天堂的感性工学，让我们看到日本设计师对于感性工学的深入研究，其人性化的设计与专注明细的意匠精神，美的竞争力，让作品及产品在潮流中具有举足轻重的地位。

这本著作中无处不在的东京的感性、创意、美，已是企划人不可不知的主流趋势与细节。

第二篇

企划实务

第8章
企业战略规划

一个公司在两种情况下最容易犯错误，第一是有太多的钱的时候，第二是面对太多的机会。一个 CEO 看到的不应该是机会，因为机会无处不在，一个 CEO 更应该看到灾难，并把灾难扼杀在摇篮里。

———马云

【学习目标】

1. 了解何为企业战略规划；
2. 描述企业战略规划的主要内容和步骤；
3. 区分公司层、业务层和职能层战略；
4. 识别各种竞争战略；
5. 掌握企业战略企划的结构。

企业战略规划是对企业经营发展具有根本意义的全局性规划。因此，它的制定十分重要。

第1节　企业战略规划概述

通常，企业战略是指企业为实现自己的总任务和目标所制定的长期的、全局性的整体规划。因此，企业战略规划是企业在激烈的市场竞争中生存与发展的基本规划与生命指南。

战略规划对一个企业的生存和发展，具有决定性的指导作用。战略规划是企业的生命线，是企业一切工作都必须遵循的总纲，一切业务活动都必须以战略规划所规定的任务和目标为转移。企业如果战略决策失误，就犯了原则性的方向错误，具体工作即使做得再好，也毫无意义。特别是在企业面临的市场环境变化无常的情况下，长期性、全局性、方向性的规划正确与否，对企业的前途和命运至关重要。市场竞争的基本法则是"适者生存"。谁能较好地适应环境，谁就能生存和发展；反之，则将被淘汰。所以，市场竞争的过程，就是一个不断筛选、不断淘汰的过程。战略规划要有预见性，见微知著，未雨绸缪。企业必须善于从环境变化中看到未来发展的大趋势。

【创意无限】

第五代微尘过滤窗纱

经过 30 余年的市场经济改革，中国经济取得了巨大的成就，但由于对资源的不合理消耗以及对环境保护的不重视，也使中国大部分地区出现了雾霾天气，尤其是北京。而德国 Trittec AG 公司开发的"5 plus dust evo"（第五代微尘过滤窗纱），似乎让深受雾霾困扰的人们看到了希望。

德国当地时间 2015 年 2 月 27 日，全球最大的窗帘展"R＋t"上，德国 Trittec AG 公司首次发布了"5 plus dust evo"（第五代微尘过滤窗纱）。"5 plus dust evo"和普通窗纱相比，网格密度基本相似，采光性、透气性远优于普通窗纱，然而经德国实验室试验及柏林 Chritie 医院的"欧洲防过敏测试"，其微尘的有效过滤率高达80％以上，花粉的有效过滤率高达98％以上。换言之，当室外的空气标准 PM2.5＞300，人们被警告"尽量不要留在户外"的情况下，安装了"5 plus dust evo"窗纱，在通风状态下室内空气指标仍处于"优、良"的状态，可以自由活动和呼吸，享受阳光和空气。这完全打破了人们使用空气净化器时，门窗紧闭，边净化边二次污染的认知。

空气净化器需要耗电，且滤网更换费用高昂，买得起用不起。而"5 plus dust evo"窗纱不用电，也无后期维护成本。其采用具有高静电效能的纤维材料制成，风拂过窗纱，就会因摩擦而产生不被人感知的静电，并长时间维持，当微尘靠近就被迅速阻隔。窗纱清洁也极为方便，只需用干净湿毛巾擦拭即可，可反复使用 10 年之久。这是由德国经济部出资的"在居住环境下由静电支持的花粉和微尘降低"科研项目的最新成果。

作为世界上雾霾最严重的国度之一，中国是德国 Trittec AG 公司的重点市场，其目前已在中国注册了产品技术、外观及商标专利。

资料来源：数字化企业网，2015 - 12 - 28.

企业的战略规划是这样一种管理过程，即企业通过规划其基本任务、目标及业务（或产品）组合，使企业的资源同不断变化的市场环境之间保持和加强战略适应性的过程。换言之，也就是企业为了使自己的资源和实力同企业环境相适应，以加强自己的应变能力和竞争能力而制定的长期性、全局性和方向性的整体规划。

企业战略规划覆盖企业经营管理活动的各个方面。这种规划一般要规划出企业5～10年的发展。当然，在实际中企业战略规划也不是一次完成后就固定不变的。战略规划应该随着企业内、外部环境的变化而不断修正。

企业战略规划的主要内容和步骤是：

（1）在整体层次上规定企业的基本任务；

（2）根据基本任务的要求确定企业的目标；

（3）安排企业的事业组合（业务或产品组合），并确定企业的资源在各事业（业务单位或产品）之间的分配比例；

（4）在事业、业务单位、产品和市场层次上制订各项职能计划（如营销计划、财务计划、生产计划、人事劳动计划、设备计划等）。这些计划是企业的总体战略在各事业、业务单位、产品和市场层次上的具体化。

在实际中，确定了企业战略规划之后，必须提出战略规划报告（即企业战略企划）。一般地，企业战略企划的结构如图8-1所示。

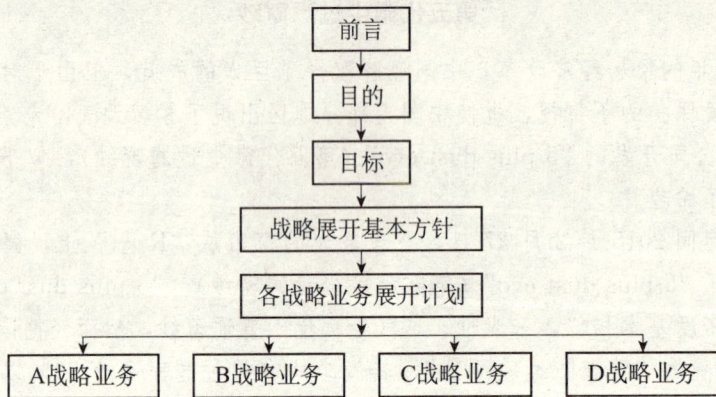

图8-1　企业战略企划的结构

第2节　企业战略企划的制定要点

一、确定企业的宗旨和目标

企业的宗旨与使命是指企业中最基本的，使自己区别于其他企业的经营目的，也是企业经营哲学的一种体现。企业的宗旨与使命使处于相同环境的企业在经营活动上具有不同的出发点和目的，也使在目前看来地位相同的企业，在若干年后具有不同的变化和结局。它确定了一个企业从事的是什么业务或事业和应该从事什么事业。作为战略规划制定的依据，为了明确企业究竟从事哪一方面的事业或业务，确定经营目的是一个不可缺少的步骤。只有在此基础上，企业的全体成员才能树立共同的理想，增进相互理解，达成共识，从而促进团队合作，同时也能使企业外各类与企业有利益关系的集团和个人获得对企业的基本了解。

企业的宗旨和目标具体体现了企业的未来目标、业务性质以及内外部价值观，因此在确定时，应注意以下几个方面：

（1）善于整合不同观点。宗旨与使命的确定是一项重大的决策，所以需以各种分歧的观点为依据。

（2）明确企业的业务类型。要从企业的外部，从顾客、市场出发寻找答案。

（3）明确企业的真正顾客及其需求。

（4）适时调整宗旨和目标。

（5）发掘市场空间。

诚然，企业宗旨和目标的确定具有一定的难度和风险，但作为战略规划的基础，却又是关键性的第一步。知名企业阿里巴巴就一直在朝着"让天下没有难做的生意"的目标而努力且成效斐然。

【品牌故事】

让天下没有难做的生意

"让天下没有难做的生意"是阿里巴巴赋予自己的使命，它贯穿了阿里巴巴的发展史。从早期 B2B 业务（1999 年 2 月至 2003 年 5 月），到淘宝网（2003 年 5 月）、支付宝（2003 年 5 月），再到大淘宝战略（2008 年 9 月至 2011 年 5 月），乃至大阿里战略（2011 年 6 月至今），组织架构几次分拆，布局金融、数据、平台，从信息流到资金流再到策划中的物流，一切围绕"让天下没有难做的生意"而成长起来，始成今日之格局。到了 2008 年，众多企业进入电子商务领域，此时的阿里巴巴集团已经不再把自己定位为电子商务公司，而是选择提供各种各样的服务，去帮助更多的企业成为电子商务公司，实现从一个平台供应商向服务商的角色转化。2009 年阿里巴巴 10 周年时，马云说，下一个 10 年的目标是要帮助 1 000 万家小企业创造 1 亿个工作机会，并且为全球10 亿消费者服务。2014 年 9 月，阿里巴巴在纽约证券交易所上市，成功筹资 250 亿美元，创下全球首次公开募股的新纪录。

很多人都听过《阿里巴巴与四十大盗》的故事，小伙子阿里巴巴的勇敢、机智和善良给人留下了深刻的印象。阿里巴巴创始人马云觉得电子商务是一门全球化的生意，需要一个全球人士熟悉的名字。《阿里巴巴与四十大盗》的故事闻名世界，"阿里巴巴"意谓"芝麻开门"，寓意阿里巴巴创建的平台为企业开启财富之门。而且"阿里巴巴"的读音在大部分语言中较类似，因而将公司命名为阿里巴巴。可见，"阿里巴巴"这个名字蕴含着创始人全球性的眼光和梦想。两个"阿里巴巴"不仅名称相同，就连内在的品质也很契合。故事中的阿里巴巴与四十大盗斗智斗勇，获得胜利后将拥有的财宝与别人分享；而现实中的阿里巴巴则以"让天下没有难做的生意"作为自己的使命，努力打造开放、协同、繁荣的电子商务生态圈。这就如同给外界一个信息，即阿里巴巴就是要为全天下想做生意的人打开财富之门。只要选择阿里巴巴，你就有机会在阿里巴巴的帮助下最终获得财富。

资料来源：刘泳华. 失误里的机会. 思维与智慧，2013 (16)，有改动.

二、制定公司层、业务层和职能层战略

明确了企业的宗旨和目标，就开始进入制定战略展开基本方针阶段。在这一阶段，需要分别制定并选择出一组符合三个层次要求的公司层战略、业务层战略和职能层战略（见图 8-2），这些战略能够最佳地利用组织资源和充分利用市场机会。

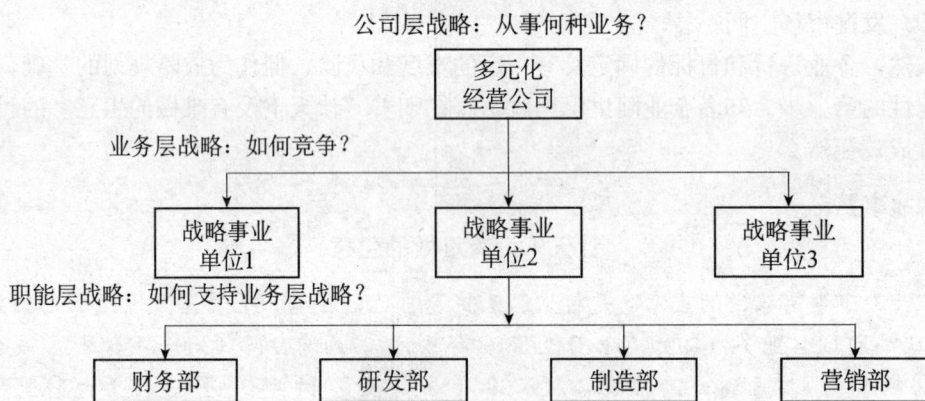

公司层战略：从事何种业务？

```
            ┌──────────┐
            │  多元化   │
            │ 经营公司  │
            └─────┬────┘
业务层战略：如何竞争？
    ┌─────────────┼─────────────┐
┌───────┐     ┌───────┐     ┌───────┐
│战略事业│     │战略事业│     │战略事业│
│ 单位1 │     │ 单位2 │     │ 单位3 │
└───────┘     └───┬───┘     └───────┘
职能层战略：如何支持业务层战略？
  ┌──────────┬──────┴───┬──────────┐
┌──────┐ ┌──────┐  ┌──────┐  ┌──────┐
│财务部 │ │研发部 │  │制造部 │  │营销部 │
└──────┘ └──────┘  └──────┘  └──────┘
```

图 8-2 战略的层次

1. 公司层战略

如果一个企业拥有一种以上的业务，那么它将需要一种公司层战略。公司层战略也称为企业总体发展战略或主体战略，是企业高层管理部门为实现企业战略目标而为整个企业制定的方向和计划。它主要用于确定企业的业务类型，解决企业中各种资源在各种业务中的分配。这种战略寻求回答这样的问题：我们应当拥有什么样的业务组合？公司层战略应当决定每一种业务在企业中的地位，它适用于公司整体以及构成公司实体的全部业务部门和产品线。公司层战略行动通常涉及：拓展新的业务；增加或裁减经营单位、生产厂或产品线；在新领域与其他公司合资；等等。值得注意的是，若某一企业所拥有的业务种类较单一，那么对它而言，其公司层战略也可能就是其业务层战略。由此可见，公司层战略一般适用于多业务的企业。

公司层战略可以从不同的角度来分类，其中比较重要的一种分类是从战略态势来分，有维持战略、发展战略、榨取战略、退出战略。

（1）维持战略。

维持战略，亦称稳定战略。这一战略的主要特征是没有什么重大的变化，或者维持一种温和程度的增长，或者干脆维持现状。当一个企业处于以下几种情况时，可能会采取该

种战略：

1）企业的市场地位很稳定，已经达到了规模效应的最大化，而市场也正趋于饱和。

2）企业内部缺乏足够的支持性发展资源。

3）企业现有的战略方案与环境仍非常吻合。

4）企业未来的发展方向暂时不明。

（2）发展战略。

发展战略，亦称扩张战略。它指的是增加企业的经营层次，如扩大企业规模、扩大市场份额、增加雇员、提高收益等。发展战略可分为集中战略、一体化战略、多元化战略。

1）集中战略。大多数企业在建立之初都会选择集中战略，以提高产品知名度，增加销量，取得一定的市场份额，建立自己的独特品牌和顾客忠实度。采取集中战略的企业会以某一产品、某一市场或某一技术为自己的目标，投入所有资源进行优势发挥。但随着企业产品和市场的变化，有时也需要适时进行战略调整和演化，通常会延伸为市场开发战略、产品开发战略、创新战略等。市场开发战略即以新市场挖掘为着眼点，在新市场上销售现有的产品；产品开发战略则是以产品的不断调整为立足点，在现有的市场上销售新的产品；而创新战略则是全新产品生命周期的开创。

2）一体化战略。一体化战略又有横向一体化和纵向一体化之分。如果战略目标是扩大市场份额，则应选择横向一体化战略，即收买或合并同类企业或业务。纵向一体化包括前向和后向一体化。有时企业为了扩大其经营业务或控制销售渠道，把自己的下游产业加以收购与合并，即为前向一体化。企业也可收买或合并自己的上游产业与业务，则为后向一体化。

3）多元化战略。多元化战略即通常所说的多种经营战略，它以增加生产和销售的产品或服务的品种为主旨。多元化可以是横向多元化，即开发向现有顾客提供新的、与本企业原有业务并无关联的新业务；也可以是同心多元化，即扩展新的、与本行业原有业务相关的业务；还可以是混合多元化。多元化的目的之一是分散风险，即"不把所有的鸡蛋放在一个篮子中"，以避免一损俱损的弊病。其另一目的是提高效益，如汽车制造商采用同心多元化，同时生产冰箱，把生产汽车外壳多余的钢板做冰箱的外壳，从而达到综合利用原材料的目的。

（3）榨取战略

随着市场的变化、技术的进步、销售渠道的拓展、替代品的出现，企业所经营的各种业务也不可能在市场中长久不衰，必将随着生命周期的趋势渐渐退出。而在业务完全退出之前，必然会有一个利润高峰期，企业此时就应收缩投资，甚至撤资，以集中榨取利润。榨取战略建立在对产品生命周期的充分考察、分析基础上，需谨慎使用。由于判断偏差而导致过早榨取，会使企业的产品生命周期无端缩短，减少了企业的实际可得利润，并可能使该业务半途夭折；但若由于判断偏差而迟缓榨取，又会使企业错过利润高峰，而无法实现最大化的利润榨取。

（4）退出战略。

退出战略，或称清算战略，这是一种最不受欢迎的战略类型。任何一个企业都不会钟情于该种战略，一般都是不得已而为之。如果企业原本是单业务经营的，那么清算战略的实行也就意味着该企业生存的终止，所以，清算战略一般只在其他战略都无法实施的情况下才使用。然而，如果该业务继续维持肯定无望，那么尽早清理要比拖延好一些。

2. 业务层战略

业务层战略是为企业中特定业务单位制定的发展方向和计划。企业的总体战略确定企业所从事的业务，而业务层战略则用于确定如何在特定的市场或产业中更好地进行竞争。因此，它也是对某项业务进行竞争方式选择的过程，通常是各业务部门、分部或子单位的战略。业务层战略寻求回答这样的问题：在我们的每一项业务领域里应当如何进行竞争？对于只经营一种业务的小企业，或不从事多元化经营的大型企业，业务层战略与公司层战略是一回事。对于拥有多种业务的企业，每一个经营部门会有自己的战略，这种战略规定该经营单位提供的产品或服务，以及向哪些顾客提供产品或服务，等等。

当一个企业从事多种不同的业务时，建立战略业务单位更便于计划和控制。战略业务单位代表一种单一的业务或相关的业务组合。每一个战略业务单位应当有自己独特的使命和竞争对手，这使得每一个战略业务单位有自己独立于企业的、与其他业务单位有别的战略。比如通用电气这样的公司，因为经营多种多样的业务，故管理当局可能建立十几个或更多的战略业务单位。企业的经营可以看作是一种业务组合，每一个业务单位服务于一种明确定义的产品——细分市场，并具有明确定义的战略。业务组合中的每一个业务单位按照自身的能力和竞争需要开发自己的战略，同时必须与企业的能力和需要保持一致。业务层的战略内容包括：广告投放量、研发的方向和深度、产品更新、仪器设备及产品线的扩张和收缩等。在业务层战略中，最常见的是适应战略与竞争战略。

（1）适应战略。

适应战略框架是雷蒙德·迈尔斯（Raymond Miles）和查尔斯·斯诺（Charles Snow）在研究经营战略的过程中提出的。首先，迈尔斯和斯诺辨认出 4 种战略类型：防御者战略、探索者战略、分析者战略和反应者战略。然后，他们论证了采用前 3 种战略中的任何一种都能够取得成功，只要所采取的战略与经营单位所处的环境内部结构和管理过程相吻合。但是，迈尔斯和斯诺发现，反应者战略常常导致失败。下面，让我们概述每一种战略类型，并且探讨一下企业如何利用它们获取竞争优势。

1）防御者战略。防御者（defender）战略寻求向整体市场中的一个狭窄的细分市场稳定地提供有限的一组产品。在这个有限的细分市场中，防御者拼命奋斗以防止竞争者进入自己的地盘。这种战略倾向于采用标准的经济行为，如以竞争性价格和高质量的产品或服务作为竞争手段。防御者倾向于不受其细分市场以外的发展和变化趋势诱惑，而是通过市场渗透和有限的产品开发获得成长。经过长期的努力，真正的防御者能够开拓和保持小范围的细分市场，使竞争者难于渗透。麦当劳公司就是在快餐业中奉行防御者战略的典型。

2）探索者战略。与防御者战略形成对照，探索者（prospector）战略追求创新，其实力在于发现和发掘新产品和新市场机会。探索者战略取决于开发和俯瞰大范围环境条件、变化趋势和实践的能力，灵活性对于探索者战略的成功来说是非常关键的。

3）分析者战略。分析者（analyzer）战略靠模仿生存，其复制探索者的成功思想，紧跟具有创新精神的竞争对手，而且是在竞争对手已经证实了市场的存在之后才投入战斗，推出具有更优越性能的同类产品。

分析者必须具有快速响应那些领先一步的竞争者的能力，与此同时，还要保持其稳定产品和细分市场的经营效率。而探索者必须有很高的边际利润率以平衡风险和补偿其生产上的低效率。一般来说，分析者的边际利润低于探索者，但分析者有更高的效率。

4）反应者战略。反应者（reactor）战略是当其他三种战略实施不当时所采取的一种不一致和不稳定的战略模式。它实际上是战略的失败。一般，反应者总是对环境变化和竞争做出不适当的反应，绩效不佳，并且在承诺某种特定战略时表现得犹豫不决。

（2）竞争战略。

竞争战略模型由迈克尔·波特提出，包括通用的三种竞争战略：总成本领先战略、差别化战略、目标集聚战略。管理者可以通过分析自身的长处和竞争对手的短处，寻找一种适合企业发展的战略，以维系自身强有力的市场地位，从而避免与产业中所有竞争对手的硬拼硬杀。

1）总成本领先战略。这种战略是在 20 世纪 70 年代得到日益普遍应用的，通过运用一系列针对本战略的举措来取得自身在产业中总成本领先的地位，试图以最低的单位成本和因之产生的低价来取得最大的销量。成本领先要求积极地建立起达到有效规模的生产设施，全力以赴降低成本，抓紧成本与管理费用的控制以及最大限度地减小研究开发、服务、推销、广告等方面的成本费用。尽管质量、服务以及其他方面也不容忽视，但贯穿于整个战略中的主题是使成本低于竞争对手。

2）差别化战略。这种战略是将企业提供的产品或服务标新立异，形成一些在全行业范围内与众不同的特征。它的方式、方法有很多种，可以是体现于产品或服务自身的，也可以是实体以外延伸形态所体现出的独到之处：特殊的功能、高超的质量、优质的服务、独特的品牌等。这些竞争者无法比拟的特征，能使企业以较高的定价来获取更高的单位利润。差别化战略利用客户对品牌的忠诚以及由此产生的对价格敏感性的下降，使企业尽可能地避开竞争，同时能使企业在追求高利润时不必追求低成本。当然，差别化战略并不意味着企业可一味地忽视成本，但此时成本已不再是首要考虑的战略目标了。

3）目标集聚战略。这种战略是主攻某个特定的顾客群、某产品系列的一个细分区段或某一个地区市场。该战略的前提是：企业能够以更高的效率、更好的效果为某一狭窄的战略对象服务，从而超过在更广阔范围内的竞争对手。结果是，企业或者通过较好满足特定对象的需要实现了标新立异，或者在为这一对象服务时实现了低成本，或者二者兼得。目标集聚战略对小企业最为有效。

此外，在最新的业务战略研究中，又有学者提出了用户一体化、系统一体化等较为新颖的竞争战略概念。用户一体化是指企业通过对其用户进行投资让利，从而使用户产生较大的转移成本，促使用户更愿意与企业保持良好的合作关系，形成共荣圈，而企业也就实现了对其用户的前向锁定。系统一体化则指不仅要对其用户实行投资锁定，而且要对其供应商，甚至贷款者、竞争者等与企业业务方方面面有关的其他企业实行锁定联合，形成一个互利系统。随着经济全球化的到来，竞争必将愈演愈烈，用户一体化也罢，系统一体化也罢，都将成为大势所趋的竞争战略模式之一。

3. 职能层战略

职能层战略也可称为职能支持战略，是对企业中的各主要职能部门制定的发展方向和计划。这一层战略寻求回答问题是：我们怎样支持业务层战略？职能层战略从属于战略事业单位内部的主要职能部门。职能层战略是为业务战略服务的，所以它的内容要比业务战略更具体、更细致。通常包括这样六个职能领域：市场营销、财务、生产、研究与开发、人力资源以及组织设计。职能层战略最终要细化为具体的职能计划。

（1）市场营销战略。

对多数企业而言，市场营销战略是最为重要的战略，它通常反映了企业的总体战略。市场营销战略通常要处理企业面临的许多主要问题：

1）产品组合问题。例如，通用汽车公司的雪佛兰分部，其产品组合包括许多不同型号的产品系列。

2）市场地位。如：百事可乐和可口可乐争夺软饮料市场的领导地位。

3）分销渠道。如：在美国加州护理院工作的舒曼挨门挨户去销售眼镜架，运用她的想象力为普通产品创造了一个新的销售渠道。

4）销售推广。诸如广告预算和销售人员的规模。

5）定价政策。如：一开始对新产品在被期望的价格范围中给产品定个高价即"搬脂法"，并随后准备逐步降低价格。

6）公共政策。诸如处理有关法律、文化和规章等的限制。

（2）财务战略。

对企业而言，提出正确的财务战略也是十分关键的。主要关注的问题有：

1）资本构成。财务战略中一个很重要的部分即确定最适宜的资本构成，包括各种股票（法人股、公众股等）以及长期债务（诸如债券等）的组合，从而使企业能以最低的资本成本提供其所需的资本。

2）借贷政策。财务战略的另一个要素是债务政策，如允许借入多少、以何种形式举债。

3）资产管理。资产管理强调对流动资产和长期资产的处置。例如，应该怎样对剩余的现金进行投资，才能使其收益和流动性得以最佳结合。

4）分红政策。分红政策将决定收益中分配给股东的比例，以及企业留存用于成长发展的收益比例。

（3）生产战略。

从某种意义上讲，企业的生产战略取决于它的营销战略。例如，假定营销战略要求推广优质、高价的产品，则生产部门自然需强调质量优先，成本只是属于第二位考虑的问题。但是，生产战略自身也有若干重要的问题需解决：

1）生产率的提高。需要提出改进生产率的方法。

2）生产计划工作。对制造商而言，生产计划工作，如什么时候生产、生产多少以及如何生产等，是特别重要的。

3）厂址的定位。生产战略也包括决定厂址的定位。

4）生产过程中生产工艺的选择。比如是投资新的自动化技术，还是使用传统的技术。

5）政府管制。生产战略必须考虑政府主管部门的有关规章条例，如环境保护法规等。

（4）研究与开发战略。

在市场经济中，绝大多数大企业和许多较小的企业都需要有一个研究开发战略。这一领域主要涉及有关产品开发的决策。例如，对企业而言，究竟是应集中精力于开发新的产品，还是对现存的产品进行改进？应如何利用技术预测，诸如技术发展趋势、新的发现与突破等？此外，研究与开发战略还包括专利和技术授权的政策。例如，企业开发了某一新的产品或程序并申请了专利，则其他企业就不能随意仿冒它，但企业也可通过技术授权来获利，即牺牲一些竞争优势，允许被授权方使用其专利，以换取一定的转让费。

（5）人力资源战略。

许多现代企业认为有必要提出一种人力资源战略，一些人力资源政策事项，如确定薪酬、挑选人员和绩效评估等都涉及人力资源战略。其他还包括劳资关系。政府的劳动人事法规等方面的考虑、管理人员的发展也需提到战略高度加以关注。世界上一些著名的大公司，如宝洁公司（P&G）、通用食品公司等都有自己的培训课程规划，以至于一些接受培训的学员把其称为 MBA（工商管理硕士）再培训。其结果是这些企业都有一个强大的人力资源库。这种做法也反映了这些企业人力资源战略的一个侧面。

（6）组织设计战略。

组织设计战略是有关企业如何构造其自身的战略，包括职工的定岗，部门的划分，分公司、子公司或分部的安排等。组织设计恰当，是企业成功贯彻其战略计划的保证。

通过公司层战略和业务层战略的选择与制定，明确企业各战略业务单位展开的基本方针；通过职能层战略的制定，最终形成各战略业务单位的实施计划。

在 20 世纪 90 年代末期出现了一种新的战略管理方法，这就是平衡计分卡（the balanced score card，简称 BSC）。平衡计分卡于 20 世纪 90 年代初由哈佛商学院的罗伯特·卡普兰（Robert Kaplan）和诺朗诺顿研究所所长戴维·诺顿（David Norton）所创建，是一种全新的绩效管理方法。平衡计分卡已经发展为企业战略管理的工具，在企业战略规划与执行管理方面发挥非常重要的作用。平衡计分卡被《哈佛商业评论》评为 75 年来最具影响力的管理工具之一。在制定企业战略规划时，可以借鉴该方法来制定各战略业务单位的展开方针并制订出具体的实施计划。

【资料链接】

平衡计分卡

平衡计分卡提供了一个全面的衡量框架，一个能够将公司实力、为客户创造的价值和由此带来的未来财务业绩建立联系的框架。企业应在战略的指导下从财务、客户、业务流程、学习与成长四个角度审视自身业绩（详见下图）。这四组指标是紧密相连、互为因果的：财务指标是企业最终的追求和目标，也是企业存在的根本物质保证；而要提高企业的利润水平，必须以客户为中心，满足客户需求，提高客户满意度；而要满足客户，必须加强自身建设，提高企业内部的运营效率；而提高企业内部运营效率的前提是企业及员工的学习与创新。也就是说，这四个方面构成一个循环，从四个角度解释企业在发展中所需要满足的四个因素，并通过适当的管理和评估促进企业发展。当某一个循环结束后，企业又会面临新的战略目标，从而开始新的创新、新的循环。

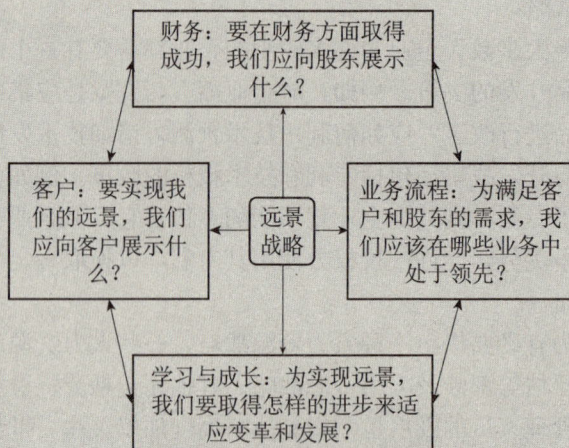

平衡计分卡的基本框架

平衡计分卡的实例见下图。

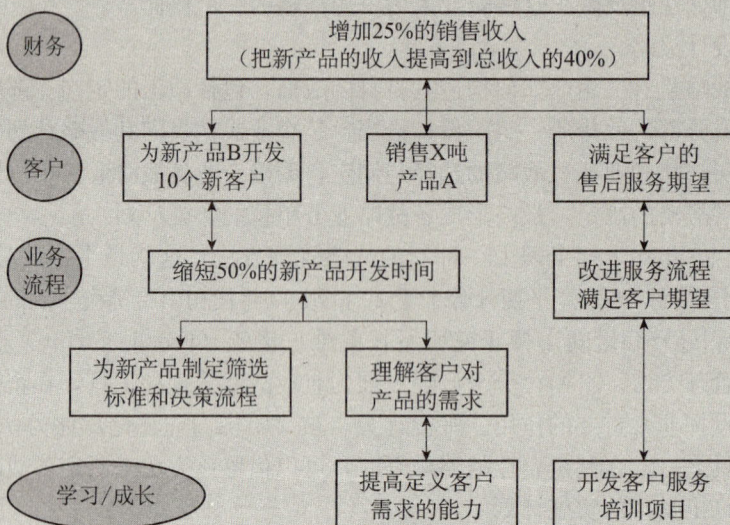

平衡计分卡实例

第3节　企业战略企划的写作实例

以下，以一虚拟的房地产公司为例，说明企业战略企划的写作方法。

××房地产公司战略规划
——走向综合住宅业

目录

前言

战略规划概要

1. 目的

2. 目标

3. 战略展开的基本方针

4. 战略日程安排

5. 战略展开的市场环境分析

战略展开的长期计划

1. 长期计划概要

2. 资金计划

3. 组织、人员计划

4. 信息系统计划

5. 生产计划

6. 营销计划

7. 研究开发计划

各战略业务单位概要

1. 住宅业业务概要

2. 设备管理业业务概要

3. 住宅用材料业业务概要

4. 住宅信息通信业业务概要

5. 租赁业业务概要

附录

1. 本公司业务组合分析

2. 社会背景分析、预测

3. 市场环境分析、预测

4. 其他资料

前言

当前，随着我国经济体制改革的不断深入，房地产市场出现了许多新的变化，市场竞争日益激烈。为了适应市场环境的变化，确定本公司的发展方向，本公司于 2017 年 5 月，新成立了企业战略规划研究办公室，该办公室通过半年的调查、分析，提出了本公司的战略规划报告。

战略规划概要

1. 目的

本公司自 2000 年创立以来，主要从事民用住宅的建设，发展至今，规模已处于本地区本行业的第二位。然而，目前民用住宅业的市场竞争日益激烈，如果本公司依然仅从事民用住宅业，发展前景堪忧。为此，本公司迫切需要开发新的事业，制定未来的战略发展方向。

本公司应以建设民用住宅为支柱，在此基础上扩张发展与住宅业相关的周边业务，使本公司成为一综合性的房地产公司。本公司的基本任务是提供住宅服务。

2. 目标

本公司在今后10年内要实现以下目标：

（1）目前（2017年）收入10亿元→10年后（2027年）40亿元；

（2）年平均增长率为15%；

（3）目标值具体分解见图1和表1。

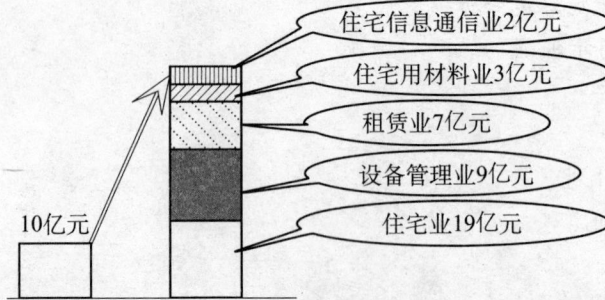

图1　目标值具体分解

表1　　　　　　　　　　　　　　　　　目标值具体分解　　　　　　　　　　　　　　　单位：亿元

现在（2017年）		10年后（2027年）	
组合式住宅业	6	● 住宅业	19
租赁业	1.2	标准化住宅业	12
订货住宅业	1	住宅小区业	5
住宅用材料	1.3	订货住宅	2
其他	0.5	● 设备管理业	9
		住宅电子机械化	1
		能源设备业	5
		设备改造更新业	3
		● 住宅用材料业	3
		● 住宅信息通信业	2
		● 租赁业	7
		出租	2
		开发	4
		住宅流通	1

3. 战略展开的基本方针

当前，我们应重视住宅业的发展趋势。在此基础上，确定如下五个战略业务单位：

● 住宅业；

● 设备管理业；

● 住宅用材料业；

● 住宅信息通信业；

● 租赁业。

各战略业务单位的基本方针如下：

（1）住宅业战略基本方针。

目前，民用住宅以标准化住宅为主。随着消费者生活水平的提高，消费者必定会对住宅提出新的要求。如追求个性化、舒适化的住宅。因此，本公司住宅业的发展方针，应放弃单纯量的扩张，而是以质的提高为目标。

对于包含低层住宅区的住宅小区，应引入现代的工业先进技术，作为一项全新的事业来开展。

（2）设备管理业战略基本方针。

设备管理业将以住宅电子机械化、能源设备及设备更新改造三者为支柱而广泛、积极地展开。

目前，所有设备主要依赖于设备供应商，因而与住宅设备相关的索赔要求非常多，这些要求困扰着设备供应商。然而，他们却无能力满足住宅业对住宅设备多元化的要求。

本公司应以消费者对住宅设备的索赔要求为线索，广泛收集消费者的要求，建立消费者要求信息数据库，从而开发出满足消费者要求的住宅设备。

近年来，设备费在住宅建设费中比率逐年上升，其原因是住宅设备正向高安全性的住宅电子数字化方向推进。

目前，住宅设备的更新改造市场正日益引人注目。由于本公司是提供住宅的企业，所以对住宅建成后的住宅特性的变化比其他公司要熟知，很容易捕捉到哪些住宅的设备需要更新、改造等信息。因此，本公司应该在加入设备改造更新市场的同时，重新考虑设备相互之间的作用。

（3）住宅用材料业战略基本方针。

（略）

（4）住宅信息通信业战略基本方针。

（略）

（5）租赁业战略基本方针。

（略）

4. 战略日程安排

见表2。

表 2　　　　　　　　　　　　　战略日程安排

业务	2017 年	2018 年	2019 年	2020 年	2021 年	……
综合						
住宅业						
设备管理业						
住宅用材料业						
住宅信息通信业						
租赁业						
销售收入						

5. 战略展开的市场环境分析

在此，仅提供本战略规划市场环境分析概要，其详细分析请参见附录。

（1）市场。

住宅工程数停滞具有长期性。并且，过去组合式的建筑方法也已过时，住宅业未来发展不容乐观。

企划部预测，住宅工程5年后有80万个，10年后与此基本持平。然而，同行业的M公司的经理则预测10年后将只有60万个住宅工程，可见住宅市场环境将更为严峻。

今后，住宅市场的竞争将日趋激烈，本公司不仅要直接面对已日益激烈的市场，而且要仔细思考公司未来的战略规划。

（2）其他企业动向。

（略）

（3）环境。

（略）

战略展开的长期计划

（略）

各战略业务单位概要

（略）

附录

（略）

❖❖❖

【案例评析】

柯达的没落

2012年1月19日，柯达宣布已经在纽约申请破产保护。作为数码相机的开创者，最终却倒在了"数码魔鬼"的刀下，百年柯达的迅速陨落史，再一次向我们印证了未能追上时代的惨痛后果。

伊士曼柯达公司（简称柯达公司），是世界上最大的影像产品及相关服务的生产和供应商之一，总部位于美国纽约州罗切斯特市，是在纽约证券交易所挂牌的上市公司。自1880年成立以来，柯达一度创造了"胶卷时代"的巅峰——全球超过14.5万名员工，业务遍布150多个国家和地区，占据全球2/3的市场份额。

随着海外竞争对手开始攫取胶卷业市场份额，柯达20世纪80年代开始走下坡路。进入数码时代以后，数码相机逐渐成为人们的新宠，传统胶片机的生存空间越来越小。柯达不得不面对数码相机和智能手机的崛起。2003年，柯达宣布停止投资胶卷业务。胶卷业务曾一度帮助柯达占据了全球66%以上的市场份额，如今却成为压倒柯达的最重的一根稻草。在2003年，柯达胶卷业务的销售利润就从2000年的143亿美元锐减至41.8亿美元，进入2005年则开始连年亏损。数据显示，1997年以来，柯达仅有2007年一年实现全年盈利。而柯达的市值从1997年2月最高的310亿美元降至21亿美元，十余年间市值蒸发了99%。胶片时代的王者柯达已经走到"英雄末路"。

其实柯达进入数字摄影行业并不晚，甚至是数字摄影技术的发明者。柯达1975年发明了第一台数码相机，并将其用于航天领域；1991年，柯达与尼康合作推出了一款专业级数码相机，像素数达到 130 万；1995 年发布首款傻瓜型相机供非专业摄影者使用；1998 年开始生产民用数码相机，却只是把它作为热身运动。同富士和奥林巴斯这些竞争对手相比，柯达的动作太慢了，仍把主要精力放在胶卷生意上。

之后，柯达启动了两次战略转型。2003 年 9 月，柯达正式宣布放弃传统的胶卷业务，重心向新兴的数字产品转移。但当时在传统胶片市场的巨额投资成了柯达转向数码市场的庞大包袱。2006 年，柯达毅然更换公司标识，去掉了自 1971 年开始就使用的"黄盒子"和"K"图形。2009 年，柯达实施二次战略重组，裁员幅度高达 50％。2011 年 7 月，柯达还聘用拉扎德投资银行负责出售 1 100 个数码摄影方面专利权的事务，向平板电脑厂家"推销"其专利权组合。2012 年 1 月 19 日，在收到纽交所退市警告 16 天后的柯达终于提出了破产保护申请。柯达公司提交的申请文件显示，柯达的现有资产为 51 亿美元，但是债务已经达到了 68 亿美元，处于严重的资不抵债的状况。

评析：柯达走向没落的原因首先是战略规划与决策的失误，由于担心其胶卷销量受到影响，一直未敢大力发展数字业务，仍将重点放在传统模拟相机的胶卷生意上，放在如何防止胶卷销量的下降上。其在 1935 年推出的彩色胶卷一直到 2009 年才停止生产，"一直在转型而又一直未转型"，也就错过了最佳战略机遇期。虽然柯达率先发明数码相机，但由于柯达的成功主要是源于传统业务的成功，所以在战略规划的制定中将企业资源优先配置到传统业务部门，从而导致其转型迟缓。1997 年的转型失败是因亚洲金融危机后，柯达错误地认为胶卷需求的停滞是因为整体经济衰退造成的。因为直至 1999 年，美国市场传统胶卷的销售增长速度仍高达 14％。仅仅一年时间，2000 年年底胶卷需求开始停滞，柯达在此刻仍认为胶卷的没落是整体经济衰退造成的。柯达失去了抓住数码时代来临的机遇。2001 年的转型不畅是因为柯达沉浸在互联网泡沫破灭的侥幸中，没有把握市场需求变化。2006 年在奠定中国市场的胶片霸主地位后，柯达继续错误地低估了尼康、佳能等竞争对手，也低估了市场形势的发展和变化，在延长胶卷生命周期、继续垄断赚取丰厚利润的异想天开中丧失了机会。其次，成功后迷失自我，忽略了危机。胶片时代，柯达依据其独特的竞争力和行业地位设计了冲洗和打印的健全经营体系，成为 20 世纪中国胶片市场的霸主。柯达数码转型的最大障碍或失败是因为它的胶卷太成功了，成为很难改变的东西。沉浸在成功的光环下，柯达迷失了，它没有充分重视数码时代的到来，即便是后来每年投入巨大的数码相机研发费用，但终因机体庞大、效率太低、固执的战略而将市场拱手相让于佳能和尼康。再次，柯达是一家保守型的公司，面对数码时代的市场波涛，审慎的市场策略使其不敢冒进，太固执地看到柯达美丽的羽毛，缺乏勇气和力量做出断臂求生的战略调整。

资料来源：陈建萍. 企业管理学：理论、案例与实训（第三版）. 北京：中国人民大学出版社，2014：96.

【核心内容】

企业战略规划是企业在激烈的市场竞争中生存与发展的基本规划与生命指南。

企业战略企划主要由目的与目标、战略展开基本方针、战略业务展开计划及各战略业务组成。

在制定战略展开基本方针以及战略业务展开计划时需要首先确定公司层战略、业务层战略和职能层战略。

公司层战略也称为企业总体发展战略或主体战略，是企业高层管理部门为实现企业战略目标而为整个企业制定的方向和计划。公司层战略从战略态势来分，有维持战略、发展战略、榨取战略、退出战略。

业务层战略是为企业中特定业务单位制定的发展方向和计划。在业务层战略中，最常见的是适应战略与竞争战略。

职能层战略也可称为职能支持战略，是对企业中的各主要职能部门制定的发展方向和计划。通常包括这样六个职能领域：市场营销、财务、生产、研究与开发、人力资源以及组织设计。

【深度思考】

1. 简述企业战略规划的意义及企业战略规划的主要内容与程序。

2. 仿照实例，自由选择企划主题，尝试写作企业战略企划。

【互联网十】

阿里巴巴全球采购批发平台（1688.com）

阿里巴巴（1688.com）是全球企业间（B2B）电子商务的著名品牌，为数千万网商提供海量商机信息和便捷安全的在线交易市场，也是商人们以商会友、真实互动的社区平台。所有交易市场形成一个拥有来自240多个国家和地区超过6 100万名注册用户的网上社区。

1. 阿里巴巴为实现"让天下没有难做的生意"的战略使命，为交易平台中的企业提供了哪些服务？

2. 以阿里巴巴的发展历程为线索，汇总其历年的战略决策信息，说明阿里巴巴有哪些战略决策单位，每个战略决策单位发展的基本方针及发展状况如何。

【延伸阅读】

《竞争战略》，迈克尔·波特著，陈丽芳译，由中信出版社于2014年出版。

作者简介： 迈克尔·波特，当今世界上竞争战略和竞争力方面公认的第一权威，被誉为"竞争战略之父"。他毕业于普林斯顿大学，后获哈佛大学商学院企业经济学博士学位。他拥有瑞典、荷兰、法国等国大学的8个名誉博士学位。2000年12月，获得哈佛大学最高荣誉"大学教授"资格，成为哈佛大学商学院第四位得到这份"镇校之宝"殊荣的教授。迈克尔·波特提出的"竞争五力模型""三种竞争战略"在全球被广为接受和实践，其竞争战略思想是哈佛商学院的必修科目之一。

内容提要： 竞争战略是指企业在同一使用价值的竞争上采取进攻或防守的长期行为。迈克尔·波特在本书中为我们理解行业中五大基本竞争力提供了充实的分析框架，由此建立了"竞争五力模型"，在此基础上提出了三种卓有成效的竞争战略：总成本领先战略、差异化战略和集中战略，并对这三种通用战略的实施要求进行了详细的阐述与分析。他认为，所有企业都应该了解并制定相关战略，否则企业将在市场中处于不利的地位，并导致市场占有率低下、缺乏资本投资，从而削弱自己的竞争优势。没有形成竞争战略的企业注定是低利润的，它必须做出根本性的战略决策，向三种通用竞争战略靠拢。

本书可以为设计战略规划提供坚实的理论基础，并有助于构建企业战略的展开计划。

第9章 事业企划

你不能只问顾客要什么，然后想法子给他们做什么。等你做出来，他们已经另有新欢了。

——史蒂夫·乔布斯

【学习目标】

1. 了解何为事业企划；
2. 充分熟悉环境分析的具体内容；
3. 认识事业定义的重要性及方法；
4. 明确事业展开的基本战略方法；
5. 掌握事业企划的结构。

通常，事业企划不像企业战略规划那般复杂，往往是针对企业的中短期新事业进行定义、决策与规划安排。

第1节 事业企划结构

一、事业企划的重要性

所谓事业企划，是明确确定相关事业或商品定义，并开拓出全新市场或定义的企划。事业企划具体可表述为：抛开常规事业的计划、程序及预算，以全新的事业为主题，进行全新的事业定义及创造。

近些年，有许多人苦恼于不知如何开发新事业。对这些人来说，立即制订事业计划是不现实的。他们应该首先进行事业的定义。所以，此时事业企划就必不可少。

与常规事业不同，新事业企划在事业预算及程序安排上需要投入相当的调查人员，而并非仅提出事业计划。

目前，由于事业环境错综复杂，因此，企业有必要针对各项事业定义进行企划立案，从而显示众多的事业路径，这样将有利于促进和帮助经营者进行有效决策。

二、事业企划的结构

事业企划的基本结构

1. 前言
2. 事业企划的目标与背景
3. 新事业（商品）定义
4. 环境分析
（1）宏观环境分析；
（2）微观环境分析；
（3）分析结论。
5. 事业展开策略
6. 组织、计划与预算
（1）组织计划案；
（2）运营计划案。

下面，针对事业企划的基本结构进行说明。

1. 事业企划的目标与背景

在这里，主要回答"为什么本企业要开展该项新事业"，使读者较客观地理解该项新事业在本企业的重要性及可能性，从而赢得读者的支持。

2. 新事业（商品）定义

主要明确"该事业（商品）是什么，主要为谁提供服务"等。

【创意无限】

计时化妆室方便贴心

日本女性爱化妆是出了名的，卫生间里的梳妆台已经不能满足她们的需求，于是计时化妆室便应运而生。计时化妆室一般开在人流量大的交通枢纽，早6时至晚23时的超长营业时间可以满足绝大多数爱美女性的需求。化妆室的收费标准是每小时300日元，早晚高峰会稍贵一些。在入口处付完费后，店员会发给每个客人一个小托盘，客人便可以从琳琅满目的化妆品和化妆工具里自由选择，然后坐在梳妆台前踏踏实实地打扮自己。每个梳妆台上都摆着梳子、护肤品、吹风机，座位用印花塑料板隔开，保证了独享的私密空间。计时化妆室还会准备卷发棒、美容仪和蒸脸器等小家电，需要的话可以直接从前台领取。公共区域里还提供红茶、咖啡等。

计时化妆室的出现深受各年龄层女性的欢迎。智子是一名大学生，忙着找工作的她在接受《环球时报》记者采访时表示，日本经济不景气，工作不太好找，她经常要跑到全国各地参加面试，这样一来，交通费成了一笔不小的开销，所以很多大学生都会和她一样选择便宜的夜行巴士，晚上发车，清晨到达，这样能省下一晚的住宿费。她说，晚上出发前在计时化妆室里卸个妆、冲个澡，换上宽松的衣服，早上到了再化好妆、整理好发型、换上西装就可以直奔面试会场，非常方便。

资料来源：周红，邢晓婧. 日本有许多"女性专用". 环球时报，2015 - 04 - 30.

显然，计时化妆室为急需化妆的女性提供了舒适、私密的化妆场所和化妆服务，该事业的开发可谓独具匠心，在女性服务细分市场中创意性地发现了更细小的市场需求。

3. 环境分析

该部分依据调查分析结果，论证该事业的市场规模、机会与威胁，并分析企业自身的优势与劣势，从而提出开展该事业的可能性。本部分必须以事实为依据，因而需要提出大量的定量数据。

4. 事业展开策略

本部分要提出事业企划得以顺利展开的各项策略。

5. 组织、计划与预算

本部分提出事业进行的行动方案，包括明确开展该事业的组织结构、计划日程安排及资源、费用预算等。

第2节　事业企划的制定要点

一、环境分析

环境分析对事业企划来说是必不可少的。通过环境分析，充分论述企划的背景，明确企划目的。一般地，事业企划中的环境分析可由宏观环境、市场环境及企业内部环境着手进行。各环境分析所包含的具体内容可参见图 9-1。

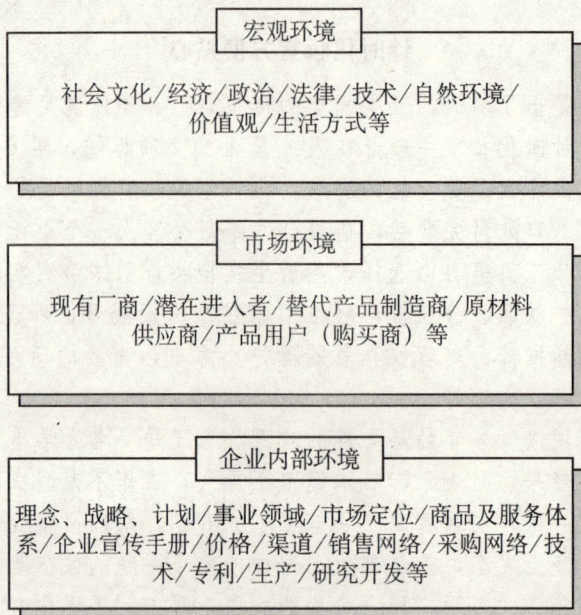

```
┌─────────────────────────────────┐
│           宏观环境                │
│  社会文化/经济/政治/法律/技术/自然环境/  │
│       价值观/生活方式等             │
└─────────────────────────────────┘

┌─────────────────────────────────┐
│           市场环境                │
│  现有厂商/潜在进入者/替代产品制造商/原材料  │
│     供应商/产品用户（购买商）等        │
└─────────────────────────────────┘

┌─────────────────────────────────┐
│          企业内部环境              │
│  理念、战略、计划/事业领域/市场定位/商品及服务体 │
│  系/企业宣传手册/价格/渠道/销售网络/采购网络/技 │
│       术/专利/生产/研究开发等         │
└─────────────────────────────────┘
```

图 9-1 环境分析的具体内容

进行环境分析时，必须注意以下几点：

（1）环境分析中最重要的是如何分析市场环境的变化，这将直接影响企业的经营指标及决策。因此，很多企划者在环境分析中最先进行此项分析。

（2）环境分析无须面面俱到，只需在三大环境分析内容中选择相关项目进行分析。

（3）三大环境分析必须进行综合整理，最后必须归纳出统一的结论。

（4）根据环境分析结论，不仅要确定企业目前及未来的事业（或商品）的市场定位，还必须确定未来的事业（商品）定位，即根据时间序列画出多个市场定位图。

【资料链接】

波特的行业环境分析模型

美国学者迈克尔·波特认为，影响行业内竞争结构及竞争强度的主要有现有厂商、潜在的参加竞争者、替代品制造商、原材料供应商以及产品用户（购买商）等五种环境因素。

（1）潜在竞争对手研究。一种产品开发成功，会引来许多企业加入。这些新进入者既可给行业注入新的活力，促进市场竞争，也会给现有厂家造成压力，威胁其市场地位。一方面，新进入者加入该行业，会带来生产能力的扩大，带来对市场占有率的要求，这必然引起与现有企业的激烈竞争，使产品价格下跌；另一方面，新加入者要获得资源进行生产，从而可能使得行业生产成本升高。这两方面都会导致行业的获利能力下降。新企业进入行业的可能性大小，既取决于由行业特点决定的进入难易程度，又取决于现有厂商的反击程度。如果进入障碍高，现有企业激烈反击，潜在的加入者难以进入该行业，已加入者的威胁就小。

（2）现有竞争对手研究。企业面对的市场通常是一个竞争市场。同种产品的制造和销售通常不止一家企业。多家企业生产相同的产品，必然会采取各种措施争夺用户，从而形成市场竞争。现有竞争对手的研究主要包括：竞争对手的数量有多少？分布在什么地方？它们在哪些市场活动？各自的规模、资金、技术力量如何？其中哪些对自己的威胁特别大？竞争对手的发展动向如何？

（3）替代产品生产厂家分析。替代产品是指那些与本行业的产品有同样使用价值和功能的其他产品。产品的使用价值或功能相同，能够满足的消费者需要相同，在使用过程中就可以相互替代，生产这些产品的企业之间就可能形成竞争。因此，行业环境分析还应包括对生产替代品企业的分析。替代品生产厂家的分析主要包括两个内容：第一，确定哪些产品可以替代本企业提供的产品；第二，判断哪些类型的替代品可能对本企业经营造成威胁。如果两种相互可以替代的产品，其功能实现可以带来大致相当的满足程度，但价格却相差悬殊，则低价格产品可能对高价产品的生产和销售造成很大威胁。相反，如果这两类产品的功能/价格比大致相当，则相互间不会造成实际的威胁。

（4）购买商的研究。购买商在两个方面影响着行业内企业的经营。其一，购买商对产品的总需求决定着行业的市场潜力，从而影响行业内所有企业的发展边界；其二，不同用户的讨价还价能力会诱发企业之间的价格竞争，从而影响企业的获利能力。购买商研究也因此而包括两个方面的内容：购买商的需求（潜力）研究以及购买商的讨价还价能力研究。

（5）供应商研究。企业生产所需的许多生产要求是从外部获取的。提供这些生产要素的经济组织，也在两个方面制约着企业的经营：第一，这些经济组织能否根据企业的要求按时、按量、按质地提供所需生产要素，影响着企业生产规模的维持和扩大；第二，这些组织提供货物时所要求的价格决定着企业的生产成本，影响着企业的利润水平。所以，供应商的研究包括：供应商的供货能力，或企业寻找其他供货渠道的可能性，以及供应商的价格谈判能力。

二、事业定义

事业定义在事业企划中是最重要的。同时，事业定义也是最需创意灵感的部分。同样的事业，由于其定义不同，将导致未来市场定义及营销策略的不同。表 9-1 提供了一个事业定义的范例。

表 9-1 　　　　　　同一事业不同定义的战略（商业研修网络事业定义）

	互联网事业	通信教育事业	商业学校事业
定义	以扩大网上购物为目标的教育软件	进入通信教育市场，并保有其差别性的网上教育	为了将来能在学校展开，开发新的教育程序媒体
顾客利益	实现真正的网上购物	轻松愉快地学习	简便地获取信息

续前表

	互联网事业	通信教育事业	商业学校事业
市场结构	网上购物市场将有可能扩张数十亿元	现阶段本市场很大，但极易展开激烈的价格竞争	进入本市场的企业有限，市场较小
概念（创意）	充满消费的喜悦	便宜并且愉悦	适宜的简便

事业定义的方法有自下而上型及集权型两大类，在实际中常常将此两种方法并用。

1. 自下而上型事业定义

自下而上型事业定义方法一般根据"事业图""市场定位图"及"目标利益图"来确定（见图9-2）。

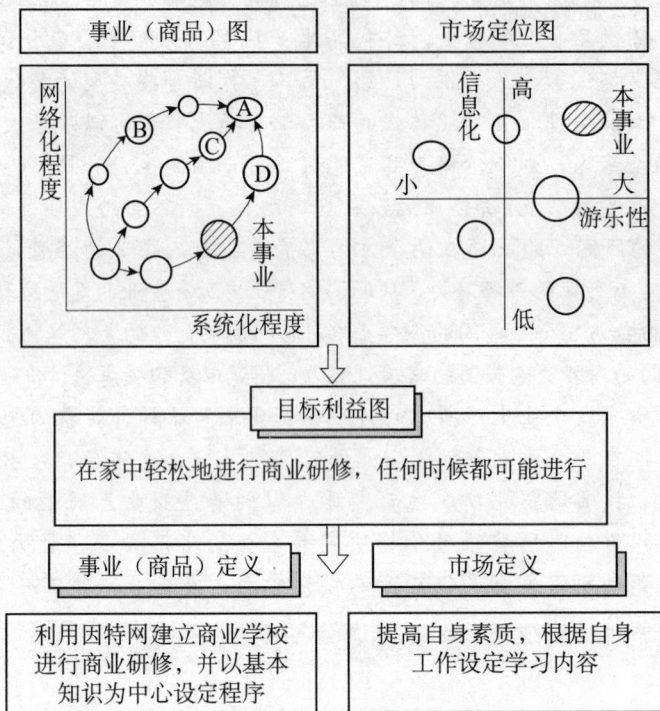

图9-2　自下而上型事业定义

所谓事业（商品）图，就是要用两个坐标将事业（商品）进行定位。坐标轴可以通过众多的创意方法来设定（创意方法参见第4章）。

图9-3中，以日本NEC为例，介绍了其事业定义为C&C的过程。其中，两个C为事业（商品）图的两个坐标轴，即分别指电脑（computer）与通信（communication）。

在实际中，事业（商品）图的坐标轴，可以采用技术、市场、价格或各复合机能。当然，最初可能很难确定下来合适的坐标轴，这就需要企划者认真琢磨。但必须注意，在事业（商品）图的创意过程中，应以坐标轴为创意中心，然后逐渐扩展。

所谓市场定位图，就是要确定本事业（商品）在目标市场中的位置。为此必须画出矩阵图，即确定好两个坐标。

市场定位图的坐标既可以根据消费者的特点，如年龄、性别、价值观等确定，也可根

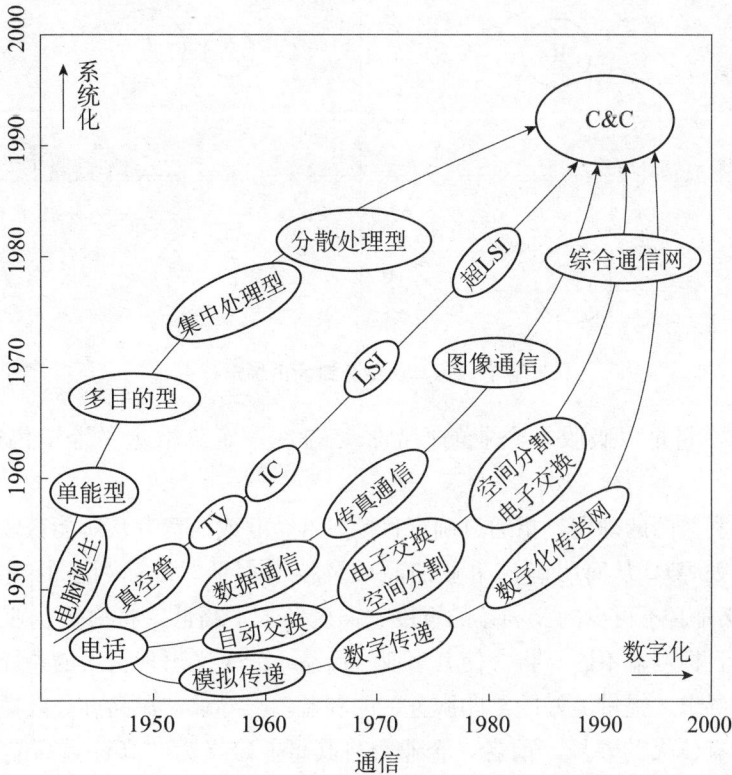

图 9 - 3　NEC 的事业（商品）图

据生产者的特点，如行业特性、竞争企业规模、国别等来确定。

市场定位的实质就在于取得目标市场的竞争优势，确定事业（商品）在消费者心目中的适当位置。

下面，我们可采用市场定位图来分析某汽车公司的市场定位情况。例如，该公司了解到其汽车顾客最关心的两个特性，即"速度快慢"和"规格大小"。该公司以此作为市场定位的依据。

假定目标市场已有四家竞争者 A、B、C、D，其在市场上处于不同的市场定位（如图 9 - 4 所示，图中圆圈大小分别表示不同竞争者的销量规模）。

竞争者 A 的车是小型快速；竞争者 B 的车是中型中速；竞争者 C 生产小型慢速车；竞争者 D 推出的是大型低速车。于是，这家汽车公司的定位主要有以下两种选择：

第一种选择（Ⅰ）：把本企业产品的位置定在竞争者 A 附近，即生产小型快速车和 A 争夺顾客。这样定位必须具备以下条件：一是本企业要能比 A 生产出更好的产品；二是市场潜量足以吸收两个竞争者的产品；三是要比 A 拥有更多的资源；四是这样定位与本企业的信誉和特长要相适应。

第二种选择（Ⅱ）：把本企业产品的位置定在左上方的空白处，即生产、销售大型快速车。这种定位目前尚无竞争者，又远离其他所有竞争者，填补了市场上还没被占领的市场空白。但是它必须具备如下条件：一是本企业具有制造大型高速车的技术；

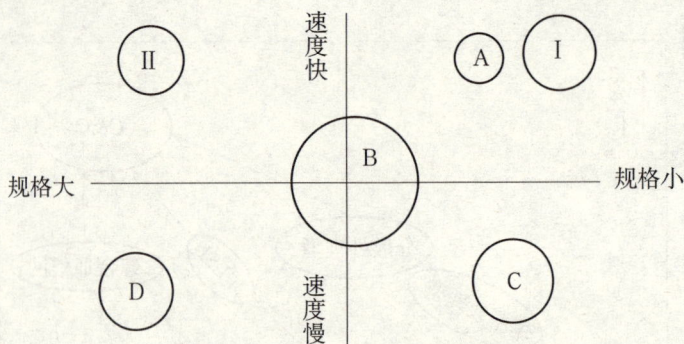

图 9-4　某汽车公司的市场定位

二是市场需求潜量足以吸收本企业的产品；三是在一定价格水平上销售这种车仍有利可图。

所谓目标利益图的确定，指通过确定目标方（企业或消费者）所能获取的利益（如事业的优点、益处等），从而明确该事业的品质及技术水平。目标利益的确定，对于事业（商品）的定义是必不可少的。利益的宽度、深度及水平高低，将决定企业事业的总体方针。所寻求的目标利益不同，将会使其事业（商品）的定义出现很大的差异。如，同样是生产复印机，寻求"提供美好的复印服务"的利益，与寻求"提高办公效益"的利益，其事业展开将会有较大的差异。前者，企业会将其事业定义为"高速且高品质"；而后者，企业会将其事业定义为"进行复印系统的开发"。

通过事业（商品）的定义，将使其项目进一步细致化，并使企业各级人员、部门意见统一。进行事业（商品）定义一定要开阔视野，并富有逻辑性及客观性。

2. 集权型事业定义

集权型事业定义也称事业（商品）概念创造法。事业（商品）概念，就是把新事业（商品）创意具体化，并用文字或图像描述出来。这样，可使消费者、生产者在头脑中形成一种事业（商品）形象。

近来，人们常常使用"概念"这个词，如"这次活动的概念是……""这个广告的概念是……""这次集会的概念是……""新商品的概念是……"等。然而，正确使用"概念"的例子却很少。事业（商品）概念将决定事业（商品）的成功或失败，千万不可掉以轻心。

例如，开发拥有温泉、游泳池、气泡澡堂、桑拿浴等资源的温泉游览胜地时，按以下几点考虑其事业（商品）概念：

（1）健康；

（2）快乐、随意、温泉；

（3）南方小岛；

（4）绿色的乐园。

显然，这样做无法有效地将本事业（商品）区别于其他温泉游览胜地。事业（商品）概念不能仅仅将关键词罗列出来，而应突出其特点及差异。因此，同样是温泉游览胜地，可按下列几点确定其概念：

(1) 都市中唯一的成人温泉胜地；

(2) 极具感官享受的温泉胜地；

(3) 令人宛如身处新墨西哥的金色夏日。

这样的事业（商品）概念更具特色。

众所周知，沃尔特·迪斯尼创造了梦与魔法的王国，创造了具有世界一流服务品质的游乐园，来到迪斯尼的大人及孩子往往都会想"下次我还要来"。迪斯尼每日接待的国外游客甚多，每天入场者中有 70% 是来过数次的。迪斯尼乐园的事业概念非常明确，这就是在迪斯尼有非常知名的动画人物。

【品牌故事】

"米老鼠"的创作者沃尔特·迪斯尼

著名动画形象"米老鼠"的创作者沃尔特·迪斯尼（Walter Elias Disney），一生获得 27 项奥斯卡金像奖，1955 年投资创建的迪斯尼乐园是全世界儿童梦寐以求的福地。沃尔特·迪斯尼既是著名的动画制作人，也是一个成功的企业家。全世界的孩子都知道米老鼠、唐老鸭，都知道迪斯尼乐园。"米老鼠"那可爱诙谐的样子给孩子和大人带来了许多欢笑，人们沉浸在这些老少皆宜的卡通片里，惊叹它的无穷魅力。可以说，直到今天，迪斯尼仍然雄踞世界娱乐王国的宝座，它是美国文化的一个典型象征，它为人们创造了一个充满梦幻和欢笑的世界。

1901 年 12 月 5 日，沃尔特·迪斯尼诞生在美国的一个小镇上。迪斯尼从小就很喜欢绘画。1920 年 1 月，堪萨斯市幻灯片公司招聘画家制作动画片，于是迪斯尼进入该公司开始学习制作卡通动画。1921 年，迪斯尼决定去洛杉矶好莱坞发展。他来到好几个电影公司，想找份工作，都被拒绝了。但迪斯尼认为自己是有这个实力的，在几次挫败之后，他把自己以前的作品《爱丽思梦游仙境》寄给旧识——纽约卡通影片发行人温克勒小姐，希望能够得到帮助。温克勒看完样品，认为还可以，付了一部分定金。屡遭挫折的迪斯尼终于迎来了自己的胜利，他高兴地请求哥哥跟自己一起干。1923 年，沃尔特和他的兄弟凑了 3 200 美元，成立了"迪斯尼兄弟动画制作公司"，这就是今天迪斯尼娱乐帝国的真正开始。

1926 年，迪斯尼将"迪斯尼兄弟公司"的名称改为"沃尔特·迪斯尼公司"，因为他认为单个的名字比带兄弟的名字更有吸引力。有一次，在返回洛杉矶的火车上，迪斯尼想起了自己在堪萨斯市欢笑卡通公司的办公室里经常出没的那些老鼠，在午夜工作时，它们聚集在自己桌子旁的纸篓那儿，陪自己度过了多少寂寞的创业时光。于是他决定把这个老鼠作为自己新创造的角色，在妻子的建议下，他给这个老鼠起名叫米奇。于是，历史上最伟大的卡通形象诞生了。

迪斯尼立即和自己的朋友开始制作米老鼠动画片。1928 年 11 月 18 日，《威利号汽船》在纽约首映，第一次向观众介绍米老鼠这一著名动画人物。当这部没有经过宣传的动画片在电影院试映的时候，所有的观众都为之欢呼，米老鼠唤起了大家童年美好的回忆，给烦躁不安的成年人带来了心灵的安慰。米老鼠的纯洁、正直与当时好莱坞流行的色情、凶杀形成了鲜明的对比。第二天，所有的报刊都在赞美《威利号汽船》和它的制作者——27岁的迪斯尼。一夜之间，迪斯尼成为电影史上的"鬼才""奇才"。1931年，迪斯尼因米老鼠影片《威利号汽船》获奥斯卡金像奖。1934年，迪斯尼决定拍摄《白雪公主》。他整整花了三年的时间，拍成了世界上第一部有剧情的长篇动画电影《白雪公主》，片中7个小矮人的性格分别从不同侧面表现了迪斯尼的内心世界。1937年12月21日，《白雪公主》上演了，受到了观众的热烈欢迎。《时代》把迪斯尼的照片登在封面上，周围是7个小矮人。1938年，因为这次成功，迪斯尼再获奥斯卡奖。

迪斯尼一生中最伟大的设想就是建造一座神奇的公园，一个可以使孩子和父母都感兴趣的场所。迪斯尼决定把公园建在西部的加利福尼亚，"迪斯尼乐园"终于落成了，它被人们看作是当代世界上的一大奇迹。仅在开放的头6个月里，就有300万人纷至沓来，在来访的人中有11位国王、王后，24位州政府的首脑和27位王子、公主。在10年里，"迪斯尼乐园"的收入高达1.95亿美元之多。1971年，迪斯尼公司又在本土建成了占地130平方千米，由7个风格迥异的主题公园、6个高尔夫俱乐部和6个主题酒店组成的奥兰多迪斯尼世界。1983年和1992年，迪斯尼以出卖专利等方式，分别在日本东京、法国巴黎建成了两个大型迪斯尼主题公园。至此，迪斯尼成为世界上主题公园行业内的超级霸主。至2015年年底共在全世界开设6个迪士尼乐园，它们分别在：加州、奥兰多、东京、巴黎、香港、上海。目前，沃尔特·迪斯尼集团是世界第二大传媒公司，并在全球经营多家迪斯尼主题公园，每年收入达250亿美元。

1966年12月14日午夜，迪斯尼让人把他的床头升高，他要最后看一看自己的电影公司，迪斯尼公司在寒冷的夜里灯火辉煌。凌晨，沃尔特·迪斯尼——这个给世界带来欢笑的童话老人去世了。

确定事业概念必须明确本事业（商品）有别于其他事业（商品）的特点，并可分析竞争企业的事业概念及考虑顾客的真正利益。

确定事业（商品）概念通常可按图9-5的程序进行。

由图9-5可见，概念就是根据事业（商品）的定义、竞争企业的差异性、顾客的利益及各种各样的事业（商品）构成而创造的，或者也可反过来说，概念就是将以上内容细致化、明确化的过程。

三、事业展开战略

事业企划中的另一关键内容就是事业展开战略。在此部分，必须明确以下内容：

1. 区分事业基本战略和各分战略（战略要素）

事业基本战略是企业事业的总体战略。制定它的主要目的是根据环境分析的结果，确定企业本身的竞争优势。而分战略则是根据基本战略，确定企业在生产、财务、流通、人才、信息情报等领域的竞争优势。

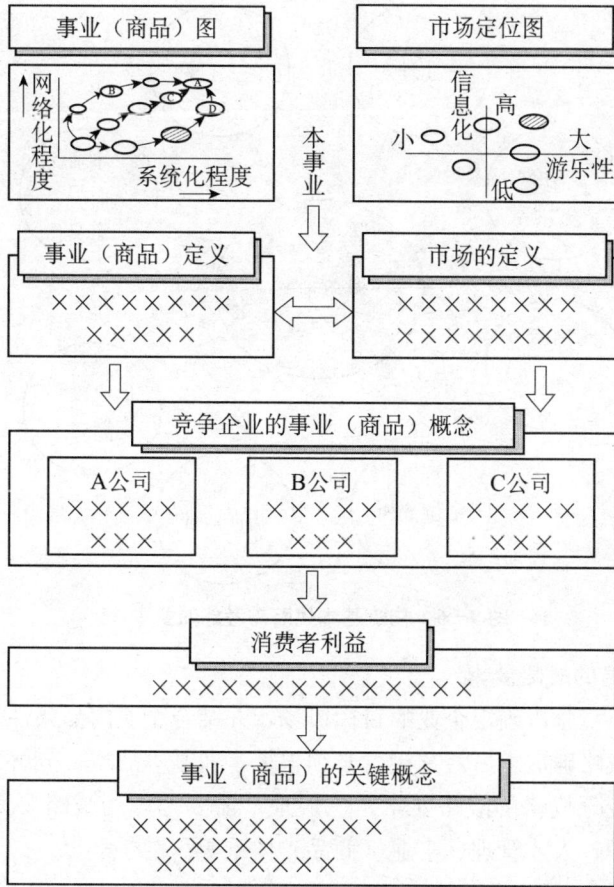

图 9 - 5　事业（商品）概念程序

2. 构筑基本战略

构筑基本战略需考虑的要素见图 9 - 6。

基本战略主要分为两大类：一类是针对竞争对手集中兵力的战略；另一类是针对目标市场寻求特定领域进攻的战略。

集中兵力战略的关键是：第一，追求第一；第二，欺负弱者；第三，集中兵力，一点突破。

特定领域进攻战略则是根据本企业及本企业事业（商品）的定位而采取的战略。其战略可细分为四种：领导型、挑战型、跟随型、补缺型，具体说明详见表 9 - 2。

表 9 - 2　　　　　　　　　　　　　　　　特定领域进攻战略

	领导型	挑战型	跟随型	补缺型
基本方针	综合能力	欺负弱者	模仿领导者	大企业夹缝的商品和市场
主要策略	获取新渠道，扩大需求量，价格领袖，实施拉/推并用战术	采取与领导企业不同的策略，差异性策略，切忌模仿	低价策略，保持一定差异，有选择地局部进攻	实施专业化营销，更深的差异化策略

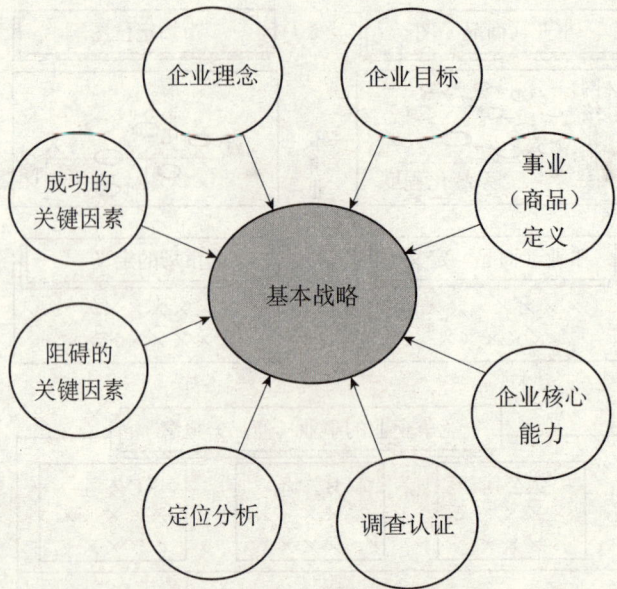

图 9 - 6 构筑基本战略需考虑的要素

3. 明确各分战略的战略要素

一般地，根据环境分析确定企业的目标市场，并结合企业内部条件确定企业的事业基本战略。事业基本战略确定之后，紧接着必须根据事业基本战略，分解出若干分战略。为此，必须首先确定各分战略的战略要素。一般地，需要考虑的战略要素主要有价格、渠道、促销、顾客管理、人才管理、事业（商品）体系等。

（1）价格战略要素。

一项全新的事业进入市场，采取的价格策略主要有两种：市场撇脂定价法和市场渗透定价法。

市场撇脂定价法是指企业开始推出新事业（商品）时，以尽可能高的价格进入市场，以求得到最大收入，尽快收回投资。这是对市场的一种榨取，就像从牛奶中撇取奶油一样，所以称为"撇脂"定价法。

市场渗透定价法与市场撇脂定价法相反，它是指企业开始推出新事业（商品）时，以较低价格进入市场，以吸引大量顾客，迅速占领市场，取得较大的市场占有率。

当然，具体的价格战略还必须考虑其他要素，如生产成本、销售成本、市场状况等。

（2）销售渠道战略要素。

销售渠道是指某种产品从生产者向消费者或用户转移过程中所经过的一切取得所有权（或协助所有权转移）的商业组织和个人，即产品所有权转移过程中所经过的各个环节连接起来形成的通道。

一般地，企业事业（商品）推向市场的渠道如表 9 - 3 所示。

表 9-3　　　　　　　　　　　　　分销渠道方式

渠道方式	优点	缺点
直接销售渠道： ● 邮递销售 ● 电话销售 ● 电视商场 ● 网上销售	● 能控制固定费用 ● 若目标市场确定，效果较好 ● 能实现一对一营销，建立顾客数据库	● 无法直接面对消费者 ● 商品宣传目录的好坏直接影响销售效果 ● 无法直接展现商品魅力
代理店制度： ● 连锁商店 ● 一般代理店/特约店 ● 个人代理店 ● 多层渠道销售	● 若代理店管理者优秀，则效果很好 ● 能正确地将商品知识传递给顾客 ● 可以根据顾客特点生产、销售产品	● 需要保证金等 ● 教育成本、人工开发成本、宣传材料费用较大
直销员制度： ● 送货上门 ● 法人推销员	● 能开发更多的顾客 ● 能通过推销员了解顾客需求，从而有利于商品开发及改进 ● 能发现新的销售方法	● 费用较大，包括人工费、设施费、教育费等

在制定事业企划时应确定渠道组合策略，在考虑渠道组合策略时，除了要参照表9-3进行选择外，还应考虑以下问题：

1）能否使用企业现有的营业队伍和销售店；

2）我们期待获取怎样的成果；

3）是否需要开发新的中间商，有哪些候补中间商；

4）是否能进行无店铺销售，是否具有相关经验及相应的支持体制；

5）是否需建立多层销售渠道。

总之，即使有再好的事业（商品），企划者也必须确定好合适的渠道组合策略。

四、制订事业推广计划

事业企划的制定者不仅要制定出企划，而且要在事业的推广及引导事业走向成功方面发挥作用。因此，企划者应仔细制订出事业推广计划。一般地，在事业企划中应制订出事业在3~5年间的粗略计划，并制订出该事业在近一年内的详细计划。

表9-4是跨度5年以上的长期事业推广的粗略计划方案。

表9-5是1年内短期事业推广的详细计划方案。

表9－4

ABC事业长期事业计划方案

目标市场	第一阶段 ABC事业初创阶段 以企业为中心建立ABC事业基础			第二阶段 ABC事业成长阶段 开始面向企业外的一般商业市场			第三阶段 ABC事业发展阶段 谋求企业及一般商业市场共同发展	
	××年	××年	××年	××年	××年	××年	××年	××年
面向企业	在HR1组织内积极展开活动							
	在HR1网络内积极展开活动							
	建立中小企业网络系统	面向中小企业积极开展活动						
	面向大企业建立事业基础	面向大企业积极开展活动		面向企业建立学校		树立新品牌建立ABC事业西班牙语学校		展开以西班牙语为核心的南美文化交流的ABC事业创造新价值
	建立非营利组织网络	面向非营利组织积极开展活动						
面向一般	准备建立西班牙语学校	设定1号西班牙语学校		设定2号、3号西班牙语学校				
	ABC事业演讲讨论会	ABC事业演讲讨论会		ABC事业演讲讨论会		ABC事业演讲讨论会		
语言学以外	支持西班牙语以外的南美文化相关商业项目							

表9-5

ABC事业短期计划方案（××年）

	8	9	10	11	12	1	2	3	4	5	6	7	8
目标市场与切入点	确定主要、次要目标市场表		以工商等协会为切入点建立全部目标市场表	以HR1为商业网络切入点				建立顾客数据库					
				以HR1为组织切入点									
				以中小企业为切入点				以大企业为切入点					
商品与价格	初级课程具体化		开发全部商品体系				商品体系具体化						
促销	确定促销计划		印制宣传手册	报纸广告						马拉加舞研讨会（南美市场报告）	报纸广告	ABC讲座	
				ABC讨论会（进入南美市场）									
教师网络		教师网络化	确定教师并进行相关培训							确定教师并进行相关培训			

第3节　事业企划实例

下面，以一经过删减的"网上心理咨询服务"企划为例，说明事业企划的制定方法。

◆◇◆◇◆◇◆◇◆◇◆◇◆◇◆◇◆◇◆◇◆◇◆◇◆◇◆◇◆◇◆◇◆◇◆◇◆◇

（封面）

绝密

"网上心理咨询服务"企划

——进军移动互联网信息服务市场，迎接新的挑战

企划制定人：××××企划公司

××××年×月×日

目录

1. 目的

2. 本企划商品的背景

3. 事业（商品）定位图

4. 事业定义/市场定义

5. 商品形象

6. 商品利益及特点

7. 市场调查的内容

8. 市场调查的结果

9. 首要目标市场和商品体系

10. 基本战略

11. 策略组合

12. 商业推广计划

13. 收支预算计划

附录

1. 目的

目前，移动互联网应用市场已成为全新的产业市场，以此为契机，利用这种新型媒体，面向一般的消费者，开展"网上心理咨询服务"的时机已逐渐成熟，为此……

本企划的基本目的，是制定进入及拓展移动互联网应用市场、开展"网上心理咨询服务"的基本策略，具体目的可表述如下：

(1) 探讨进入移动互联网应用市场的可能性；

(2) 探讨"网上心理咨询服务"商业化的可能性；

(3) 制定开展"网上心理咨询服务"的策略。

2. 本企划商品的背景

对于×××，目前面临的最大挑战，不仅是要进入移动互联网应用市场，而且要面向更广阔的目标市场，开发移动互联网市场新的需求，这就是信息服务。

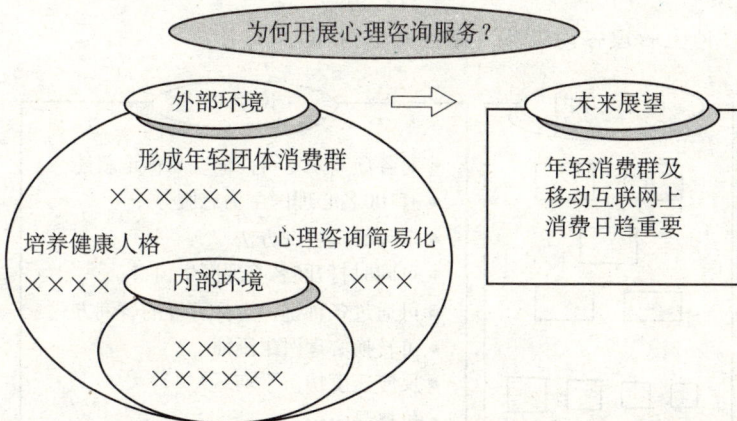

3. 事业（商品）定位图

本企划将事业（商品）定位如下：

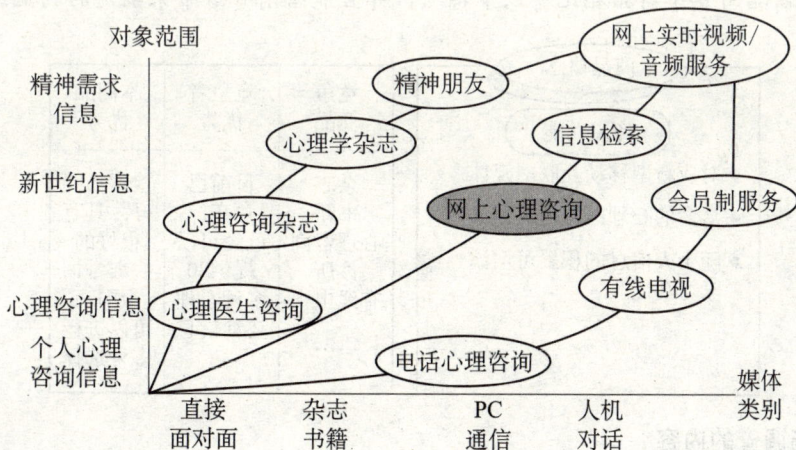

4. 事业定义/市场定义

本事业将定位于开发移动互联网络信息服务新需求，目标市场为由物质文明向精神文明移动的敏感创新者。

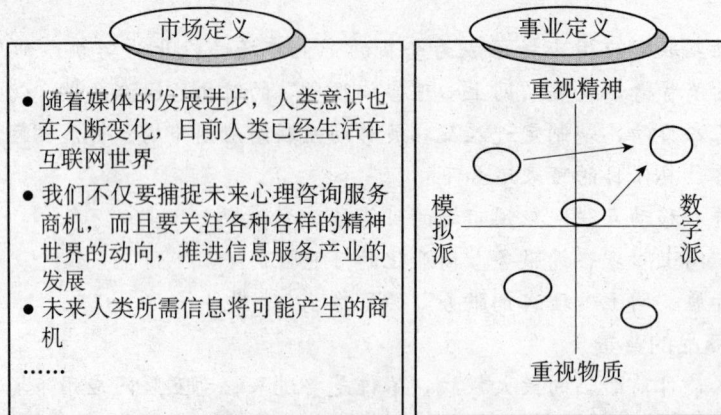

5. 商品形象

本企划为"网上心理咨询服务"提供以下商品：

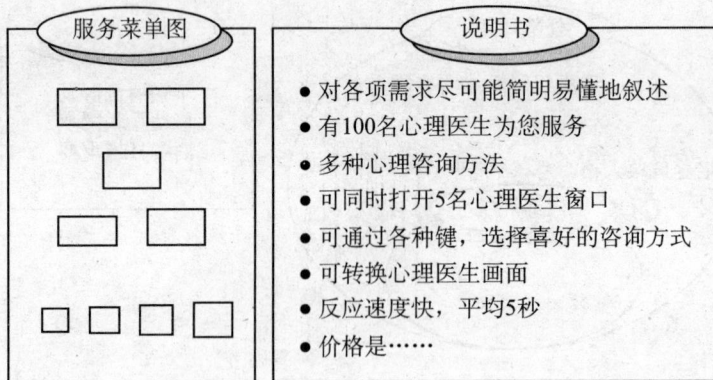

说明书
- 对各项需求尽可能简明易懂地叙述
- 有100名心理医生为您服务
- 多种心理咨询方法
- 可同时打开5名心理医生窗口
- 可通过各种键，选择喜好的咨询方式
- 可转换心理医生画面
- 反应速度快，平均5秒
- 价格是……

6. 商品利益及特点

本企划商品与竞争商品相比有以下特点，并且能给消费者带来确定的利益。

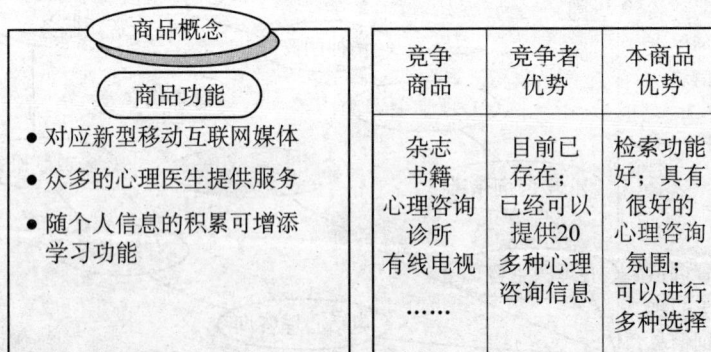

商品概念

商品功能
- 对应新型移动互联网媒体
- 众多的心理医生提供服务
- 随个人信息的积累可增添学习功能

竞争商品	竞争者优势	本商品优势
杂志书籍心理咨询诊所有线电视……	目前已存在；已经可以提供20多种心理咨询信息	检索功能好；具有很好的心理咨询氛围；可以进行多种选择

7. 市场调查的内容

本企划的市场调查在2017年8月至9月进行，为期1个月。

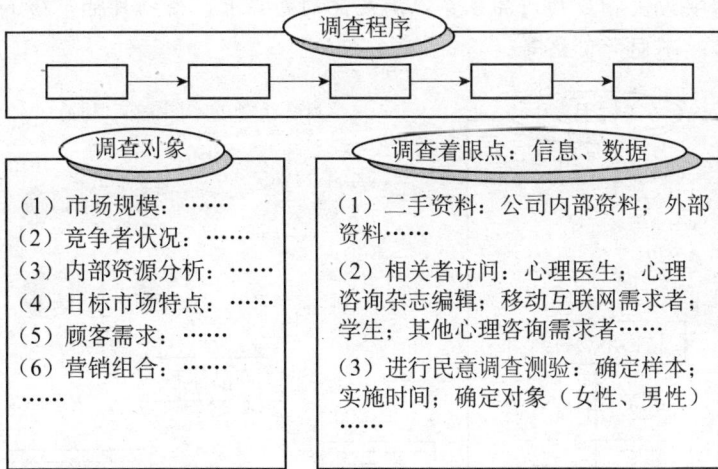

调查程序

调查对象	调查着眼点：信息、数据
（1）市场规模：…… （2）竞争者状况：…… （3）内部资源分析：…… （4）目标市场特点：…… （5）顾客需求：…… （6）营销组合：…… ……	（1）二手资料：公司内部资料；外部资料…… （2）相关者访问：心理医生；心理咨询杂志编辑；移动互联网需求者；学生；其他心理咨询需求者…… （3）进行民意调查测验：确定样本；实施时间；确定对象（女性、男性）……

8. 市场调查的结果

针对营销组合策略，将调查结果归纳如下：

（1）购买心理咨询服务的程序。

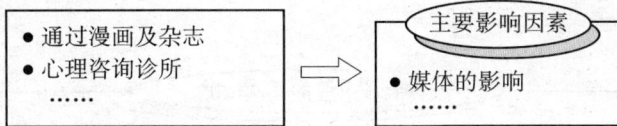

● 通过漫画及杂志
● 心理咨询诊所
……

主要影响因素
● 媒体的影响
……

（2）进入心理咨询服务市场的可能性。

通过调查，整理出以下资料，展示出进入心理咨询服务市场具有可能性。

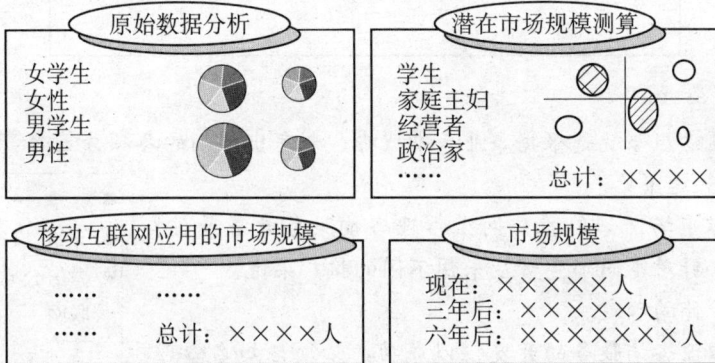

原始数据分析

女学生
女性
男学生
男性

潜在市场规模测算

学生
家庭主妇
经营者
政治家
……
总计：××××

移动互联网应用的市场规模

……　……
……　总计：××××人

市场规模

现在：×××××人
三年后：××××××人
六年后：×××××××人

（3）开展网上心理咨询服务的关键要素。

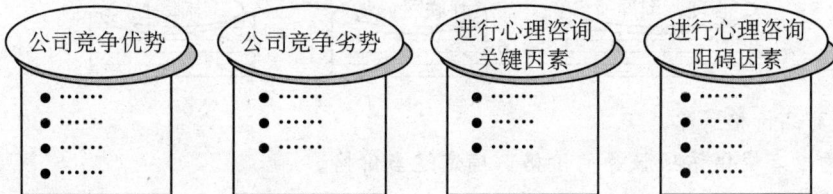

公司竞争优势	公司竞争劣势	进行心理咨询关键因素	进行心理咨询阻碍因素
● …… ● …… ● …… ● ……	● …… ● …… ● …… ● ……	● …… ● …… ● …… ● ……	● …… ● …… ● …… ● ……

9. 首要目标市场和商品体系

当前，心理咨询比较盛行，特别是在学生中间。因此，为了唤起他们对互联网心理咨询的兴趣，有必要设置相应的商品体系以满足他们的要求。根据目标市场不同的需求提供不同的服务内容、不同的价格等。

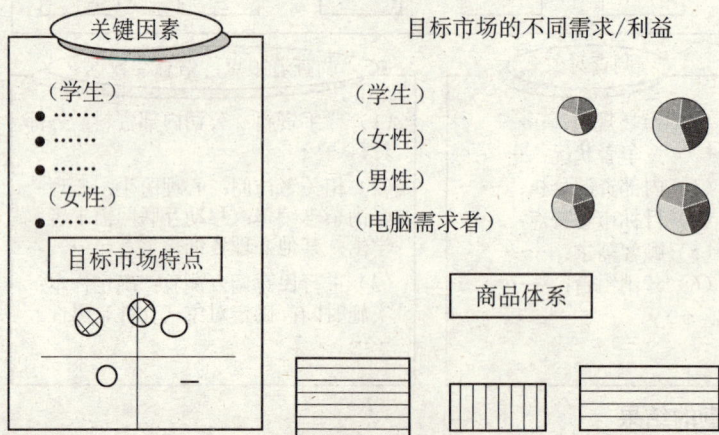

10. 基本战略

本事业的基本战略就是在心理咨询服务市场中寻找并开发出优于竞争对手，并能在竞争中取胜的各项特征。

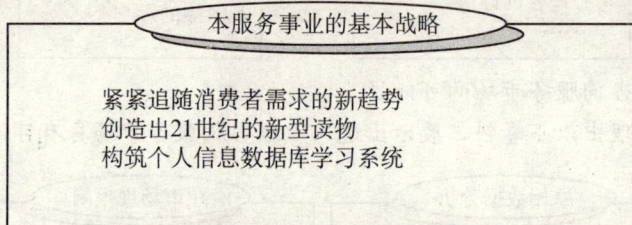

本服务事业的基本战略

紧紧追随消费者需求的新趋势
创造出21世纪的新型读物
构筑个人信息数据库学习系统

11. 策略组合

本事业的策略组合就是根据事业基本战略，制定出详细的各项分策略：

（1）推广渠道策略。

对首要目标市场，如何推广网上心理咨询服务效果最佳？调查结果显示，针对不同消费者应采用不同的推广渠道。

（2）商业伙伴的确定。

为使网上心理咨询服务的开发得以成功，必须与知名心理咨询医生、互联网服务提供商等协作发展。

● 杂志 → 女学生/女性
● 介绍/口碑 → 男性
● 微信公众平台 →移动互联网
……

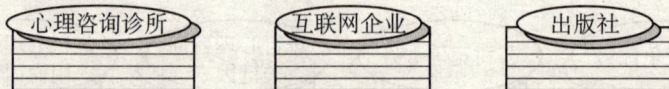

（3）商品价格策略。

参照竞争者提供该项服务的价格，确定适当价格。

服务	×××	××	×××	×××	××
价格	××	××	××	××	××

（4）促销组合策略。

1）选择促销媒体。

在畅销书与专业杂志上登载广告，并与相关出版社研究共同开发相关商品。

2）确定商业同盟。

与互联网服务提供商结成同盟，签订相关网上产品推销协议或在软件销售中捆绑赠送心理咨询服务介绍。

3）营业推广策略。

首先，免费提供该项服务。

···········

12. 商业推广计划

	××年	××年	××年	××年	××年	××年	××年	××年
销售额								
销售增长率	××%	××%	××%	××%	××%	××%	××%	××%
商品构成								
推广主题	● 确定媒体 ● 确定海外商品 ● 网上营销 ● 确定心理医生 ● 供应计划 ● 许可证 ● 建立数据库							
其他								

销售额图中标注：90万元、200万元、220万元、300万元

商品构成：网上服务 → 建立相关公开、合法的心理咨询组织／对精神产品进行相关销售

13. 收支预算计划

今后8年的事业收支计划及现金流量计划如下表所示：

项目	1年前	1年度	2年度	3年度	4年度	5年度	6年度	7年度	8年度
平均单价									
销量									
销售收入									
成本									
毛利									
人员									
人工费									
广告费									
促销费									
折旧费*									
其他经费									
管理费									
支付利息									
营业支出合计									
营业利润									
累计营业利润									

* 折旧费包括设备投资、开发投资、技术合作投资等的分摊费用；表中某些项目可以再列举详细表格。

附录

（略）

◇◇◇

【案例评析】

五粮液新事业的开发

长期以来，五粮液一直是中国白酒行业的著名品牌之一。改革开放以来，特别是在1985年之后，五粮液持续高速增长，不仅在白酒行业独占鳌头，而且成功将自身打造成为"一业为主、多元发展"的现代新型企业。

在1995—1996年前后，中国经济逐步由卖方市场走向买方市场，在白酒市场，逐步呈现出供大于求的状态。与此同时，五粮液在主业的生产能力已经获得了巨大的增长。在行业中的领先地位初步得到确定之后，五粮液一方面继续巩固自身的领先地位，努力拉大与其他竞争者之间的差距；另一方面积极寻找新的增长点。在当时的董事长王国春看来，企业只有做强并且做大，才能立于不败之地。五粮液品牌已经做强，规模在中国白酒业中已经是最大，但跳出白酒圈，不用说在全国，就是在四川，五粮液也不是最大的。于是，五粮液从1997年开始选择并贯彻落实了多元化发展的战略。

到目前为止，五粮液涉及的领域包括白酒、塑胶、模具、药业、印务、包装、果酒、伏特加酒、天然植物水、精细化工、饲料、运输、外贸、养殖等众多业务领域。其中，以模具为主营业务的普什公司2014年实现销售收入173.78亿元。

实际上，五粮液的多元化业务选择，并非看到哪一个业务领域赚钱就进入哪个业务领域，而是遵循一定的基本准则，按照一定的内在逻辑进行业务选择。具体来说，这些准则主要体现在如下三个方面。

(1) 从相关业务入手。五粮液的多元发展，并非直接进入不相关业务领域，而是首先从相关业务领域入手。例如，五粮液对酒业的包装物需求量非常大，对包装物的质量、供货及时性等要求很高。为了更好地保证主业的发展，五粮液在 1997 年率先进入包装物印刷业务领域。再如，五粮液的瓶盖最初是大规模从国外购买，为了节约成本，五粮液决定建立自己的塑胶公司，主要生产瓶盖。在生产瓶盖过程中，最初的模具需要从国外大规模进口，于是五粮液后来又进入了模具产业；在模具产业发展壮大之后，五粮液成为众多大型机械制造企业的供应商，于是，五粮液决定进入现代制造业领域，包括液压驱动设备、挖掘吊装设备等。从相关业务入手，使得五粮液初期的多元化风险较小，而且相关业务对主业的支持，有力地维护了五粮液在主业中的品牌地位。在相关业务的发展中逐步探索并最终进入与酒业不相关的领域，是五粮液多元化业务领域选择的基础。

(2) 优先考虑高成长行业。五粮液仔细对准备进入的业务领域进行评估，优先选择那些在未来一段时间内能够长期保持持续发展的高成长行业。那些只是在较短的一段时间内高速增长、之后便走向低迷的昙花一现的产业，以及那些已经步入成熟期、未来增长态势不佳的产业，五粮液都努力将其排除。

(3) 保持王者风范。在进行多元化业务领域选择时，五粮液强调：要么不做，要做就争做第一，努力做到全国第一，做到将来在国际上有一定的影响力。前董事长王国春曾经指出：没有掌握前沿核心技术的不介入；没有足够的资金，靠贷款替银行打工的不介入；没有自主知识产权的不介入；五年内不能进入行业前三、十年内不做龙头老大的不介入。基于这一认识，五粮液提出，重点选择具有如下特征的领域：1) 搞别人搞不了的。即寻找那些由于资金投入限制、技术装备限制、人才等的限制，国内其他企业做不了的业务。对于那些已经有众多企业进入、竞争异常激烈的领域，五粮液不要考虑。2) 做有世界影响力的业务。即做那些经过努力将来能够同跨国公司同台竞争的业务，那些经过努力能够逼近核心技术、能够拥有大批自主知识产权的业务。3) 做关系国家经济安全的业务。进入那些在国家经济生活中发挥着重要作用的支柱性产业，为国家的经济建设、国防安全等做出重要的贡献。

评析：在企业成长历程中，在一段时间内，一个产业能够为企业的发展提供较为广阔的空间。但是，随着产业在生命周期阶段间的转化，随着市场供求力量对比关系的变化，随着企业在现有产业中的地位不断获得提升，一个产业能够为特定企业提供的未来发展空间将变得非常有限。在这种情况下，企业应该积极寻求多元化，开发新的事业，以突破产业发展瓶颈，获得更大的发展空间。我们在本案例中最应该关注的是五粮液开发新事业时的选择原则，这些原则实际上已经确定了其新事业的市场定位。

【核心内容】

事业企划是对内企划的最重要的形式之一，往往是针对企业的中短期新事业进行定义、决策与规划安排。

事业企划主要由目标与背景、新事业定义、环境分析、事业展开策略及组织、计划与预算等内容组成。

【深度思考】

1. 简述企业制定事业企划的意义并说明事业企划的基本结构。

2.仿照实例，自由选择企划主题，尝试写作事业企划。

【互联网十】

微信公众平台

微信公众平台是腾讯公司在微信的基础上新增的功能模块。通过这一平台，个人和企业都可以打造一个微信公众号，并实现和特定群体的文字、图片、语音的全方位沟通、互动。

1. 设计你想开发的新事业。

2. 学习微信公众平台的运营方法，针对你所设计的新事业，制定出该新事业通过微信公众平台推广的方案。

【延伸阅读】

《微信思维》，谢晓萍主编，由羊城晚报出版社于2014年出版。

作者简介：谢晓萍，原为记者，主要从事互联网领域的报道，后离开记者岗位并创立萤火科技公司。

内容提要：《微信思维》是微信官方出版的第一本商业笔记，讲述的是如何连接微信，以及微信如何推动传统行业的渠道、营销、产品、流程和服务的变革。微信团队与萤火科技公司历时半年时间，与15家微信合作伙伴面对面深入交流，记录下他们如何通过微信实现商业模式升级。微信不只是平台，更是思维，微信为合作伙伴提供了基础的连接能力。书中汇集了15家合作企业通过微信进行探索与创新的点点滴滴。通过本书可以看到：联想如何将5 000家经销商3万个店铺装进微信；小米如何在短时间内吸引520万粉丝；上品折扣如何冲破线上与线下的束缚，炼成日不落百货；泰康如何基于一个"逗乐"的微信产品引发一场企业的革命；唯品会又是如何通过微信推动移动互联网战略的重构。"微信只是一个'半成品'，需要每一个人的想象力和智慧把它变成属于自己的'成品'。"

通过书中案例，我们可以更好地学习如何利用微信类社交媒体平台来推广自己的新事业。

第 10 章
营销企划

营销是企业的独特功能。企业之所以有别于其他组织，是因为只有企业才会去推广产品或服务——任何通过推广产品或服务来实现自身目的的组织，都是企业。

——彼得·德鲁克

【学习目标】

1. 了解、掌握企业市场营销管理的基本内容；
2. 明确营销企划对企业营销的重要意义；
3. 掌握营销企划的基本结构与制定方法，熟练制定营销企划。

企业经营的最终目标是获得利润，盈利的前提是卖出商品或服务，而营销企划所要完成的正是这一任务。所以，在企划中，市场营销企划举足轻重，它是企业企划的核心。能否成功地进行营销企划，是关系到企业经营成功与否的关键问题。目前，制定市场营销企划已成为企业市场营销管理的重要工作之一。并且，其企划的制定已日渐格式化。

第1节　市场营销企划概述

一、市场营销与市场营销管理

市场营销一词源于英文 marketing。

对市场营销的含义，国内外都有许多误解，最普遍的误解就是把"市场营销"等同于"推销"（selling）。现代营销学之父、美国西北大学营销学教授菲利普·科特勒（Philip Kotler）指出："市场营销最重要的部分不是推销，推销仅仅是市场营销冰山的顶端，推销仅仅是市场营销几个职能中的一个，而且往往不是最重要的一个。"美国管理学权威彼得·德鲁克也曾说过："市场营销的目标就是使推销成为多余。"

实际上，关于市场营销的概念，不同的人有不同的诠释。菲利普·科特勒指出，所谓市场营销，就是个人和集体通过创造、提供、出售及同别人自由交换产品和服务的方式，获得自己所需产品或服务的社会过程。在菲利普·科特勒看来，"满足别人并获得利润"是对营销最简明的定义。实际上，我们可以通俗地认为，市场营销是"主观为自我，客观为他人"。也就是说，企业的市场营销是在交换的前提下，通过了解、明确市场需求并有效加以满足来实现企业利润及其他目标。

市场营销管理是企业对其市场营销活动的管理，企业通过市场营销管理使营销活动有计划地进行，从而更好地实现营销的目的。所以，与其说企业在进行市场营销，不如说企业在进行市场营销管理。

因此，营销管理是指企业为了实现自身目标，建立和维持与目标顾客互利的交换关系而进行的各种分析、企划、执行和控制活动。企业通过营销管理调整市场的需求水平、需求时间和需求性质，以有效实现企业与目标顾客之间供求关系的相互协调，从而实现互利的交换，最终达成企业目标。因此，营销管理实质上是需求管理。营销管理涉及对需求的管理，而需求管理又与顾客关系管理密切相关。

为了完成不同的营销任务，企业必须做好不同类型的营销管理。营销管理的过程又被称作营销程序，包括分析市场机会，研究与选择目标市场，制定营销战略，规划营销方案以及组织、执行和控制营销实现。因此，企业营销管理过程包括四项营销管理职能，即分析、企划、实施和控制，其相互关系如图10-1所示。

二、营销企划的含义、类型及内容

营销企划是对企业市场营销管理活动的企划。如上所述，市场营销管理过程就是对市场营销活动的分析、企划、实施与控制。

通过图10-1不难看出，营销企划是企业营销管理工作的重要一环。

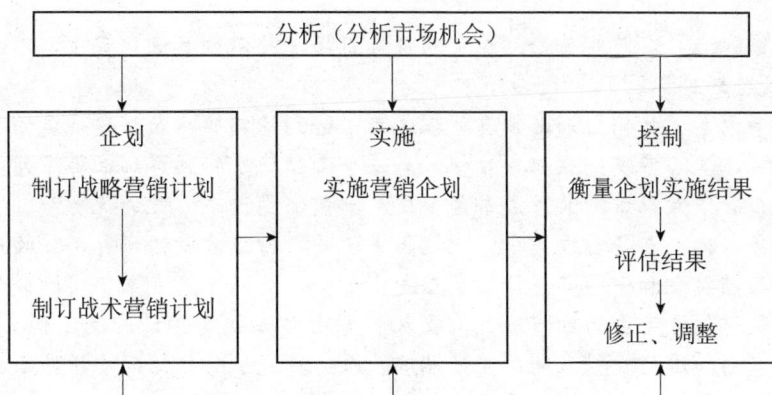

图 10 - 1　营销管理过程

1. 营销企划的含义

营销企划是在研究和分析企业营销环境的基础上，确定适合于企业资源状况、竞争能力、任务和目标的营销目标，并规划其实现的行动方案的结构性程序。这一结构性程序的最终结果是营销企划书。每一个产品层次（如产品线、品牌）都必须有自己的营销企划。

2. 营销企划的类型及内容

就企划的内容范围而言，我们可以将企业的营销企划分成整体市场营销企划与专门市场营销企划两类：前者针对企业的不同产品层次而制定；后者则针对企业不同产品层次营销活动的某一营销要素而制定，如广告企划、促销企划、分销渠道企划、商品企划等。

整体市场营销企划通过营销企划书来制定整个营销活动的行动方案。营销企划书必须规划企划对象的整个营销管理过程。因此，整体市场营销企划应该在分析相关营销环境的基础上，去明确相关企划对象的机会与威胁及优、劣势，从而确定其目标市场、市场定位及相应的营销策略（详见图 10 - 2）。

图 10 - 2　营销企划的基本内容

在本章，我们主要介绍整体市场营销企划的制定方法。专门市场营销企划我们将在以后的章节介绍。

【资料链接】

菲利普·科特勒谈营销企划的内容

（1）执行概要和目录表：执行概要是营销企划开始时关于本企划的主要目标和建议事项的简短摘要，它使阅读者迅速抓住企划要点。在其之后是整个企划内容的目录表。

（2）当前营销状况：介绍关于市场、产品、竞争、分销和宏观环境的背景资料，并进行 SWOT 分析。

（3）机会和问题分析：根据 SWOT 分析指出企业面临的主要机会，并确定影响组织目标的关键问题。

（4）目标：企划中的财务目标和营销目标，可以采用销售量、市场份额、利润和其他相关指标来设立。

（5）营销战略：定义相关产品层次的目标市场，并明确其竞争定位，以形成"博弈计划"，完成企划目标。

（6）行动方案：营销企划必须具体描述为了达到营销战略而将要采取的特定的和实际的营销方案，从而实现企业业务目标。对每个营销战略必须详细回答下列问题：将要做什么？什么时候做？谁来做？成本是多少？如何衡量这个方案的优劣？

（7）财务目标：在行动方案中，应该集中说明支持该方案的预算。在收入方面，指出预估的产品销售量和平均实现价格。在支出方面，说明生产成本、实际分销成本和营销费用，以及再细分下去的细节项目。收入和支出之差就是预计利润。预算一旦批准，它就是制订计划和进行材料采购、生产调度、人力补充、营销活动安排的基础。

（8）执行控制：营销企划的最后一部分，控制的目的是用以监督企划的实施过程。有些控制部分包括权变计划，以规定遇到特殊的不利情况时所应该采取的步骤。

资料来源：［美］菲利普·科特勒. 营销管理（第11版）. 上海：上海人民出版社，2003：128.

第 2 节   市场营销企划的制定要点

一、市场营销企划的基本结构

市场营销企划的基本结构及内容如下：

（1）前言：营销企划的意义。

（2）企划概要：将整个营销企划做一概要，以方便阅读者直观地对企划有整体的了解与把握。

（3）营销环境分析：对影响企业营销活动的宏观、微观环境因素进行仔细分析。

（4）SWOT分析：根据营销环境分析，得出企业面对的机会与威胁，以及自身把握机会成功营销的优、劣势结论。

（5）营销企划对象与目标界定：根据环境分析及SWOT结论，明确营销企划的对象。同时，在细分市场的基础上，确定企划对象所面对的目标市场，并进行有效的市场定位。在此基础上，确定企划对象在目标市场要达成的目标。

（6）营销策略：为企划对象设计符合目标市场需求的包括产品策略、价格策略、渠道策略及促销策略在内的整体营销策略。

（7）实施计划：为实现营销企划而进行的组织安排、资源配置预算以及进度安排。

（8）效果预计：用具体、定量的财务、销售等相关指标分析营销企划的各方面效果。

（9）建议：为更有效地实施营销企划提供必要的建议。

二、市场营销企划的制定要点

在制定市场营销企划时，必须对以下几个重要部分的内容有较准确的把握。

1. 市场营销环境分析

营销环境分析是营销企划的开始。只有清楚地知道什么因素会怎样地影响企业的市场营销，才能做出正确的营销决策，才能合理、有效地进行营销企划。

在进行实际的市场营销环境分析时，一般可以主要分析下列相关内容：

第一，市场相关。

（1）购买者的基本状况（年龄、性别、职业、学历、收入、家庭结构等）；

（2）整个需求市场的规模、现状及发展趋势；

（3）购买者的需求特点（为什么购买，影响购买的重要因素，购买方式，对价格、渠道、促销等的认知与态度，等等）。

第二，竞争者相关。

（1）竞争品牌的销量与销售额的比较分析；

（2）竞争品牌在不同渠道、不同市场部分的销量与销售额的比较分析；

（3）竞争品牌市场占有率的比较分析；

（4）竞争品牌优缺点的比较分析；

（5）竞争品牌目标市场与市场定位的比较分析；

（6）竞争品牌的产品对比分析；

（7）竞争品牌广告费用与广告表现的比较分析；

（8）竞争品牌促销活动的比例分析；

（9）竞争品牌定价策略的比较分析；

（10）竞争品牌销售渠道的比较分析；

（11）竞争品牌公开活动的比较分析。

第三，企业相关。

（1）企业的利润结构及利润目标分析；

（2）企业过去五年的损益分析；

（3）企业现有相关产品的目标市场及市场定位；

（4）企业现有相关产品的营销策略。

第四，其他环境因素分析。

（1）中间商因素分析；

（2）宏观经济因素分析；

（3）人口因素分析。

当然，不同企业的营销企划，在进行营销环境分析时，可以根据实际情况在以上内容的基础上进行适当增减。

为了较好地完成市场营销环境分析，应注意以下几点：

（1）合理地设计、实施调查计划。由于进行市场营销环境分析及制定相应营销策略，需要收集大量的营销环境相关资料与情报，因此，在市场营销环境诸因素分析之前就必须合理地设计好相关的调查计划或制定出相应的调查企划。

然而目前在我国，企划前的调查常被众多企业及其高层领导和企划人员所忽略。许多企业每年投入大笔广告费，可是对企划前期的调查却吝于支出，这是相当错误的。为了做好相关调查，在调查计划中，必须围绕营销企划所需资料，设定调查目标、方法、途径、时间、人员、费用等具体内容（请参阅第 12 章）。

（2）市场营销环境分析必须具有条理性、逻辑性，即给人条理清晰、结论明确的印象。

（3）市场营销环境分析必须有充足的数据资料，并借助图表等表示相应数据资料及其分析内容。

2. SWOT 分析

前期对营销环境的分析是多角度的，分析的内容多而杂乱。根据前面对营销环境的分析，可以进行 SWOT 分析。

所谓 SWOT 分析，就是将企业营销过程中面临的外部机会、威胁以及自身的优劣势等各方面因素相结合进行的综合分析。其中，优、劣势的分析主要着眼于企业自身的实力及与竞争对手的比较。进行优势与劣势分析，合理的顺序是从识别与机会有关的资源开始。在分析中，企业应该考虑的资源包括生产资源、营销资源、资金资源、管理资源等；而机会和威胁分析将注意力放在外部环境变化对企业的可能影响上面。机会是指营销环境中对企业营销的有利因素，即企业可取得竞争优势和差别利益的市场机会。威胁是指在营销环境中存在的对企业营销过程的不利因素。常见的 SWOT 分析内容如表 10 - 1 所示。

表 10 - 1　　　　　　　　　　企业 SWOT 分析的一般内容

	潜在外部威胁（T）	潜在外部机会（O）
外部环境	市场增长较慢 竞争压力增大 不利的政府政策 新的竞争者进入行业 替代产品销售额正在逐步上升 用户讨价还价的能力增强 用户需求与爱好逐步转变 通货膨胀递增 其他	纵向一体化 市场增长迅速 可以增加互补产品 能争取到新的用户群 有进入新市场或市场面的可能 有能力进入更好的企业集团 在同行业中竞争业绩优良 扩展产品线满足用户需要 其他
	潜在内部优势（S）	潜在内部劣势（W）
内部环境	产权技术 成本优势 竞争优势 特殊能力 产品创新 具有规模经济 良好的财务资源 高素质的管理人员 公认的行业领先者 买主的良好印象 适应力强的经营战略 其他	竞争劣势 设备老化 战略方向不同 产品线范围太窄 技术开发滞后 营销水平低于同行业其他企业 管理不善 战略实施的历史记录不佳 不明原因导致的利润率下降 资金短缺 相对于竞争对手的高成本 其他

由于 SWOT 分析是在营销环境分析基础上得出的结论，所以有相当多的企划者将之作为营销环境分析结论放在上一部分（即营销环境分析部分）之中。但由于该部分内容比

较重要，也有的企划者为了突出重点，将该部分单列出来。通常情况下，后一种做法比较可取。

实际中，可以参考表 10-1 提供的基本内容，进行自己的 SWOT 分析。总之，通过市场营销环境分析需要得出明确的结论，从而顺理成章地做出相应的营销决策。

3. 确定企划对象，决定目标市场营销战略及企划目标

根据对营销环境的分析，明确营销企划的企划对象，并为其选择目标市场，进行市场定位，确定其企划时间内的企划目标。

第一，明确企划对象及企划时间。

根据对企业营销环境的整体分析、把握，明确要完成的营销企划的对象，并规定好企划设计、实施完成需要的时间。

第二，选择企划对象的目标市场，并进行有效的市场定位。

选择企划对象的目标市场，就是在营销环境分析的基础上细分市场，并根据企业的资源和目标选择一个或几个细分市场作为自己的市场目标，确定目标市场。其内容和程序如图 10-3 所示。

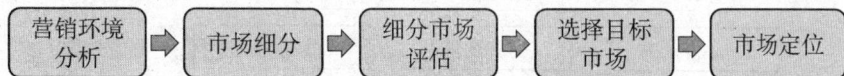

| 营销环境分析 | → | 市场细分 | → | 细分市场评估 | → | 选择目标市场 | → | 市场定位 |

图 10-3　选择目标市场的基本程序

（1）市场细分。

所谓市场细分，就是指企业通过市场调研，根据市场需求的多样性和异质性，依据一定的标准，把整体市场（即全部顾客和潜在顾客）划分为若干个子市场的市场分类过程。每一个子市场就是一个细分市场，一个细分市场内的顾客具有相同或相似的需求特征，而不同的子市场之间却表现为明显的需求差异。

之所以要进行市场细分，其原因首先在于市场需求的差异性。随着科学技术和社会经济的发展，市场供给愈充裕，人们的生活水平愈高，需求的差异性就愈大，市场细分的必要性也就愈大。如饮用水，在古代人们解渴的饮料不外乎河水、井水，现代则不但有了自来水，而且发展了各种瓶装、罐装、桶装的矿泉水、纯净水以及各式各样的其他软饮料。于是，饮用水及饮料市场就有了细分的必要。其次在于市场竞争的日趋激烈。目前，有利可图的市场越来越少，更多的竞争者只有依靠市场细分来发现未满足的需要，捕捉有利的营销机会，在激烈的竞争中求得生存和发展。总之，市场细分是为了更好地满足购买者的需求，发现企业市场机会，从而确定企业目标市场。

市场细分的方法依据企业产品所面向的市场性质而定。如果企业产品面向消费者市场，则可以根据地理因素（如国家、地区、省市、南方、北方、城市、农村等）、人口因素（如年龄、性别、家庭人数、收入、职业、教育、宗教信仰、社会阶层、民族等）、心理因素（如生活态度、个性、消费习惯等）、消费行为因素（如购买时机、追求利益、使用状况、使用频率、忠诚程度、待购阶段等）等进行细分。在实际细分中，既可选择单一因素细分，也可选择多个因素进行综合细分。如美国学者哈雷对牙膏市场的细分，就是采用单个因素（即消费者追求利益的因素）来进行的（见表 10-2）。

表 10 - 2　　　　　　　　　　牙膏市场细分

利益细分	人口特征	行为特征	心理特征	符合该利益的品牌
价廉物美	男性	大量使用者	自主性强者	大减价的品牌
防治牙病	大家庭	大量使用者	忧虑保守者	品牌 A、E
洁齿美容	青少年	吸烟者	社交活动多者	品牌 B
口味清爽	儿童	薄荷爱好者	喜好享乐者	品牌 C

根据表 10-2 的分析，牙膏公司可明确自己将为之服务的目标市场及其特征是什么，主要的竞争者是什么品牌，市场现有品牌没能满足什么利益，从而可确定自己的营销策略。

如果企业产品面向生产者市场，则除了可以考虑以上要素以外，通常可以根据最终用户的产品用途、用户的规模等进行细分。图 10-4 提供了某钢铁企业的市场细分情况。

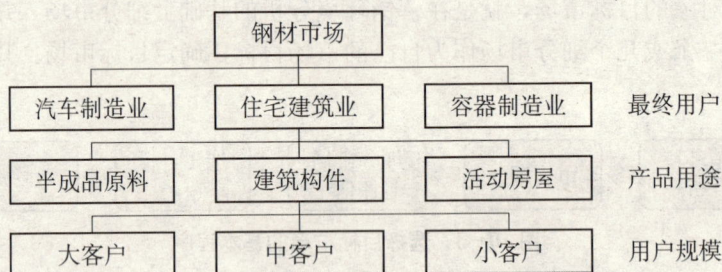

图 10 - 4　生产者市场的细分

实际中，面向生产者市场的企业在进行了上述市场细分之后，还可以按照用户的价值取向（如成本取向、质量取向、服务取向等），再进行微观层次的进一步市场细分。

（2）细分市场评估。

市场细分的目的是确定企业的目标市场。那么，在众多的细分市场中，究竟哪些是企业的目标市场呢？为此，必须对各细分市场进行评估。企业在评估各种不同的细分市场时，必须考虑以下因素：

1）细分市场的规模。如果细分市场窄小，不足以使企业盈利，就不值得选为目标市场。

2）细分市场的吸引力。细分的市场必须是竞争对手未有效控制的市场，而且还有一定的购买力及足够的营业额。并且，细分的市场在一定时期内比较稳定。只有这样的细分市场，才是有吸引力的市场。

3）企业的目标和资源。即使某个细分市场具有一定的规模和发展特征，并且对企业也有吸引力，仍需将企业的目标和资源与其在细分市场的情况结合在一起考虑。企业必须考虑该细分市场是否与企业目标相符，企业是否具备在该细分市场获胜所必需的条件。

（3）选择目标市场。

企业在市场细分及评估细分市场的基础上，选择符合企业条件和要求的细分部分作为自己的目标市场。

（4）市场定位。

所谓市场定位，就是企业根据市场特性和自身特点，确立本企业与竞争对手不同的个性或形象，形成鲜明的特色，在目标市场顾客心目中留下深刻的印象，从而使顾客形成特殊的偏爱，最终在市场竞争中获得优势的过程。确切地说，市场定位是要寻求企划对象在目标市场上的最大特色，确定自己可以对目标市场上的何种特定需求加以有效迎合。

对企划对象的市场定位往往通过以下方面来进行：

1）属性。使一个产品具有一个或多个属性、特性，或者使企业的品牌能为购买者提供比竞争对手更多的利益。

2）价格、质量。在价格、质量的统一体中，指明本品牌的位置，这有助于在购买者的头脑中牢固地确定本产品的地位。

3）使用或应用。即根据如何使用或应用产品而定位。

4）产品使用者。采用这种定位方式的产品，一般都是被一些特殊类型使用者所使用的。如一些运动服的定位是只面向狂热的业余运动者和专业人员的。

5）竞争对手。以市场领导者及其他竞争对手的品牌定位为参照系来进行相应的市场定位，达到与竞争对手更好地竞争的目的。市场定位方法，请参照第 9 章"事业企划"的相关内容。

第三，确定企划对象的企划目标。

企划目标是营销企划的核心，是在分析营销环境因素并预测未来的威胁和机会的基础上制定的。企划目标也就是通过本企划的实施所要达到的目标，其主要表现形式可以有市场占有率、销售额、利润率、投资收益率等重要营销目标。为了正确地确定企划目标，必须关注以下几点：

（1）了解企业的主要政策。企划者在拟定营销企划之前，必须与企业的高层主管就企业未来的经营方针与策略做深入的沟通与确认，以了解、把握企业的主要政策。沟通与确认的主要细节包括：

1）确定目标市场与市场定位；

2）市场目标是扩大市场占有率还是追求利润，或者其他；

3）价格政策是采用低价、高价，还是追随价格，或者其他；

4）销售渠道是直接还是间接，或是两者并行，或者其他；

5）广告表现与广告预算；

6）营业推广活动的重点与原则；

7）公关活动的重点与原则；

8）其他。

（2）企划目标尽量量化。为了做到企划目标准确化，应把目标水平以及时间期限尽量量化。如"从 2017 年 1 月 1 日至 12 月 31 日，销售量从 15 万个增加到 20 万个，销售收入 2 000 万元，经费预算 100 万元，广告费 50 万元，利润目标 800 万元"。企划目标量化之后，有以下优点：

1）可作为检讨整个营销企划方案成败的依据。如，可以用以检查目标定得是否合理，各种预算是否合适，等等。因此，这就要求制定营销目标应该合理、适度，必须以事实为依据，而不能凭空想象。

2）可作为评估绩效的标准与奖惩的依据。

3）可作为下一次制定营销目标的比较基础。

4. 根据目标市场营销战略选择，决定营销组合策略

确定目标市场营销战略之后，就必须决定企划对象在特定目标市场所采取的具体营销策略，即确定其目标市场的营销组合策略。

营销组合是现代营销理论的一个重要概念。所谓营销组合，也就是企业针对特定目标市场制定的合理的综合具体营销方案。即企业根据自己的营销目标与资源状况，针对特定目标市场的需要，对自己可控制的各种营销因素进行优化组合和合理的综合运用、安排。

企业可控制的营销因素很多，可分成几大类。最常用的一种分类方法是 E. J. 麦卡锡提出的，即把各种营销因素归纳为四大类：产品（product）、价格（price）、渠道（place）和促销（promotion），简称"4P's"。这种分类方法也是企划者最常采用的一种。为此，一般在营销组合策略中要提出产品策略、价格策略、渠道策略和促销策略。在制作营销企划时，可以将整个营销组合策略作为一个完整的部分，也可以根据需要分作四个不同部分。

（1）产品策略。

产品策略是营销组合中最基本的、决定性的一个策略，其他策略的确定都要以产品策略为基础。一般地，在单一产品策略中需要确定以下主要内容：

1）产品属性。这包括确定产品的概念，描述其功能与规格、质量、特点及设计等，通过这些因素的确定来具体明确本企划要为目标市场提供什么产品。

【创意无限】

要"勇气"与"信任"吗?

一个 5 千克容量的"油漆桶"，里面装的商品是"思考"（thinking）；一支 200 毫升的三角形牙膏状商品，标签上的品名是"清洁空气"（clean air）；而装在一个 500 毫升马口铁罐头里的并非是可以食用的午餐肉或凤尾鱼，而是看不见摸不着的"沉默和安静"（silence）⋯⋯

2007 年 5 月 24 日，国内第一家专门售卖抽象商品的"心灵超市"在上海新天地北里开张营业，只要你能想象得出的心灵补给品，比如勇气、信心、美丽，在这里都能买到。超市内的商品共有 43 种、16 000 个，其名称很有趣，除了"勇气""信心""思考"之外，还有与自我有关的"让你没压力""安心零食""没有垃圾的电邮"，与环境有关的"再生资源""清洁空气"等。走进"心灵超市"你会看到，其营业面积与一般的 24 小时便利店相当，室内布置以白色调为主，显得很清爽。

丹麦艺术家 Mads Hagstrom 为超市专门开发出心灵补给品"请·谢谢·对不起"等。Mads Hagstrom 说，超市的商品标价从 10 元至 100 元不等，主要与制作成本有关。

"心灵超市"收银台工作人员称，在开业 3 小时内，已成交 50 多单。

资料来源：俞凯. 新天地周四开卖"勇气"和"信心". 东方早报，2007 - 05 - 22.

其中，产品功能与规格可以界定产品的使用价值。产品质量则指的是产品性能质量，即产品实现其使用价值的能力，通常包括产品的耐用性、可靠性、精密度、使用及维修的方便性及其他有价值的属性。产品质量从基本的层面保证产品的属性，但要想使自己的产品在激烈的市场竞争中脱颖而出，企业的产品还要有鲜明的特色。产品特色是使企业产品区别于竞争对手产品的重要因素。以满足市场需求的新特色领先提供新产品给顾客，是企业保证自己取得竞争优势的最重要的途径之一。产品设计是从顾客需要出发，对改善产品外观和提升产品性能的全部特征的组合。与众不同的产品设计是增加顾客价值的又一条重要法宝。

如果企业不止一种产品，需要同时进行产品线或者产品组合的相关决策。

2) 产品品牌。通常，产品品牌决策的主要内容如图 10 - 5 所示。

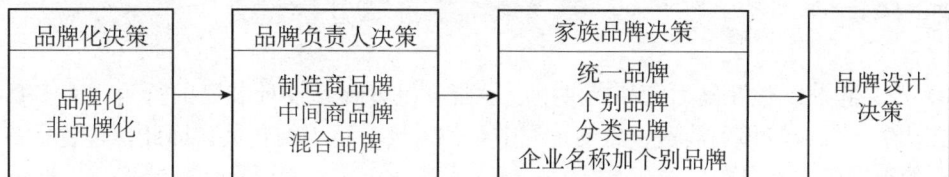

图 10 - 5　产品的品牌决策

【品牌故事】

可口可乐开始卖萌

"我也有了专属自己的可口可乐啦！"北京朝阳大悦城一层，刚刚参加完可口可乐路演活动的小刘，收到了一份来自主办方的"惊喜"，他的网名"奥涅"印在了可口可乐今夏推出的新装上。小刘难掩兴奋之情，"不舍得喝了，回去收藏起来！"

闺蜜、文艺青年、高富帅、纯爷们……这些经常出没在社交网络的词汇，今夏悄然出现在可口可乐的包装上。这批可口可乐被官方称为"昵称装"，共计有 50 多款，从 2013 年 5 月 27 日起陆续在全国市场与消费者见面。某些市场还会有一些富有地方特色的"昵称装"，比如四川的"老妞儿"、北京的"大拿"。

记者昨日从可口可乐（中国）了解到，两个月过去了，昵称装可口可乐使其在华销量较去年同期增长了 20%。在业内人士看来，此次可口可乐把社交网络中的"分享"理念与产品结合，与消费者进行了一次双向互动，把网络间的讨论转化成了实实在在的效益。

"2013 年是可口可乐落实 3 年增资 40 亿美元计划的重要年份，公司将继续专注于通过差异化的包装和产品创新，带动销量的上升……"这是可口可乐（中国）在今年三月份的公开表态。这一次，可口可乐换上萌装，瞄准了中国社交网络群体，就是想"捕获"更多潜在消费者。

既然面向社交网络群体，自然少不了用微博"助势"。5 月 28 日晚上，新浪微博中黄健翔、黄晓明等"大 V"纷纷展示可口可乐赠送的定制版可乐，引得一票网友围观。次日中午，可口可乐官方微博携新装可乐亮相，让可口可乐新包装的讨论一时间充斥社交网络。

"最近来的货都带着这种包装，已经卖了两个月了，"北京师范大学东门，一家小卖部老板笑着说："确实有人专门冲着这个来买的。"

说话间，大二学生肖倩和四五个好友聚在小卖部门前。顶着炎炎夏日，她们每人挑选了一瓶标着不同词汇的可口可乐。

"这包装太萌了，每天发微博我都要选一个不一样的包装，包装上的词就代表我当时的心情，今天这身打扮，我买个'小萝莉'好了!"这个"重度社交网络用户"有些兴奋。为了减肥从不喝可口可乐的她，现在竟然也成了可口可乐的忠实粉丝。"自己喝加上送朋友，这一周我买了十多瓶。"

昵称装的出现，让可口可乐再一次变得活跃。

资料来源：鲁畅. 将社交网络讨论转化为销售刺激 可口可乐"昵称装"换来销售增长两成. 北京日报，2013-08-10，有删改.

3）产品包装。包装是为产品提供生产容器或包裹物及设计装潢的行为。大多数有形产品在从生产领域转移到消费领域的过程中，都需要有适当的包装。因此，包装是整个产品生产的重要组成部分。

产品包装一般包括四项内容：一是首要包装。即产品的直接容器或包装物，它保证产品正常存在及功能正常发挥。例如，饮料的瓶子、牙膏的软管等。二是次要包装。即保护首要包装的包装物。如装牙膏软管的纸盒等。三是运输包装。即为了便于储存、识别和运输产品所需要的装运包装。如装运牙膏的大纸板箱。四是标签。即打印或贴在包装上随包装一起出现的说明产品的信息。标签包括包装内容和产品所包含的主要成分、品牌标志、产品质量等级、生产厂家、生产日期和有效期、使用方法等内容，有些标签为了促销还印有相关的彩色图案或实物照片。

4）产品支持性服务。产品支持性服务是指用以扩大实际产品外延的服务，如为顾客送货、安装、保养、维修，以及提供产品信息、咨询和消费信贷等。

在进行产品支持服务决策时，必须注意：首先，明确顾客的服务需求。顾客需求是企业为之设计并提供产品和产品支持服务的重要出发点与归宿。其次，鉴别对顾客最具价值的服务，并按相对重要程度对顾客所需服务排序。不同顾客对企业不同产品的支持服务项目的要求是不同的，企业必须有能力鉴别对顾客最具价值的服务，并以自己的努力有效地加以满足。在此基础上，还可以通过提供增值服务，更好地满足顾客的需求。最后，按重要程度的不同，有序安排、规划企业的产品设计和服务组合决策。

（2）价格策略。

在实际中，价格对企业的营销活动来说虽然已经不是唯一的一个决定性因素，但它至少是一个相当重要（有时甚至是最重要）的影响因素。价格永远是购买者关注的问题。所以，价格策略的制定也就是营销企划者的重点考虑所在。

制定价格策略时，企划者可以遵循以下基本程序：

1）分析影响定价的诸因素。价格的确定要受到企业营销目标、成本、产品属性、市场与需求、竞争对手的营销策略等诸多企业内外部因素的影响，而且这些因素之间以及这些因素与价格之间均相互影响，形成错综复杂的关系。影响价格的企业内部因素主要包括：企业的营销目标、成本以及需要定价产品的产品属性。外部影响因素则主要包括：市场需求状况、购买者的价格认知以及竞争对手的价格策略。除此之外，企业在制定价格策略时必须认真考虑宏观经济状况、能源及其他资源的状况、政府的法律法规以及社会公众的态度等因素。

2）选择定价方法，确定产品价格。常用的定价方法有成本导向定价法、需求导向定价法、竞争导向定价法。成本导向定价法，就是以产品的总成本为中心来制定价格；需求导向定价法，就是依据买方对产品的理解和需求强度来定价，而不是依据卖方的成本定价；竞争导向定价法，就是依据竞争者的价格来定价，或与主要竞争者价格相同。其中，成本导向定价中的成本加成定价法是一种较常用的以成本为中心的定价方法，其特点是在产品的单位成本上加上一个标准的加成。加成是指一定比例的利润。其公式为：

$$P = C\ (1+R)$$

式中：P——单位产品价格；C——单位产品成本；R——成本加成率。

例如：某公司产品采用外包加工方式进行生产，每件产品的外包价是 120 元，公司将加成率定为 50%，则该公司的产品定价为 120×（1+50%）＝180（元）。

3）明确价格的调整与变化策略。为适应不同的购买者，达到营销目标，企业可以运用一些具体的价格策略来有效地确定和调整产品的价格。这些具体的价格策略主要有：折扣和折让定价、心理定价、促销定价等。折扣和折让定价是指在定价过程中，企业可先定出一个基础价格，然后再用各种折扣和折让来刺激购买者，以促进销售。常用的折扣和折让定价主要有现金折扣、数量折扣、功能折扣、季节折扣与折让。心理定价是指企业在定价时，不但要考虑价格的经济作用，还要考虑顾客的心理作用，即利用顾客心理有意识地将产品价格定得高些或低些，以扩大销售。常见的心理定价策略包括炫耀定价、数字定价、心理暗示定价与价格阵线定价。促销定价则是指为了达到不同的促销目的，企业暂时为产品制定低于标准价格甚至低于成本的价格。

企业处在一个不断变化的环境之中，为了生存和发展，有时候需要主动降价或提价，有时候又需要对竞争者的价格变动做出适当的反应。面对竞争者的降价行为，企业可以利用图 10-6 所示的价格反应程序来应对。

（3）渠道策略。

企业必须确定企划产品的分销途径，及进行分销渠道决策。制定分销渠道策略，要在分析、把握影响分销渠道诸因素的基础上，进行有效的分销渠道设计，并做好分销渠道的管理。

1）分析影响分销渠道的诸因素。影响企业分销渠道的内部因素主要有企划产品的属性与特点、企业以往的渠道选择、企业的财务及融资能力、企业的规模与声誉、企业的管理能力以及企业对渠道控制的愿望。外部因素从微观上看，主要包括中间商的状况、购买者的渠道认知与选择、竞争者的渠道选择等；从宏观上看，主要包括国家政策法规、经济状况、技术水平、地理环境、交通运输条件、民族习惯等。

2）设计分销渠道。设计分销渠道是指通过对各种备选的渠道类型进行评估，创建全新的分销渠道，或改进现有渠道，从而实现营销目标的活动。营销活动的重点就是满足购买者的需要，而分销渠道又是搭建在生产者和购买者之间的桥梁。因此，分销渠道设计的优劣直接影响着企业的产品价值实现程度。一个成功的、科学的分销渠道能够更快、更有效地推动商品进入目标市场，为生产商及中间商带来更大的现实及长远收益。分销渠道设计的目标是确保设计的渠道结构能产生适合市场定位的市场覆盖率，确保生产商对渠道有一定程度的控制，并具有一定的灵活性，便于调整和更换。所以，分销渠道设计同其他营销策略的制定一样，是企业为了在市场上获得竞争优势必不可少的。如上所述，分销渠道的设计可以包括重新创建渠道和对现有渠道进行改进两种选择。设计分销渠道的目的是实现企业的分销目标，从而更好地实现企业利润等营销目标。图 10-7 描述了消费者市场传统的分销渠道模式。

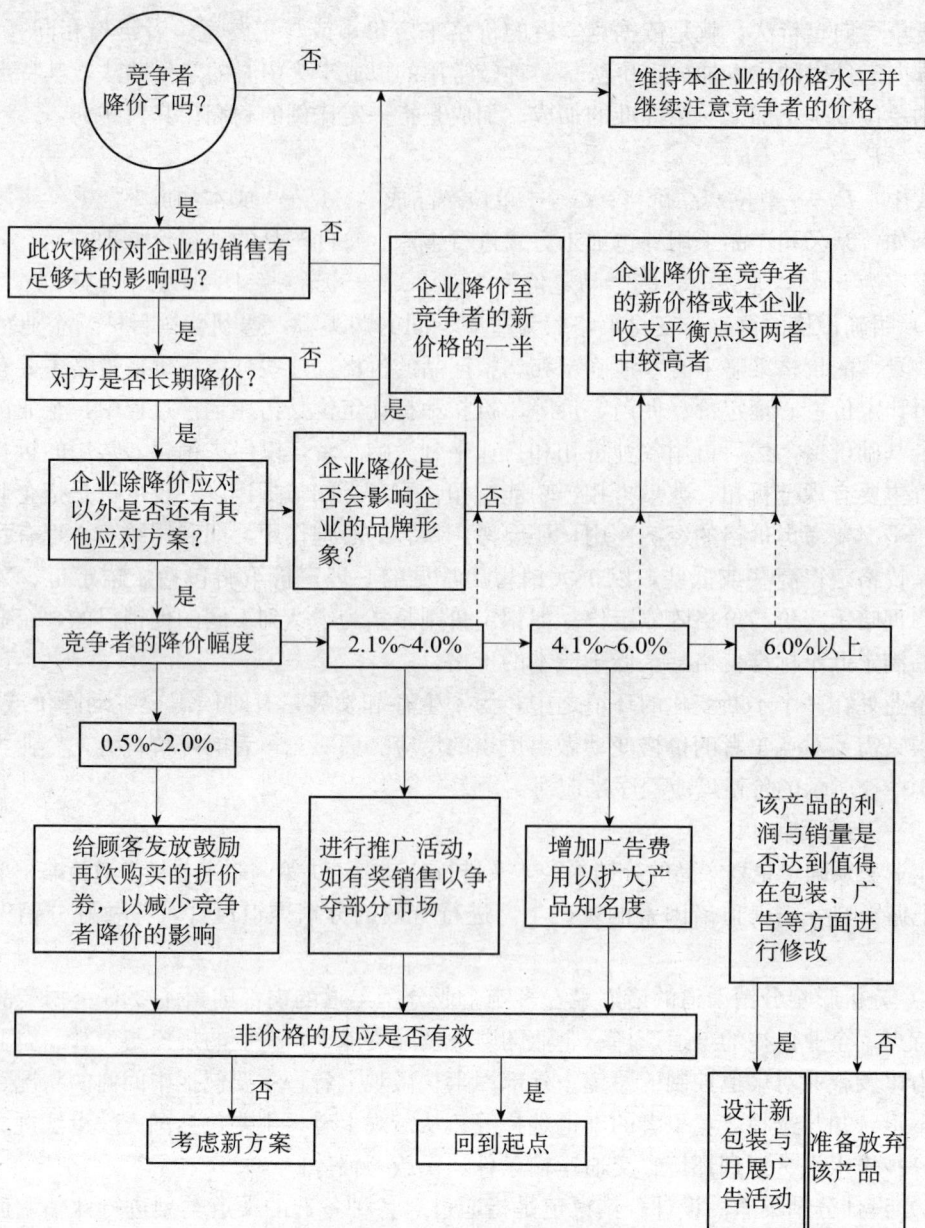

图 10-6 价格反应程序

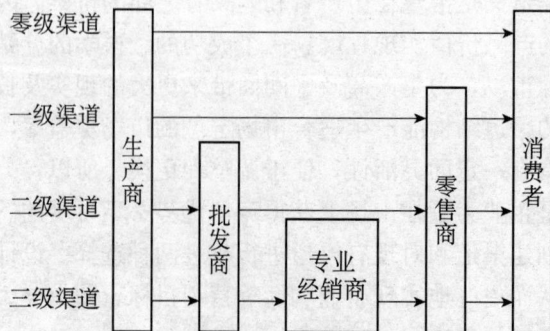

图 10-7 消费者市场传统的分销渠道模式

分销渠道的设计一般可分为以下几个步骤：分析渠道需要，明确渠道目标与限制；确定各主要渠道选择方案；评估各主要渠道选择方案。

3) 确定各主要渠道的选择方案。这包括两个基本问题：确定中间商的类型与数目；界定渠道成员的责任。企业必须识别、明确适合自己产品分销的中间商类型。通常的选择可以是企业销售人员、生产商的代理机构与行业销售商。在确定了中间商类型之后，企业还必须确定每一层次渠道上的成员即中间商的数目。企业通常可以有密集型分销、选择型分销和独家分销三种选择。生产商与中间商要在相关的渠道成员的权责利方面达成协议。协议要规定好分销产品的价格政策、销售条件、区域权利以及具体服务安排。在未来的渠道运作中，各渠道成员要严格按照达成的协议，在承担相应责任的前提下，拥有相应的权利，并能够获得应有的利益。

4) 评估各主要渠道选择方案。企业对各主要渠道选择方案的评估，可以采用经济性、控制性与适应性标准。第一，经济性标准。每一种渠道方案都将产生不同水平的销售和成本。建立有效的分销渠道，企业必须考虑两个问题：一个是在成本不变的情况下，采用哪种分销渠道会使销售额达到最高；另一个是在同一销售量的范围内，采用哪种分销渠道成本最低。第二，控制性标准。由于中间商是独立的企业，有自己的利益追求，所以使用中间商会增加企业渠道控制上的问题。由于产品的流通过程是企业营销过程的延续，从生产企业出发建立的分销渠道，如果生产企业不能对其运行有一定的主导和控制，分销渠道中的实物流、所有权流、资金流和信息流就不能顺畅有效地进行。相对而言，企业自己销售比利用中间商更有利于对渠道的控制。第三，适应性标准。这主要是指企业要考虑分销渠道对未来环境变化的能动适应性，即考虑渠道的应变能力。不能有效变化的渠道是没有未来的。所以，企业在与中间商签订长期合约时要慎重，因为在合约期内不能根据需要随时调整渠道，这会使渠道失去灵活性和适应性。所以对企业来说，涉及长期承诺的渠道方案，只有在经济效益和控制力方面都十分优越的条件下，才可以考虑。

5) 做好分销渠道的管理。对分销渠道的管理主要包括对中间商的选择、激励和评估工作。无论情况如何，企业在选择中间商时不能马虎。企业对中间商一定要有具体条件的规定，企业要考虑中间商以下的情况：实力，包括中间商的分销历史长短、销售人员的素质、协作精神、收现能力及获利能力；信誉，包括合作伙伴、顾客、同行对中间商的评价；企业发展潜力，包括中间商的经营范围、开设地点、顾客类型、购买力大小和需求特点等。企业不但要选择合适的中间商，同时还要不断地激励中间商，充分调动其积极性。企业不但要保证自己的利润，同时还要兼顾中间商的利益，从而达到"双赢"。企业处理与中间商的关系时一般会采取三种方式：合作、合伙和分销规划。企业必须定期按一定标准衡量中间商的销售业绩。每隔一段时间，企业就必须评估中间商的配额完成情况、平均库存水平、装运时间、对受损货物的处理、促销方面的合作以及为顾客提供服务的情况。企业对表现好的中间商予以奖励；对表现不好的予以批评，必要时企业可更换渠道成员，以保证营销活动顺利有效地进行。

（4）促销策略。

企业为取得营销活动的成功，需要采取适当的方式加强与目标市场及相关受众的有效沟通，促进产品的销售。所谓促销，就是营销者将有关企业及产品的信息通过各种方式传递给消费者和用户，促进其了解、信赖并购买本企业的产品，以达到扩大销售的目的。因此，促销的实质是营销者与购买者和潜在购买者之间的信息沟通。

有效的促销过程如图 10-8 所示，促销策略的制定必须遵循这一过程。

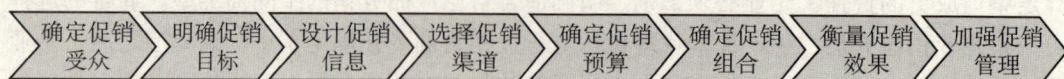

确定促销受众	明确促销目标	设计促销信息	选择促销渠道	确定促销预算	确定促销组合	衡量促销效果	加强促销管理

图 10-8　有效的促销过程

不同的具体促销手段（详见表 10-3）的组合与搭配称为促销策略组合。因此，促销组合策略，就是不同的促销方式的选择、运用与组合搭配的策略，即如何确定促销预算及其在各种促销方式之间的分配。企业促销的传统手段主要有四种：广告、人员推销、营业推广、公共关系和宣传。

表 10-3　　　　　　　　　　具体的促销手段及其常用要素

广告	营业推广	公共关系和宣传	事件和体验	直复营销和互动营销	口碑营销	人员推销
电视广告	比赛、游戏	媒体报道	体育运动	邮寄	在线沟通	销售展示
印刷广告	抽奖、奖券	演讲	文娱活动	网上购物	博客	销售会议
广播广告	免费样品	出版物	节日	电话购物	论坛	奖励
翻牌广告	演示	研讨会	庆典	电视购物	贴吧	样品
广告牌	展示	公益活动	特殊事件	电子邮件	微博	拜访顾客
招牌	折价券	慈善捐款	参观企业	传真	微信	展览会
外包装	低息贷款	游说	企业展览	博客	口口相传	
随包装广告	招待会	年度报告	生产体验	论坛		
宣传手册	以旧换新	企业刊物	贴吧			
招贴和传单	搭配商品	标识宣传	微博			
企业名录	奖励、赠品	关系	微信			
视听材料	回扣	捐赠				
标志图形	交易会					

通常，企划中的促销策略可以根据实际情况，选择不同的具体促销手段，分别就相应的具体促销手段加以规划、安排，并高度重视各种具体促销手段的相互配合、协调，以求获得"共振"，强化整体促销效果。

第 11 章提供了广告策略的制定方法，其他具体的促销策略可做比照参考。

5. 实施计划

要真正地实施企划，各项营销策略还要转化成具体的活动程序。为此，必须设定详细的策略实施计划。在实施计划中，需确定以下内容：

（1）要做什么？

（2）何时开始？何时完成？

（3）要建立怎样的组织结构？

（4）由谁负责？

（5）实施怎样的奖酬制度？

（6）需要多少资源、成本？

（7）各项收支预算为多少？

按上述问题给每项活动都列出详细的程序表，以便于执行和检查。

下面，就主要内容进行说明：

（1）建立组织结构，安排好企划的实施人员。组织结构的建立是指企业成立组织来协调与企划相关的营销活动和合理界定营销过程中的权、责、利。而且，企划者必须为每一个职务都准备详细的工作说明，以此确定每一个人的任务和职责。

（2）合理确定实施整个企划所需的资源和费用，并做好整个企划的预算。

（3）整个营销企划的活动安排可以使用甘特图明确表示出来。

6. 企划效果测算

一旦营销企划制定完成，企划者还应预测、评价该企划实施的效果，即进行企划效果测算与评价。

进行企划效果测算最简便的方法就是列出销售收入（或其他营销目标因素）预测表（见表10-4）。销售收入预测表是依据某段时间里的收入和成本预测而计算出来的损益表。制定销售收入预测表的第一步是进行销售额的预测。常用的预测方法有专家预测法、移动平均数法、回归分析法、消费者调查法、市场试销法等。制定销售收入预测表的第二步是进行成本的预测。成本的预测需要在销售额预测的基础上进行，需要确定生产成本、营销费用及管理费用等。制定销售收入预测表的第三步是进行投资收益分析。分析的主要方法有投资回收期法、投资收益率法、净现值法及盈亏平衡分析法等。

表 10-4 　　　　　　　　　　　　**销售收入及利润预测表** 　　　　　　　　　　单位：元

方案项目	低（悲观）	中（最可能）	高（乐观）
销售收入	3 500 000	4 500 000	5 500 000
减：销售成本	2 500 000	3 400 000	4 300 000
生产成本	457 000	480 000	512 000
财务费用	157 000	168 000	180 000
管理费用	28 000	38 000	48 000
税前利润	358 000	414 000	460 000
税后净利润	268 500	310 500	345 000

第3节　市场营销企划实例

● ●

三元学生奶北京市场营销企划①

目录

前言

企划概要

---

① 本企划是本书作者指导北京科技大学中日经济技术学院市场营销专业学生完成的课程作业，是根据当时的北京牛奶市场状况，在进行详细的市场调查的基础上制定出来的。与北京三元食品股份有限公司无关，无任何商业用途。

前言

牛奶含有人体所必需的多种养分，对青少年来说更是如此。因此，每天适量地饮用牛奶是十分必要的。国外的一些奶制品商很早以前就认识到这一点。经过科学的验证和这些奶制品商的大力宣传，牛奶作为青少年营养餐的重要元素早已经被人们熟知。近年来随着我国经济实力的增强和人民生活水平的提高，人们也逐渐认识到这一点。各中小学校也深刻体会到营养餐的重要性。在这种情况下，三元作为北京市场重要的牛奶制品商，应该抓住这一机会，抢在其他厂商之前对北京中小学生营养餐市场中的牛奶市场进行开发和深入，从而进一步扩大三元牛奶的市场占有份额，在竞争中处于有利地位。

企划概要

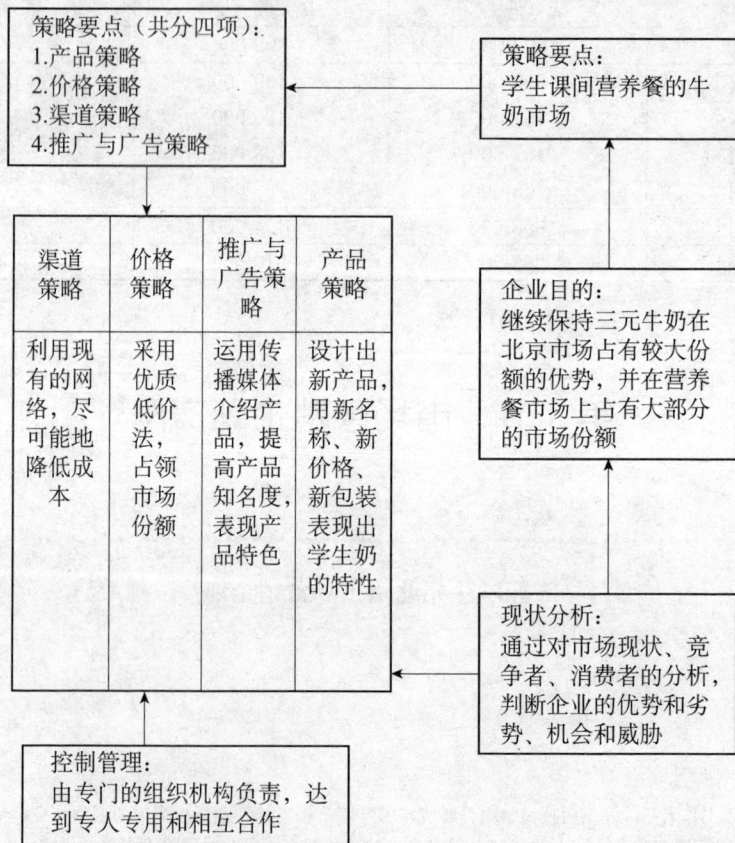

策略要点（共分四项）：
1.产品策略
2.价格策略
3.渠道策略
4.推广与广告策略

策略要点：
学生课间营养餐的牛奶市场

渠道策略	价格策略	推广与广告策略	产品策略
利用现有的网络，尽可能地降低成本	采用优质低价法，占领市场份额	运用传播媒体介绍产品，提高产品知名度，表现产品特色	设计出新产品，用新名称、新价格、新包装表现出学生奶的特性

企业目的：
继续保持三元牛奶在北京市场占有较大份额的优势，并在营养餐市场上占有大部分的市场份额

现状分析：
通过对市场现状、竞争者、消费者的分析，判断企业的优势和劣势、机会和威胁

控制管理：
由专门的组织机构负责，达到专人专用和相互合作

三元学生奶北京市场营销企划概要

1 营销环境分析

1.1 宏观营销环境分析

我国国民已经认识到牛奶对身体素质提高的重要性，而营养餐中加入牛奶，更是被大众所认可。我国政府对此类营养餐市场的开发也是相当支持的。自 1993 年以来，我国就不断有相关政策出台。如中华人民共和国卫生部颁发的《学生集体用餐卫生监督办法》第二条对学生营养餐下了定义，"学生营养餐指以保证学生生长发育为目的，根据营养要求而配制的膳食"，并规定营养餐"9 岁～11 岁为 100 克，12 岁～15 岁为 125 克"；国务院办公室印发的关于《中国营养改善行动计划的通知》指出，要有计划、有步骤地普及学生营养餐，将营养知识纳入中小学的教育内容；《北京市人民政府办公厅转发市教委关于在局部中小学中推行营养餐工作意见的通知》要求中小学推广营养餐要遵守"政府主导、社会参与、学校落实、学生自愿"的原则。中小学生的身体健康非常重要。要在中小学生中推行营养餐，北京市要带头把这个工作做好，更要在全国推广。

显然，以上各种政策背景均为北京营养餐市场的形成与发展、管理制度的规范与完善、市场竞争的公平性创造了极其重要的先决条件。

1.2 微观营销环境分析

（1）市场潜量。通过分析不难看出，这是一个潜力巨大的市场。在北京市有约 100 万的郊区学生和 80 万的市区学生（其中在校生人数 40 万）。我们就学校、家长、学生对营养餐中是否需要牛奶饮品进行了调查。调查结果表明，学校、家长、学生对牛奶加入营养餐中普遍持欢迎态度。接受调查的小学生家长中，更有高达 82% 的人表示愿意他们的孩子在学校营养餐中喝到牛奶。在被调查的提供营养餐的学校中，有 28.6% 的学校只提供除牛奶之外的其他饮品，71.4% 的学校则同时提供牛奶及非牛奶饮品。

（2）竞争者。目前北京市场上的牛奶乳品种类繁多、竞争激烈。其中，娃哈哈、乐百氏、三元、伊利、子母、光明、达能等几个品牌占据了该市场的绝大部分，且每种品牌的产品均有各自的特点和稳定的销量。要想一下子打破平衡、迅速扩大市场销量，是相当困难的。所以，只有尽可能地开拓其他市场，如营养餐市场。

通过调查，我们发现三元、娃哈哈、乐百氏、伊利、子母及光明等品牌的牛奶乳品，都对学生营养餐市场有着不小的影响，是北京营养餐市场牛奶及相关饮品的重要竞争者。同时，中、小学生因为没有经济来源，所以受家长的影响较大。由下图不难看出，光明是三元最大的竞争对手。

（3）消费者需求的特点。由于营养餐市场刚刚形成，且对象为学生、学校，所以市场的需求基本上取决于学生和学校的需要。当然，学生家长对牛奶品牌、口味的偏好也会影响学生的选择。

通过调查我们发现，对于牛奶及其饮品，学生主要注重产品的味道、营养和质量，价格却在其次；而校方主要注重价格，其次为质量，之后才是营养。

调查还发现，因消费者（学生和家长）支付能力的不同，学生没有经济来源、受家长影响，而学校受经费制约，对价格的要求也不同。学校、家长及学生所能普遍接受的价格为 1 元～2 元（中学生家长除外）。

调查表明，由于要对学生的身体健康负责，所以有 91% 的学校要求从信誉好的厂家进货；9% 的学校为了方便，要求从中间商进货，这就要求有一个庞大的运输车队。家长由于大多数只接触中间商，所以易受中间商的影响，而家长又会影响学生，所以中间商对学生的间接影响也是十分重要的。

（其他分析略）

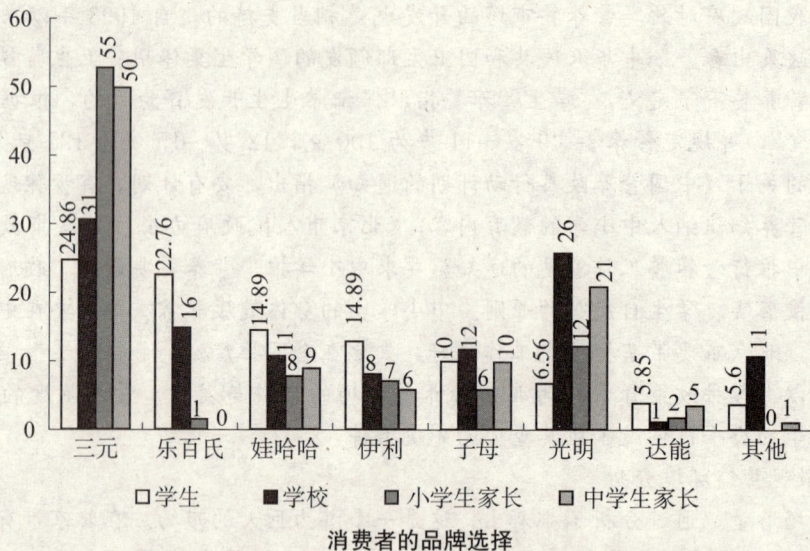

消费者的品牌选择

2 SWOT 分析（有删减）

2.1 机会

● 由于国家政策的扶持，给三元牛奶进入中小学营养餐市场提供了机遇；

● 目前学校的营养餐市场正有待开发，各大厂商均未占有一席之地，消费者并不忠实于某个品牌。

2.2 威胁

● 其他厂商也注意到了中小学营养餐这一市场；

● 其他厂商的产品也有独到之处，并且进行了不同程度的促销工作；

● 目前牛奶市场的品牌很多，有大量的其他品牌对消费者做反面宣传；

● 其他厂商目前也正努力通过各种手段缩短与三元间的距离；

● 我国加入 WTO 后，国外厂商的大量涌入肯定会给三元牛奶带来冲击。

2.3 优势

三元牛奶的竞争优势来源于三元是本地厂商：

● 三元营销网络健全，可以很好地满足学校从厂家直接进货的要求；

● 三元可以方便地及时反馈意见，及时解决问题；

● 三元与中间商关系较好，可间接影响目标市场；

● 三元的品牌知名度最高，潜在消费者数量众多；

● 运输费用少，便于降低成本；

● 价位低，更有利于竞争。

2.4 劣势

三元是一个老品牌，有一定的消费者，但由于人们追求新鲜感，会把一部分注意力转向新上市的品牌，特别是光明，它的影响力也在加强。

3 企划对象及目标市场营销战略与企划目标确定

3.1 企划对象与企划时间

本营销企划的对象为三元学生奶。

企划时间：（略）

3.2 目标市场与市场定位

市场细分：（略）

目标市场：北京学生课间营养餐中的牛奶市场。（具体略）

市场定位：健康成长的呵护者。

3.3 企划目标

继续保持三元牛奶在北京市场占有较大份额的优势，并争取在学生营养餐市场上占有大部分的市场份额。（具体略）

4 产品策略

4.1 产品属性策略

根据对消费者的调查研究，结合本企业的资源状况，本次推出产品的目标市场是中小学生营养餐市场，消费者年龄有一定的跨度，学校存储条件差。所以，产品应具有以下特点：

- 包装结实并具有保鲜作用；
- 营养丰富且富含钙质，能帮助青少年长高和迅速消除疲劳；
- 包装给人一种舒适、清凉、精神的感觉；
- 容量与口味不一，并自成一个系列；
- 本产品为商店非卖品，只能通过学校获取。

同时，产品应具备以下功能：

- 补充中小学生每日所需的钙质和多种维生素；
- 有助长功能，帮助孩子健康成长；
- 有益于调节饮食结构，防止挑食；
- 促进新陈代谢，让孩子更健康；
- 能消除疲劳，保证孩子有充足的精力学习。

4.2 品牌策略

本次企划推出新产品——学生课间餐牛奶饮品。新产品名称为三元学生奶。（其他内容略）

4.3 包装策略

三元牛奶现有两种包装方式，分别为袋装和纸盒装。根据学生奶应易运输且校内无冰箱、无法保存等特点，结合上述两种包装方式的特点与成本，我们选择了纸盒保鲜装。（具体略）

（产品策略其他内容略）

5 价格策略

5.1 影响定价的因素分析

本产品定价考虑以下因素：同类产品价格、运输费、管理费、生产成本、包装成本、税金、合理利润、市场调查的结果等。（具体略）

5.2 定价方法与最终定价

根据低价策略及定价因素，本次企划产品的最终价格定为 1.8 元/250 毫升，其中 0.3

元的管理费交纳给校方，且要突出厂商关心未来一代，所以让利0.15元，以1.65元/250毫升的低价迅速占领市场。（其他内容略）

5.3 价格调整与变化

（略）

5.3.1 价格调整

（略）

5.3.2 价格变化

（略）

6 渠道策略

6.1 分销渠道的影响因素分析

（略）

6.2 分销渠道设计

为了让"三元学生奶"能够快速、安全、卫生地被送到学生手中，以达到补充其身体中所需要的钙、铁及各种维生素，增强其健康的目的，三元公司在运输渠道上首先要保证牛奶的新鲜、卫生。在市区，交通比较方便，可以利用三元公司已有的运输车，把牛奶定时送至各学校，按区域分布来分配车辆，把所需的运输费用减至最低（所以，必须具体调查订奶学校的分布，以便于运输）。现今，有些郊区开设了奶站，可以利用奶站的工作人员把牛奶运送到各奶站附近的学校。这样既减少了运输成本，又可以方便、快捷地将牛奶送到学生手中。但利用奶站运送牛奶，要确保时间的准确性。同时，无论是运输车辆、运输人员都要统一着装、统一标志，以便管理。（其他内容略）

6.3 分销渠道管理

（略）

7 促销策略

7.1 广告策略

7.1.1 广告目标

使公众形成"学生必须饮用学生奶"的认知。（其他内容略）

7.1.2 广告受众

北京市的中小学生及其家长。

7.1.3 媒体选择与广告表现计划（节选）

（1）广告主题：成长的秘密。

（2）媒体类型选择：路牌广告、电视广告、报纸。

（3）不同媒体广告创意及建议。

电视广告：

画面一开始出现两个小草莓，左边草莓的下面有一个木牌，上面标着"我喝三元学生奶"，右边草莓的木牌上则标着"我还没喝呢"。之后画面切换到草莓的内部，画面一分为二。左边是三元草莓的内部，右边则是普通草莓的内部。一群群黄色可爱的人体细胞呈椭圆形，有的拿着铁锹，有的拿着铁镐，还有的推着手推车等，在两个同样背景的草莓内部辛勤地工作着，共同建设自己的家园。一条条的水沟、麦田已经成型，分别有一些细胞在两个草莓体内撒种。这时，画面切换到草莓外部。左边草莓饮用了一杯三元学生奶，右边的草莓则饮用了一杯普通奶。画面立刻切换到草莓内部。左边草莓的田间立刻出现一条条营养丰富的河流，而右边的是浅浅的白色不透明液体。之后，画面上出现"秋天来了"的字样，画面采用模糊手法，立刻切换成秋天的场景。左边是一座座红砖白瓦的大房子，一群群细胞在营养丰富的学生奶流淌的田间，辛勤地收割着高大的农作物；右边的是一群细胞同样努力地在水似的牛奶所流淌的田间收割着矮小的农作物。画面切换到草莓外，左边的草莓变得又大又红，右边的草莓则不变。这时，左边的大草莓说："我成长的秘密你知道了吗？改变自己，从现在开始！"之后，屏幕上出现"三元学生奶"字样。

建议：

● 所有对话均采用卡通动画中的儿童语言。

● 细胞干活要有生动的场景配音和适当的对话。

● 以优美细腻的乡间音乐作为画面的背景音乐，当画面切换到草莓内部及秋天的麦田出现在画面中时，应有特有的音乐。水流动时也要有相应的配音。

● 此广告为电脑制作。

● 口号："改变自己，从现在开始。"

报纸广告：

● 聘请专家发表学生饮用学生奶的必要性及国外学生奶现状的软文广告。

● 登载三元学生奶广告，扩大三元学生奶的影响。（略）

7.1.4 广告媒体的具体选择与广告排期

（略）

7.2 营业推广策略

7.2.1 推广目标与受众（节选）

使公众认识到饮用三元学生奶的重要性，进一步提高三元品牌的知名度，并宣传三元学生奶，使其获得认可且促进销售。

7.2.2 具体的推广策略

进行一项名为"学生奶大行动"的宣介活动，向公众介绍三元学生奶的好处，扩大影响，时间定为一年，从××××年4月20日开始至××××年4月20日止。与广告同步推出产品。活动的口号为"从今天开始，改变自己"，并印制在包装上。

7.2.3 推广计划

7.2.3.1 学生奶认知活动

内容：向目标受众推介三元学生奶；

方式：知识竞赛；

时间：××××年4月20日至××××年5月20日。

7.2.3.2 品牌确认活动

内容：突出宣传三元学生奶的特点及功能；

方式：宣传"成长的秘密"；

时间：××××年5月21日至××××年4月20日。

7.2.3.3 打折活动

内容：促进三元学生奶的购买；

方式："从现在开始，改变自己"主题打折促销（做好学生，喝三元奶）；（具体略）

时间：期末、开学。

（营业推广策略其他内容略）

7.3 广告与营业推广策略的协调与配合

（略）

8 实施计划

为了使"三元学生奶"以最短的时间在北京树立起良好的形象，迅速占领北京市场30％的市场份额，并有持续增长的势头，良好的管理与适时的控制，必将起到事半功倍的作用。

8.1 人员的确定

学生奶市场是一个规模庞大且相对稳定的市场，如果能处于这一市场的主导地位，对三元日后的发展将具有战略性的意义。学生集体在校有组织地饮用"学生奶"还属首例，为了能起到良好的效果，我们决定成立专门机构，对三元学生奶的营销进行管理与控制。专门机构即由生产技术人员、销售人员、市场研究人员、高级管理人员共七人组成的"三元学生奶"营销小组，他们都是从各个部门抽调来的具有多年相关工作经验的优秀人员，他们的任务是及时对市场做出反应，并针对市场的需求，做出满足消费者需求的决策与安排。"三元学生奶"营销小组是一个独立的部门，由营销副总经理直接负责，与其他部门的关系是相互合作的关系。（其他内容略）

8.2 预算

（略）

8.3 资源—日程表

（略）

9 企划效果预计

（略）

【案例评析】

"管理者的游戏"课程的SWOT分析（节选）

北京科技大学中日经济技术学院在制定推广其开发的新型课程"管理者的游戏"的营销企划时，对管理类培训市场及课程营销的其他环境因素进行了充分调查、分析，明确得出相关结论。

1. 机会（O）

（1）在市场经济竞争激烈的前提下，企业有对管理人员培训的潜在需求；

（2）80％的企业对目前的培训并不十分满意，同时希望有新颖的经营管理培训方式出现；

（3）各类大专院校经营管理实验课程类型很少，但各类高校特别是高职院校对经营管理实验课的需求大幅增加。

2. 威胁（T）

（1）企业传统培训观念顽固，自主培训意识较差；

（2）许多企业目前效益较差，培训费用较少；

（3）高等院校从国外引进的经营管理模拟课对"管理者的游戏"产生直接的冲击。

3. 优势（S）

（1）培训时间短，内容易于掌握；

（2）对参加人员的学历要求不高；

（3）着眼于"竞争与合作"，符合时代需要；

（4）培训费用相对较低，教学设备简单，易于运作。

4. 劣势（W）

（1）目前"管理者的游戏"的社会认知率较差，许多人不了解，尚未认同；

（2）培训结束后无学历认证，国家不予认可。

评析：SWOT 分析是一个重要的前后衔接部分。首先，它要根据前面的环境分析做出对应的结论，因此，此处再有分析就应该是多余的；同时，这里的结论肯定会影响后面的决策，所以，这里的结论必须是环境分析得出的重要的、有指向性的结论。另外，要注意结论归类的正确性：机会、威胁显然是企业要去面对的；优势、劣势则是企业自身拥有的。

【核心内容】

在企划中，营销企划举足轻重，它是企业企划的核心。

营销企划主要分成以下两种类型：整体市场营销企划和专门市场营销企划。

企业营销企划主要由企划概要、营销环境分析、SWOT 分析、营销企划对象与目标界定、营销策略、实施计划、效果预计、建议等内容组成。

【深度思考】

1. 简述企业营销企划的意义。

2. 依照实例，自由选择企划主题，尝试写作企业营销企划。

【互联网十】

怕上火，喝什么？

听到"怕上火，喝什么"，你想到了什么？当时的红罐凉茶的营销事迹，今天仍然让人津津乐道。请到 http：//www.chengmei-trout.com 去搜阅相关资料，或将视野拓展到整个互联网，更多地了解与此相关的资料，并思考、回答下列问题：

1. 梳理当时的红罐凉茶的整个营销决策脉络，并尝试用文字模拟表达决策者当时的营销决策与企划。

2. 你认为对上面的营销企划应该做何改进？

【延伸阅读】

《市场营销：理论、案例与实训（第三版）》，杨勇、陈建萍主编，由中国人民大学出版社于 2014 年出版。

作者简介：杨勇，北京科技大学高职市场营销专业负责人，多年从事市场营销专业教学。其主编的《市场营销：理论、案例与实训》为国家"十一五""十二五"规划教材，并被评为北京市高等教育精品教材。

陈建萍，北京科技大学教授，长期从事市场营销专业的教学。

内容提要：《市场营销：理论、案例与实训（第三版）》按照正常、合理的教学顺序设计教材结构与内容，从而更加贴近市场营销教学与教改的需要，更有利于培养真正实用的营销专业相关人才。本教材集中阐述了市场营销的相关理论、实践、案例以及实训的内容，主要包括营销概述、营销环境、营销战略、营销策略与营销实现等。

要学习制定营销企划，必须全面把握、了解企业市场营销，因此必须认真学习市场营销的基本理论与方法。

第 11 章
广告企划

好广告不只在传达讯息，它能以信心和希望，穿透大众心灵。

——李奥·贝纳

【学习目标】

1. 了解企业广告过程；

2. 了解广告企划在企业营销过程的地位与作用；

3. 了解、掌握广告企划的基本结构及主要内容，熟悉广告企划的制定。

广告对于许多企业来说是至关重要的。企业可以借助成功的广告与受众进行有效沟通，传播企业信息，从而开拓市场、促进销售、改善企业形象、提高企业的社会地位。随着市场竞争的日益激烈，企业的广告投入也在不断增加。然而，投入就需要考虑产出。企业花钱做广告，就必须考虑广告是否成功，是否能达到预期的目的。这就要求企业在进行广告之前，对整个广告过程有周密、有效的规划。

第 1 节　广告企划概述

一、广告及其特点

广告是广告主付费，通过媒体向特定的受众传播商品、劳务或观念信息的活动。广告既有营利组织（如企业）的广告，又有非营利组织（如政府部门、慈善机构、宗教团体等）的广告。

本章所讨论的内容主要是作为营利组织的企业的广告，即商业广告。

商业广告的基本功能是传播有关企业和商品的信息，扩大市场，促成交易，树立企业和产品的形象。广告之所以能实现以上功能，主要原因在于广告具有以下特点：

（1）公众性。广告是一种高度大众化的信息传递方式，所以它比较适用于供应大众的标准化产品的宣传推广。

（2）渗透性。广告是一种渗透性的信息传递方式，可多次重复同一信息，使购买者易于接受和比较各企业所传播的信息。

（3）表现性。广告通过对文字、画面、音响及色彩等的艺术化的处理与运用，将企业及其产品的信息传递给受众。

（4）非人格化。广告不像人员推销那样具有人格性，听众和观众没有义务去注意广告，并对广告做出反应。

广告与商品经济是不可分的。由于近代西方国家商品经济的高速发展，广告也高度发达，现代的人们如同生活在广告的海洋之中，每天都要面对数以千计的广告。西方国家的广告营业额一般都要占其国民生产总值的 1%～3%。在我国，目前广告营业额已经超过6 000亿元人民币，广告对商品经济的发展有着越来越不可忽视的重要作用。

二、广告企划的含义

广告企划是指根据广告主的营销目标和计划，在广告调研的基础上，制定出的与市场情况、产品情况、受众群体相适应的、经济有效的有关广告过程全面决策的企划。

广告企划在广告过程开始之前就要进行，必要时甚至会贯穿于整个广告过程的始终。广告企划是一种优先的、提前的指导性活动。所以，进行广告活动应该事先进行企划。没有科学的广告企划，就不会有成功的广告。

目前，由于大多数企业都通过广告公司来做广告，这些企业的广告企划也大都由广告公司来承担。当然，也有企业自设广告部门，其广告企划则往往由企业自身相关部门承担。即使如此，这些企业也常常需要广告公司提供服务，因为广告公司拥有广告专业知识和人才，能够更好地实现广告的功能。

第 2 节　广告企划的制定要点

一、广告企划的结构

一般广告企划应该具有如下结构及内容。

◇◆

广告企划的基本结构与内容

封面

前言

1. 企划目的

2. 企业广告的环境因素分析

（1）广告产品的市场状况分析。

目标市场与市场定位；市场规模；市场占有率；市场潜力；各竞争品牌情况；等等。

（2）消费者分析。

消费者及其特征；消费决策者；影响消费决策者、购买者、使用者的有关因素；消费者的需求特点；消费者对广告的认知与态度；等等。

（3）竞争者分析。

主要竞争者与竞争品牌；竞争产品的特点；竞争产品广告；与竞争品牌产品之比较；与竞争品牌广告之比较；与竞争品牌其他促销策略之比较；等等。

（4）广告产品及企业其他相关因素分析。

广告产品的特点；广告产品的营销目标；广告产品的其他营销策略；企业以往的广告策略；企业现有的广告相关资源；等等。

（5）影响广告的其他环境因素分析。

宏观经济环境；社会环境；政法环境；等等。

3. 问题点与机会点

4. 广告受众与目标

界定广告受众；设定广告目标层次（知名度、了解度、偏好度、行动等）；设定欲达成的目标值（如提高 20％ 知名度）；等等。

5. 广告媒体选择与广告表现计划

确定广告媒体类型；确定不同的广告主题及其对应的广告表现计划。

6. 其他广告媒体计划

选择具体的广告媒体；确定广告排期及区域计划；等等。

7. 广告预算

8. 广告效果的评估

沟通效果与销售效果评估等。

9. 与广告相关的其他促销计划（如推广计划）

与广告相关的其他促销计划安排；广告与其他促销计划的协调；等等。

附录

◇•

根据广告企划的基本结构，下面将对制定广告企划的重要内容进行重点说明。

二、制定广告企划所需的主要数据与资料

广告企划面临的首要工作就是进行资料的收集。一般地，进行广告企划需要准备以下资料：

1. 企业基本情况

（1）企业发展历史及生命周期的资料；

（2）企业经营项目的资料；

（3）企业经营网点的数量及地域分布的资料；

（4）企业财务政策的数据，如利润及各类商品的财务状况等；

（5）企业市场方针和战略及广告部门在企业组织中的地位等；

（6）企业有关广告目的、广告信息等至今为止的广告活动的资料；

（7）企业未来的发展愿景。

2. 产品资料

（1）有关产品开发的资料，包括产品的开发时间、开发意图及负责开发的有关人员等；

（2）有关产品特性的资料，包括产品的特点、使用期限、质量、价格、用途等；

（3）商品政策，包括新一代改良产品的研究结果、新产品开发及生命周期延长策略的讨论等；

（4）同类竞争商品的信息，如竞争商品的优缺点及动向等。

3. 消费者数据与资料

（1）明确购买决策者、购买者与商品使用者的年龄、职业、性别、家庭规模、学历等数据；

（2）潜在消费者的数据，即有关潜在消费者群体规模的情况；

（3）有关商品认知度的数据，包括对商品特性的认知度、态度及同类商品的竞争状况等；

（4）消费者动机，即消费者对商品开始使用、中止使用及转向使用其他企业产品的动机及其产生原因；

（5）消费者对商品的总体印象及评价；

（6）消费者的购买习惯与使用习惯；

（7）消费者对广告的认知与态度。

4. 其他市场相关资料与数据

（1）市场规模的数据；

（2）市场结构的数据，即从消费者特点、地域差别及季节差别等方面分析市场结构；

（3）有关市场竞争状况的数据，包括各品牌产品的供应数量、产品系列的发展状况及其他竞争企业的竞争动向等；

（4）潜在市场的数据，即潜在市场的规模及发掘的可能性；

（5）市场前景的可能性预测、分析；

（6）同类产品领域的资料，包括同类产品领域的生产能力、生产状况及其他领域的介入状况。

5. 来自流通渠道的数据与资料

（1）销售额数据，包括本企业产品和竞争企业产品的销售额；

（2）流通过程中相关人员的资料，包括各流通阶段对于本企业与竞争企业的评价与态度；

（3）有关销售能力的资料，即在各流通阶段，本企业与竞争企业的销售能力。

6. 与法律有关的资料

收集、了解对广告活动起制约作用或有影响的法律条款与规定，如关于不正当竞争、禁止垄断等法律上的制约内容。

7. 其他有关数据与资料

如当前社会热点、时尚热点、热门话题等。

以上数据与资料将对企业市场环境的分析、广告目标及广告策略的制定提供有益的支持与帮助。

三、广告企划中主要内容的制定要点

1. 确定广告目标

（1）广告目标的作用。

在广告活动中，广告目标的作用主要有以下几点：

1）广告目标是整个广告过程的起点与终点。企业应该以广告目标为基准来进行所有的广告决策，并以广告目标来衡量广告过程的好坏。同时，广告目标为参与广告过程的有关人员或机构指明行动方向。通过设定广告目标，可以促使数目众多的与广告活动相关的人员为实现既定的广告目标而相互配合、协调一致，从而成为一个有机的整体，为实现明确的既定目标而共同努力。

2）可作为媒体计划、广告表现计划、评估计划及广告实施的判定依据。在媒体计划、广告表现计划、评估计划甚至在广告实施阶段的各个过程中，由于已有明确的目标，就可以在制定的各种替代方案中结合广告目标选择并决定一个合适的方案。

3）可作为广告活动效果的评估基准。只有在确定了目标的基础上，才能够评价计划实施后效果的好坏。

（2）广告目标的类型。

广告目标可分为通知性目标、说服性目标及提醒性目标。表11-1列举了一些常见的广告目标。

表 11-1　　　　　　　　　　　　　　　　广告目标

类别	可能的具体目标
通知性目标	● 描述所提供的各项服务 ● 提出某项产品的若干新用途 ● 通知市场有关价格的变化情况 ● 说明新产品如何使用 ● 向市场告知有关新产品的情况
说服性目标	● 建立品牌偏好 ● 鼓励消费者转向本企业品牌 ● 改变消费者对产品属性的知觉 ● 说服消费者马上购买 ● 说服消费者接受一次推销访问 ● 减少消费者的恐惧 ● 纠正错误的印象 ● 树立公司形象
提醒性目标	● 提醒消费者可能需要这个产品 ● 促使消费者在淡季也能记住这个产品 ● 提醒消费者去何处购买这个产品 ● 保持最高的知名度

以通知性为目标的广告主要用于产品的开拓阶段，其目的在于促进产品的初级需求；以说服性为目标的广告在竞争阶段十分重要，企业这时要尽可能地建立对自己特定品牌的选择性需要；以提醒性为目标的广告在产品的成熟期十分重要，企业必须保持顾客对自己产品的记忆。

（3）广告目标的设定。

广告目标的设定必须服从企划目的、目标市场、市场定位等内容，并考虑广告预算的限制。广告目标的设定必须关注以下要素：

1）明确广告目标及其具体数值。

通过相关分析确定大致的广告目标之后，一般还应设定欲达到的目标值（如提高20%知名度等），即要用可以计量与能够测量的术语、指标，详细表述出广告目标的具体数值。

实际中，由于广告的实施目标很多是为了扩大销售，销售额的变化在一定程度上也能反映广告的实施效果。因此，有些企划者常常将销售额作为广告目标。但是，将销售额视为广告目标的做法存在以下几个问题：

第一，由于市场中的诸多因素（如该品牌的销售能力、价格政策和流通支配能力等）以及市场环境条件（如竞争对手的营销策略、气候等自然因素等）总是处于一种动态变化中，对企业销售的影响因素事实上是多样且多变的。这样，单纯地只依赖广告的作用显然是片面的。

第二，广告效果并不一定都能在短期内展现出来。因此，不可以将现在的销售额简单地设定成现在的广告目标。如果广告的实施期与评估期之间存在时间上的差距，根据评估结果做出下一步决策时，就可能出现在时间上的要求过于苛刻而不利于实际业务开展的情况。

当然，广告仍然可以是影响销售额的主要因素。当与其他市场因素产生组合效果的机会较小，而且广告效果又能在短期内显现出来时，可以将销售目标视为广告目标的一部分。

广告的主要直接性目标，应该是面对受众，帮助企业完成不同的沟通任务而不是其他。

2）确定广告受众。

特定的广告必须拥有相应的最合适的那部分广告对象人群——受众。受众人群或多或少，或以社会阶层区分，或以性别、文化程度等因素区分。

广告的信息传播只有针对那些最可能成为购买者或影响购买者的人，才能有好的效果。因此，必须确定广告受众及其特点，并且说明各不同广告媒体接触诉求对象的状况。如啤酒广告，据调查，啤酒大量饮用者多数是劳动者，年龄在 25 岁～50 岁（少量啤酒饮用者则在 25 岁以下或 50 岁以上），每天看电视约 3.5 个小时以上（少量饮用者则少于 2 小时），较常看体育节目。这些资料都有助于企划者设定广告受众及进行广告媒体选择等具体的广告决策。

广告目标是指在一个特定时期内，对于某个特定的目标受众所要完成的特定的传播任务和所要达到的沟通程度。例如，在 3 000 万拥有自动洗衣机的消费者中，认识到品牌 X 为低泡沫洗涤剂并相信这种洗涤剂有较强去污力的人数，在一年中从 10％上升到 40％。这是一个明确的广告目标，也是一个能够测量实际结果的目标，它详细列出了所要测量的群体（广告受众），并为达到此目标设定了一个时限。

2. 确定广告主题

广告主题就是广告的中心思想。广告主题应根据广告目标、媒体的信息可容量来加以确定。一般来说，广告主题应包括以下三个方面：

（1）产品信息。包括产品名称、技术指标、销售地点、销售价格、销售方式及国家规定必须说明的情况等。

（2）企业信息。包括企业名称、发展历史、企业声誉、生产经营能力及联系方式等。

（3）服务信息。包括产品保证、技术咨询、结款方式、零配件供应、保修网点分布及其他服务信息。

广告主应基于对各种信息的通盘考虑，通过一定的方法，根据广告对象的要求，提炼广告主题，构思出广告创意。

【品牌故事】

精彩的广告创意

雀巢咖啡：味道好极了

这是人们非常熟悉的一句广告语，也是人们很喜欢的广告语，简单而又意味深远，朗朗上口。因为是发自内心的感受，所以可以脱口而出，而这也正是其经典之所在。雀巢曾以重金在全球征集新广告语，但发现没有一句比这句话更经典，所以就永久地保留了它。

m&m 巧克力：只溶在口，不溶在手

这是著名广告大师伯恩巴克的灵感之作，堪称经典。它既反映了 m&m 巧克力糖衣包装的独特 USP，又暗示 m&m 巧克力口味好，以至于我们不愿意使巧克力在手上停留片刻。

百事可乐：新一代的选择

在与可口可乐的竞争中，百事可乐终于找到突破口，其从年轻人身上发现市场，把自己定位为新生代的可乐，邀请新生代喜欢的超级歌星作为自己的品牌代言人，终于赢得青年人的青睐。一句广告语明确地传达了品牌的定位，创造了一个市场，这句广告语居功至伟。

大众甲壳虫汽车：想想还是小的好

20 世纪 60 年代的美国汽车市场是大型车的天下，大众的甲壳虫刚进入美国时根本就没有市场，伯恩巴克再次拯救了大众的甲壳虫，提出"think small"的主张，运用广告的力量，改变了美国人的观念，使美国人认识到小型车的优点。从此，大众的小型汽车就稳执美国汽车市场之牛耳，直到日本汽车进入美国市场。

人头马 XO：人头马一开，好事自然来

尊贵的人头马非一般人能享受得起，因此喝人头马 XO 一定会有一些不同的感觉。人头马给你一个希望，只要喝人头马就会有好事到来。有了这样吉利的"占卜"，谁不愿意喝人头马呢？

德芙巧克力：牛奶香浓，丝般感受

之所以称得上经典，在于那个"丝般感受"的心理体验。能够把巧克力细腻滑润的感觉用丝绸来形容，意境够高远，想象够丰富，充分利用联想感受，把语言的力量发挥到极致。

可口可乐：永远的可口可乐，独一无二好味道

在碳酸饮料市场上，可口可乐总是一副舍我其谁的姿态，似乎可乐就是可口。虽然可口可乐的广告语每几年就要换一次，而且也流传下来不少可以算得上经典的主题广告语，但还是这句用的时间最长，最能代表可口可乐的精神内涵。

3. 广告媒体计划之选择广告媒体类型

广告媒体计划是指对各种广告媒体的类型与特征进行有计划、有步骤的选择和组合。广告媒体的选择与广告效果密切相关。广告活动中 70%～80%的广告费用被用于媒体支出。所以，广告媒体计划是广告企划的核心课题。广告媒体计划的目的在于用尽可能低的支出取得尽可能大的广告效果。

【创意无限】

英国学生把脸当"广告栏"出租，日赚 400 英镑

英国牛津大学毕业生罗斯·哈珀和埃德·莫伊斯把脸作为"广告栏"出租，从最初一天收费 1 英镑到现在一天数百英镑，已经筹得 2.5 万多英镑，成功还清学费贷款。

哈珀和莫伊斯现年 22 岁，从上大学第一天开始认识，两人的共同目标是毕业后还清学费贷款。2011 年 10 月 1 日，他们的生意正式开张。任何企业、个人或机构都可以通过他们的网站"买我的脸"（buymyface. co. uk）购买广告空间，收费以天计算。

广告受众是他们日常生活中身边的每一个人。

最初的客户是朋友和家人，一天收费 1 英镑（约合 1.58 美元）。随着客户增多，费用

涨至一天400英镑（约合632美元）。他们不时在脸部画上各种广告标语和图案，按客户要求去跳伞、滑雪、看表演。当然，这些都是客户"埋单"。

目前，哈珀和莫伊斯最大的客户是爱尔兰网络博彩企业帕迪鲍尔和美国安永会计师事务所，后者已经成为"买我的脸"网站的正式赞助商。

安永会计师事务所负责招聘工作的简·鲁滨逊说，她的同事对哈珀和莫伊斯的乐观进取、踏实肯干印象深刻，通过他们宣传招聘广告非常成功。

哈珀和莫伊斯准备在今后两个月内将业务拓展至国际市场。"买我的脸"引起不少人关注，包括德国人和美国人在内的数十名背负债务的学生联系哈珀和莫伊斯，希望效仿他们"卖脸"。

资料来源：黄敏. 英国学生把脸当"广告栏"出租，日赚400英镑. 羊城晚报，2012-03-09，有删改.

具体而言，选择广告媒体类型要进行以下工作：

一是选定本企划的广告媒体，并附上各类媒体的说明书、选择的理由及具体的媒体目标。

二是对媒体的选择一般要考虑媒体的特性、产品定位、广告受众情况、市场竞争状况和广告费用预算等因素。媒体的特性，是决定一种商品选择什么样的媒体才能获得最好广告效果的因素。不同广告媒体的特性显然是有差异的，企业可以使用的广告媒体主要有大众媒体（报纸、杂志、广播与电视）及直接媒体（电话、电子邮件等）。选择具体媒体时，企业必须考虑目标受众的媒体习惯、广告产品的特征、信息的类型和成本。同时，还要考虑媒体的传播效果与效率、覆盖范围、媒体特点、能力等因素。主流广告媒体的基本特点如表11-2所示。广告主应把握各种媒体的长处与短处，适当地将广告费分配给各类媒体。在广告媒体分配过程中，由于很难在一开始就选定最合适的媒体分配方案，因此有必要制定多个与竞争对手广告活动及活动规模相对应的替代方案。

表11-2 主流广告媒体的基本特点

媒体	优点	缺点
报纸	灵活，及时，弹性大；本地市场覆盖率高，容易被受众接受，有较高的可信度	保存性差；复制质量低；相互传阅者不多
杂志	可信并有一定的权威性；复制率高，保存期较长，可以有较多的传阅者	时效性较差；广告购买的前置时间较长
广播	普及性大众化宣传；可以有较强的地理和人口选择；成本低	表现较单调；展露时间太短
电视	同时给受众视觉、听觉和动作刺激，有很强的感染力，可以引起高度注意；触及面广，送达率高	成本高；受众选择性小；干扰多；转瞬即逝
直接邮寄	可以选择接受者；灵活，方便；可以避开同一媒体的广告竞争；有人情味	相对成本较高；由于滥寄容易造成受众反感
户外媒体	灵活；可以有较长的展露时间，重复性高；费用低，竞争少	受众没有选择；创新余地较小
互联网与自媒体	有很高的选择性；交互性强；可以使用多种元素表现；相对成本较低	受众相对有限

媒体选择一般奉行以下原则：

第一，选择能够到达潜在消费层的媒体；

第二，选择交流效果大的媒体；

第三，选择使用低成本能达到预期目标的媒体。

4. 广告表现计划

媒体类型确定之后，可以制订不同类型媒体的广告表现计划。

广告表现计划就是根据不同的广告主题与创意，确定广告应传递何种信息及以什么手法把这些信息传递出去。从某种程度上说，广告表现计划就是广告的创作过程。

为了使广告所传递的信息更容易被理解，更能使人接受，在广告表现中可以运用文学、绘画、电影、音乐等。为了更有效地运用上述手段与因素，必须有富有成效的广告创意。因此，广告表现被称为"创意的世界"。广告创意可以包括：

（1）电视/视频广告的创意（分镜头、脚本、音乐设计）；

（2）报刊广告的创意（平面设计及制作）；

（3）户外广告的创意（户外广告的设计与制作）；

（4）宣传品、赠品的广告创意（设计与制作）；

（5）公关活动展览会的广告宣传创意（活动的宣传设计与制作）。

由此可见，要使广告表现计划得以全面完成，必须有制作总监、文案、图案与音像效果设计者及企划者等四类人员。因此，这部分企划往往需要广告公司来完成。

【资料链接】

尼尔森关于中国消费者广告媒体信任度调查

全球首屈一指的市场资讯与洞察公司尼尔森的一项最新调查报告显示，86％的中国受访者表示，在各种产品沟通形式中，他们最信任亲友的口碑传播。

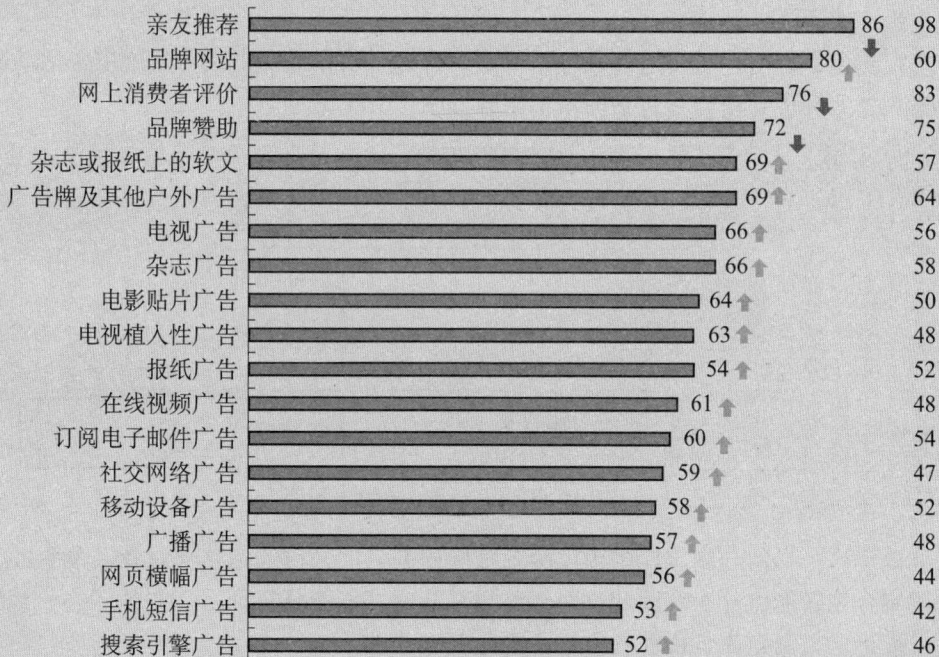

媒体	完全/有点相信	vs.2011
亲友推荐	86	98
品牌网站	80	60
网上消费者评价	76	83
品牌赞助	72	75
杂志或报纸上的软文	69	57
广告牌及其他户外广告	69	64
电视广告	66	56
杂志广告	66	58
电影贴片广告	64	50
电视植入性广告	63	48
报纸广告	54	52
在线视频广告	61	48
订阅电子邮件广告	60	54
社交网络广告	59	47
移动设备广告	58	52
广播广告	57	48
网页横幅广告	56	44
手机短信广告	53	42
搜索引擎广告	52	46

基数：所有受访者数量 *n*=504　　□ 完全/有点相信

在 2013 年的调查中，80％的中国受访者认为自有广告渠道，即品牌网站上的内容与信息是可信的，这一数据较 2011 年上升了 20 个百分点，其信任度排名则从过去的第六位上升至第二位。虽然"网上消费者评价"的信任度仍排在前三（76%），但较2011年下滑了7个百分点。品牌赞助是第四值得信任的广告形式，较2011年下降了3个百分点。

尼尔森的调查报告显示，电视、报纸、杂志广告在中国消费者中的可信度依旧在付费广告中排名靠前。值得一提的是，在2013年，电视广告的信任度从2011年的56%上升至66%。63%的中国受访者相信电视节目中的植入性广告，这一数据较2011年大幅上升了15个百分点。而对于印刷媒体，66%的受访者信任杂志广告，较2011年上升了8个百分点。报纸广告在近两年内仅上升了2个百分点（54%），但是，杂志或报纸上的软文等形式的品牌沟通却赢得越来越多的消费者的信任，从2011年的57%增至69%，这一百分比与其他户外广告持平。

资料来源：http://cn.nielsen.com/site/news-earned-advertising-most-credible-cn.shtml，2013-10-09.

5. 广告媒体计划之广告媒体排期与媒体的地理位置分配

确定媒体类型之后，企业必须根据自己的需要以及实际的媒体资源情况，选择不同类型媒体的具体媒体。随后，要就广告在具体媒体上出现的时机、次数与频率进行安排，即进行合理的广告排期。企业可以选择集中式排期、连续式排期及间断式排期。其中，集中式排期要求广告集中一段时间密集出现；连续式排期是广告在一定时期均匀地出现；间断式排期则让广告在连续出现一段时间后有一段时间的间歇，然后重复进行。

媒体的地理位置分配，主要要考虑广告媒体的覆盖范围。企业可以根据需要选择全国性媒体、地方性媒体或者两者的结合。

6. 广告预算

广告预算即对广告费进行预算。所谓广告费，可以简单概括为实施广告活动需要的所有费用。实际中，广告费包括的基本内容如图11-1所示。

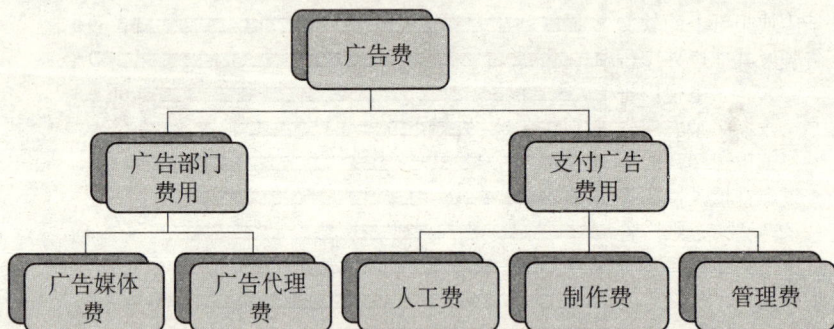

图11-1 广告费的基本内容

确定广告目的与制定广告预算两者直接相关，广告目的确立企划者想做什么，而预算则限制企划者能做什么。因此，两者要同时处理，不能分开。

理论上，制定广告预算的方法主要有以下几种：

（1）销售百分比法。这是一种以实际销售额或预测销售额为基础，将其中的一定比率设定为广告费的方法。通常，可以将前期销售额乘以一定的比率得到广告费。所使用的比率，常以过去经验或产业性标准来确定。

例如，企业去年的销售额为 80 万元，且同行业一般广告费比率为 2%，则明年企业的广告预算就为 1.6 万元（80 万元×2% ＝ 1.6 万元）。

用销售百分比法确定广告预算，计算简便、快速，安全性较高，所以企业普遍使用。但销售百分比法有其先天的缺点，即当销售好时，广告预算增加；销售不好时，广告预算减少。广告变成销售的结果，这与"广告应产生销售"的基本原理不但不符而且正好相反。实际中，该方法适用于竞争环境比较均衡、需求动向安定，较容易做出市场预测的情况。

（2）销售单位法。此法是先由广告主根据自己的广告支付能力确定每单位销售量（额）的广告费，然后将结果乘以预测销售量（额），确定总的广告费用。

例如，汽车生产商认为每辆汽车广告费 200 元就够了，并预测将销售 5 万辆汽车。则广告预算是 1 000 万元（200 元×5 万辆＝1 000 万元）。

销售单位法的优点是较容易在每个产品上公平地分配广告费，其缺点与销售百分比法类似。一般地，在产品种类少、销售数量多或销售数量明确的情况下可以采用这种方法。

（3）利润百分比法。该方法是将利润额的一定比例设定为广告费的预算总额。使用该方法时，应先确保目标利润，然后计算广告费支出。

采用利润百分比法进行广告预算因能确保利润而较为安全，但缺乏融通性，不适用于大规模广告战略的实施。另外，这种方法也具有与前两种方法相同的本质上的缺陷。

（4）竞争者对等法。即根据同行业其他竞争者（一般是主要或最大竞争者）的广告费支出额或行业平均销售量比率来计算或预测广告费总额。

竞争者对等法认为，在市场中，如果其他销售条件与竞争企业相同的话，则市场占有率随着企业广告费占有率（本企业广告费占本企业与竞争企业的广告费合计的比例）的变化而变化。即较竞争企业实施相对更多的广告量则广告效果明显；相反，广告实施量小则广告效果不明显。

竞争者对等法的优点是易于计算，并与竞争对手旗鼓相当。主要缺点是完全依赖其他企业的广告费而无视本企业的体制、结构的特点及承担能力，很可能制定出并不真正适合自己的广告预算。另外，这种方法还必须要求供参考的竞争者的广告预算没有错误。

（5）任务法（目标课题法）。此法是科利（Russell H. Colley）提出的。从理论上看，该方法在所有编制广告预算的方法中是最合乎逻辑的。

任务法可按照以下步骤进行：

第一，确定广告的目标课题。要注意，在广告目标中通常不把销售额设定为目标内容，而是将目标设定为消费者对商品的认知、印象等可以测定的内容。

第二，为达到广告的目标课题，应该怎样企划广告活动，即制订广告活动的种类、数量与内容等具体手段的计划。

第三，将实现上述计划所需要的经费进行个别计算并累加。

任务法所面临的主要困难为，虽然广告目标可预先制定，但有时却难以确定达成这些目标到底需要多少钱。例如，为实现使企业知名度提高 20% 的目标，究竟需要多少媒体到达率及暴露频次？要回答这个问题并不容易。

7. 广告效果的评估

在本部分，应明确提出对本广告活动的评估方法，以及广告活动需要进行哪些测定准备工作，还应对所推荐之方法及费用进行简短的说明。

（1）评估广告效果的原因。

简要地说，评估广告活动的主要理由为：

1）确定为广告活动所制定的全部目的是否达到；

2）将广告活动的投资报酬数量化并证明其合理性，从而了解通过广告形成的结果，企业的管理者也就能将此广告所花投资与其他的可能投资方向进行比较，并确定广告活动的成本效果；

3）使用测定的结论，为未来的广告活动提出改变、增加或修正意见。就广告活动而论，从来没有完全成功的例子，广告活动常常需要加以改善。评估以前的广告活动，对改进并精炼未来广告活动的各要素及构成有极大的帮助。

（2）广告效果的测定方法。

在广告活动的不同阶段，其效果测定对象一般会有差异，如表11-3所示。广告效果测定必须按照广告活动的实施过程进行设计、安排。

表 11 - 3 　　　　　　　　　　　　　　　广告效果测定对象

广告过程的不同阶段	广告效果测定对象
广告制作	广告物
媒体选定	媒体
广告的刊出	时间，地域；消费者的反应（注意率、视听率、记忆率）；消费者的行为（品牌选定、购买）

1）广告制作阶段的效果测定。

在广告制作阶段，为了测定广告效果，需要进行三项具体的调查：

第一，商品效用的调查。在广告制作阶段，中心课题是强调商品的特征，并做到与众不同。因此，商品效用调查的内容应涉及给消费者带来更有效用途的商品特征，以及与同类竞争商品相比较的有效用途等方面。应以上述调查中的商品测试、购买动机和消费者意见等结果为依据制定广告效果评价的方案。

第二，表现主题的调查。其内容是检测表现主题是否能引起消费者兴趣、是否能赢得消费者的关注，以及是否与商品和商品效用相适用。调查方法主要有：委托几位专家依据表现主题应具备的主要条件检测清单，评估各种表现主题；从一般的消费者处征求意见。如在广告中给数张插图配上文字，以故事形式进行说明，或配以音乐和广告词，制作成录像后进行实验室测试等。

第三，广告内容的调查。当广告制作接近完成阶段时，选择最优的方案，进行出稿前的最后检查。在这一阶段，通常采用实验室测试的方法。测试时，至少应召集30名典型的广告诉求对象，并尽量创造平日接触广告时的一切条件，运用问题答卷的形式，书面记录诉求对象的心理活动和由心理变化产生的对广告的意见、对商品的意见等。

2）媒体选定阶段的效果测定。

该阶段的效果测定主要是判定受众是否看过广告及看过广告后的广告认知效果。广告效果测定方法如表11-4所示。表11-4中的潜在接受项目是在媒体选定过程中用来测定效果的尺度。

表 11-4 广告效果测定方法

广告目标	心理过程		效果测定	效果测定方法
传达诉求	接触	潜在接受	潜在接受者人数	● 覆盖率调查法（发行量调查、电视广播的签约台数调查、行人调查、乘客调查等） ● 消费者实体调查法
		感知	注目率、收视率、收听率、认知率、辨别率、醒目程度	● 见面听取调查法〔访问法（探访领导层）、电话访问法（视听率测定）〕 ● 问卷法 ● 杂志反馈问卷回收法 ● 客观视听率测定法（音频计法、视频计法、调节器法） ● 感知心理学实验法（测距仪法、立体发声法、眼部相机法）
	认识	认知	精读率、收视收听率、认知者人数	● 日记法 ● 记忆再生法 ● 记忆再确认法
		理解记忆	理解度、记忆度（知名率）	● 面谈法 ● 问卷法 ● 记忆再生法 ● 记忆实验法（记忆滚筒法，再生、再认识、再学习法）
	兴趣产生	感情	生理反应指数、反应集中度、反应累积数、评定得点数、反应者人数、判断顺序、受广告影响的顾客人数	● 生理反应法（GSR 法、波利图表法） ● 心理学实验法（眼部相机法） ● 认定法（程序分析法、梯段评定法） ● 问卷法 ● 集体面谈法（自由集体讨论法、逆向讨论法、监督者判断法） ● 小型售卖店调查法 ● 售卖店大堂调查法
	联想	形成印象	以评定得点方式测试、侧面联想、联想频度和联想内容	● SD 法 ● 联想法
态度形成	态度	构成动机	态度尺度得点数、解释/了解/反应数、品牌变更数	● 态度尺度法 ● 购买动机调查法（深入面谈法、PFT 法、SCT 法、TAT 法） ● CPT 法 ● 集体面谈法
促成购买行为	购买行为	购买决定	购买者人数、品牌变更者人数、受广告影响后决定购买者比率、销售量、利润率	● 市场调查法（首次购买人数调查、品牌变更者人数调查、商品普及率调查、品牌市场占有率调查） ● 小型售卖店调查法 ● 深入面谈法 ● 市场实验法 ● 销售量调查法 ● 利润率调查法

3）广告刊出阶段的效果测定。

该阶段的效果测定方法参见表 11-4 广告刊出后的消费者反应、消费者行为等不同内容所对应的心理过程的感知、认知、理解记忆、感情、形成印象、构成动机、购买决定等部分。

以下对表 11 - 4 中的主要效果测定方法进行简要说明。

● 认知过程中的记忆再生法与记忆再确认法的不同在于，前者任由实验对象独自回忆广告的表现内容；而后者则给予实验对象一些提示，确认广告是否被记忆后，使其回忆表现内容。

● 兴趣产生过程中的主要方法包括：

GSR 法（galvanic skin response method），亦称皮肤电感应法，即根据实验对象皮肤汗腺细胞的电感应状态来调查广告音响效果的表现力。

程序分析法，即召集 20～50 人为实验对象，分发给 3～5 个与电脑连接的按钮开关，使实验对象针对广告表现内容按指示钮来表示自己对该内容感兴趣的事实，并利用电脑进行集中分析。

监督者判断法，即以消费者代表为实验对象，监督者对其提示广告表现内容，听取监督者的意见或判断。

● 在联想过程中的方法主要有：

SD 法，准备 30 个成对的形容词，将这些形容词成对按 5～7 种不同程度组成尺度直线，由试验对象根据自己对广告表现的印象在尺度上做记号，最后收集数据，形成平均印象。

联想法，即让实验对象描述接触广告表现后产生的联想内容，测定实验对象对广告的印象形成。

● 态度测定过程中采用的方法有：

PFT 法（picture frustration test），亦称图片缺损实验，即使用 24 张对话形式的简图，图中描述了心理纠葛的场面，由实验对象想象其中被对方发言抑制的一方的反应，并将其反应的话语填入空白对话框中。

SCT 法（sentence completion test），亦称完成语句测试，即向实验对象展示未完成的语句，要求其完成该语句。

TAT 法（thematic apperception test），亦称主题推断测试，即向实验对象提供 3 张图片，由实验对象根据图片设计一系列主题故事，以此来探求实验对象的欲望和态度。

深入面谈法，其做法是：谈话发起人顺应实验对象的状况，在改变提问方式和内容来启发对象的自由思维的同时，获得调查资料；或者对实验对象施以特定的具体的音响效果刺激，然后测定对象的反应和态度。

● 在购买行为阶段采用的方法包括：

小型售卖店调查法，即以小型售卖店为对象，调查其在某一特定时期的广告商品销售量。

销售量调查法，即比较广告实施前后销售量的不同。

四、制定广告企划的注意事项

制定广告企划应遵循以下原则：

（1）简短。广告企划并非是一项对企划者文学水平的测验，其目的是以清晰及实用的风格来表达企划者的观念与想法。所以，要避免一切多余的文学修饰，尽量使企划精简、易懂、易读。

（2）避免重复。

（3）尽量少用代名词。企划的读者并不在意是谁的观念或谁提的建议，他们所要的只是有用的事实。因此，要省略那些"我……"或"我们……"等供引证用的废话。

（4）要归纳，不要推论。开始就写出最重要的各要点，然后有效地支持它们。

（5）开始要有一个摘要。最好每一部分的开始写一简短的摘要。

（6）说明资料或信息的来源，以增加企划的可信度。

（7）以 50～60 页为宜。处理页数过多的方法是把图表及支持证明材料放在附录中。

第 3 节　广告企划实例

◇◇◇◇◇◇◇◇◇◇◇◇◇◇◇◇◇◇◇◇◇◇◇◇◇◇◇◇◇◇◇◇◇◇◇◇◇◇◇

三星 S501S 广告企划

企划作者：宋宇

企划时间：2013 年 1 月 *

＊本企划是北京科技大学高职市场营销专业学生习作，系作者根据公开资料及自己的实际调查资料编写，与任何企业无关。

目录

前言

前言

（略）

1. 影响三星 S501S 广告制定的因素分析

（1）三星 S501S 产品自身情况。

三星 S501S 的最大特点是可以使用手机背面扫描芯片扫描公交卡，智能录入公交卡信息，手机可代替公交卡使用。由于广告对象最大的特点就是可以当公交卡使用，所以广告要以突出这一特点为主。

（其他略）

（2）企业以往类似产品广告。

（略）

（3）购买者分析。

三星 S501S 的目标人群主要为 20～35 岁的中低收入的男性公司职员，由于收入较低，所以定价不能太高。手机作为公交卡使用，正好适合收入中低的公司职员。

调查发现，年龄在 20～35 岁的男性人群容易接受新鲜事物且对新鲜事物有尝试的欲望。同时，公司职员日常乘坐公交车上下班，此款手机特殊的公交卡功能会吸引他们的高度注意。

调查表明，消费者了解手机信息的途径大部分是来自网络，占 36%；其次是朋友介绍，占 22%；接下来是电视，占 13%（详见图 1）。

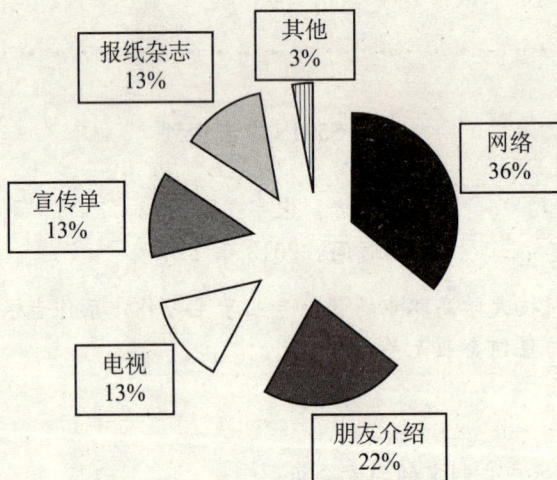

图 1　消费者了解手机产品信息的途径

消费者对不同媒体广告的态度是不同的，青年消费者对电视广告和网络广告的态度最为积极，他们了解外界的主要渠道就是通过电视和网络。企业应加大在网络与电视上的宣传力度，从而使消费者更好地了解到手机讯息，购买自己喜爱的手机。

（其他略）

（4）竞争产品广告。

各种竞争产品的广告策略均有自己的特点，主要竞争产品的广告特点分析如下：

（略）

（5）其他影响因素。

（略）

2. 三星 S501S 的广告受众

年龄在 20～35 岁的男性，中低等收入水平的公司职员。

（受众具体特征略）

3. 三星 S501S 的广告目标

在×××名拥有智能手机的消费者中，知道三星 S501S 手机，并了解三星 S501S 具有公交卡功能的人数，在一年内从 0 上升到 30%。

4. 三星 S501S 的广告主题

公交卡？No! It's Phone!

5. 三星 S501S 的媒体类型选择与广告表现

（1）选择网络广告与电视广告。

（2）具体广告表现。

网络平面广告：见图 2。

电视及网络视频广告：

镜头一：一个身穿正装的男人站在公交车站等车。

镜头二：一辆公交车进站，男人刚要上车，一摸口袋，没有公交卡。

镜头三：在老板办公室，镜头打到墙上的钟，接着转到老板和男人身上，男人低着头，老板表情很生气，出现字幕"你就不能有一天不迟到？"

图 2　三星 S501S 网络平面广告

镜头四：还是这个男人，站在同样的车站等车。

镜头五：一辆公交车进站，男人刚要上车时又发现没带公交卡，他正准备要往家的方向跑，又好像想到了什么，转了回来。

镜头六：男人拿出自己的三星 S501S 手机，微笑着在公交车刷卡的位置刷了一下。

（视频全程伴随着快节奏的音乐）

（3）具体的媒体选择。

北京体育频道。原因：广告受众是年龄在 20～35 岁的男性，中低等收入水平的公司职员，这一部分人不太看电视剧和娱乐节目，看体育节目的居多。

搜狐，新浪。原因：这部分广告受众比较关心时事，所以会经常搜索新闻以及去一些门户网站。

（其他略）

6. 三星 S501S 的广告排期与区域投放

三星 S501S 广告排期

电视台	节目	时长	次数
北京体育频道	18:40 体坛资讯前后	30 秒/次	2 次/天

（其他略）

7. 三星 S501S 的广告预算

（略）

8. 三星 S501S 的广告效果预计

通过这次广告投入，使了解三星 S501S 的消费者达到 30％，预计年销售量可以突破 ××××万元。

（具体略）

9. 三星 S501S 的推广策略

（1）影响三星 S501S 推广策略制定的因素分析。

（具体略）

（2）三星 S501S 的推广对象。

与广告受众一致。

（3）三星 S501S 的推广目标。

在春节 7 天活动期内销量达到 3 000 部手机，更好地实现一年卖出 ×× 万部手机的目标。

（4）三星 S501S 的推广主题。

公交卡？No! It's Phone!

（5）三星 S501S 的具体推广策略。

在春节初一到初七 7 天内，在北京各销售点 8 折促销手机。

推广名称：新春 7 天，共享 8 折优惠。

推广地点：北京苏宁、国美、迪信通、三星专卖各销售点。

推广人群：年龄在 20～35 岁的男性公司职员。

（其他略）

（6）三星 S501S 的推广费用。

（略）

（7）三星 S501S 的推广效果预计。

（略）

10. 三星 S501S 的广告与推广策略协调

（1）内容协调。

（略）

（2）预算协调。

（略）

（3）时间协调。

（略）

（4）人员协调。

（略）

【案例评析】

广告目标的制定

案例 1 A 品牌 x 款笔记本电脑的广告目标

通过对 A 品牌 x 款笔记本电脑的策划与宣传，让更多的青年人和大学生对 A 品牌的质量和性能有更深的了解，提升 A 品牌笔记本电脑在青年人中的知晓率。青年人是未来的市场，只有他们认可企业，企业将来才会有市场，从而可以赢得新的消费群体，增加销售额，扩大企业的市场份额，提高产品及品牌知名度，扩大企业价值。

案例 2 B 品牌 y 款笔记本电脑的广告目标

从以往的调查中了解到，有 23.43% 的人知道 B 品牌，所以我们的广告目标也是定为最低 10% 的人了解这款产品。2015 年 B 品牌产品占全国的 32.2%，可以说，有这么多人偏好购买 B 品牌笔记本电脑。所以广告目标是这 32.2% 的人都要通知到，其余新老顾客也要通知。

评析： 以上 2 个案例均没有清晰地界定广告受众，虽然都有关于广告要达成的具体效果的表述，但都不合理、不准确。案例 1 缺少对广告要达成的具体效果的定量界定；案例 2 虽然有定量，但逻辑关系混乱。此外，2 个案例都没有就达成广告效果的时间期限进行约定。

【核心内容】

广告企划是企业成功开展广告活动的重要保证。

企业广告企划主要由影响广告的环境因素分析、确定广告目标、确定广告受众、广告主题、广告媒体选择、广告表现计划、其他广告媒体计划、广告预算、广告效果的评估等内容组成。

【深度思考】

1. 简述企业广告企划的意义。
2. 自由选择企划对象，确定受众，尝试写作企业广告企划。

【互联网十】

在线广告

互联网及其他线上媒体的发展，使广告表现与投放拥有更多的可选性，从而产生更好的广告效果。

登录京东商城网站（www.JD.com），仔细观察其首页首屏商品或活动广告。之后，进行分析，并提出自己的改进建议。

【延伸阅读】

《广告与营销策划（第 11 版）》，威廉·阿伦斯、迈克尔·维戈尔德、克里斯蒂安·阿伦斯著，丁俊杰、程坪、陈志娟译，2013 年由人民邮电出版社出版。

作者简介： 威廉·阿伦斯，美国广告界备受尊敬的知名人士，是一位活跃的创业企业家，将其毕生奉献给了广告教育事业。由他撰写的《当代广告学》自 1989 年首版以来，十几次再版，畅销全球，已成为"界定广告学教科书标准"的经典著作。2006 年他身患罕见的神经性疾病，在顽强地与病魔做斗争中全面修订完《当代广告学》第 11 版后离世。

迈克尔·维戈尔德，佛罗里达大学广告学教授。

克里斯蒂安·阿伦斯，广告界资深人士。

　　内容提要：《广告与营销策划》根据《当代广告学》中"营销策划"部分相关内容改编而成，共分5章，主要论述了营销与消费者行为、市场细分与营销组合、如何为广告策划收集信息、整合营销传播以及媒介战略策划等内容。《广告与营销策划（第11版）》清晰揭示了广告与营销策划的实际操作，篇幅适中，案例丰富，适合高等院校新闻、传媒和工商管理类专业的学生使用，同时对广告从业人员来说也是一本不可多得的参考书。

　　成功的广告企划必须服务于企业整个营销决策，了解、把握好广告企划与营销企划的关系非常重要，为此特推荐阅读本著作。

第 12 章
营销调研企划

不打无准备之战。

——毛泽东

【学习目标】

1. 了解营销调研的类型及过程；
2. 明确营销调研企划的基本结构及内容；
3. 掌握确定营销调研企划目标的具体方法；
4. 熟悉并掌握营销调研的方法。

企业的所有营销活动都受不同环境因素的影响。只有把握住环境因素及其变化，才能进行有效的营销决策。因此，需要制定合理的营销调研企划，以确保可以通过营销调研洞悉环境因素及其变化，为营销决策提供依据。

第 1 节　营销调研企划概述

在营销过程的每一阶段，营销人员都需要信息——需要关于顾客、竞争者、中间商及其他环境方面的信息，而营销调研是取得这些信息的一个最重要的途径。进入信息时代，由于市场环境变幻莫测，企业对信息的需要在数量和质量上都空前增加，营销调研的意义也日渐重要。

一、营销调研概述

1. 营销调研的概念、作用、内容及类型

（1）营销调研的概念。

营销调研是企业通过系统地收集、分析和提供市场营销数据资料，从而得出企业所面临的特定的有关营销状况的调查研究结果的过程。通常，企业通过营销调研可以掌握有关消费者、客户、公众、竞争者及其他环境因素的各种有用信息。

没有调查研究就没有发言权，在企业的营销管理过程中，每一步都离不开营销调研。

（2）营销调研的作用。

营销调研对于企业的市场营销作用重大：第一，营销调研能够为科学、合理的营销决策提供依据。第二，营销调研能够增强企业应付市场波动的能力，企业可以根据市场需求，有针对性地组织生产和经营，从而增强企业自身的实力。第三，营销调研能促进企业改善经营管理，获取竞争优势。企业可以通过营销调研，做到知己知彼，这样不仅可以及时了解本企业在竞争中所处的形势，还能够对比自己与竞争对手在经营管理方面的差距，从而有助于企业改善经营管理，获取更多的竞争优势。第四，营销调研有助于企业提高市场预测和营销决策的有效性、准确性。重要的营销决策以市场预测为前提，市场预测的前提又是必须有一个完整的营销信息系统。这一系统的信息源主要是企业的营销调研活动。因此，营销调研在企业的整个市场预测和经营决策过程中，无疑起到了基础性的作用。另外，市场范围的扩大、消费者收入的增加和需求选择性的加强、市场营销环境的变化愈来愈快等因素也使营销调研的意义日益明显。

（3）营销调研的内容。

通常，营销调研的内容非常广泛，它要能满足营销决策者了解市场信息的要求。企业常常有这样的疑问：我们所面临的市场有多大？怎样把销售额提上去？我们应该向谁推销产品？等等。要找到这些问题的答案，企业就必须进行营销调研。

营销调研的内容主要是以下六个方面：业务、经济形势与企业研究、定价、产品、分销、促销与购买行为。在对数百家企业的营销调研进行统计分析后发现，企业经常进行的营销调研专题大约有 30 种，其中 80% 以上的企业都做过的调研专题有 10 种，它们分别是：

1）市场容量估计。市场容量是指由购买者支付能力决定的对某产品的需求总和。一

般要与收入、目标顾客数量及消费意向等影响因素一起分析。

2）市场特征识别。即有关市场结构、特征、用户情况、消费状况及经济发展等方面的调查分析。

3）市场份额分析。即衡量一个企业某产品的市场生命力和获利能力，以及企业产品在市场中的地位。

4）销售分析。分析市场销售现状、产品覆盖率、销售增长率、总需求是否饱和、销售增长前景与趋势、主要问题及潜在危机等。

5）企业发展方向研究。

6）竞争产品研究。

7）短期市场预测（一年以内）。

8）新产品进入市场的接受状况与潜在规模分析。

9）长期市场预测（一年以上）。

10）价格研究。

（4）营销调研的类型。

营销调研有探索型调研、描述型调研、因果型调研三种类型。其中，探索型调研是为确认问题的性质而进行的调研。探索型调研通常在问题不十分清楚就进入详细的调查问询，且常常不一定能击中要害时使用。它回答诸如"什么是……"的问题，如什么是最近一段时间销售不畅的原因，人们是否对新产品感兴趣，等等。探索型调研一般较简单，花费不多，不必制定严格的调研方案。描述型调研是揭示描述问题的特征与性质的一种调研，它通常回答"是什么"的问题，如什么类型的消费者购买企业的产品，什么人购买竞争对手的产品，购买者喜欢产品的什么特点，等等。因果型调研是关于现象与影响因素之间呈何种对应关系的调研，它探寻前因后果，主要回答"为什么"，如降价10％能否增加销售5％，两个电视广告哪一个更有效，等等。

2. 营销调研的过程

营销调研的过程一般包括五个步骤，如图 12-1 所示。

确定问题及研究目标　→　制订调研计划　→　收集信息　→　分析信息　→　撰写调研分析报告

图 12-1　营销调研的过程

（1）确定问题及研究目标。

问题就是营销调研所要研究分析的对象。任何一个营销调研的起因都是问题。调研者要根据企业的营销需要，合理确定营销调研要解决的问题。例如，企业销售额为什么最近下降了，可以就此进行探索型调研；企业某产品降价10％能否增加销量、扩大市场份额，可以就此进行因果型调研。

调研问题一旦确定，就可以列出特定的研究目标。例如，某产品降价10％能增加该产品的销量与利润吗？增加或减少的幅度是多少？哪些消费者对降价比较敏感？这一措施能增加对企业其他产品的购买吗？这一措施能增加消费者对企业的忠诚度，扩大品牌影响和企业知名度吗？这一措施能否扩大企业的市场份额？与改进产品质量、提高售后服务水平与增加新的服务内容、增加产品功能、增加广告促销投入等措施相比，降价这一措施对企业整体利益影响的相对重要性如何？

（2）制定调研企划。

在确认营销调研目标后，就需要制定一个营销调研的行动方案——营销调研企划，来有效地开展收集所需信息的活动。在批准调研企划之前，企业需要估计该调研企划的成本，如果调研企划的成本大于因调研所带来的预计收益，那么应拒绝执行该调研企划。在制定营销调研企划时，必须认真、仔细地考虑诸如资料来源、调研方法、调研工具及抽样计划等问题。

1）资料来源。在进行营销调研时，所获取的资料有两种来源：一是第二手资料，指别人收集的、已存在的、为了其他项目或目的而收集的资料。第二手资料通过案头调研获得。二是第一手资料及原始资料，指别人没有收集过，为了当前目的而特意收集的资料。第一手资料通过实际调研获得。

2）调研方法。案头调研与实际调研均有比较成熟的调研方法可供使用。

3）调研工具。在收集原始资料时，有问卷与仪器两种可供选择的工具。

4）抽样计划。在实际调研中，一旦确定了调研对象、决定了调研方法和工具，就要决定抽样计划。抽样计划包括两方面的内容：样本容量和抽样程序。抽样计划规定实际调研中直接调研对象的规模与顺序。

（3）收集信息。

在确定了调研企划之后，营销调研需要按照企划进行资料、数据收集工作。营销调研人员在开展实际调研的过程中，必须达到调研的可靠性和有效性两种要求。可靠性与测定的随机误差有关，随机误差越小，可靠性越大；而有效性则与实际测定程度有关，它关系到系统误差和随机误差两个方面。

（4）分析信息。

对于第二手资料与第一手资料都要进行数据的标号、记录、分类、制表及建立数据库等统计工作。这是一个去伪存真、去粗存精、由表及里的处理过程。首先，要对收集来的资料进行审查核实。审查核实的内容主要包括资料的完整性和准确性两方面。遗漏的要补充，不准确的要剔除，口径不一致的要改正，过时的要剔除。其次，要进行统计分组、汇总计算。最后，分析其中的结果与结论。

（5）撰写调研分析报告。

营销调研的最后一步，是根据调研资料分析、陈述和撰写通过调研对所提出的问题的研究发现，并提出结论性的意见，即完成调研分析报告。

二、营销调研企划的概念

所谓营销调研企划，就是为管理者提供解决特定营销问题所需信息的信息收集、处理、分析的程序和方法。营销调研企划书是调研方案的书面表达形式，它包括对调研目的或问题的确定的说明，并系统地勾画出在每个调研阶段的特定的调研方法和详细的程序。通常，营销调研的经费和截止日期也被写在企划书上。

调研企划是否合理、完善，会影响整个调研活动的客观性、科学性。所以，调研企划是衡量一个调研公司或调研者研究水平的标准，也是调研公司能否得到客户信任的依据。

三、营销调研企划的结构

通常，营销调研企划主要包括：调研的目的，调研方案，抽样方案，数据收集，数据的处理和分析，提交报告，预算和进度安排。

在制作营销调研企划时，不同的阶段，研究人员需要回答不同的问题。

1. 在确定问题阶段

(1) 调研的目的是什么？

(2) 对此问题已经知道多少？

(3) 是否需要额外的背景信息？

(4) 要衡量的内容是什么？怎么衡量？

(5) 资料是否有用？

(6) 调研是否要进行？

(7) 能够进行假设吗？

2. 选择基本的调研方案阶段

(1) 什么类型的问题要被解决？

(2) 是否需要描述性及因果性结论？

(3) 数据的来源是什么？

(4) 通过询问能否获得客观答案？

(5) 信息需求有多快？

(6) 怎样进行问卷问题的措辞？

(7) 怎样进行实验？

3. 样本的选择阶段

(1) 谁或什么是资料的来源？

(2) 能否确定目标人群？

(3) 样本是否必要？

(4) 样本需要多准确？

(5) 概率样本必要吗？

(6) 全国性样本必要吗？

(7) 样本的规模有多大？

(8) 怎样选择样本？

4. 数据收集阶段

(1) 谁去收集数据？

(2) 数据收集需要多长时间？

(3) 需要怎样监督？

(4) 实施的程序是怎样的？

5. 数据的分析阶段

（1）需要用标准化的编辑及编码程序吗？

（2）数据怎样分类？

（3）是用计算机还是手工列表？

（4）数据的本质是什么？

（5）应问什么样的问题？

（6）应同时调查多少个变量？

6. 提出报告阶段

（1）谁读报告？

（2）需要提出管理性建议吗？

（3）提供多少页的报告？

（4）报告的格式应如何安排？

7. 总体评价阶段

（1）此项研究需要多少经费？

（2）时间框架可行吗？

（3）我们是否需要外部帮助？

（4）这个研究企划达到其预定的目标了吗？

（5）此项研究什么时候开始？

第2节　营销调研企划目标的确定

一、调研相关问题的确定

1. 管理者的目标

作为职能人员，调查研究人员必须努力达到企业营销管理中品牌管理人员、销售管理人员及其他管理人员对某调研项目目标的要求。调研人员必须当面澄清管理者的目标，为管理者的决策提供信息。也就是说，调研人员与管理者双方必须拥有明确一致的研究方向。通常，探索型调研可以通过说明市场机会与问题的性质，帮助管理人员明确其目标及决策。营销管理者要达成的目标，也就是要解决的各种问题，是确定调研目标的根本依据。

2. 正确地确定问题

（1）正确确定问题的重要性。

在正式进行调查研究之前，应根据营销管理者的目标需要确定问题。管理者只有对问题进行了清楚的界定，才有可能考虑活动的被选方案。正确与完整地定义营销问题，说起来容易做起来难。当问题与机会出现时，管理者可能对其只有一个模糊的认识。如公司的市场份额下降时，可能是由于整体经济环境恶化、其他公司的竞争或者是其他难以觉察的潜在问题所造成的。调查研究在问题被澄清前进行，可能导致错误的结论。

通常，调研人员和管理人员没发现实际问题的原因是他们缺少足够的信息。冰山原则可做类似的说明：一个船员在海上只会注意到冰山的一小部分，冰山只有10％的部分在水面上，而90％的部分在水下。许多营销问题的重要部分，就像水下部分的冰山，没被营销人员发现也没被营销人员理解。可口可乐公司曾改变可乐的配方，与原可乐一起投入市场测试，希望开发新产品。其只注重口味的变化，而忽视了消费者对原可乐的情感及对原品牌的忠诚，导致新产品测试失败。问题的水下部分需要通过问题的确定研究来寻找。

（2）确定问题时的注意事项。

第一，不要将问题的表面现象当作根本问题。对任何调研人员和管理者来说，完全预计到一个问题的所有影响和各种表现是不可能的。例如，企业的广告效果有问题，它可能是品牌认知度低，也可能是由于错误的品牌形象、错误的媒体或太少的预算。某些问题的出现，看似是问题，但却可能只是此问题的表面现象。因此，要确保确定的是一个根本性的问题而不是问题的表面现象。当然，这不是一件容易的事，它需要人们的判断力和创造力，也需要进行背景信息搜集及探索性研究。

第二，要由调研人员与管理者共同来界定问题。调研项目的出发点应该是信息的使用者（管理者）和信息的提供者（调研人员）共同努力，清楚地界定问题。双方需要在这一点上相互理解并达成一致。双方如果不能相互理解，或者没有清晰地界定主要问题，必然会导致令人失望的结果。许多企业都有这样的经验，企业支付了费用，收到了调研人员的调研报告，但是管理者却发现自己根本不知道如何使用这些信息，甚至不知道这是不是自己真正需要的信息。因此，调研人员应该与管理者相互协商，分析、讨论关键管理事项，这样才能避免出现上面提到的问题，或者将问题发生的可能性降到最小。

（3）确定问题的方法。

调研人员的任务是根据管理者对症状的说明，列出一份调研目录，指出可能存在的问题、制定的决策以及最终需要提供的信息。在这个阶段，信息使用者（管理者）必须回答两个关键性的问题：一是信息使用者认为制定决策需要哪些资料？二是怎样利用这些信息制定决策？调研人员为了得到这两个关键问题的答案，应该通过探索型调研，如使用调查询问法，向管理者询问"为什么"和"如果……会怎样"。"为什么"这类问题可以帮助管理者从那些仅仅假定为正式的信息中，判断哪些是已知的信息；而"如果……会怎样"这类问题则可以帮助管理者确定决策过程中信息的价值。

下面通过调研人员和决策者之间的对话来说明调研问题的确定方法：

决策者："我们需要换一家新的广告代理机构，因为我们的市场占有率正在下降。"

调研人员："你为什么认为市场占有率下降是由于广告代理机构业绩不佳？"

……

调研人员："如果调研结果显示，问题的根源是我们产品定价方面的缺点，而不是广告制作低劣，那么你会怎样？这一信息将怎样影响你的决策？"

决策者："好吧，我不认为真的是由于定价方面的原因，但是如果事实确实如此，我们将重新评价我们的定价政策。"

在这个例子中，调研人员发现了不同的信息将怎样影响决策过程，这将帮助调研人员确定研究活动的范围和重点。如果决策者不能确定"如果……会怎样"这类问题提供的信息将怎样影响自己的决策，那么调研人员就知道自己不必再浪费时间和金钱收集这方面的信息。总之，要确定问题必须依靠管理者和调研人员的判断以及进行探索型调研。确定问题的一个方面就是要辨明主要因素。由于实际的营销问题非常复杂，许多因素共同产生影响，再加上公司预算和研究的限制，使研究人员不可能认清所有变量的影响。所以，认清问题可以合理地节省财力和时间。

二、调研目标的确定

确定好问题之后，应根据管理者的决策目标或探索型调研将问题转变成一系列调研问题和假设。

一个调研问题是研究者将一个问题转变成的一个调研需要，一个假设是一个未经证明的例题或一个可能的解决问题的方法。调研问题与假设是相似的，它们都表明与问题的联系性。调研问题是质问性的，假设是描述性的。假设的问题更具有特定性，它更接近实际的研究和测试。问题的确定能清楚地说明研究问题并很好地形成假设，而假设有助于企划方案的制定和明确今后分析中所需的信息。

例如，营销问题："一个个人计算机公司的一个广告宣传主题的确定。"根据该营销问题可表述出以下调研问题：

（1）用户对各种计算机的熟悉程度有多高？

（2）用户对这些品牌的态度是怎样的？

（3）评价购买个人计算机的各种因素有多重要？

（4）根据信息识别在竞争市场中所做的沟通努力的有效性有多大？

而其假设可表述如下：

（1）在缺乏营销支持的区域中，其销售人员的销量很低。

（2）消费者做出购买大件电器的决定后会出现认知失调。

（3）一个消费者会对陌生品牌产品的特性做出反面反应。

调研目标是研究人员眼中的营销问题，一旦研究假设被明确，就可从研究问题中推导出调研目标。表12-1说明了一家零售店的营销问题是如何被转变成调研目标的。

表 12-1　　　　　　　　　　　　　营销问题转变成调研目标

营销管理问题	研究问题	调研目标
商店是否要提供银行电子现金转送系统（EFTS）？	消费者知道 EFTS 系统吗？	确定消费者认知度
应以什么形式将服务提供给他们？	消费者对商店中的 EFTS 系统会有什么反应吗？顾客对 A、B、C 提供的服务做何反应？每种服务的效益是什么？	测量顾客对 EFTS 的态度和信念，获取每种服务的分数并排序，辨明系统的收益及障碍

确定调研目标时，需注意以下事项：

（1）调研目标必须表明决策所用的信息，即以决策为导向确定调研目标。

（2）调研目标需确保调研处于受控（规模上）状态，并说明调研的原因。

（3）调研目标须书写清楚，以便于他人参阅。

（4）调研目标应保持稳定，数量应受到限制，调研目标的对象应特别说明。

图 12－2 展示了营销问题对调研目标的影响。

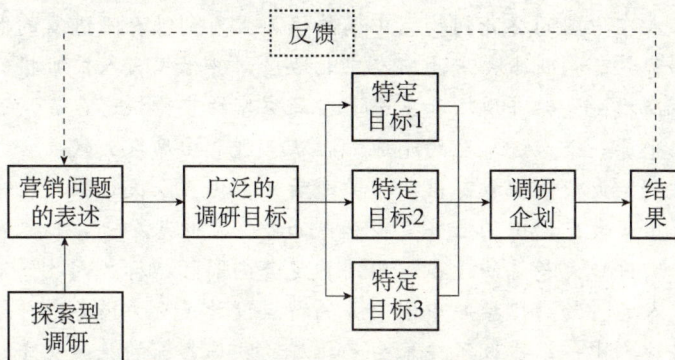

图 12－2　营销问题对调研目标的影响

第 3 节　选择调查方法与确定抽样计划

一、案头调研的方法

通常，可以从收集第二手资料的案头调研开始营销调研工作，并据以判断调研问题是否已部分或全部解决，以免再去收集第一手资料。

第二手资料的主要来源有：

（1）内部来源：财务会计资料、销售数字、库存、预算、销售年报等。

（2）政府机构和各种出版物：统计年鉴、经济信息、发展动态、产业结构信息、信息简报等。

（3）各种公开发行的报纸、杂志、文献、简报等。

（4）商业性咨询信息公司：产品销售实测、品牌份额、家庭消费信息等。

（5）互联网。

第二手资料相对容易获得，所需费用低，但采用率较低。因为第二手资料不是为本调研专门收集的，所以通常不能直接解决问题。有时，第二手资料是过时失效的资料。另外，第二手资料的可靠性及可信度可能比较差。使用者常会怀疑数据收集过程的合理性和统计分析过程的科学性。

但是，第二手资料的收集分析可以帮助进一步明确营销调研的问题，使调研的问题精细化，有些问题可能在第二手资料的分析中就可以得到解决，也有些问题可能在分析中解决了一部分，使问题更集中、准确，从而提高原始资料收集的效率。

【资料链接】

日本人的案头调研

日本人在 20 世纪 60 年代通过案头调研获取了大庆油田的位置、产量等情报，在国际炼油设备招标会上，几乎拿下了所有的合同，让其他国家的企业大为震惊。那么，日本人是怎么获得有关信息的呢？

原来，日本人在中国的公开刊物《中国画报》上看到铁人王进喜的照片，从照片上王进喜的穿着和背景，判断出大庆油田在东北地区，并根据《人民日报》关于工人从火车站将设备人拉肩扛运到钻井现场和王进喜在马家窑的言论报道，弄清了大庆油田的确切位置——东北平原一个人迹罕至的小地方。从王进喜出席人大代表会，北京公共汽车上不带煤气包，判定大庆油田肯定出油了。之后又根据《人民日报》上一幅王进喜和钻塔的照片，估算出了大庆油田的油井直径和产油量。在此基础上，日本人判断我国将在随后的几年中急需进口大量炼油设备，中国肯定会向国际招标。因此，日本石油化工设备公司立即组织人力、物力，按照中国油井的特点设计了有关设备，并做好了投标的一切准备，从而在谈判中一举击败了技术力量雄厚的欧美各国的竞争对手，使其设备顺利打入中国市场，因为这些设备都是针对中国需要设计的。

资料来源：居长志，周文根．市场营销实务．北京：中国经济出版社，2008：48．

二、实际调研的方法

通过实际调研，可以获得解决调研问题的原始数据和资料信息。通常，实际调研费用大，时间长，投入的人力多。因此，必须组织专门队伍，仔细制订调研计划，确定调研方法。

实际调研的方法主要有问询法、观察法和实验法三种。

1. 问询法

问询法主要通过对被访对象的不同形式的询问来收集第一手资料。具体方法主要包括：

（1）面谈：即与被调查者就调研问题面对面交流。面谈除了可以记录语言交流外，还可以通过察言观色，了解被调查者的身体语言、语调、语气、情绪、情感以及描述方式等信息。面谈有双向交流、灵活性强及能引导话题的特点，特别适用于对有经验人士的访谈。一般面谈要拟订谈话大纲，以充分利用宝贵的面访时间。面谈也有它的缺点和局限性，如时间有限、成本高、样本数少、地区限制、问题少、当面理解与记录时存在误差等。

（2）电话问询：即与被调查者就调研问题通过电话进行交流。电话问询费用低，速度快，不受地区限制，同时有面谈的一些优点，如迅速及时、可送达性好。但电话问询也有时间短、容易遭遇对方不合作及需要掌握被调查者的电话号码等问题。电话问询方法目前发展较快，如果利用计算机程序的手段，可以在短期内大量快速地进行采访，及时得到足够多的样本数据。

（3）问卷调查：即用书面问卷的形式进行实际调查，这是最常用的调研方法。问卷调查具有可送达性最好，不受地区限制，所要求回答的问题可以拟订得非常清楚、准确和详尽，不受记录者偏见与错误影响，答题不受干扰，节省费用等特点。但也有回收率低、时间长、易错等问题。

问卷调查表的设计非常重要，所设计的问题一定要清楚明确、易于回答，每一个问题都要有调查目的，对问题要精选、要反复推敲。一般来说，设计问卷调查表要注意如下问题：

第一，避开隐私性问题。有关个人或组织的隐私或商业秘密尽量不要提及，如收入、利润和权力等。如果一定要涉及，可以给出一个区间，相对模糊一点。

第二，力避模糊词。问卷中的问题阐述要尽量避免模糊词，如"你经常看电视还是偶尔看一会儿？"这一问题里的"经常""偶尔""一会儿"都是模糊词。

第三，不要过分精确。如"你四月份购买了多少啤酒？""你最近看到过几次某某产品的广告？"，这些问题都过于精确，被调查者难以回答。

第四，不要出现组合问题。如"假如你有较强的经济实力，你是否会购买较大面积的住房？"这个问题有两处毛病：一是出现模糊词，如较强、较大；二是出现组合问题，对一个问题的回答建立在对另一问题回答的基础上。因为如果回答问题的基础不同，回答就无统计意义。

第五，不要别有用心，有意引导。如"你对某某产品加价销售有何看法？"这样容易引起被调查者的反感。

第六，不要咬文嚼字。如"你经常购买调制酒吗？"很多人并不知道什么是调制酒。

第七，不要过于专业化。如在计算机产品的调查中，过多地提问有关零部件的名称和参数，对多数普通用户来说是很难回答的。

第八，要便于调查者统计整理。如果开放式问题过多，调查者就很难进行统计。

第九，要切合被调查者的特点。问题的设计要切合被调查者的文化、知识范围、经验及经历等。

【资料链接】

正确、合理地设置问卷上的问题

举例：有问题的问卷	点评	要领
您是偶尔还是经常乘飞机？	何谓"偶尔""经常"？	问卷应简单、明确
您的收入是多少？	您愿意回答吗？	避免直截了当地询问涉及个人隐私的问题
您知道猫熊的主食是什么吗？	何谓"猫熊"？	使用答卷人熟悉的语言
您对国产洗衣机的价格和质量满意吗？	"价格"和"质量"很可能是一对矛盾的选择	不使用易使答卷人左右为难的问题
去年5月您见过哪些手机的广告？今年5月呢？	谁能记得住？	要问答卷人可以回答的问题
您认为国产电视机的质量有问题吗？	给答卷人不应有的导向	不要问一些有偏见的问题

问卷设计很有讲究，除了问题本身准确等要求外，提问方式也很重要。为了便于被调查者回答，问题的设计常常会给出选择性的答案，这是封闭式的提问，被调查者只需选择即可；另一种提问方式是开放式，也就是被调查者需要根据自己的观点和见解来回答，这种问题的回答需要花费一定的时间和精力，所以在实际调查中要控制数量。普通的消费者调查问卷中，开放式问题一般以不超过两个为宜。封闭式问题和开放式问题的类型、说明及举例如表12-2所示。

表 12-2　　　　　　　封闭式问题和开放式问题的类型、说明及举例

封闭式问题：所提问题有可供选择的答案		
类型	说明	举例
是否式	一个问题有两个相互矛盾的答案供选择	您是否拥有私人小汽车？ □是　　　　　　　　□否
多项选择题	一个问题有两个以上答案供选择	您每天看电视的时间有多长？ □1小时以内　　□1~2小时 □2~3小时　　　□3小时以上
开放式问题：所提问题没有可供选择的答案		
类型	说明	举例
李克特量表	被调查者可以在同意和不同意的量度之间进行选择	中国移动的价格应该进一步降低。 □坚决同意　　　　□同意 □不同意也不反对　□不同意 □坚决不同意
语意差别	在两个语意相反的词之间列上一些标度，由被调查者选择代表自己意愿方向和程度的某一点	中国银行的服务： □热情　　　　　　□冷漠 □全面　　　　　　□单一
重要性量表	对某一判断从绝对不重要到绝对重要进行重要性分级	手机的款式对您来说： □绝对重要　□重要　　□无所谓 □不重要　　□绝对不重要
排序量表	对某些属性的选择进行排序	购买电脑时，您考虑的主要因素是（①表示最重要，②次之，依此类推）： □品牌　　　　　　□价格 □性能　　　　　　□售后服务
完全自由回答	被调查者不受限制地回答问题	您对本公司的产品有何意见与建议？
词汇联想法	列出一些词汇，由被调查者说出他头脑中出现的第一个词是什么	当您听到下面的词汇时，您脑海中出现的第一个词是什么：海尔；联想。
语句完成法	提出一些不完整的语句，由被调查者来完成该语句	当我决定外出游玩时，最重要的考虑是……
故事完成法	提出一个未完成的故事，由被调查者来完成	假期我游玩了杭州西湖，发现西湖更有人情味了，我想这大概是……
看图说话	给出一幅图画，由被调查者说出其中的含义，或写出图中的对话	—

另外，问卷设计要仔细，问题排序一般先易后难。问题多少及答题时间长短要视具体情况，一般拦截式问询填表最好不要超过15分钟。卷面设计要有趣，有逻辑次序，要让人看了第一题后有兴趣继续下去，如果把难的问题放在前面，被调查者会产生畏难情绪，放弃回答问卷。

问卷一般包括以下六个部分：

第一部分：问卷的标题。标题概括说明调查的主题，使被调查者对要回答哪个方面的问题有一个大致了解。标题应简明扼要，易于引起被调查者的兴趣。例如，"汽车消费状况调查""我与住房——某市居民住房状况调查"等。

第二部分：问卷说明（也可以称为卷首语）。问卷说明旨在向被调查者说明调查的目的、意义；有些问卷还有填写须知、交卷时间、地点及其他事项说明等。问卷说明一般放在问卷开头，通过它可以使被调查者了解调查目的，消除顾虑，并按一定的要求填写问卷。问卷说明可采取两种方式：一是比较简洁、开门见山的方式；二是在问卷说明中进行一定的宣传，以引起被调查者对问卷的重视。在问卷说明中还可以包括保密、赠品及感谢等内容。

第三部分：问卷主体。主要是提出各种问题，一般由易到难、由浅入深。提问要巧妙风趣，使被调查者产生兴趣。

第四部分：被调查者基本资料。包括被调查者的姓名、性别、年龄、职业、收入情况等基本内容。

第五部分：编码。编码是将问卷中的调查项目变成代码数字的工作过程。大多数的市场调查问卷都要编码，以便分类整理，易于进行计算机处理和统计分析。所以，在问卷设计时，应确定每一个调查项目及答案的编号。与此同时，每份问卷还必须有问卷编号。

第六部分：作业证明记载。在调查问卷的后面，常需附上调查员的姓名及调查日期、时间、地点等信息。如有必要，还可写上被调查者的姓名、单位或家庭住址、电话等，以便进一步跟踪调查与核实。但对于一些涉及被调查者隐私的问卷，上述内容则不宜列入。

问卷发放方式有多种形式，可以视被调查者的情况加以选择，可以发给被调查者，让他们独立完成后当即收回；也可以边谈边由调查员填写；或者由被调查者自行填写后寄回。

2. 观察法

观察法是通过记录被调查者当前或过去行为的类型和过程、现状、追求的目标等方面，来收集原始资料的调研方法。观察法不要求被调查者配合交流，也不要回答问题，有时被调查者并没有意识到。调查者可以通过观察许多行为与对象，来获得有关的营销信息。主要有：事实行为，如消费者的购物类型；消费者的购物语言行为，如销售时的谈话、消费者抱怨及在人群中流传的赞扬与不满；情绪行为，如消费者的语调、脸部表情、身体动作；地点与空间，如交通流量、消费者流量；口头记录，如对广告满意度的观察。

观察法具有写实的特点，可以不受干扰地反映真实情况，不易受主观思想、地位、金钱及偏见等影响。例如，要了解消费者在超市购物所花费的时间，可以不问消费者，而只要观察消费者进出超市的时间差即可。再如观察儿童玩玩具，可以发现畅销玩具的特点，并据此改进玩具的功能。

当然，观察法不易获取被调查者内心世界的信息，被调查者的行为与心理、动机、收入、受教育程度及职业等因素之间的关系比较模糊。

3. 实验法

实验法是指在一个特定的环境中，通过改变某一种营销变量的强度来观察其他选定变量的对应变化程度的方法。实验法允许营销者通过控制状态来分析变量之间的因果关系。例如，企业决定改变产品包装，但无法确定哪种包装最好。企业可以采用实验法，把不同包装的产品分别放在不同的地方销售，几周后看哪个包装的产品销售量增长最大，一般就可以认为哪个是最佳选择。价格变动、新做广告及产品功能变化等都可以通过实验法了解各对应变量之间的因果关系，然后调整策略，再向市场全面推广。

三、抽样计划

实际调研的直接调研对象通过抽样来确定。所以，决定了调研方法和工具后，就要决定抽样计划。抽样计划包括样本容量和抽样程序两方面内容。

1. 样本容量

即样本规模的大小。一般，样本容量越大，误差越小，但成本越高，所花时间也越长。如果抽样程序可信而且科学，一般来说，对一个总体只要抽出1%的样本，就能达到良好的分析可靠性。具体抽样数可视实际情况而定。但样本容量也不宜太小，一般要求大于100个调查单位。

2. 抽样程序

即样本获得的程序与方式。抽样程序可分为概率抽样与非概率抽样。概率抽样又称随机抽样，即保证被调查对象中的每一个调查单位都有均等的抽中机会。

概率抽样的常用方法有以下几种：

（1）简单随机抽样。它是最基本的概率抽样形式，对样本的选择是完全随机的。

（2）分层抽样。它的特点是先对总体调查单位按相关标准加以分组，然后从各组中按相同比例随机抽出一定调查单位构成样本。

（3）等距抽样。它是事先将总体调查单位按某一顺序排列，然后按一定的间隔抽选调查单位的一种抽样组织形式。

（4）整群抽样。它是先将总体调查单位划分为若干群，然后以群为单位从其中随机抽出部分群，对抽中群中的所有调查单位进行全面调查的抽样组织形式。

（5）多阶段抽样。当总体调查单位很大时，直接从总体中抽选样本在技术上有难度，这时可用多阶段抽样方法。多阶段抽样是在样本中再进行随机抽样，直到样本容量符合调查者的要求。

概率抽样具有代表性较好和误差可以控制等优点。当概率抽样的成本较高或时间较长时，营销人员可以采用非概率抽样（即非随机抽样）的方法进行调研。非概率抽样的常用方法有以下几种：

（1）任意抽样。调研人员选择被调查人群中最容易接受调查的人员以获取信息。

（2）判断抽样。调研人员用自己的判断来选择被调查人群中能提供准确信息的理想对象。

（3）配额抽样。调研人员在几个调查类型中，对每个类型按照所规定的人数去寻找和访问调查对象。

第 4 节　营销调研企划实例

◆◇

大学生笔记本电脑市场营销调研企划

一、概要

从用户应用需求来看，近年来，随着城市居民人均可支配收入的增长和家用台式 PC 的普及，妨碍个人/家庭消费者接受笔记本电脑产品的两大壁垒——价格与应用逐渐消弭。当大家都习惯了以家用台式 PC 为工作、娱乐、沟通的基础平台时，其需求便自然而然地上升到一个新的台阶。对于当代的大学生及上班族来说，其对笔记本电脑的需求越来越明显。

由于大学生的学校生活比较单一，日常的学习和活动都离不开网络，他们需要有一台电脑。相比较而言，笔记本电脑更加轻巧便捷。

二、调研目的

通过本次调研，主要达到以下目的：

(1) 了解大学生对笔记本电脑的需求程度及大学生的消费观与消费习惯。

(2) 全面摸清某企业品牌在消费者中的知名度、渗透率、美誉度和忠诚度。

(3) 把握一般笔记本电脑商家的常规宣传方式与促销方式。

(4) 全面了解本品牌及主要竞争品牌在大学中的销售现状与价格、广告、推广等营销策略。

(5) 掌握大学生消费者对电脑经销商的促销、宣传活动的认可情况。

(6) 分析大学生消费者对笔记本电脑的消费行为与消费特点。

(7) 各大学笔记本电脑销售方面的市场特点及差异的比较分析。

(8) 预测笔记本电脑的市场容量及潜力。

三、调研内容

1. 行业市场环境调研

(1) 笔记本电脑市场的容量及发展潜力。

(2) 各大学不同消费层的消费状况。

(3) 学校教学、生活环境对该行业发展的影响。

(4) 当前笔记本电脑的种类、品牌及销售状况。

(5) 各大学笔记本电脑产品的经销网络状态。

2. 消费者调研

(1) 消费者对笔记本电脑的使用情况与消费心理（必需品、偏爱、经济、便利、时尚等）。

(2) 消费者对各品牌笔记本电脑的了解程度（包括功能特性、价格、质量保证等）。

（3）消费者对笔记本电脑品牌的意识，对本品牌及竞争品牌的喜好程度与品牌忠诚度。

（4）消费者消费能力、消费层次及消费比例的统计。

（5）消费者理想的笔记本电脑描述（包括笔记本电脑的颜色、外观、价格、功能、内存大小等方面的偏好与需求）。

3. 竞争者调研

（1）主要竞争者的产品与品牌优、劣势。

（2）主要竞争者的营销方式与营销策略。

（3）主要竞争者市场概况。

（4）主要竞争者的经销网络状况。

四、调研对象及抽样方法

对大学中的部分学院（如中外合作学院、二级学院）或者部分专业（如城市规划、建筑学及某些用到电脑的设计专业）的学生进行重点调研，以提高调研的针对性。

为确保样本的代表性、合理性及样本的精确程度，同时考虑到时间、人力、物力及消费者的经济状况等因素，采用重点调查法。

五、调查人员的规定、人员安排

1. 人员规定

（1）仪表端正、大方。

（2）举止谈吐得体，态度亲切、热情。

（3）具有认真、负责、积极的工作精神及职业热情。

（4）具有把握谈话气氛的能力。

（5）要经过专门的市场调查培训，专业素质好。

2. 人员安排

（1）调研督导：1名。

（2）调查人员：15名。

（3）复核员：1～2名（可由督导兼职，也可另外招聘）。

六、市场调查方法

以问卷调查为主，具体实施方法如下：

（1）在完成市场调查问卷的设计与制作以及调查人员的培训等相关工作后，就可以开展具体的问卷调查。

（2）把调查问卷平均分发到各调查人员手中，最好选择晚餐后学生比较空闲的时候进行调查。

（3）由于学生在宿舍时比较集中，便于调查，故对于重点调查对象所在的宿舍可进行走访调查。进入宿舍时要先说明来意，并特别声明在调查结束后将赠送被调查者精美礼物一份，以吸引被调查者积极参与，得到准确、有效的调查结果。

（4）在调查过程中，调查人员应耐心等待，切不可催促；也可借机介绍一下本品牌笔记本电脑专门为学生设计的性能。

（5）调查人员可以在当时收回调查问卷，也可以第二天收回（这样有利于被调查者充分考虑，得到更真实、有效的结果）。

七、工作内容与调研时间

工作计划进度表

序号	工作内容	工作时间（天）
1	调查问卷、访谈提纲的设计	3
2	调查问卷、访谈提纲的讨论、修改、确定与印刷，调查人员培训	2
3	各项调查的具体实施	5
4	调查问卷回收、抽检、整理，原始数据编码、录入	3
5	数据统计处理分析	2
6	文献资料查阅、归纳、整理	2
7	调查组成员小组讨论、总结，撰写调查报告	1
8	合计	18

八、经费预算

经费预算表

序号	项目名称	预算费用（元）
1	调查设计费（方案设计策划费、调查问卷设计费、抽样设计实施费）	3 000
2	实地调查费（调查问卷装订印刷费、入户试访费、调查员劳务费、督导员劳务费、调查用具费、交通费）	3 500
3	数据录入费（数据审核费、数据编码费）	2 000
4	分析研究费（统计分析费、市场研究费、报告制作费）	2 000
5	杂费	1 500
6	合计	12 000

资料来源：http://wenku.baidu.com/view/4c39a121482fb4daa58d4b60.html.

【案例评析】

丰田卡罗拉：为美国家庭而生

1957 年，丰田公司开始向美国出口汽车，但最初对美国市场并不适应：这些丰田车在日本狭窄多弯的马路上跑起来性能优越，但在美国的高速公路上，时速超过 80 公里时，发动机就开始震动，功率急剧下降；车内设计也不符合美国人的生活习惯。三年后，丰田公司被迫决定暂停向美国出口轿车。

时隔不久，一位日本人来到纽约，以学英语为名住进了一个普通的美国家庭。在每天的生活中，他除了学习就在做笔记，美国人居家生活的每一个细节，他都记录下来，包括吃什么食物、看什么电视节目等。

三个月后，日本人走了。没过多久，丰田公司就推出了针对美国家庭需求而设计的价廉物美的旅行车。该车在每一个细节上都考虑了美国人的需要。例如，美国男士（特别是年轻人）喜爱喝玻璃瓶装饮料而非纸盒装饮料，日本设计师就专门在车内设计了能冷藏并能安全放置玻璃瓶的柜子。

直到该车在美国市场推出时，丰田公司才在报纸上刊登了其对美国家庭的调查报告，并向那户人家致歉同时表示感谢。正是通过这样细致的营销调研工作，丰田公司很快掌握了美国汽车市场的情况。五年后，丰田公司终于制造出适应美国市场需求的轿车——卡罗拉。由于其动力强劲、坚固耐用、造型新颖，而且价格低廉，在美国市场获得了巨大的成功。

评析： 丰田卡罗拉的案例生动地告诉我们，充分、有效地市场调研有多么重要。企业要想进行正确的决策，必须做好营销调研。同时，我们从案例中也可以看到，一个卓有成效的营销调研需要周密的事先准备与安排。所以，必须做好营销调研企划。

资料来源：赵轶，韩建东. 市场调查与预测. 北京：清华大学出版社，2007：2-3.

【核心内容】

营销调研企划是企业成功开展营销调研活动的重要保证。

营销调研企划的基本结构是：调研的目的，调研方案，抽样方案，数据收集，数据的处理和分析，提交报告，预算和进度安排。

【深度思考】

1. 简述企业营销调研的过程与意义。

2. 仿照实例，自由选择企划主题，尝试写作企业营销调研企划。

【互联网＋】

主页

主页是所有网站（网络平台）最为重要的入口（页面），因此，主页的设计至关重要。即使像百度这样知名的网站，亦十分重视对主页的设计。请登录百度主页，完成以下任务。

1. 分析百度主页的基本结构与内容。

2. 为百度制作一份提升页面点击率的营销调研企划。

3. 为百度提供其主页改进意见。

【延伸阅读】

《市场调查》，柴庆春等主编，由中国人民大学出版社于2016年出版。

作者简介： 柴庆春，中央财经大学商学院市场营销系副教授，曾在外资跨国公司任职多年，在市场营销和国际贸易实践方面具有十分丰富的经验。

内容提要： 本教材系统地介绍了市场调查和预测的科学方法，使读者通过本书可以获得有关市场调查和预测的知识和技能。这些知识和技能主要包括：市场调查的基本理论、市场调查和预测的基本方法、互联网技术在市场调查中的运用等。本教材的特点：一是突出实践性和可操作性，从企业市场调查的实际需要出发，对市场调查过程的每个环节均作详细介绍；二是重视案例的编写和选用，本书每一章均有案例引导，结合大量实际案例对理论知识和操作方法进行了介绍，许多案例是作者结合自身实践和教学经验撰写的，所引用的案例多是近期的、著名的、具有代表性的事例。

对于企划人而言，掌握市场调查的方法，可以为企划的准备、制定与实施提供有用的基础。

第 13 章
商品企划

什么样的产品算是一个伟大的产品，我觉得伟大的产品有这样的属性——解放人，给人自由。

——刘德

【学习目标】

1. 了解何为商品企划；
2. 充分明了制定对外商品企划和制定对内商品企划的要点；
3. 掌握商品企划的结构。

企业之所以存在，是因为它能为不同的购买者提供商品及服务，并在此过程中获取利益。若企业能连续不断地为社会提供满足购买者需求的品质优良的商品，则企业就能不断发展、壮大；否则，就会走向衰亡。当今时代，人民生活水平日益提高，因而对商品的要求也更为严格。企业为了能持续生存，就必须不断开发新的商品，商品企划显得越来越重要。

第1节 商品企划的制定要点

一、商品企划概述

商品企划实际上是企业营销战略的重要环节之一。在过去，商品企划往往侧重于商品原理、技术诀窍等方面，所以在当时，所谓商品企划，就是在没有商品实物的情况下，通过设计者的设计图、模型、草图、示意图等将商品概念进行描述，并据此形成商品企划。

然而，在当今时代，仅从技术的角度考虑商品企划显然过于狭窄。因为现在商品日益丰富，人们的需求千变万化。所以，在进行商品企划时，不仅要考虑商品技术上的要求、人们需求上的变化，还要从企业整体战略角度进行全面的思考。

商品企划在企业整体战略规划中所处的地位见图13-1。

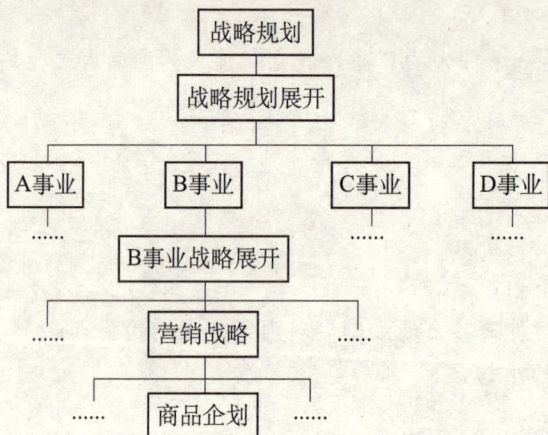

图13-1 商品企划在企业整体战略规划中所处的地位

【创意无限】

谷歌的阿尔法狗

2016年3月15日，谷歌阿尔法狗（AlphaGo）与韩国棋手——围棋世界冠军、围棋九段李世石的人机大战第五局结束，李世石在最终盘执黑落败，AlphaGo最终4∶1取胜。

"阿尔法狗"是一些网友对谷歌AlphaGo人工智能的昵称。阿尔法狗其实是一款围棋人工智能程序，由位于英国伦敦的谷歌旗下DeepMind科技公司开发，它也是第一款能击败专业围棋选手的计算机软件。

据DeepMind的团队介绍，选择围棋，恰恰是因为围棋复杂。围棋的分支因子无穷无尽，而且由于围棋的每颗棋子都相同，没有大小的区分，这使得围棋的下法中增加了很多随机的成分，无法用逻辑推理来预测。所以围棋一直被认为是人工智能领域的最大挑战。

简单来说，阿尔法狗系统之所以可以玩转围棋，是因为它具有两个大脑：一个叫作"策略网络"，负责选择下一步走法；另一个叫作"价值网络"，负责预测比赛胜利者，每走一步估算一次获胜方，而不是一直搜索到比赛结束，从而减少了运算量。两个大脑配合工作，于是将围棋巨大无比的搜索空间压缩到可以控制的范围之内。战胜人类的第一步是模仿人类。阿尔法狗首先用围棋专业棋手的 3 000 万步实例对"价值网络"进行训练。通过这种经验学习，阿尔法狗对人类走法的预测准确率就能达到 57%。模仿之后，第二步便是超越人类。阿尔法狗最特别的一点就是，它可以"深度学习"。阿尔法狗可以像人脑一样自己来学习，不断提升棋艺，靠的就是"深度机器学习网络"。简单来说，阿尔法狗可以自己与自己对弈，目前它自我对弈已经超过 3 000 万局。在这个过程中，阿尔法狗不断积累胜负经验，举一反三，形成对围棋的一种"全局观"。如此，阿尔法狗在接下来的比赛中就不会完全依赖于"经验"，而是依靠自己的"价值网络"，带有创新性地选择最有利于自己的走法。

这场"人机大战"轰动了世界，让全世界的视点集中于谷歌，这是一个完美的企划活动。

其一：谷歌旗下 DeepMind 科技公司华丽登场，其灵魂人物杰米斯·哈萨比斯的不凡成就被世人所颂扬。DeepMind 科技公司位于伦敦，是一家专注于机器学习算法的初创公司，现有 140 多名研究人员。英国企业家穆斯塔法·苏莱曼与象棋大师杰米斯·哈萨比斯，以及计算机科学家谢恩·列格共同创办了 DeepMind。一位谷歌内部人员表示，购入 DeepMind 是希望借助它来打造谷歌核心产品，如搜索和 Google 翻译。

其二：这场人机大战对于谷歌来说更像是一个里程碑，标志着其人工智能水平进入了一个更为成熟的阶段。DeepMind 公司创始人之一穆斯塔法·苏莱曼表示，DeepMind 将在 20 年内开创出真正具有"意识"的人工智能形式。

其三：从阿尔法狗开始挑战李世石的消息放出去以后，特别是 3 月 9 日第一局打败李世石以来，谷歌的股价大幅上涨，从 710 美元上升到了 750 美元。谷歌拿出 100 万美元作为奖金挑战李世石，成全了谷歌 400 多亿美元的市值。

谷歌推出的阿尔法狗与李世石的"人机大战"活动，不仅让全世界知晓了 AlphaGo 这款围棋人工智能程序，认识到谷歌的人工智能技术已处于世界前列，更重要的是我们由此看到了谷歌未来的战略布局。谷歌已经在 2015 年经过复杂的重组，变成了另外一家公司，叫作 Alphabet。这家公司在 2016 年 2 月市值一度超过苹果，成为全世界市值最大的公司。在过去几年，谷歌疯狂地在全球收购各个尖端前沿领域的顶尖公司，把触角伸到了生命科学、人工智能、无人驾驶、虚拟现实等许多的领域。Alphabet 不再是一家互联网公司，而是一家涉及各个领域的、难以定义的科技公司。所有这些被收购的公司，谷歌的创始人谢尔盖·布林和拉里·佩奇给它们确定的使命归纳起来就是："用科技让世界更美好"。谷歌要在未来占领科技的制高点，这就是谷歌的战略目标。

资料来源：人机大战胜负已定 哪些职业会被阿尔法狗取代. 中国青年报, 2016 - 03 - 14；谷歌成赢家? 阿尔法狗战李世石背后解密. 中关村在线, 2016 - 03 - 15；比阿尔法狗更可怕的, 是谷歌要改变人类未来的野心. 网易新闻, 2016 - 03 - 14.

二、商品企划的制定要点

商品企划可根据所呈示对象的不同，分成对外商品企划与对内商品企划两大类。

1. 对外商品企划

对外商品企划也称产品说明书或者产品宣传手册，其呈示对象主要是产品的使用者或购买者及中间商。因此，在制定对外商品企划时，主要需突出商品带给使用者的利益，从而激发其购买欲望。对外商品企划的写法请参见第三篇企划案例部分具体的商品企划案例。

2. 对内商品企划

对内商品企划的呈示对象主要是企业内部的各有关人员及企业的商业伙伴。因此，在制定对内商品企划时，主要需要突出商品带给企业及合作伙伴的利益。对内商品企划的一般结构可以见本章所附实例。

在具体制定对内商品企划时，应注意以下几点：

(1) 商品企划应力求简洁。一般情况下，尽可能用一张纸表述清楚。当然，大型商品企划如果只用一张纸，往往无法充分表述所有内容，可以不受此限。但不管怎样，一定要尽量简洁。实际中，如遇复杂商品，其设计图等可用附图附在企划的附录中。大型新产品开发企划结构参见表 13－1。

表 13－1　　　　　　　　　　　　商品企划格式

商品企划			
编号（No）　　主题　　　　　　年　月　日　企划人　　　企划部门			
● 目的	● 商品概念（定义、命名、作用等）	● 目标市场	● 广告宣传
● 目标		● 产品市场定位	
● 企划背景	● 商品设计草图（产品设计草图、包装设计图、产品使用说明等）	● 价格	● 渠道策略（直销、经销商、连锁商店、超级市场等） ● 促销策略（RP、SP、人员推销等）
● 市场分析		● 存在的问题及对策	● 商品策略（技术诀窍、产品开发等） ● 服务策略（售中、售后服务） ● 日程计划安排

◇◆

大型新产品开发企划结构

目录

前言

1. 目的

2. 选择新产品

（1）市场情报；（2）新产品性质（组合、改良、新用途或新发明）；（3）市场分析（估计潜在市场、同类产品竞争情况、消费者接受之可能性等）。

3. 新产品再研究

（1）预估新产品成长曲线；（2）产品定位研究；（3）产品包装与式样研究；（4）广告宣传研究；（5）制造过程研究；（6）产品成本研究；（7）促销研究；（8）法律环境研究；（9）成功概率。

4. 市场计划

（1）产品计划（目标市场、产品定位、销售数量、区域、上市进度表等）；（2）名称（命名、商标与专利、标签等）；（3）包装（包装式样、材料、成本、安装等）；（4）人员推销（推销技巧、推销材料、奖励办法等）；（5）销售促进（新产品发布会、各种展示活动、各类赠奖活动等）；（6）广告（选择广告代理商、广告目标、预算进度表等）；（7）公共关系（与政府机关之关系、与上下游中间商之关系、与各媒体之关系）；（8）价格（确定新产品价格、利润分析、价格政策等）；（9）销售渠道（直销、经销商、连锁商店、超级市场、大百货公司、零售店、网店等）；（10）商品陈列（商品布置、POP 广告宣传等）；（11）服务（售中服务、售后服务、各种服务训练等）；（12）产品供给（进口或本地制造、品质控制、产品供给进度表等）；（13）运输（产品运输工具与制度、运输条件、运输费、耗损率、退货处理等）；（14）损益表；（15）新产品上市各项研究及工作进度表。

◇◇◇

（2）企划中所涉及的商品应尽可能用简单易懂的图画、照片表述出来，并力求直观易懂。

（3）应在商品企划中插入该商品推向市场的其他营销策略，如广告、渠道、促销等策略，但这部分不是重点，只需将各策略的关键词提出即可。

【品牌故事】

小竹点心店

日本有一家只有 3.3 平方米的点心店，年销售额居然高达 3 亿日元（约 2 387 万元人民币）。这家名叫小竹的点心店位于东京吉祥寺商业街，只出售羊羹和另外一种点心。

小店的羊羹每天限量 150 个，每人限购 5 个。为了买到这种羊羹，许多人早上四五点就来排队，要是赶上节假日，甚至有人半夜一点就来排队，这种排队的情况居然持续了 40 多年。

羊羹随禅宗传至日本，由于僧人不吃肉，就用红豆与面粉或葛粉混合后蒸制，制作方法很简单，把红小豆煮熟、碾碎，再和砂糖、琼脂混合熬煮，然后冷却成型即可。

这家店从来没做过广告，也没接受过采访，店面小而朴素，门前也没有停车场，但年销售额 3 亿日元，实在让人惊叹。什么原因呢？是因为店家把制作羊羹当作毕生的事业，严格要求每一个环节，做到极致，几近于道。

这家点心店的店主稻垣女士跟随父亲学习羊羹的制作，在学习的过程中，不知做了多少羊羹，但每次父亲品尝后都说不行，直接丢进垃圾箱。然后，她再不断学习和改进，慢慢就能吃出为什么每一天做出的羊羹有细微的差异，有时候是因为火候，有时候是因为清洗红小豆的方法。这样经过不断的学习和尝试，才最终做出完美的羊羹。稻垣女士说，因为四季气候有微妙的变化，煮红小豆的温度就是随当天气温而变化的，味道会因温度和湿度的微妙不同而有所变化，所以必须用身体感受温度的细微变化。

为什么限量 150 个羊羹呢？这也是有原因的，并不是饥饿营销，而是对品质的追求。稻垣女士这样解释，一锅 3 千克的红小豆，做 50 个羊羹，红小豆超过 3 千克，就做不出那么好的味道了，每天做三锅要花十个半小时，已经是极限了，所以一天只能卖150 个羊羹。

客人们希望能保证口味，因此能理解他们一天限量 150 个。出于对小竹点心店的喜爱，许多客人自发成立了"小竹会"，相约一起排队，并提出一些建议。比如每人每天限购 5 个的建议就是由顾客提出的，如果不限制，一个人一下全部买走了，后面的人就买不到了。这就是现在许多互联网企业都说的社群模式，有这么一群忠实的顾客，自发组成社群，给企业提建议，帮企业宣传，生意怎么可能不好呢？

更让人尊敬的是，这家店还承担起社会责任，其 10% 的员工是残障者，点心中饱含着对社会弱势群体的关照和温情，这也是一种独特的味道吧。

资料来源：这家 3 平方米的日本小店，靠什么一年赚 3 亿日元.21 世纪网，2015-12-02.

仅有 3 平方米的小竹点心店能持续 40 多年吸引消费者，获取年收益 3 亿日元的成就，其核心在于产品本身持续保持高品质。高品质的商品是一切商品企划的基础，否则即使有再优秀的企划，也只能是昙花一现。

【资料链接】

价格凡勃伦效应

新产品定价策略通常有两种：渗透定价和撇脂定价。美国经济学家凡勃伦（Veblen）认为，处于较高社会阶层的人，追求的是自己独占某些高档产品。高价格正好满足了他们对身份和地位的需求，而低价或降价则会导致他们对这些产品需求的减少。价格凡勃伦效应产生的原因在于市场上存在高档首饰、奢侈品、传统高档产品、知名艺术品和进口高档特殊品等。在营销过程中，我们经常可以看到这样的两种现象：一种现象是目标顾客是较高社会阶层群体的两种类似产品，一种高价格，而另一种是高价格的产品畅销。例如，几年前在美国市场上，中国的绣花鞋和韩国的绣花鞋在质量上差不多，中国绣花鞋可能还略好一些，但价格上中国的绣花鞋仅是韩国绣花鞋的八分之一。销售结果是韩国绣花鞋畅销，中国绣花鞋滞销。另一价格较低，销售结果反而种现象是一直定位在高价格的产品，为扩大销售而降低价格，结果反而失去了原有的目标顾客。这些都是价格凡勃伦效应的具体表现。由此可见，对于新产品究竟是采用撇脂定价还是渗透定价，一定要明确产品所面对的目标顾客的需求特点。

资料来源：杨勇，陈建萍．市场营销：理论、案例与实训（第三版）．北京：中国人民大学出版社，2014：221.

第 2 节　商品企划实例

一、"内藏传感器的晒衣架"开发企划

<table>
<tr><td colspan="4">"内藏传感器的晒衣架"开发企划</td></tr>
<tr><td>No. 17003</td><td>主题：新型晒衣架</td><td>时间：2017.10.20</td><td>企划人：×××</td></tr>
<tr>
<td>● 目的
根据企业经营战略要求，开发第3代新型家用小商品

● 目标
推出第3代新型晒衣架，使之成为企业新的利润增长点

● 企划背景
目前，双职工家庭日益增多，其共同的特点是白天无人在家，如何晾晒衣物既能直接受阳光照射又不怕雨淋，成为这些家庭需要解决的问题</td>
<td>● 商品概念
本商品在晒衣杆内藏有传感器，即使对毛毛细雨也非常敏感，只要空气湿度增加，就会将此信息传输给合金伸缩支架，从而指挥晒衣架将衣服收回房内。而当空气湿度减少到一定比例，传感器又会指挥晒衣架张开。并且该晒衣架设有定时器，主人可在出门前设定时间，到时晒衣架可准时收回

● 商品设计图
参见附页</td>
<td>● 目标市场
双职工家庭、单身男女、学生宿舍

● 产品市场定位
中等价位、优质日用生活品

● 价格
100 元左右

● 存在的问题及课题
该晒衣架可分成2节至5节4种规格，一般小家庭用户使用2节、3节规格较多，然而究竟各种规模应生产多少，必须进行相应调查。女性是主要购买者，为此应针对产品性能、设计、颜色等方面要做充分调查。另外，需建立相应的售后服务体制</td>
<td>● 广告宣传
时间：2018 年梅雨季节之前
地点：南部（如广州、深圳、江西、上海、杭州、武汉等）
媒体：当地电视、广播

● 渠道策略：通过经销商在连锁店、超级市场出售。
● 促销策略：SP，店内现场表演
● 商品策略：不断开发新品，完善性能
● 服务策略：各地建立相应售后服务点
● 日程计划安排

店内
促销
生产
广告宣传
调查
11 12 1 2 3 4</td>
</tr>
</table>

二、"小型电蒸屉"企划

"小型电蒸屉"企划			
No. 17002　　　　主题：小型电蒸屉　　　　时间：2017.1.10 企划人：××　　　　　　　部门：商品开发部			
● 目的 根据企业经营战略要求，开发新型家用小商品 ● 目标 推出全新家用厨具，开发新的厨具市场 ● 企划背景 单身市场日渐扩大，新型厨具不断问世，如微波炉已经普及，但其缺陷是无法蒸制食物、体积过大、价格较高	● 商品概念 商品名称： 商品标记： 商品作用： (1) 本商品可迅速、简便地蒸制袋装冷冻食品，如烧卖、饺子等，且烹调器具很少，极适合单身人士 (2) 可定时烹调 ● 商品设计图 见附页 ● 商品使用示意图 见附页	● 目标市场 单身职员、家庭主妇、学生等 ● 产品市场定位 低价、简便的烹调器具 ● 价格 100 元左右 ● 课题 与生产袋装或即食食品的公司联系，进行共同研究及推广	● 广告宣传 时间：每年 6—9 月大学生毕业及新学生入校时期，进行大量电视广告宣传 地点：各大中城市 ● 渠道策略：超级市场，百货商场 ● 促销策略：SP，店内实地表演，有奖销售 ● 商品策略：容器可用陶瓷或不锈钢等，进行比较研究 ● 服务策略：利用公司现有微波炉维修点开展售后服务

【案例评析】

美国最古老的商场变身精美公寓

网上电商的兴起，让很多传统实体大商场都成了明日黄花。不仅中国如此，美国也是这样。比如美国史上最古老的商场，位于罗德岛普罗维登斯市中心的 Arcade，也未能幸免，在 2008 年停业关闭。

这座古希腊式建筑建于 1828 年，见证了当地的商业繁荣，深受顾客喜爱，在 20 世纪 70 年代还被列为国家级历史建筑。然而，在被关闭几年后，这座老商场又以让人意想不到的方式，再次成为当地人的新宠！

一个建筑设计团队耗资 700 万美元，将这个古老的大商场改造成了一间间小公寓。改造后，商场的一层是 17 间精品店和餐厅；二、三层则是 45 间小而美的公寓，公寓面积 20m² ～ 40m² 不等，租金低至每月 550 美元起。这些公寓虽小，内部却应有尽有，卫生间、厨房、客厅、卧室，可高效满足住户生活的全部需求。还配备了冰箱、水池、沙发、嵌入式大床、洗碗机、电视机，以及大量嵌入式储藏空间。卫生间虽小，但设计得科学合理，还做到了干湿分离。

然而，申请租住的名单上已有 4 000 多人，即使你在当地也租住不到。我们来听听已经拎包入住的租客怎么说。Naz Karim 是一个每天快要忙疯了的急诊室医师，她已在这里住了大半年。她很满意，即使自己的衣服、食物再多，这里的储存空间都能够放下，还可以随时下楼喝杯咖啡、吃点东西。Sharon 已经结婚，是个有机化妆品配方设计师，她租下这里是为了方便工作和独处。她说每次来这里住时都会思考：一个人好好生活，所需要的东西真的不多。这里还为租客提供了公共活动室、公共停车场。

评析：将商场改建成公寓真是一个绝妙的创意，其形成的新商品——超小公寓，从品牌上看，使历史悠久的古老商场的品牌得以延续；从商品的定位上看，物美价廉，方便快捷，满足了居住城市中心的学生或单身人士全部的生活需求。这个商场改建公寓的火爆情形，也启发了许多其他的早已停业的实体商场。也许，每个城市都需要这样一个公寓，让没落的产业重新焕发生机。

资料来源：美国最古老的商场变身精美公寓 . 新商报，2016 - 02 - 19.

【核心内容】

企业商品企划分为对外商品企划和对内商品企划。制定商品企划实际上是企业营销战略的重要环节之一。

企业商品企划主要包括目的与目标、企划背景、市场分析、目标市场、市场定位、商品概念、商品设计草图、价格策略、渠道策略、促销策略等内容。

【深度思考】

1. 简述制作企业商品企划的意义。

2. 仿照书中实例，自由选择企划主题，尝试写作企业商品企划。

【互联网十】

九阳豆浆机

1994 年，九阳第一台豆浆机诞生。从此，九阳公司及其生产的豆浆机开始进入消费者的生活。2014 年，九阳第 1 亿个豆浆机用户诞生。令消费者印象最为深刻的是九阳的豆浆机在不断创新，新产品层出不穷。九阳是豆浆机的发明人和行业创造者，在豆浆机行业有绝对的领导地位，其市场占有率达 80％。20 年间，九阳先后自主开发的文火慢熬、智能不粘、无网、拉法尔网、易清洗、五谷精磨器等一系列专利技术，攻克了制约豆浆机市场发展的诸多重大难题。九阳豆浆机的每一次技术革新都引领豆浆机行业的发展方向，并使九阳在豆浆机市场上始终保持主导地位和技术领先优势。截至 2015 年末，九阳共拥有专利技术 1 608 项。九阳以实际行动践行其使命：倡导健康饮食生活，致力于产品和服务的持续创新，为客户创造健康、便捷、高品质的饮食解决方案。2015 年度，九阳实现营业收入 706 641.72 万元，较上年同期增加 18.89％。

1. 了解九阳的发展历程、企业文化。

2. 通过九阳历年年报，明确九阳的发展战略及策略。

3. 进入九阳的在线商城，选择其中的某一款豆浆机，为其做商品企划。

【延伸阅读】

《创新者的窘境》，克莱顿·克里斯坦森著，胡建桥译，由中信出版社于 2010 年出版。

作者简介： 克莱顿·克里斯坦森，美国哈佛大学商学院著名教授，曾两次获得《哈佛商业评论》的"麦肯锡奖"，长年专注于创新管理研究，在管理思想研究领域成绩斐然。本书的出版，获得最佳商业类出版著作"全球商业书籍奖"及"布兹·艾伦与汉弥尔顿年度最佳商业类书籍奖"，确立了他在创新管理领域的权威地位。从此，克里斯坦森跻身大师级管理学者的行列，并与他人合作相继推出了《创新者的解答》和《创新者的基因》等著作。

内容提要： 全球商业领域中，许多企业曾叱咤风云，但面对市场变化及新技术的挑战，最终惨遭淘汰。究其原因，竟然是因为它们精于管理、信奉客户至上等传统商业观念。这就是所有企业如今都正面临的"创新者的窘境"。

在《创新者的窘境》中，克里斯坦森指出，一些看似很完美的商业动作——对主流客户所需、盈利能力最强的产品进行精准投资和技术研发——最终却很可能毁掉一家优秀的企业。他分析了计算机、汽车、钢铁等多个行业的创新模式，发现正是那些暂时遭到主流客户拒绝的关键的、突破性的技术，逐渐演变成了主导新市场的"破坏性创新"。如果企业过于注重客户当下的需求，就会导致创新能力下降，从而无法开拓新市场，常常在不经意间与宝贵的机遇失之交臂。而更灵活、更具创业精神的企业则能立足创新，把握产业增长的下一波浪潮。

克里斯坦森根据大量企业的成败经验，提出将破坏性创新进行资本化运作的一系列规则——何时不应盲从客户，何时应投向性能较低、利润空间较小的产品，何时需舍弃看似规模更大、利润更高的市场，转而发展细分市场。

作为企划人，结合本书的观点，我们不妨思考现有中国知名企业的创新方式，以及这些企业如何在险象环生的商业竞争中实现基业长青，这无疑有益于我们未来的企划实践。

第 14 章
企业各部门企划

在我们这个世俗的社会里，企业创造出信仰体系和价值观，人们因参与其中而予以认可。企业成为我们这个时代最伟大的机构。

——斯图尔特·克雷纳

【学习目标】

1. 了解企业各职能部门企划的基本结构；
2. 重点掌握企业人事部门、总务部门及新产品开发部门企划的制定方法。

企业需要制定企业战略及经营方面的企划，企业的相关部门为了工作开展得更好，也应制定相应的企划。这些部门的企划一般相对较简单，其企划的基本结构大致包括以下内容：标题、前言、目的、企划内容、意见、预算、附加资料等。在本章，我们将以实例的形式说明企业各主要职能部门企划的制定方法。

第1节　人事部门企划

一、实例1：导入"弹性工作制"企划

1. 制定要点

该企划的制定要点是：

（1）表明目前导入弹性工作制企业增多的原因。由于人们的世界观在不断改变，现代人不仅谋求物质的丰裕，而且谋求心灵、精神的充实。因此，人们都希望有更多由自己支配的时间，而弹性工作制正适应了人们的这一需求。

（2）应在企划中举出2例～3例职员的想法及生活方式的内容，以增强说服力。

（3）应充满自信。虽然对本企业而言，采用弹性工作制是否一定能获取较好效果目前还是个未知数，但是在企划中应对弹性工作制的效果充满自信。只有这样，该企划才有可能说服别人而获得通过。

2. 导入"弹性工作制"企划实例

◇◇

1. 目的

目前，随着社会环境的不断变化，本公司职员的价值观及生活方式也在不断改变。例如，原来大多数职工是提早到达公司，现在取而代之的是尽早离开公司，以便有时间在文化中心学习或在康乐中心健身；另外，目前公司的国外业务越来越多，与国外通信联系较多的部门，由于时差的关系，常常要在晚上工作。为了适应职员的不同需求，使职员能更加精神饱满地努力工作，有必要在本公司引入"弹性工作制"。

2. "弹性工作制"概要

所谓"弹性工作制"，就是对现行的"9:00—17:30"的出勤时间不做全员统一的要求，而是由职员根据自身的工作需求，自主决定自己的上、下班时间。

（1）本工作制度的重点有以下几点：

● 在岗时间：全员都必须到达的在岗时间（若迟到，则视为缺勤）。

● 弹性工作时间：与自身业务相适应、由自己决定的工作时间。

（2）在岗时间及弹性工作时间规定参见下表：

弹性时间	在岗时间	休　息	在岗时间	弹性时间
0:00—10:30	10:30—12:00	12:00—13:00	13:00—16:00	16:00—24:00

（3）出勤时间的计算方法。

在"弹性工作制"下，职员1个月的出勤时间计算方法如下：

● 每日标准工作时间长度为7.5个小时；

● 超过7.5个小时的时间，则视为"＋时间"（如＋3小时）；

- 不足 7.5 个小时的时间，则视为"－时间"（如－1 小时）；
- 月末将"＋时间"与"－时间"进行合计（如＋2 小时）；
- 这个合计时间为本月的加班时间（若合计时间为－，则视为缺勤）。

（4）具体出勤办法参见下表：

		A	B	C	D	E	F	G
上班 时间	始	7:00	8:00	8:30	9:00	9:30	10:00	10:30
	终	16:00	16:30	17:00	17:30	18:00	18:30	19:00

上述七种出勤时间由职员自由选择，原则上每周周末向本部门主管提出下周的出勤时间类型。

（5）本制度的效果。

- 适应职员的不同需要，使职员更好地灵活支配自己的时间；
- 减少加班时间。

（6）本制度的问题。

由于全员不能统一到达工作场所或许影响士气。

（7）试实施。

本制度拟从本年 6 月 1 日在总务部门及经理部门试实施，若效果好，则希望 8 月 1 日起全面实施。

报告人：人事部

2017 年 4 月 29 日

二、实例 2："制作公司宣传片"企划

1. 制定企划的目的

人员不足一直是企业存在的重要问题之一，如何吸引新人是本企业所需研究的重要课题。目前，电脑的使用和网络的应用已经普及，通过公司的宣传片可以非常便捷地展示企业形象，直观地传达企业生机勃勃的企业文化，从而更好地吸引新人。

2. 制定要点

（1）树立企业形象，建立企业文化。

在录制宣传片之前，必须首先明确企业的形象及企业文化。如果企业形象及企业文化不明确，即使制作了宣传片，也达不到相应的效果。

（2）画面优美，给人以美好的"感性"认识。

当代的年轻人已习惯于通过电视、计算机、手机等视觉媒体获取情报，所以企业的宣传片应注重画面与内容的质量，尽量给年轻人美好的"感性"认识，以吸引其注意力，唤起其观赏的兴趣。

（3）时间控制在 10 分钟以内。

如果宣传片内放入过多的信息，将可能给人以喋喋不休的无聊感觉，所以最好控制在

10 分钟以内。

（4）宣传片编剧仅为第三者。

在制作公司宣传片时，虽然编剧是专业人士，具有敏锐的洞察力，对我们所未想到的及未注意到的方面能做出很好的判定并使其视觉化。但应记住，整个宣传片的框架应由企业企划人士提出，而枝叶的删剪、增加、修改则由编剧来担当。

3. "制作公司宣传片"企划实例

呈：人事部部长

综合企划部×××

20××年×月×日

"制作公司宣传片"企划

本公司在与求职者见面时，往往要介绍公司。然而，现有的介绍方式既花费时间，又容易造成介绍上的差异。为了改变这种效率低下、效果不佳的介绍方式，使公司介绍视觉化，特申请制作公司宣传片，请批准。

1. 目的

视觉化的宣传片，会提升企业形象，有助于企业文化的传播。并且，我们还可将宣传片刻录成光盘给各高校，使其能更好地为本公司推荐人才。

2. 制作人员

（1）编剧人员：人事部××部长；办公室××主任；总务部××科长；综合企划室××；专业电影编剧。

（2）摄影人员：完全委托专业摄影人士，但是本公司应派人参与。

3. 制作时间

××年×月×日至×月×日，共计 2 个月。

4. 制作程序

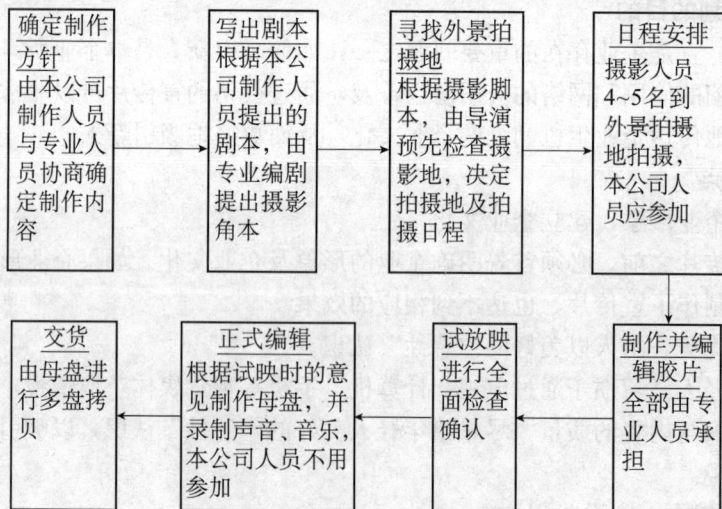

5. 制作费用预算

（1）制作费。

项目	费用（元）
专业设计人员、专业编辑、导演劳务费	6 000×3（名）＝18 000
专业摄影人员劳务费	9 000
剧本费	4 000
剪辑费	1 000×6（小时）＝6 000
编辑费	1 000×6（小时）＝6 000
录音费	1 500×3（小时）＝4 500
音乐费	7 000
胶片费	400
合计	54 900

（2）光盘复制费。

×××元。

6. 制作者

×××电影中心

地址：北京市×××区×××××

电话：（010）×××××××

传真：（010）×××××××

三、实例 3：新职员培训企划

1. 企划实施要点

通过新职员的培训教育，可以使新职员更快地由"学生"过渡到公司职员，从而提高职员的早期战斗力。对新职员进行培训教育的目的在于使其既形成社会人的高度自觉性，又使其掌握相应的业务知识。要达到此目的，就必须对整个培训计划进行周密的考虑。

（1）每个培训班人数在 10 人以下为好，这样容易把握每个人的学习状况；

（2）课程以实务为主，通过大量实例进行教育效果更佳；

（3）研修内容应包含一定的在职培训，使新职员通过培训能更顺利地投入实际工作中。

2. "××软件公司新职员培训"企划

呈：人事部

"××软件公司新职员培训"企划

培训科　2016 年×月×日

常言说"趁热打铁"，对新职员进行培训，对其今后的成长有着非常重要的作用。为此，有必要对培训计划进行全面的考虑。

1. 目的

根据本公司整体培训计划，从新职员到系统分析员需经过一年时间的培训，培训目的是使职员掌握基本信息处理技术，成为合格的系统分析员。

2. 目标

(1) 学习信息处理技术的入门知识。

(2) 学习本公司系统开发的实践技术——标准化程序开发技术。

(3) 学习并掌握公司的基本准则。

3. 新职员培训内容概要

实施月		内容	目标
4 5 6	研修	系统开发基础 PL/I 入门 TSO 入门	掌握标准化程序开发基础知识，并进行考试
7 8	在职教育	其他 公司守则	
9 10	研修	EASY 的研修 JCL 基础	学习创作高效率开发环境的知识，理解实例所表达的含义
11 12	在职培训	MVS 基础 实例教育	
1 2	研究	IMS 入门 DB 入门	学习 IMS 概要和 DB 功能的程序设计技术
3	在职培训		

4. 培训体制及方法

(1) 共分 2 班，每班再分成 4 个小组，每班课程可以不同。

(2) 培训教师：本公司研修科职员 2 名，另外聘教师 2 名。

四、实例 4："建立经营咨询制度"企划

1. 企划目的

企业在经营过程中，往往要倾听各相关领域专家的意见，特别是在处理法律、税务及经营纷争时更是如此。为此，有必要建立经营咨询制度。

本制度有两个目的：一是回答来自公司内部各部门的咨询问题；二是回答来自公司外部（如专卖店、子公司）的咨询问题。关于后者，咨询制度不仅要对各专卖店及子公司起到顾问作用，而且要起到帮助零售商销售及支援子公司的作用。

2. 本制度成功的关键

(1) 各顾问应既了解整个行业状况，又理解本公司的立场；

(2) 有必要将法律、税务、经营等各方面的咨询课题列成表；

(3) 设立咨询窗口；

(4) 来自公司内外的咨询内容，由专门部门管理并整理。

3. "建立经营咨询制度"企划实例

1. 目的

维护本公司及专卖店、子公司等的整体利益。

2. 理由

最近，公司的业务员、子公司及专卖店提出，希望经营管理部门快速提供专门的信息资料及咨询服务。为此，有必要建立相应的制度，以满足本公司及分公司等的日常要求。

3. 建立时间

20××年×月。

4. 经营咨询顾问名单

从已与公司建立契约关系的顾问中，抽选出成绩较好者，作为经营咨询顾问。他们是：

(1) 法律：律师×××（现法律部顾问）。

(2) 税务：会计师××（现财务部顾问）。

(3) 经营：中小企业诊断专家×××（现营销部顾问）。

5. 本咨询制度的服务对象

(1) 公司总部各部门；

(2) 子公司；

(3) 专卖店。

6. 咨询手续

(1) 咨询窗口：在公司总部设在法律部；在各子公司设在相应的法律科。

(2) 咨询方法：面谈、电话、网络等皆可。

7. 经营咨询制度事务办公室

(1) 总部：法律部；

(2) 支店：法律科。

8. 经营咨询制度事务办公室的工作内容

(1) 法律部的工作：

1) 公司总部及各子公司的咨询窗口；

2) 对公司内外的咨询内容及回答进行整理、保管；

3) 回答并处理本咨询制度的相关问题。

(2) 法律科的工作：

1) 子公司的咨询窗口；

2) 对相关咨询内容及回答进行整理和保管。

(3) 经费预算。

建立本制度所需经费：

1) 顾问费：××××元；

2) 差旅费：××××元；

合　计：××××元。

在"互联网＋"时代，企业的人力资源管理模式面临巨大的变革，企业的人事部门也面临众多新问题，由此需要制定相应的各类企划，使人事管理工作适应企业变革的需要。下面不妨针对"韩都衣舍的微组织"，思考将该种组织结构导入企业的企划。

【品牌故事】

韩都衣舍的微组织

韩都衣舍是伴随互联网电商迅速发展脱颖而出的互联网服装品牌商，从最初依靠代购韩款女装，统一标识，形成自有淘品牌；到通过代购款式，自己打样选料并找代工厂批量生产，完善供应链，建立买手小组制，把主品牌做实，拓展多品牌；到如今建立起极具特色的以小组制为核心的单品全程运营体系，通过自我孵化和投资并购两种方式，打造成一个基于互联网的时尚品牌孵化平台。

以小组制为核心的单品全程运营体系，简称"小组制"或称"微组织"。这一模式将传统的直线职能制打散、重组，即从设计师部、商品页面推广团队及对接采购、生产、管理订单的部门中，各抽出1个人，3人组成1个小组，每个小组要对一款衣服的设计、营销、销售承担责任。每个小组拥有的权限非常大，可以决定产品的款式、颜色、尺码，甚至包括产品的数量、价格、折扣。这样，小组直接面对用户，用户的消费意见会直接通过小组决策反映到产品的改良和更新上。小组的提成或奖金会根据毛利率、资金周转率等指标来计算。到2014年，韩都衣舍内部已有267个小组，全公司一年推出3万款新品，相较而言，快时尚领域的领导品牌ZARA每年推出约1.8万款新品——如果仅以速度和款式数量论，韩都衣舍的成绩单比ZARA还要出色。

从管理架构来看，韩都衣舍3人一个小组，3～5个小组为一个大组，3～5个大组组成一个部，部上面是品牌。韩都衣舍通过小组制成功打造HSTYLE品牌后，从2012年起，开始推出第一个内部子品牌AMH，当年5月，又从外部收购了设计师品牌素缕。之后，韩都衣舍每年不断推出新的服装品牌，覆盖不同类型消费者的细分市场。到2015年，韩都衣舍正式运营的子品牌已有16个。所有品牌都统一执行小组制的单品全程运营体系。而公司为所有小组提供了一个公共服务平台，这个公共服务平台一方面提供所有可标准化、可以获得规模经济的生产运营环节，如客服、市场推广、物流、摄影等；另一方面从集团总经办下设两个组——品牌规划组与运营管理组，前者帮助品牌走完从无到有的过程，包括前期市场调研、商标注册、知识产权保护等，后者则负责对销售额达到1 000万的品牌进行管理运营支持。此外，企划部通过大数据分析，了解商品生命周期和商品比率，制定详细的企划方案，以此把握品牌和品类的产品结构和销售节奏，为品牌规划组和运营管理组提供专业建议。

韩都衣舍还设计了产品小组自动化更新的机制，在每天早上10点公布前一日所有小组的业绩排名，小组间互相竞争，同时又在激励上向业绩优秀的小组倾斜。做得好的小组产生示范效应，其中有些小组成员会提出来独立单干，做得差的小组成员会跟过去，小组成员之间可以自由组合，进而推动小组之间的良性竞争与优化。从企业成长、人才成长的角度来看，这种流动的小团队机制将不断实现自我进化和提升。

韩都衣舍这家起家于淘宝的网货品牌，当年只有 20 万销售额，如今每年 15 亿销售收入，公司员工从 40 人一直发展到 2 600 人。韩都衣舍的战略愿景是成为全球最有影响力的时尚品牌孵化平台，其使命是成就有梦想的团队，其经营目标是到 2020 年用 50 个品牌做到 100 亿元销售收入。

资料来源：沈凌云．"互联网＋"时代下的组织结构变革方向——以韩都衣舍为例．中外管理智库，2015 - 11 - 18.

第 2 节　总务部门企划

一、实例 1："设施管理"企划

1. 企划目的

设施管理即 FM（facility management），是指企业资产的高效运用，即如何使企业除人工费、营业费等经费以外的设施费得到有效的运用。在此，我们将以"办公室空间的充分利用"为例，说明如何制定使企业此类经费得以削减的企划。

2. 企划成功的关键

（1）如何实施 FM，与企业观念、构想密切相关。所以，制定企划时，应从中长期的角度来考虑。

（2）办公室设施布置看似简单，但对于外行而言是相当困难的。因此，实施企划时应请教相关专家。

（3）办公地址一旦确定下来，当务之急就是办理电话系统。并且，这个电话系统应该是简单易用的。

（4）应使相关职员彻底了解电话系统的使用及文件的归档整理。

3. "充分利用办公室空间"企划实例

1. 目的

随着企业人员的增加，办公室不得不逐渐扩张，从而使办公经费不断增加。特别是近年来，由于市中心地价上涨，致使本公司租金等费用不断提高，至 2017 年设施费上升率首次超过销售收入上升率（见图 1）。由此造成企业利润率下降，经营状况恶化。为此，当前的首要问题是如何充分利用办公室空间，以适应办公人员增加的需要。

2. 现状分析

目前，公司全体职员 250 名，其中营业员 180 名。营业员白天办公室坐班率仅 40%，据此计算，平时办公室 2～3 人的空间仅为 1 人所用。因此，多出来的办公空间可用来增加 10～20 名新职员。

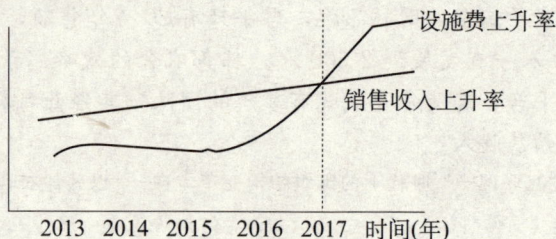

图 1

3. 实施项目

（1）办公桌数目。

现在：职员 250 名；办公桌 250 张。

实施调整后（见表 1）：

表 1

	人数（人）	办公桌数（张）
办公室文员	55	55
营业科长以上职员	25	25
营业员	190	90
合计	270	170

（2）办公桌使用方法。

采用分组使用的方法：办公室文员及营业管理人员每人一张办公桌；其他营业人员只能使用本组的自由空间；文件放在公司文件档案架内保管，职员自己的文件，放在以组为单位所分配的移动式保管盒内，使用时拿出。

（3）多出空间。

无论谁都可自由利用，也可设置自动售货机。

（4）办公室布置图（参见图 2）。

（略）

图 2　办公室布置图

（5）接听电话方法。

每组一部电话，并配上电脑。

4. 经费预算

（1）办公桌等办公用品费：××万元。

（2）电脑：××万元。

合计：××万元。

二、实例 2："导入移动书柜"企划

1. 企划目的

目前，随着写字楼租价的不断提高，如何提高办公室使用效率、减少浪费已成为众多企业的研究课题之一。

我们常常会看到在办公室的某个角落，堆放着一些日常不使用的文件纸箱。在租金不断提高的今日，如此状况对于办公室使用而言，就属非生产性浪费。

然而，使用频度较低的文件若由外部仓库保管，一旦需要使用，则非常不便。因此，这样的处理方法不是最佳。我们应该考虑如何在同一空间保管更多的文件，提高文件的摆放效率，这样不仅可增加保管文件的总量，而且可削减办公室使用空间，可谓一举两得。

本企划的目的就是降低办公室使用成本，提高企业文件保管效率。为此，导入高效率的移动书柜。

2. 企划成功的关键

要使本企划得以成功，必须注意以下问题：

(1) 充分阐述导入的理由，包括说明目前该方面的现状、导入后的效果等。

(2) 对导入的产品的名称、摆放场所、费用、预算等问题进行充分说明。

(3) 导入效果应用具体数值予以表现。如实际的摆放效率提高了多少，办公面积减少使得成本降低了多少，等等。

3. "导入移动书柜"企划实例

为了提高本企业的办公室使用效率，特申请导入 2 套移动书柜，具体报告如下：

1. 导入理由

通过导入 2 套移动书柜，可有效缓解本企业办公室拥挤的现状，并提高文件管理效率，具体可达到以下目的：

(1) 占用较少的办公空间保管更多的文件；

(2) 使分散的文件集中管理；

(3) 缓解由于人员增加所带来的办公室拥挤的现状。

除此之外，可以导入移动书柜为契机，推进文件中心建设，开展以削减个人文件数量为目的的无纸化办公室运动。

2. 导入产品

申华有限公司生产的移动书柜 2 套。

3. 摆放场所

办公大楼四层，第三档案室。

4. 导入费用

定价：68 000 元/套

40 800 元/套（6折）×2套＝81 600 元

5. 预算

2017 年度办公设备预算 100 000 元。

6. 导入效果

该移动书柜与目前本企业使用的书柜相比，具有以下效果：

名称	数量	文件摆放长度	备注
移动书柜	2 套	97.2 m	可保管 22 个双开门书柜的文件量
双开门书柜	10 个	43.0 m	
差异		54.2 m	相当于又增加了 12 个双开门书柜

（1）提高文件存放效率 2.26 倍；

（2）减少约 10 m² 的办公室空间；

（3）减少办公室使用成本：72 000 元/年或 6 000 元/月；

（4）由此可见，约 1 年即可收回导入移动书柜的投资费。

附录

（1）产品说明书。（略）

（2）产品报价单。（略）

报告人：总务部行政科 ×××

第 3 节 新产品开发部门企划

在激烈竞争的市场中，产品日新月异，企业要想持久地占领市场，必须不断进行产品更新换代，以适应不断变化的市场需求，顺应科学技术迅速发展和产品生命周期日益缩短的趋势。否则，难免在竞争中败北。为此，大型企业多数设有专门管理新产品开发的部门。该部门主要负责新产品开发的一系列工作，包括新产品的构思、筛选、指导和协调研究开发等。对于新产品开发部门来说，新产品开发企划的制定，直接关系到新产品是否可以得到企业高层领导的认可，以及是否能顺利开发、上市。

一、新产品开发企划的制定要点

新产品开发成功的关键是消费者接受、购买新产品。所以，满足消费者需要是新产品的最重要特征。为此，要制定出成功的新产品开发企划，必须重视以下内容：

（1）显示新产品给使用者带来的利益；

（2）新产品的效果必须充分论证；

（3）充分说明新产品的结构、性能、效果等；

（4）制订简要的实施计划。

二、新产品开发企划实例

"汽车自动遮阳篷"开发企划

1. 开发目的

夏日，被日光照射的车中温度往往高达 50℃～60℃，方向盘非常热，令人有不敢触摸之感，即使立即打开空调，也需花费一定时间，才能降低车内温度。为了降低车内温度，停车时简单地进行防晒处理，非常有必要。为此，开发能够遮挡夏日强光照射的汽车用遮阳篷。

2. 新产品的特点及结构

(1) 汽车用自动遮阳篷具有以下特点：

1) 操作简单（盖上、取下非常容易）；

2) 原料为布，结实且轻便；

3) 价格便宜。

(2) 新产品结构。

可以将新产品卷起放入盒中，该盒可放入汽车的后备箱内。遮阳篷的布不直接与车体接触，用细长棒将布与车体隔开 2 cm，以此空间取得隔热效果。

(3) 新产品简图。

（略）

3. 新产品实验结果

经过测试得出的结果是：汽车盖上此遮阳篷后，当阳光直接照射汽车时，能使车内 50℃～60℃温度降低为 30℃～40℃，实验数据如下：

项目	A	B	C
盖上遮阳篷车内温度	35℃	38℃	30℃
没盖遮阳篷车内温度	58℃	62℃	52℃
汽车外气温	29℃	30℃	28℃

4. 销售价格

经过测算，销售价格大致为 400 元。

5. 开发日程安排

3 月 1 日起在各种资料准备齐全的情况下开始设计，预定 7 月 1 日生产出 500 套上市。

【案例评析】

新产品开发中的组织设计

在激烈的市场竞争中，企业往往需要培育新的创意，开展新的业务，这样才能维持企业的持续发展。然而，新的创意、新的业务由于其价值尚未得到验证，往往具有很大的风险。这样在争取企业投资资金、人才和组织承诺时，新创意、新业务往往难以吸引企业组织高层管理者的足够关注。在 2011 年之前，诺基亚连续 14 年手机市场占有率位居全球第一。诺基亚根据其主要业务下设两大部门："诺基亚移动电话（NMP）公司"和"诺基亚网络（Net）公司"，两者分别是全球最大的移动电话生产商和主要的移动电话与固定电话网络设备生产商。另外设立了诺基亚研究中心，主要负责以上两个业务群的基本研发任务。1998 年，诺基亚建立了诺基亚风险业务组织（NVO），测试、开发有潜力在 4～5 年内产生 5 亿～10 亿美元收益的业务创意。该业务组织的目的是：寻找新的增长机遇，这些新的增长机遇一方面超出现有组织的范畴，另一方面符合公司的整体远景。诺基亚风险业务组织受诺基亚风险投资委员会的监管，该委员会由来自诺基亚风险业务组织、诺基亚研究中心和主要业务单位的人员组成。该委员会决定如何结合来自不同渠道的创意，是否将这些创意作为新业务，新业务如何纳入总公司组织架构内。

诺基亚风险业务组织的任务：

（1）寻找外部的创意。

（2）处理内部的创意（诺基亚员工中 80％ 的人的工作和创新有关，因此诺基亚的许多创意是在现有业务群内部产生的。风险业务组织只处理超越公司现有技术范围或需要跨越业务单位并有可能创造新市场的项目建议。公司现有业务范围内的投资和收购活动是由各业务群做出的）。

（3）出售或剥离、退出不符合公司总体规划的业务，并按同样原则评估风险业务组织中开发的创意型业务。如诺基亚有一个从事健康服务的单位，该单位开发了一项以电信为基础的治疗糖尿病等疾病的技术，1998 年该业务单位从诺基亚移动电话公司总部转移到诺基亚风险业务组织，一年后出售，因为诺基亚认为买主可以为该业务创造更多价值。

（4）新创意的试验、检验、开发。

诺基亚风险业务组织的工作程序：

（1）诺基亚风险业务组织寻找内、外部创意。

（2）诺基亚风险业务组织将特别有潜力的创意传递给诺基亚风险投资委员会，并由此决定该创意是否为公司的新业务。

（3）诺基亚风险业务组织组建项目小组对新业务进行试验、检验和开发。组建项目小组的方法是：在公司内部发布组建项目小组的招聘信息，并允许项目成员带着自己的创意进入风险业务组织。如诺基亚网络通信（NIC）是诺基亚有史以来最大的创意项目，该项目由一群工程师发起，这些工程师后来调到诺基亚风险业务组织，并组建了项目小组，把他们在诺基亚研究中心开发的无线应用协议（WAP）技术进行产业化。这样的业务程序形成了鼓励全公司创新的机制，因为，如果你有好的创意，就可能通过诺基亚风险业务组织得到顺利实施。

（4）一旦开发的风险业务能够自立，就将该业务转移到和现有业务类似的运营环境之下。该项新业务是保持独立、组建新的业务组织单位，还是和现有业务组织整合起来，决策的依据是这些业务实体之间能够产生合力，还是彼此不相容。

（5）一旦风险事业开发完毕，业务转移，项目小组的工作人员就会回到主流业务。除了少数经理以外，诺基亚风险业务组织没有永久性的员工。

评析：企业内一种新的组织形式的创建必须进行周密的企划。显然，诺基亚通过灵活的组织设计，使诺基亚风险业务组织不是为自己而存在，而是为诺基亚而存在。因为根据该组织的机制设计，由风险组织开发出来的业务最终要交托给其他的业务组织去进一步发展，这样较好地平衡了新旧事业的关系，使企业能够产生很多通道，让创意、人才、资金汇集到一起，创造欣欣向荣的新事业，保持企业的高增长。诺基亚风险业务组织的设立及运作机制为我们提供了一种新产品开发中的组织建设的新思路。进入 21 世纪，诺基亚这个曾经在中国手机市场占据 40％以上份额的老牌手机厂商，如今步履维艰。2011 年失去了全球手机厂商第一的位置；2012 年在中国市场又失去了第一大智能手机厂商的头衔；2013 年 9 月 3 日，微软宣布以约 71.7 亿美元收购诺基亚设备与服务部门（诺基亚手机业务），并获得相关专利和品牌的授权，诺基亚将业务重心转向 Here 地图服务、诺基亚解决方案与网络等。显然，诺基亚步履维艰的现状说明诺基亚风险业务组织的运作并非完美无缺，而且面对环境的变化，企业组织必须创新。正如《管理百年》的作者斯图尔特·克雷纳所说：管理只有恒久的问题，没有终结的答案。我们期待诺基亚能够重新夺回失去的市场地位。

资料来源：陈建萍. 企业管理学：理论、案例与实训（第三版）. 北京：中国人民大学出版社，2014：119.

【核心内容】

企业各职能部门为了工作开展得更好，也应制定相应的企划。

各职能部门围绕其日常工作而制定的企划，其基本结构大致包括以下内容：标题、前言、目的、企划内容、意见、预算、附加资料等。本章列举了人事部门、总务部门、新产品开发部门等职能部门企划实例，以此说明企业主要职能部门企划的制定方法。

【深度思考】

1. 简述企业职能部门企划的基本结构。

2. 结合自己在工作或学习中面临的主要问题，制定解决这些问题的企划。

【互联网十】

3W 创业服务平台

3W 是由中国互联网行业领军企业家、创业家、投资人组成的一家公司化运营的组织，是中国最完善的创业服务生态圈，其主要职能是为创业企业提供完整服务。3W 创业服务平台提供集创业咖啡馆、孵化器、创业基金、品牌推广、人才招聘等于一体的完整创业生态体系服务。其中，3W 咖啡是 3W 拥有的咖啡馆经营实体，其北京旗舰店位于中关村，是中国首家依靠众筹模式创建的咖啡馆，成立于 2010 年 11 月。2015 年 5 月 7 日，李克强总理在 3W 咖啡花了 30 元买了一杯咖啡，使 3W 咖啡创业模式广为传播。

1. 了解 3W 创业服务平台的服务项目和内容。

2. 制定你的创业企划，求得 3W 创业服务平台的支持。

【延伸阅读】

《管理》（上、下册），彼得·德鲁克著，约瑟夫 A. 马恰列洛修订，辛弘译，由机械工业出版社于 2015 年出版。

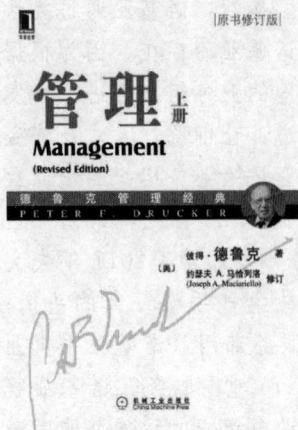

作者简介： 彼得·德鲁克，1909 年生于维也纳，1937 年移居美国，以教书、著书和咨询为业。德鲁克一生著书数十本，仅从 85 岁到 95 岁这 10 年中就出版了 10 本著作，在《哈佛商业评论》杂志上发表文章 30 余篇，被誉为"现代管理学之父""大师中的大师"。德鲁克的思想几乎涉及管理学的方方面面，现在我们熟知的许多管理理论的概念都是他首先提出来的，如营销、目标管理等。无论是英特尔公司创始人安迪·格鲁夫、微软董事长比尔·盖茨，还是通用电气公司前 CEO 杰克·韦尔奇，他们在管理思想和管理实践方面都受到了德鲁克的启发和影响。德鲁克的文章从来都是企业界，特别是一线经理们关注的焦点和对比学习的标尺，他也因此而被誉为"美国公司总裁的导师"。

内容提要： 德鲁克 1973 年出版的巨著《管理：任务，责任，实践》既是一本供企业经营者使用的系统化管理手册，也是为学习管理学的学生提供的系统化教科书，该书被誉为"管理学"的"圣经"。该著作论题广泛，它从任务、范围和方法等方面完善了管理作为一门学科的知识结构，并且对每项内容又都做了深入展现。在著作中，德鲁克深刻地揭示了管理的本质问题，即"管理是什么"这一问题。德鲁克认为管理必须完成的任务是：完成机构的特殊目的和使命，使工作富有活力并使职工有成就，处理本机构对社会的影响和承担其对社会的责任。他从实践出发，并把管理实践上升到哲学高度，对企业的经营管理和目的进行了深入的分析。德鲁克提出了管理的五个基本功能，即管理者需要承担的五项基本责任：确定目标、进行组织、激励和沟通、进行衡量以及培养人才（包括管理者自己）。

本书是《管理：任务，责任，实践》的修订版，在原著的基础上融入了德鲁克于 1974—2005 年间有关管理的著述，以新替旧的材料全部来自德鲁克的作品。由于这本书很厚，德鲁克建议读者每次只读一章。读完一章之后，要问一问自己："这些问题和挑战，对于我们组织以及我个人作为一名知识工作者、一名专业人员和一名管理者来说，意味着什么。"把这个问题考虑清楚之后，再问："我们组织和作为知识工作者和管理者的我，应该采取哪些行动才能把这一章所讨论的挑战转化为我们组织和我个人的机会。"

系统地学习并掌握管理知识是制定成功企划的基础，为此特推荐本书。

第三篇

企划案例

第 15 章

4L2-120 小型联合收割机江西市场营销企划

4L2-120 小型联合收割机江西市场营销企划①

企划人：邓欢

企划时间：2007 年 12 月

目录

前言

2007 年前三季度国内生产总值 166 043 亿元，同比增长 11.5%，上半年机械行业发

---

① 本企划是北京科技大学管庄校区市场营销专业学生在本书作者指导下完成的课程作业，系作者根据公开资料及自己的实际调查资料编写，与任何企业无关。

展一路飘红。

2006年我国农机工业总产值达1 083亿元，农机工业成为近两年机械制造业中增幅最高的行业。全国农机总动力达7.26亿千瓦，综合考虑未来五年中国农业机械化发展趋势和条件，"十一五"将是我国农业机械化快速发展的机遇期。到"十一五"期末，农机总动力预计将达9亿千瓦以上。江西省农业生产条件继续改善，年末农业机械总动力2 137.1万千瓦，比上年末增长20.0%。

2007年，中央财政用于农机具购置补贴金额达到12亿元，补贴区域覆盖全国2/3以上的农业县，县均投入规模扩大，适当向粮食大县和农牧业大县倾斜，提高单机补贴额度。

全国农村经济社会发展"十一五"规划明确要求要加快农村机械化的进程，农机补贴政策将会使农村机械化的进程大大加快，农民购买农业机械的积极性很高，大型农业机械快速发展，尤其是大中型收割机。江西是个山地和丘陵为主的省份，大量的农田分布于山地和丘陵中，大中型收割机在江西不是非常适用。而且大中型收割机的价格较高，一般的农户购买较困难，在江西的小田块和烂泥地中收割效果也不是很好。这使得小型收割机在江西市场上有非常好的发展空间。小型收割机具有体积小、操作灵活、非常适合在山地和丘陵中操作、价格便宜的优点。目前，只有很少的收割机厂家触及该市场，竞争不激烈，没有一家具有绝对优势地位的企业。××农业机械制造有限公司生产的4L2-120小型联合收割机具有体积更小、操作更灵活的特点，性价比较高。但由于品牌的知名度和产品的知晓率不高，加上销售渠道不健全，导致销售不理想。为了让4L2-120小型联合收割机更好地适应市场，特做此市场营销企划，力争让4L2-120小型联合收割机成为小型收割机市场的领跑者。

企划概要

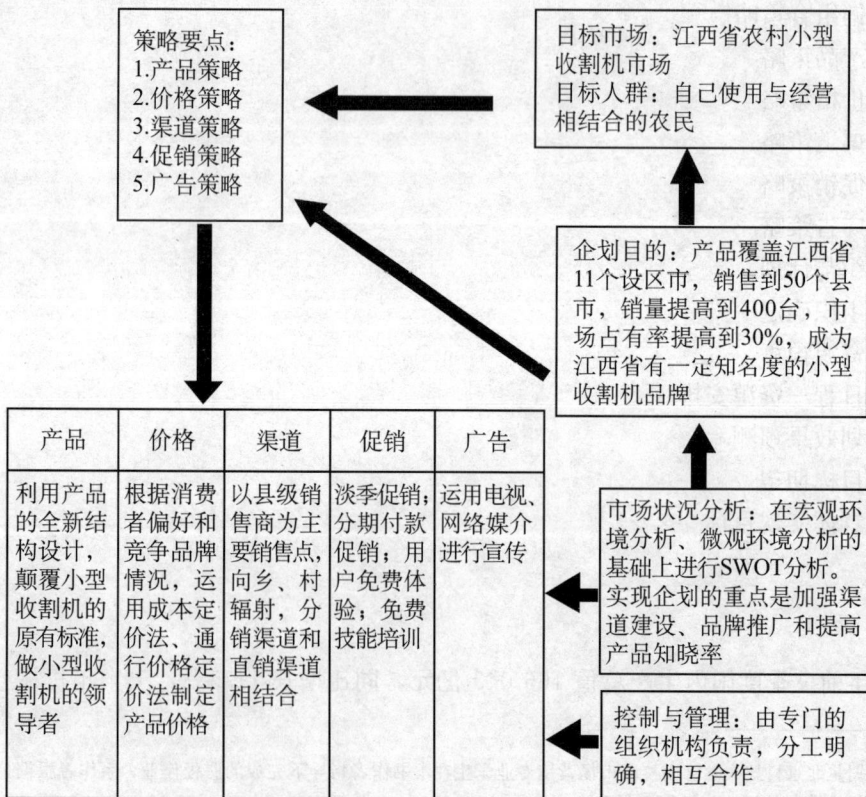

1　市场状况分析

1.1　宏观环境分析

1.1.1　人口因素

江西省目前总人口为 4 222.43 万人，其中，城镇人口 1 359.62 万人，占 32.2%；乡村人口 2 862.81 万人，占 67.8%。

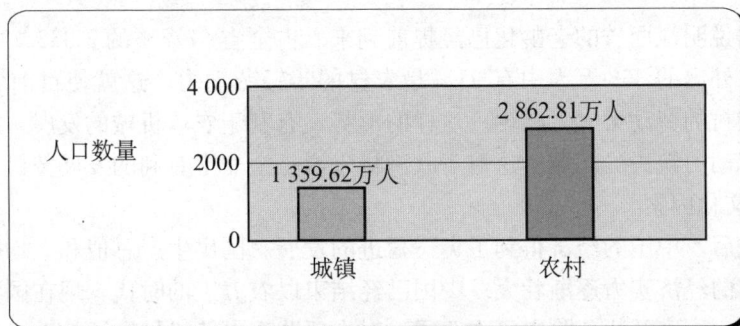

江西省人口数量分布图

江西省计生委组织的流动人口基本情况调查显示：跨省外出人口达到 368 万人，仅次于四川、安徽和湖南，居全国第四位。流出人口中，年龄在 30 岁以下的占 61.5%；30～40 岁的占 32.23%；40 岁以上的只占 6.25%。[①]

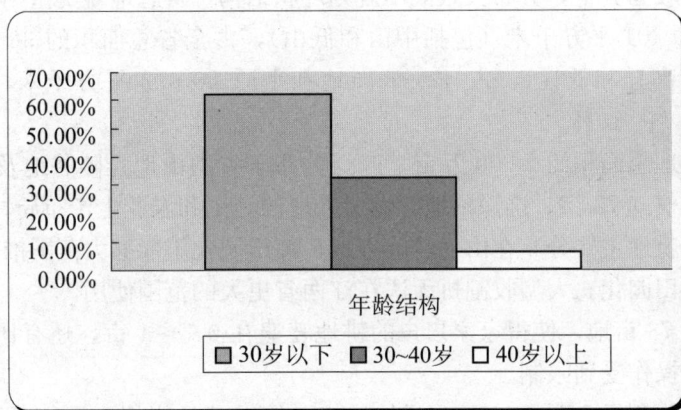

流出人口年龄结构图

由于江西省存在工业不够发达、农业效益不高、高等教育相对薄弱等问题，每年都有大量的农民工前往省外的一些大城市打工。农民工外出打工是江西省经济生活中一种十分重要的经济、社会现象。

江西省目前人口出生率 13.61‰，比 1978 年的 27.01‰下降了近 14 个千分点；人口自然增长率为 7.62‰，比 1978 年的 19.62‰下降了 12 个千分点，人口再生产类型实现了

---

① 数据来源于江西人口网。

从"高出生、低死亡、高增长"向"低出生、低死亡、低增长"的历史转变。

江西省统计部门最新人口变动情况抽样调查显示，去年，65岁以上人口总量达到342.36万人，占全省总人口的比重达到7.89%，与上一年相比，比重上升了0.54%。这意味着江西省老年人口规模在进一步扩大，人口老龄化程度进一步加深。按国际人口年龄类型标准规定，65岁以上人口比重达7%以上、老少比（65岁以上人口与0～14岁人口比例）达30%以上、0～14岁少年儿童人口比重为30%以下的属于老年人口类型。2005年1%人口抽样调查资料显示，江西省在"十五"期末已全面进入人口老年型社会。

以上数据说明江西省的老龄化已经提前到来。占全省67.8%的2 862.81万农村人口，加之每年跨省外出的368万人中有95%是农村的年轻劳动力，这就使目前农村的老龄化更加严峻，农村的劳动力大大减少。这样的形势，有利于农业机械的发展，通过使用农业机械来解决劳动力缺失的问题。这对于收割机来说是个非常有利的发展契机。

1.1.2 文化因素

改革开放后，中国的经济得到了突飞猛进的发展。国民生产总值和人均收入有了很大的提高，国家的经济实力逐渐壮大。中国已经结束以农养工的时代，现在国家开始实施以工补农的政策。国家开始免除农民农业税，对农民购买农业机械给予补助，加快农业机械化的进程，加紧落实新农村政策。中国在未来20年将结束过去那种古老的耕种方式，以机械化的操作取而代之。

1.1.3 自然因素

江西省土地总面积166 947平方千米，占全国土地总面积的1.74%，居华东各省市之首。地貌类型较为齐全，分布大致成不规则环状结构，常态地貌类型则以山地和丘陵为主。其中山地60 101平方千米（包括中山和低山），占全省总面积的36%；丘陵70 117平方千米（包括高丘和低丘），占42%；岗地和平原20 022平方千米，占12%，水面16 667平方千米，占10%。

江西省的耕地总面积约5 300万亩，广泛分布于省内山地丘陵谷地及河湖平原阶地。而人均耕地面积仅0.73亩，这深刻地影响了土地的利用和农业生产布局。

由于江西省耕地主要分布在山地丘陵谷地，使田园化不能够大范围推开，只能在一些河湖平原地实行田园化。大型收割机无法在江西省更大的范围使用。

由于人均0.73亩地，使得家家户户的耕地普遍在0.5～1亩，还有比0.5更小的，使大型收割机的操作受到限制。

并且，大型收割机8万元～30万元的价格，使得其只能作为一种营利性的工具，而不能真正成为农民的农用工具。

1.1.4 经济因素

2007年前三季度国内生产总值166 043亿元，同比增长11.5%。其中，一季度增长11.1%，二季度增长11.9%，三季度增长11.5%。分产业看，第二产业增加值83 478亿元，增长13.5%。2007年上半年，城镇固定资产投资增长26.7%，6月份增长了28.5%，其增幅有继续扩大之势。我国这一轮固定资产投资高潮已经持续了很长时间，超过新中国经济史上任何一次投资扩张期的时间长度。按照以往的经验，重化工业投资周期为五年左右，但这一轮投资高潮目前仍然没有显现出疲态。前5个月，在建规模依然偏大，而新开工项目投资出现反弹。按照在建规模投资惯性测算，固定资产投资高位运行仍将持续较长一段时间。由于全社会资金流动性过剩，固定资产投资的资金来源充裕。[①]

1—7 月，机械工业进出口总值平稳增长，出口增幅明显快于进口，贸易顺差接近百亿。1—7 月，机械工业实现进出口总额 1 971.79 亿美元，同比增长 29.79％，高出全国外贸进出口增长（24.4％）5.39 个百分点。其中出口 1 043.5 亿美元，同比增长 40.95％，高出全国外贸出口增长（28.6％）12.35 个百分点；进口 928.29 亿美元，同比增长 19.18％，低于全国外贸进口增长（19.5％）0.32 个百分点。累计实现贸易顺差 115.21 亿美元。从今年国内外市场需求看，工业增长速度下半年虽然有所减缓，但下降幅度有限。预计全年工业增加值增长 17.6％，比上年提高 1 个百分点；受国家对高能耗行业出口限制政策影响，下半年重工业增速略为放缓，全年重工业增长 18.7％，比上年提高 0.8 个百分点。[②]

江西省农业生产形势良好，全年粮食种植面积 3 547.1 千公顷，比上年增长 0.8％，其中稻谷播种面积 3 239.3 千公顷，增长 1.6％，粮食总产量 1 896.5 万吨，增产 42.6 万吨，总产量连续三年创历史新高。

2006 年主要农产品产量

产品名称	产量（万吨）	比上年增长（％）
粮食作物	1 896.5	2.3
谷物	1 817.9	2.7
早稻	729	4.7
中稻及一季晚稻	273.5	−1.6
二季晚稻	806.3	2.8
油料	78	2.4
其中：油菜籽	42.8	2.8
棉花	9.5	9
烟叶	3.1	47.3
茶叶	1.8	5.2
水果	160.9	23.5
蔬菜	1 176.8	2.7

农业生产条件继续改善。年末农业机械总动力 2 137.1 万千瓦，比上年末增长 20.0％，其中：农用排灌动力机械 522.0 万千瓦，增长 20.0％；联合收割机达 1.67 万台，增长 36.5％；农用运输车 1.39 万辆，增长 19.0％。

1.1.5　技术因素

（1）农业机械化技术创新与示范推广力度加大。

近年来，国家对农机化关键技术和装备研制开发的扶持力度很大，"十五"期间中央财政直接投入的农机化科技攻关资金为 2 800 万元，"十一五"时期会超过 1.4 亿元。水

---

①　数据来源于《中国经营报》。

②　数据来源于《中国农机化》2007 年第 9 期。

稻、玉米等主要粮食作物生产机械化装备和关键技术日趋成熟，油菜、牧草、甘蔗收获机械技术的创新研究也取得重要进展。同时，一批节能、增效、环保的农机化重点技术得到大面积普及推广。2006 年，保护性耕作试验示范在我国北方 400 多个县（场）实施，推广面积超过 2 000 万亩；水稻机插秧技术在水稻主产区推广面积达到 3 000 万亩，比 2005 年增加 1 000 万亩。此外，玉米、大豆、棉花、马铃薯、油菜、甘蔗、牧草生产等机械化技术、机械化旱作节水技术、农作物秸秆综合利用技术等农机化技术已被农业部确定为重点推广的先进适用技术。

（2）农机化技术支撑和装备制造体系日渐强大。

近年来，农机行业的高等院校、科研院所和大型企业主动顺应农业结构调整需要和现代工程技术发展趋势，加快农机化新技术、新机具的研究和开发，重点加强保障粮食综合生产能力的技术装备攻关，支持优势经济作物、畜牧产品和设施农业发展的关键技术研究，使农机化技术的部分"瓶颈"环节和系统组装集成问题得到解决。中国农机工业体系基本形成，已经跻身世界农业机械生产大国行列，能够提供适应我国农业生产要求、质量较为可靠的农机产品。民营企业发展成为农机制造业的主导力量，企业自主创新能力有所增强，产品生产集中度进一步提高，企业效益得到明显改善。2006 年，规模以上农机工业企业总产值 1 316.7 亿元，同比增长 25％。国外农机企业纷纷以合作、合资等方式在华办厂，一些科技含量高、适应强、质量稳定可靠的农机产品迅速进入市场，满足了农民和农业生产多样化需求。农机制造企业的壮大，为农机化的发展提供了强大的装备支持。

（3）农田作业机械化水平显著提高。

2006 年，我国机械化耕地、播种和收获总面积达到 23.4 亿亩，作业水平分别为 52.1％、32.4％和 25.2％，全国耕种收综合机械化水平达到 38％，农业综合生产能力明显增强。在小麦、水稻和玉米三大粮食作物中，小麦机播和机收水平均超过 80％，基本实现了生产全程机械化，水稻机械化栽植和收获水平分别为 10％和 40％，玉米机播和机收水平分别达到 58％和 5％。①

1.1.6　政法因素

我国农机化事业进入了快速发展的重要机遇期，今后中国政府将从以下几个方面大力推进农机化：

（1）强化政府部门引导、服务和调控职能，落实和完善扶持政策。目前，农机购置补贴是推进农机化快速健康发展最直接、最有效的产业促进政策。政府将通过购机补贴政策进行产业宏观调控，用补贴增量调整农机存量结构，用集中招标方式调控产品价格，用选择补贴对象的方式推进农机服务专业化，用选择补贴机具种类的方式促进新技术应用与推广，用调整补贴实施范围的方式支持农业结构调整，用实施补贴目录的方式扶优扶强企业。2007 年，中央财政用于农机具购置补贴金额达到 12 亿元，补贴区域覆盖全国 2/3 以上的农业县，县均投入规模扩大，适当向粮食大县和农牧业大县倾斜，提高单机补贴额度。

---

① 数据来源于《安徽技术师范学院学报》2007 年第 3 期。

（2）积极推进农机社会化服务，促进农业机械共同利用。积极推进农机社会化服务，是我国农业发展和农机化发展的必然选择。通过组织创新、机制创新和管理方式创新，推进以跨区作业为代表的农机社会化服务，坚持走共同利用和提高经济效益为目标的中国特色农机化发展道路。建立以农机专业服务组织和农机大户为主体，农机经营户为基础，基层农机推广、培训、维修、信息服务和投诉监督等服务组织为支撑的新型农机社会化服务体系。购机补贴资金也将优先用于扶持农机大户、种粮大户、科技大户和新型农机服务组织，加快推进农机服务的市场化、社会化和产业化进程。

（3）积极推进农机化技术创新与示范推广，促进农机科技成果的应用。重点加强保障粮食综合生产能力的技术装备攻关。充分发挥大专院校、科研单位、大型农机企业和农机化技术推广单位的优势，凝聚和整合行业科研力量，做到产、学、研、推相结合，努力提高原始创新、集成创新和引进、消化、再创新能力。促进企业和科研单位的联合，促使企业成为技术开发的主体，增强农机科研成果转化能力。大力发展新型农用工业，增强农机工业的供给保障能力，实现由农机生产大国向农机生产强国转变。重视农机化技术的示范推广，建立以政府推广机构为主导，农机专业合作组织、种粮大户、农机大户和农机科技示范户为主体，农机科研、教育等单位和生产、流通企业广泛参与，分工协作、服务到位、充满活力的多元化农机化技术推广体系，积极推动农机化技术的普及应用。

（4）强化农业机械质量与安全监督管理，不断提高农机化质量和效益。建立健全管理规章、技术标准，完善农机试验鉴定和认证制度，搞好重大技术推广机具的鉴定选型工作，积极推进农机信息化建设。依法加强对生产、流通领域和在用农机的质量监督和调查，加强农机维修管理，打击假冒伪劣农机产品，维护农机生产者、经营者和使用者的合法权益。加强农机安全监理工作和装备建设，严格拖拉机、联合收割机及其驾驶人的安全监督管理，使农机化发展速度与发展质量协调，安全生产和效益提高并重。

1.2　微观环境分析

1.2.1　行业现状与行业未来发展趋势分析

（1）行业现状。

1）行业利润稳步提高。

2007 年上半年机械行业发展一路飘红。据 Wind 资讯统计，136 家可比机械行业上市公司上半年共实现收入 1 438.67 亿元，同比增长 33.02%；实现主营利润 251.14 亿元，同比增长 30.72%；净利润 109.01 亿元，同比增长 57.64%。机械类上市公司平均毛利率为 17.19%，高于行业平均水平 2.24 个百分点。过去三年，机械行业上市公司平均净利率总体相对稳定，2007 年上半年有较明显上涨，净利率水平达到 7.42%，较 2005 年年底与 2006 年年底分别上涨 2.88 个百分点与 1.76 个百分点。

2）产销衔接良好。

2007 年 1—8 月，全国机械工业生产呈快速稳定增长态势，生产、销售增速继续保持在 32% 以上，新产品开发持续加快，产品销售率创年内较高水平，产销衔接良好。

1—8 月，全行业共完成工业总产值 45 467.83 亿元，比去年同期增长 32.21%；全行业完成销售产值 44 167.26 亿元，同比增长 32.24%。从今年各月总产值和销售产值增速看，生产销售持续 8 个月稳步快速增长，虽然 7 月和 8 月增速比 6 月略有回落，但增速仍保持在 32% 以上。

3）农业机械装备总量持续增加。

2001 年至 2006 年，我国农机总动力从 5.50 亿千瓦增长至 7.26 亿千瓦，拖拉机保有量由 1 405.5 万台增长到 1 728.3 万台。2006 年大中型拖拉机保有量达到 167.6 万台，比上年增长 20%；联合收割机保有量 55.6 万台，比上年增长 17%；水稻插秧机保有量 11.2 万台，比上年增长 40%。高性能、大马力和复式作业的农业机械保持高速增长，农机装备结构得到明显改善。

4）农田作业机械化水平显著提高。

2006 年，我国机械化耕地、播种和收获总面积达到 23.4 亿亩，作业水平分别为 52.1%、32.4% 和 25.2%，全国耕种收综合机械化水平达到 38%，小麦机播和机收水平均超过 80%，水稻机械化栽植和收获水平分别为 10% 和 40%。①

（2）行业未来发展趋势。

2006 年我国农机工业总产值达 1 083 亿元，农机工业成为近两年机械制造业中增幅最高的行业。全国农机总动力达 7.26 亿千瓦，综合考虑未来五年中国农业机械化发展趋势和条件，"十一五"将是我国农业机械化快速发展的机遇期。到"十一五"期末，农机总动力预计将达 9 亿千瓦以上。

1.2.2　竞争者分析

目前，江西省小型收割机的主要竞争对手有广东省韶关市第二拖拉机厂的丹霞 4L-0.5 型联合收割机、益阳资江联合收割机开发有限公司的 4L-1.0A 型联合收割机。

（1）广东省韶关市第二拖拉机厂。

广东省韶关市第二拖拉机厂是原广东省电子机械工业厅小型手扶拖拉机定点生产厂家。建于 1969 年，位于韶关市武江区新华南路，紧靠京广铁路、京珠高速公路和 106 国道，交通运输极为方便，占地 8 万平方米。从 1980 年开始生产手扶拖拉机，拥有冷加工、冲铆、焊接、热处理等主要生产设备 300 多台，专机加工流水线 3 条和总装流水线 2 条。具有丰富的冷加工、铆、焊、热处理及装配能力，检测手段齐全。

主要产品：丰盛牌丹霞系列手拖（DX31 型、DX41 型、DX61 型、DX81 型）及配套农具（旋耕机、割晒机、拖卡、犁、耙、喷灌机等）；丹霞牌 4L-0.5 型联合收割机；IGP-0.7 型甘蔗中耕培土机。手拖产品适用于平原、山区的水旱田间作业，实现了犁、耙、旋耕、碎土、抽水抗旱、运输、大棚蔬菜作业和甘蔗的中耕培土等多种功能。产品采用国家标准，取得出口产品质量许可证、农业部颁发的农业机械推广许可证、可靠性考核达标证。

丹霞 4L-05 型联合收割机主要技术参数

外形尺寸	3 400×1 300×1 400mm	耗油量	0.8kg/亩
割幅	1 100 mm	重量	500 kg
喂入量	0.5 kg/s	总损失率	≤1.5%
配套动力	11 马力	合杂率	≤3.5%
纯生产率	0.8～2 亩/小时	破碎率	≤0.1%

① 数据来源于《农机化研究》2007 年第 10 期。

产品优势：（略）

产品劣势：（略）

价格策略：低价的竞争策略，是目前收割机市场价格最低的。目前的销售价格是14 000元/台。

渠道策略：以地市级客户为主要批发商，然后向县城辐射。

目标市场：以自己收割水稻为主、经营为辅的农民。

市场占有率：丹霞4L-0.5型联合收割机由于价格的优势，在农村的小型收割机市场的占有率为20％。其凭借价格优势和稳定的质量，市场占有率有扩大的趋势。

（2）益阳资江联合收割机开发有限公司。

益阳资江联合收割机开发有限公司系湖南省水稻联合收割机开发有限公司改制而成，生产的联发牌4L-120型、4L-1.0系列收割机已获国家专利和湖南省农业机械推广许可证，性能和质量达到了同行业领先水平。其中，4L-1.0A型收割机被评选为2004年国家补贴机型、2005年财政补贴机型。该产品具有体积小、重量轻、操作灵活、损失小、工效高等特点，适用于丘陵、平原地区的水稻收割。公司以质量求生存，以信誉交农友，并拥有完善的销售服务体系。产品深受广大农民朋友的欢迎，并已远销菲律宾等东南亚国家。

产品介绍：

联发牌 4L-1.0A 型收割机主要技术参数

外形尺寸	4 360×1 940×1 990mm	耗 油 量	2.0kg/亩
割 幅	1 300mm	重 量	990kg
喂 入 量	1kg/s	总损失率	＜3.5％
配套动力	22～28 马力	合 杂 率	≤5％
纯生产率	1.5～4 亩/小时	破 碎 率	≤2.0％

产品优势：（略）

产品劣势：（略）

价格策略：联发牌4L-1.0A型收割机的售价是19 600元，比丹霞牌的高出5 600元，售价是同类机型中最低的。

分销渠道：以地市级客户为主要批发商，然后向县城辐射。

目标市场：一类：以自己收割为辅、以经营为主的农民；二类：以经营为目的的消费者。

市场占有率：联发牌4L-1.0A型收割机的市场占有率为25％。其凭借在同类机型中的低价和稳定的质量，市场占有率将会有所提高。

1.2.3　消费者分析

（1）注重的因素。

农民的收入有限，大部分是靠水稻的收入及其他的一些农业收入。由于收入较少，在选择购物的时候，对价格很敏感。

通过对50名农民的调查，发现农民购买收割机时最注重的因素是价格，其次是质量，再次是功能，最后才是品牌。这说明价格和质量在农村是最有力的竞争武器。其实，农村市场更注重产品的口碑，农民更加相信身边的人的体验。

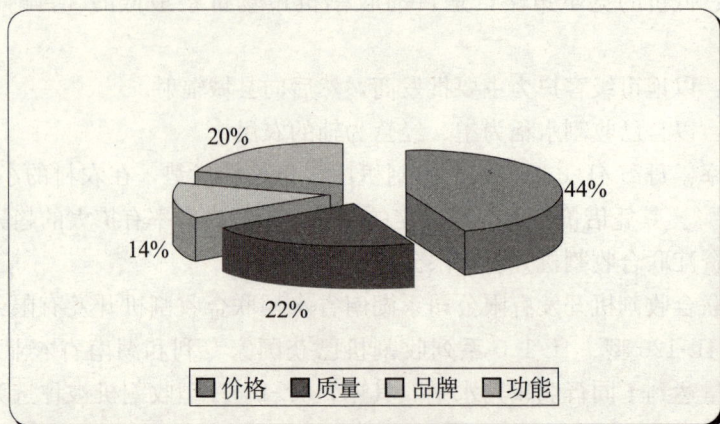

消费者购买收割机最注重的因素

农民的主要收入在水稻丰收后，其余的时间资金都不是很充裕。因为其余的时间都处于投资的状态，大部分农资的购买都是通过赊销。农民的需求表现为实用性，购买的物品要实用，而不是外在的"花哨"。

农民的审美情趣也与城市人不同，如在色彩上农民比较偏爱深色，在名称上比较图求吉祥等。

（2）注重的性能。

通过对 50 名消费者的调查，发现农民最注重的前三项性能为：行走方式、操作灵活性、收割效率。若产品在这三项方面能够领先，那么产品将会领先其他的竞争对手。

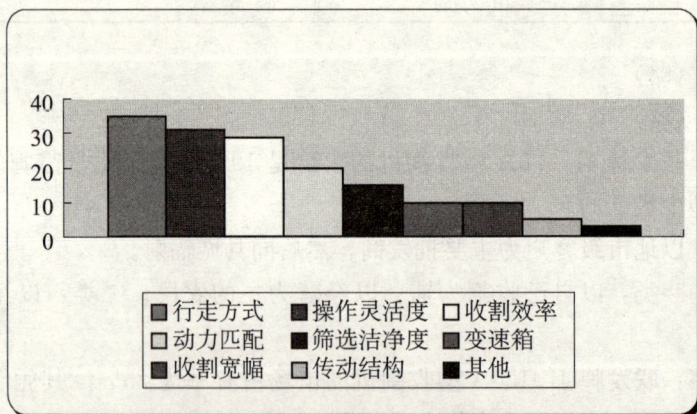

消费者对收割机性能的注重度

（3）对收割机行走方式的选择。

履带式行走的收割机受到 90％的消费者的喜欢，也就是说在同等价位上，履带式行走的收割机具有绝对的竞争优势。

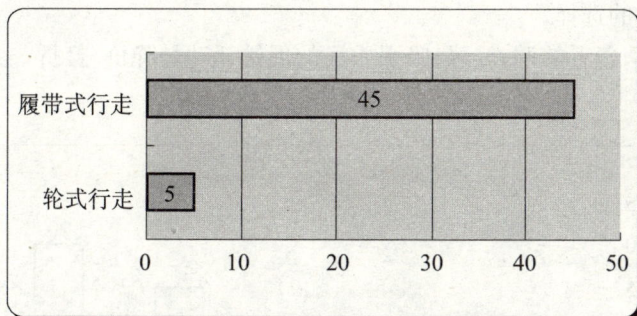

消费者对收割机行走方式的喜欢度

（4）获取产品信息的渠道。

调查显示，农民获取收割机信息的主要渠道是电视广告、亲戚朋友介绍、农机店销售人员介绍。在推广产品的时候应当围绕这三个方面，这样效果最明显。

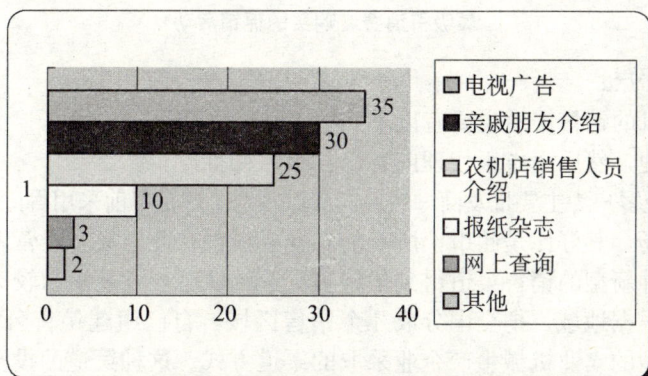

消费者购买收割机前获取产品信息的渠道

（5）购买渠道。

通过对 50 名消费者的调查，82％的农民选择的购买渠道是农机店，其次是电话向厂家订货。这说明销售终端建设特别重要，销售终端的占领决定市场占有率。另外，电话订购虽然只有 16％，但是这是一个新的销售形式，而且有上升的趋势。

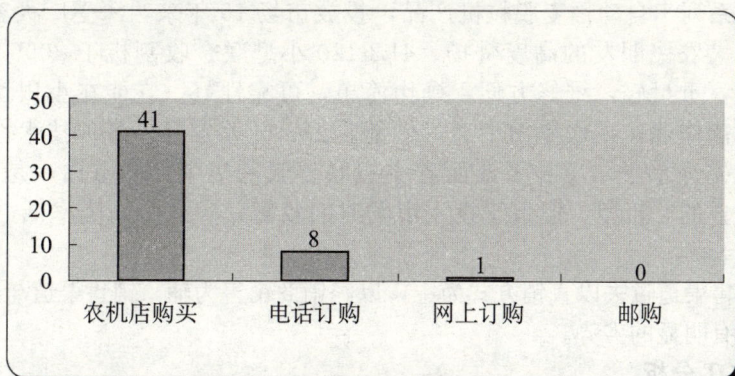

购买收割机的渠道

（6）促销方式的选择。

通过对 50 名消费者的调查，最吸引农民的促销活动是降价/打折，其次是分期付款和买赠。

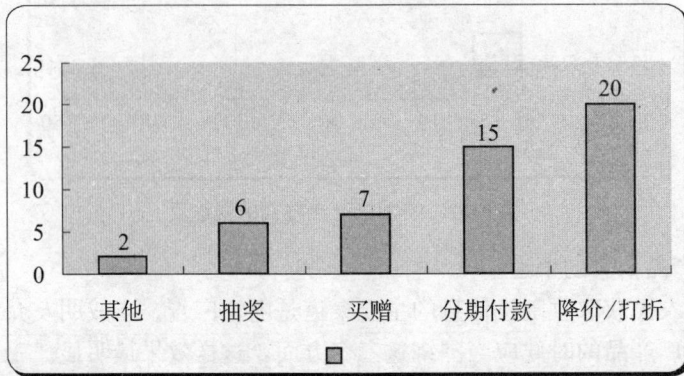

最吸引消费者购买的促销活动

1.2.4　渠道分析

目前，收割机的销售渠道主要有以下几种：

（1）省级代理，然后由省级代理向各个县级市场推广。

（2）以地市级客户为主要批发商，然后向县城辐射。这是目前采用得比较多的销售渠道。

（3）农机市场，其好比是超市，所有的农业机械都在此汇集，经营者可以是厂家，也可以是个人。这种新型的销售渠道得到了许多厂家的认可，发展潜力较大。

（4）由厂家根据地域，把全国分成几个销售区域，自己组建销售公司进行销售活动。这主要是那些大型的农业机械生产企业采取的渠道方式。这种渠道的投资较大，但是容易控制营销计划和促销计划。

1.2.5　企业自身分析

江西××农业机械制造有限公司成立于 1996 年，是集小型耕、播、插、收等多种农业机械和多种农副产品加工机械为一体的专业生产企业。公司占地 1.2 万平方米，生产设备配套齐全，工艺装备完善精良，技术力量雄厚，检测手段完善，是××市最大的农机产品生产企业。公司拥有自己的科研机构。

公司××系列半自动稻麦脱粒机产品，投放市场 10 年来，深受广大客商的欢迎和好评，得到广大农民朋友的高度赞扬。4L2-120 小型联合收割机于 2006 年投入市场，该机设计合理，重量轻，维修方便，操作简单，可靠性好。它能在小田块中快捷迅速地进行水稻收割作业，在水旱田中通过性能良好，转移容易，各项技术性能指标达到了国内同行业先进水平，填补了江西省小型联合收割机生产的空白，是农民买得起、用得上、有效益的好机型。但由于投入市场时间较短，产品的知晓率低，2007 年的销售量只有 50 台。

公司的销售渠道过去以直销方式为主，以经销商销售为辅，销售渠道与丹霞和联发的销售渠道相比有明显的劣势。

1.3　SWOT 分析

1.3.1　优势

（1）产品尺寸小、重量轻、结构简单、维修方便的结构优势。

（2）产品拥有操作灵活、履带式行走、燃油经济性等性能优势。

（3）公司拥有独立的研究机构，有技术优势。

（4）公司有完备的售后服务体系。

1.3.2　劣势

（1）公司收割机产品的知名度不高。

（2）公司的销售渠道不广。

（3）公司的财力有限。

（4）由于销量不高，产品成本较高。

1.3.3　机会

（1）国家对农业机械化的各种长期扶持政策，有利于农业机械行业持续发展。

（2）收割机行业利润空间较大，降低了企业进入收割机行业的风险。

（3）收割机行业在未来发展空间巨大，给企业进入收割机行业提供了市场空间。

（4）小型收割机行业还没有绝对的领先者，竞争企业不多。

（5）老龄化的来临和农民收入的提高，扩大了对收割机的需求量。

1.3.4　威胁

（1）国家为了规范农业机械行业，可能会要求生产规模较小的农机企业退出收割机的制造。

（2）为了争夺市场占有率，行业的竞争更加激烈。

（3）收割机跨区销售对江西收割机行业的冲击。

2　企划对象与企划目标设定

2.1　企划对象

4L2-120 小型联合收割机。

2.2　目标市场

目标市场：江西省农村小型收割机市场。

目标人群：自己使用与经营相结合的农民。

2.3　市场定位

拥有良好操控性的、小巧的、高性价比的、履带式行走的小型收割机。

2.4　企划目标

通过本企划达到以下目标：

品牌知名度：成为江西省众人皆知的小型收割机品牌。

销售区域：产品覆盖江西省 11 个设区市，销售到江西省的 50 个县市。

市场占有率：从目前×％的市场占有率提高到 30％。

销售量：销量由 50 台提高到 400 台。

3　营销组合策略

3.1　产品策略

3.1.1　产品目标

通过 4L2-120 小型联合收割机的全新结构，颠覆小型收割机的概念，树立小型收割机的新标准，做小型收割机的领导者。

3.1.2　产品定位

适合丘陵山区、小田块、烂泥地收割水稻的小型联合收割机。

3.1.3　产品描述

（1）产品外观。

（略）

（2）产品功能。

自动行走；稻麦收割；稻麦脱粒；稻麦筛选；稻麦装袋。

（3）产品技术参数。

4L2-120 小型联合收割机主要技术参数

外形尺寸	2 560×1 200×1 600mm	耗 油 量	0.8kg/亩
割　幅	1 200mm	重　量	780kg
喂 入 量	0.30kg/s	总损失率	≤1.1%
配套动力	12 马力或 15 马力	合 杂 率	≤1.3%
纯生产率	1.5～2.5 亩/小时	破 碎 率	<0.1%

（4）产品特点 。

1）全新的结构设计。收割机的长度仅为2 560mm，是丹霞 4L-05 型的 3/4，是联发牌 4L-1.0A 型的 1/2 左右。长度的缩短使收割机在更加小的田块有更好的操作性能。

收割机外形尺寸对比

收割机型号	长（mm）	宽（mm）	高（mm）
4L2-120 型	2 560	1 200	1 600
丹霞 4L-05 型	3 400	1 300	1 400
联发牌 4L-1.0A 型	4 360	1 940	1 990

2）采用履带式行走的方式，整机重量仅为 780kg，在同类机型中是最轻的。

3）全新的传动设计，采用 6 速变速箱，可以让操作者根据稻田状况调节速度，这样可以提高燃油的经济性（0.8kg/亩）。配套为 12 马力或 15 马力的动力可以轻松应付所有的收割条件。

4）总损失率、含杂率、破碎率三个指标都低于同类产品。

收割机指标对比

收割机型号	总损失率	含杂率	破碎率
4L2-120 型	≤1.1%	≤1.3%	<0.1%
丹霞 4L-05 型	≤1.5%	≤3.5%	≤0.1%
联发牌 4L-1.0A 型	<3.5%	≤5%	≤2.0%

3.1.4　产品组合

本企划产品分为 A、B 两种类型。

4L2-120A：采用 6 速变速箱，配备 15 马力的柴油机，收割纯效率为 2～2.5 亩/

小时。

产品优势：收割效率高，爬坡能力更强，过田坎更加顺畅。

4L2-120B：采用 5 速变速箱，配备 12 马力的柴油机，收割纯效率为 1.5～2 亩/小时。

产品优势：转弯的角度更小，操作灵活性更好，燃油经济性更高。

3.1.5　产品趋势预测

4L2-120 小型联合收割机给小型联合收割机确定了一个全新的标准，在收割机市场具有绝对的技术领先优势。随着农民购买农机热情的高涨，在国家补贴政策的支持下，市场前景良好。

3.2　价格策略

3.2.1　定价目标

低价进入市场，通过价格优势，迅速扩大销售区域，提高市场占有率，以尽快达到规模生产，形成规模效应。

3.2.2　定价依据

（1）成本因素。（略）

（2）需求因素：农民是一个对价格敏感的消费群体，需求的价格弹性应当较大。对 50 名消费者的调查显示，农民最愿意接受的价格是 12 000～16 000 元。

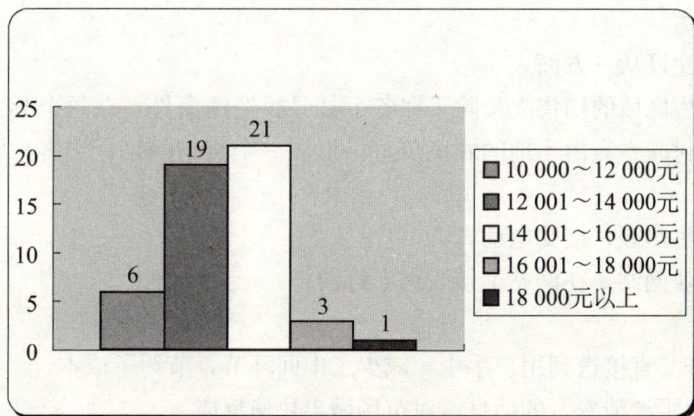

农民购买收割机愿意接受的价格

（3）竞争因素：目前在江西省的小型收割机市场，主要竞争对手有丹霞 4L-05 型联合收割机和联发牌 4L-1.0A 型收割机。丹霞 4L-05 型联合收割机价格为 14 000 元；联发牌 4L-1.0A 型收割机价格为 19 600 元。

3.2.3　定价方法

为了实现定价目标，让自己的产品价格更加有竞争优势，采用竞争导向定价法。

3.2.4　最终定价

（略）

3.3　渠道策略

3.3.1　渠道现状

目前，收割机的主要销售渠道是以地市级客户为主要批发商，然后向县城辐射。以分销的形式，通过二级渠道向消费者销售商品。

3.3.2 渠道建议

根据本企划的目标，采取分销渠道及直销渠道的渠道策略。

（1）分销渠道。

把江西省分为四个销售区域，由公司直接管理，每个销售区域负责所辖区的县、县级市。采用以县级为主要代理商、向乡级辐射的销售渠道，这样可以更快地将产品推向农村这个目标市场。

每个销售区域配备 5 名人员，设一个负责人。

优点：

1）目前，农民购买农机通常是在农机店，这样可以让更多的农民亲身接触和了解收割机的状况，更加细致地了解收割机的性能，让农民真实感受产品的优点。

2）分销系统最大的优点是销售渠道稳定。

3）可以将销售点向乡一级延伸。

缺点：

1）消费者的信息不能及时得到反馈。

2）不会主动与目标消费者接触，总是等待消费者的到来。

3）建设这样的分销系统需要花费很多的资金。

（2）直销渠道。

直销渠道的建设从三方面入手：

一是每个销售区域的销售人员除了在各个县寻找经销商外，在每个县至少开辟 10 个农村联系点，农村联系点由当地的农民负责，形成一个直销网络。当客户需要收割机时，直接送货上门。

二是开通销售热线，接受电话订购。

三是建设企业网站，在网站上接受网上订购。

优点：

1）可以将产品直接送到用户手中，减少了中间环节，节约了成本。

2）可以及时了解消费者的信息，对市场做出快速反应。

3）直销比分销节约了很多费用，非常经济。

缺点：

1）消费者不能更直接地了解到收割机的信息。

2）在初始阶段见效慢，只有当产品在该区域销售了，直销渠道才会逐渐发挥作用。

采用分销渠道和直销渠道正好弥补了各自渠道的不足，使销售渠道更加稳固和密集。为了使两个销售渠道发挥更大的效用，对销售提成应进行重新分配。

3.3.3 渠道费用

（略）

3.4 促销策略

3.4.1 促销目标

激起消费者的购买欲望，提升品牌的知名度。

3.4.2　促销组合

本企划采用营业推广（促销让利、免费体验）、广告和公共关系的促销组合。

（1）促销让利：非销售旺季让利给消费者；资金有困难的消费者可以分期付款。

（2）免费体验：将 4L2-120 小型联合收割机在水稻收割时节投放到各个销售区域，免费为农户收割水稻。

（3）公共关系：在全省范围内搞一次"××与您同在"的公益活动。

3.4.3　具体实施策略

（1）促销让利方案。

调查显示，消费者最感兴趣的促销活动是降价/打折和分期付款。促销方案主要从降价/打折和分期付款两个方面来进行。

促销方案一：在非销售旺季，产品最高打 8.5 折。

通过对 50 位消费者和 20 位经销商的调查，收割机的销售旺季在 5 月、6 月、7 月三个月，其中销售最旺的在 6 月。

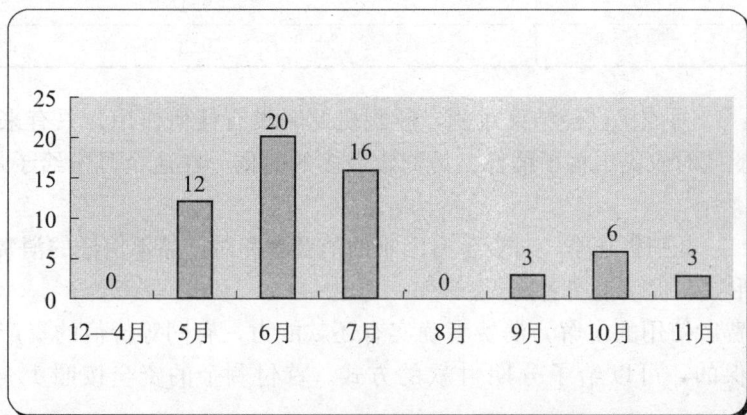

消费者购买时间

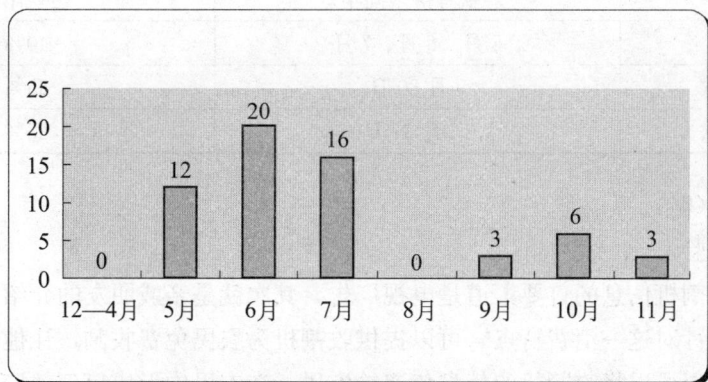

销售商的销售旺季

根据调查数据，5 月、6 月、7 月为收割机的销售旺季，没有人购买收割机的月份为

12月至次年4月，销售淡季为8月、9月、10月三个月。江西的水稻收割主要有三季，一季为7月的早稻收割，二季为9月的中稻收割，三季为11月的晚稻收割。12月到次年4月属于农闲和播种的时候。根据以上数据制定以下实施方案。

实施方案：按照不同的月份，采用不同的折扣率。

各月份折扣率

月份	折扣率
8	9.3
9	9.5
10	9.5
11	9.5
12	8.5
1	8.7
2	8.9
3	9.1
4	9.3

实施依据：12月农民已经结束收割，收割机此时没有任何作用，只有来年早稻收割时才能够用上。此时农民出售了稻谷，是资金最多的时候。在这个月份给予最多的优惠，让农民动心。

促销方案二：在销售旺季，对资金有困难的消费者和对产品不信任的消费者，可以采取分期付款的形式，促使消费者购买。

通过对消费者信用的了解，消费者确实有还款能力，有同等价值的资产做抵押，并且有担保人担保的，可以给予分期付款的方式。首付剩余的资金按照1%的利率计算利息。

分期付款比例表

还款分期	还款月份（同年）	还款比例
首付	5月、6月、7月	40%
第一次还款	9月30日	35%
第二次还款	12月31日	25%

促销费用：（略）

（2）免费体验。

农民获得收割机信息的首要渠道是电视广告，其次就是亲戚朋友的介绍。在农村，农民更相信口碑。针对这一消费特点，可以提供收割机为农民免费收割，让他们亲自体验收割效果，这样不仅可以将收割机的信息传递给农民，在农民中形成口碑效应，而且可以挖掘大量的潜在顾客。

数据分析：江西的水稻收割主要有三季，一季为7月的早稻收割，二季为9月的中稻收割，三季为11月的晚稻收割。

各季水稻收割时间

水稻季节	水稻收割时间
一季（早稻）	20 天
二季（中稻）	15 天
三季（晚稻）	20 天

全年的水稻收割时间为 55 天，一季和二季的收割时间为 35 天。

具体方案：（略）

营业推广分三步走：

1）在一季早稻收割的时候，20 天的营业推广的重点放在最有需求的市场。重点市场由各个销售区域的销售人员确定，至少要推广到 12 个县市，每个县市至少要推广到 6 个自然乡。每个乡组织潜在用户到推广点操作，让他们亲身感受收割效果。

2）在二季中稻收割的时候，15 天的营业推广的重点放在上次没有推广的县市，要完成剩余县市的推广，每个县市要推广到 6 个自然乡。

3）在三季晚稻收割的时候，20 天的营业推广的重点是对重点市场进行更加细致的推广，为 12 月开始的打折促销和来年的销售做好铺垫。

每到一个推广地点，均应发放收割机产品资料、企业和当地销售商的联系方式、负责该区的销售人员的联系方式。

免费体验费用：（略）

（3）公共关系。

公共关系主要从两个方面进行：一是主题活动；二是宣传报道。

方案一：开展"××与您同在"的主题活动。

培训人数：在全省 80 个县市中，每个县给 5 个名额，共 400 名学员。

培训内容：电焊、柴油机维修、旋耕机维修、收割机维修。

培训费用：免费，学员只需负责自己的伙食费和往返车费。

培训地点：××农业机械制造有限公司。

培训人员条件：身体健康；年龄在 25～40 岁；操作过农业机械。

培训时间安排：2008 年 1 月 1 日—2008 年 4 月 20 日。

人员培训安排表

培训期数	培训日期	培训时间（天）	培训人数（人）
1	1.1—1.10	10	50
2	1.11—1.20	10	50
3	2.21—3.1	10	50
4	3.2—3.11	10	50
5	3.12—3.21	10	50
6	3.22—3.31	10	50
7	4.1—4.10	10	50
8	4.11—4.20	10	50

将在全省免费培训的信息刊登在《江西日报》和各市的主要报纸上，最大范围地将此

信息扩散，并和每个县市的劳动人事部门合作，由各个劳动人事部门报送报名人员的信息，由公司做最后的人员确定，并将确定的名单反馈给各个县市的劳动人事部门。

学员培训结束后，合格者获得公司颁发的合格证，并有机会成为公司的售后服务人员。

在每期中评出1名最优秀的，8名学员开展一次最后的竞争，给冠、亚、季军颁发奖金和证书。竞赛过程与电视台合作，做一期节目，将信息最大范围扩散。

培训活动费用：（略）

方案二：宣传报道。

宣传报道主要是将有利于公司的新闻通过报纸、电视等传播媒介扩散，以吸引公众的注意，扩大影响，提高企业的知名度。

宣传报道主要围绕营业推广和"××与您同在"两个活动展开，通过各种报纸、电视进行最大范围的宣传。

在宣传报道营业推广时，主要围绕"××农业机械制造有限公司投入5台自己开发的最新4L2-120小型联合收割机免费为农民收割水稻，以实际行动支援农业"的主题。

在报道"××与您同在"时，主要围绕"××农业机械制造有限公司努力使农民更好地掌握农业机械的维修和使用技术，让学到技术的农民造福一方百姓"的主题。

宣传报道费用：（略）

公共关系总费用：（略）

3.5 广告策略

3.5.1 广告目标

通过广告提高企业品牌的知名度和产品的知晓率，让产品的信息覆盖江西省范围，让70%的潜在用户看到产品的信息。

3.5.2 广告宣传渠道

调查表明，农民受电视广告影响较大，而对于报纸、广播广告，他们大多认为不足信。

3.5.3 广告媒体选择

采用以电视广告为主、网络广告为辅的广告媒体组合。

具体媒体选择理由：（略）

3.5.4 广告媒体计划

（1）电视广告媒体计划。

电视广告的投放时间：电视广告选择4月1日—7月31日、9月1日—9月30日这两个时段。

电视广告的播放策略：两个阶段采用不同的播放内容。

第一阶段：主要宣传产品的先进性、实用性、体积小、性价比高，宣传企业品牌和企业网站。

第二阶段：主要宣传企业的电话订购、网上订购和打折信息，提高企业品牌的知名度。

广告的投放时间段：农民对江西一套最感兴趣的是电视剧和天气预报，所以电视广告投放在这些时段最有效。

电视广告的投放时间：

电视广告投放时间表

广告阶段	投放时间	投放频率	播放次数	投放时间段	播放时间
	4.1—4.30	1 次/2 天	1	电视剧插播	10 秒
	5.1—5.31	1 次/1 天	1	电视剧插播	10 秒
第一阶段	6.1—6.30	2 次/1 天	2	电视剧插播、天气预报后播放	10 秒
	7.1—7.15	1 次/1 天	1	天气预报后播放与电视剧插播交替进行	10 秒
	7.16—7.31	1 次/2 天	1	天气预报后播放与电视剧插播交替进行	10 秒
第二阶段	9.1—9.30	1 次/1 天	1	电视剧插播	10 秒

（2）网络广告媒体计划。

网络广告用视频对收割机的收割效果进行展示，用图片对收割机的结构和细节进行描绘，用文字对产品进行论述，用数据进行说明。

3.5.5　广告表现计划

（1）电视广告表现计划。

1）第一阶段广告表现计划。

画面一：收割机在柏油路上超过一位骑自行车的农民，接着从容地走在一条狭窄的田间路上，对面有位农民小心地推着板车走。

画面二：收割机非常轻松地越过田坎，来到一块水田里。这时，左边的一块地里有三口之家正在汗流浃背地收割水稻，还剩下很小的一块；右边的一块地里，一台大型的收割机在旁边准备收割水稻。

画面三：收割机用矿泉水瓶加了一瓶柴油，而大型收割机用大的水壶加了一壶柴油。

画面四：收割机的履带深深地嵌入烂泥地里，但是丝毫不影响收割。尤其是在弯角处，体现出良好的操控性。而大型收割机却留下很多不能收割的死角。

画面五：当收割机收割完时，大型收割机还在艰难地转弯，那个收割水稻的农民正直起腰来，一脸的疲惫。

画面六：那个农民上前问道，你的这个收割机一定很贵吧？收割机用户说价格是大型收割机的 1/5，够惊喜吧？农民说，我也要买一台。

画面七：大型收割机用户摇着头，一脸的无奈。

画面八：欢迎登录×××网站和拨打免费电话×××了解产品的更多信息。（呈现公司的标志，并配上"××让您的工作更轻松"字样）

2）第二阶段广告表现计划。

（略）

（2）网络广告表现计划。

（略）

3.5.6　广告总预算

（略）

4　组织与计划

4.1　组织确定

建立一个营销机构，主要负责渠道推广、营业推广、品牌推广和产品推广。该营销机构设 1 名营销经理、2 名副经理。营销经理直接向企业经理汇报市场营销的进度和效果，负责协调市场营销的各项工作，确保营销计划的效果。2 名副经理主要负责两个部门——渠道推广部和营销活动推广部。

4.1.1　渠道推广部

渠道推广部由 21 人组成，1 位渠道推广部部长，20 名渠道推广人员。每个销售区域分配渠道推广人员 5 人，每个销售区域设置 1 位销售区区长负责协调销售区域的渠道推广工作，定期向渠道推广部部长汇报工作进展。渠道推广部部长去各个销售区域解决和协调渠道推广中产生的问题，保证渠道推广工作的顺利进行。

4.1.2　营销活动推广部

主要负责营业推广活动的开展、电视广告的宣传、产品的宣传。营销推广部共 5 人。有 1 名部长负责所有活动的开展，协调活动中产生的问题，确保活动的顺利进行。

4.2　资源预算

（略）

4.3　日程—资源安排

日程—资源安排表

策略实施时间		2008年											
		1月	2月	3月	4月	5月	6月	7月	8月	9月	10月	11月	12月
渠道策略	赣州销售区	→————————————————————————————→											
	赣中销售区	→————————————————————————————→											
	赣西销售区	→————————————————————————————→											
	赣北销售区	→————————————————————————————→											
推广策略	打折促销	→——————————→								→——————————→			
	分期付款促销						→————————→						
	营业推广							→		→		→	
	公共关系	→——————————→											
广告策略	电视广告一				→————————→								
	电视广告二									→——→			
	网络广告	→————————————————————————————→											

5　企划效果预测

5.1　目标期望

（1）提升公司品牌知名度，使产品具有更强的竞争力。

（2）提高产品的知晓率，让更多的消费者了解产品的信息。

（3）拓宽横向销售渠道，挖深纵向销售渠道，形成密集的销售网络。

（4）增加市场占有率，成为江西省小型收割机市场的领军者。

（5）增加产品的销量，从而降低产品成本，尽快实现规模效应。

5.2　具体实现目标

预计利润可达××××××元。市场讯息千变万化，有很多的不确定性，为了检验企划方案的可行性，对企划报告进行悲观、最可能和乐观的三种数据分析。具体预测损益表见下表。

损益表：（略）

第 16 章
"德恩耐"广告企划[①]

　①　本章提供的案例为台湾金球广告公司陈家和所作。为此，本书作者对该企划作者表示衷心的感谢。为了忠实于原作，本书对此案例一些非简体中文习惯的表述未做改变，请读者注意。

名称：德恩耐（Day and Night 漱口水）行销与广告企划

企划单位：金球广告公司

策划人：陈家和

撰稿人：陈家和

一、前言

台湾的生活水准，随着经济的成长与社会形态的转型而大幅提高，享受品的消费需求也正日渐加大。

漱口水的市场在"李施德霖"经年来的开发，这两年内已点燃了市场成长的火种。

"速可净"以清淡的口味，在短短半年内成功地侵入辛辣的"李施德霖"的市场占有，并接受了被唤起消费欲又排斥"李施德霖"的全部市场。

可见漱口水需求是很强烈的，而且成长率将以高速的形态在扩长。

当然，治疗性的漱口水是未来市场的主流，但在饱和期来临前，享受性的漱口水依然是目前最容易被接受的。

因此，在药用漱口水强大的"李施德霖"与保健用漱口水之新贵"速可净"之间，"德恩耐"漱口水要如何才能侵入漱口水市场占有一席之地呢？

1. 本建议主旨

（1）树立正确漱口水的观念。

● 漱口水要有效果但不伤口。

● 太浓太淡都不是漱口专用的漱口水。

● 漱口是一种生活上的享受：辣口是吃苦，没味道的没有漱口的享受。

（2）在漱口水成熟期未到之前先打击老牌"李施德霖"的根据，再抑制新贵"速可净"的发展，以建立第一品牌的地位。

（3）达成今年度之预定营业目标 12.5 万瓶。

2. 本建议书建议实施期

××××年 7 月—××××年 2 月。

3. 本建议书广告预算

以 600 万台币为范围。

二、市场消息

1. 市场性

（1）据统计，有 56％到 70％人有口臭，如果包括睡觉后醒来产生的口臭，几乎没有人例外。

（2）根据中医观点，节气变化容易上火，会形成口苦 、口臭、舌苔、口腔糜烂、牙龈发炎等口腔疾病。

（3）幼童嗜吃糖果，引起大量的蛀牙。

（4）"李施德霖"之高幅度成长，市场普及率达目标（30 岁～50 岁高阶层男性）

之5％。

因此漱口水的市场演进已发展到可开发的阶段，同时预计市场的起飞期（普及率20％）将迅速来临了。

2. 商业机会

（1）去年百业萧条，消费规模受挫甚巨。

（2）今年2月表面尚有些许复苏的假象，唯四月加值营业程实施必定会使景气的恢复受到暂时性的抑制。较乐观的期望明年下半年能转好就不错了。

（3）去年药业成长下跌。药房营业负成长达三成以上；药商十家有九家赤字连连。

（4）今年广告量成长仅2.59％，其中药业在电视广告费负成长6.1％，在报纸广告费负成长65.71％，在杂志广告费负成长34.29％；而在电台广告更是有大幅的负成长。

因此，虽然在1月、2月，药业有好转的现象，但在不甚稳定的时机从事新上市，应采取较保守的市场经营政策。

3. 市场成长

（1）"李施德霖"的良好业绩，可说明"德恩耐"导入市场的安全性。

（2）"速可净"于去年9月问市受到普遍性接受，说明了"李施德霖"的缺陷及漱口水市场规模一日千里。

（3）漱口水属家庭所有分子适用品。日后普及的市场量庞大，市场规模可观。

（4）生活水准的提升、中上阶层迅速增多亦显示了成长的将来性。

4. 消费者接受性

（1）消费者目前接受的是味道强烈的漱口水。

（2）强烈的味道连大男人都受不了，何况妇孺。

（3）导入期如以妇孺为目标群必定事倍功半。

（4）"德恩耐"之口味应加重一点，使舌头有麻感（消毒味），才不会有药力不足的错觉。

因此"德恩耐"仍应以药品姿态之定位才能摒除接受的障碍。

三、商品分析

1. 用途

（1）30岁以上之男性：消除口臭（口腔清洁舒适感，事业交往之印象）。

（2）18岁～30岁之男女性：消除口臭（谈恋爱）。

（3）4岁～10岁之儿童：防蛀牙。

（4）综合用途：清洁口腔、牙齿保健，如舌苔、口苔、喉痛、牙龈发炎、口腔糜烂等。

2. 命名

定洋化之名字，以提高商品格调。英文名：Day and Night。中文名：德恩耐漱口水。

3. 包装

采用有欧洲风味之设计。

4. 颜色

接近大自然色——"绿"（树叶色）。

5. 口味

以现有样品言：

（1）甜度不足感。

（2）药力不足感。

（3）舌头没有麻感。

（4）凉爽度不足，持久不够。

6. 容量

与李施德霖相仿。

7. 价格

（1）零售定价 150 元。

（2）零售进价 120 元（8 折）。

（3）中盘进价 108 元（9 折）。

（4）厂价 27 元（400％）。

（5）预估利润：

开发期：

- 货本 25.0％；
- 广告费 45.0％；
- 利息 8.0％；
- 费用 12.0％；
- 纯利 10.0％。

成长期：

- 货本 25％；
- 广告费 30％；
- 利息 8％；
- 费用 13.5％；
- 纯利 23.5％。

四、市场研究

1. 设定对象

（1）0 岁～3 岁：虽然容易蛀牙，但不会漱口，本层予以排除。

（2）4 岁～10 岁：此年层处于乳齿转换永久齿之际，又是吃糖最多的年龄，蛀牙特别多，乃重要对象之一。

（3）11 岁～17 岁：此层忙于升学考试，牙齿亦长成乃不易接受之层次。

（4）13 岁～30 岁：未婚男女，是恋爱年岁，对口齿之清香较注重，吐气如兰尤以女性较讲究，唯其开销在衣着玩乐，购买力减低，乃次要对象。

（5）已婚女性：虽有许多爱清洁之妇女，但本层之消费欲不强，乃次要对象。

（6）30 岁～50 岁已婚男性。

● 吸烟量大；

● 生活秩序不正常；

● 口臭严重；

● 生意往来注重外貌印象；

● 购买力强。

本层为导入期之最大消费群。

（7）50 岁以上：除了特殊身份（高级主管）外，其需要性大为降低，因此本层亦不予计入。

2. 市场预估

（1）导入期市场：以 30 岁～50 岁男性为目标群，其中 20％中上阶层为主要目标群体。

$$248×20％＝49.6（万人）（按 50 万人计算）$$

（2）成长期市场量：加上 4 岁～10 岁儿童为目标群。

$$280×20％＝56（万人）$$

$$50＋56＝106（万人）$$

（3）饱和期：再加上 18 岁～30 岁及已婚女性。

$$（505＋250）×20％＝151（万人）$$

$$151＋106＝257（万人）$$

3. 销售量预估

导入期以 5％作基数，第二期实销以 50％做回收。即

$$50×5％＝2.5（万瓶）（7 月）$$

$$2.5×50％×8＝10（万瓶）（8 月、9 月、10 月、11 月、12 月、1 月、2 月、3 月）$$

年度以 2.5 万瓶＋10 万瓶＝12.5 万瓶为目标量。

4. 竞争环境

（1）厂牌。

●"李施德霖"在西药房已有深厚的基础，味道强烈，毁誉参半，乃最大竞争对象。

●"速可净"去年 9 月上市，口味淡，占据不爱辛辣味道的市场。

（2）广告力量。

●"速可净"纯以印刷媒体从事广告。

9 月杂志：5.6 万元

11 月报纸：7.735 万元

　　　杂志：5.2 万元

12 月报纸：23.205 万元

　　　杂志：4.5 万元

但今年已展开大量的 TV 广告投资。

●"李施德霖"完全投入电视广告。

（3）竞争分析。

●"李施德霖"系先导品牌，自有其稳固的地位。

- 本品犹处开发阶段（普及率仅目标群体之 5％）。
- "德恩耐"如高水准地出现在开发期中很容易取得领导之地位（如沙威隆之与巴斯克林）。

（4）竞品广告 CF 之表现。

- "李施德霖"：

（20 秒）

与人亲近的时候，别让口臭成为你们的距离。

李施德霖漱口药水能除口臭，杀死细菌，确保口气清新。

李施德霖漱口药水消除口臭，确保口气清新 LISTERLINE。

（30 秒）

有口臭的人自己多半都不知道，别人也不好意思说。

李施德霖能保持口气清新。

刷牙只能清洁口腔的一部分，用李施德霖漱口水，更能深入口腔，消除细菌，药效持久。

使您与人相处，口气清新，充满信心。

保持口腔卫生，早晚二次。

李施德霖漱口药水。

（20 秒）

年轻情侣约会跳舞拥抱篇。

- "速可净"：

（30 秒）

这是新产品

速

这是新产品

速可

先漱一口再说嘛！！

嗯！谈吐要讲究，口气要清新。

这是速可净漱口水。

含一分钟可保持长时间的口气清新。

这是新产品速可净漱口水。

嗯！口气清新多了。

这才像话！

速可净漱口水 SCODYL。

5. 销售季节

（1）以中医论：冬天火气较大，患口臭多，夏天多喝水火气较小，口臭少。

（2）以活动量论：夏季男人商场交际活动量大，漱口需求较多。

因此，淡旺季不明显，可以说一年四季都是旺季，但冬天应该比夏天稍好一点。

6. 销售地域

（1）高水准的地区为主力，应深耕经营。

（2）商场人士众多之都会，台北、桃园、台中、台南、高雄之比例应加重。

因此，大型药房（指定店）外，高级区之铺货店数应较密。

五、营销通路

1. 导入期之通路

（1）以 350 cc 小包装在药房建立药品定位。

（2）全省设台北 2、桃竹苗 1、云嘉 1、台南 1、高屏 1、花东 1、基宜 1 等 9 区域中盘代理经营。

（3）铺货代理策略。

● 发动期（7 月）。普销店每家一口（4 瓶）3 000 家，甲级普销店每家一口（6 瓶）1 000 家，甲级店第一个月内进货 2 口，合计 2.4 万瓶。

● 发动期 1 个月后展开第一期特卖（8 月 15 日）。目标量普销店每家一口 12 瓶，甲级店 2 口 24 瓶，发动期下货量可并算，合计 6 万瓶。

● 第一期特卖开奖后，即展开二手中盘铺货，一口 48 瓶 400 口（10 月 25 日—11 月 10 日），合计约 2 万瓶。以上为第一季特卖总计 8 万瓶，休息一个月空档，即展开第二期特卖。

● 第二期特卖（12 月 5 日—2 月 5 日）。约第一季卖之一半 4.5 万瓶。

2. 成长期之通路

（1）新设 600 cc 及 800 cc。

● 600 cc 代替 350 cc 在药房流通。

● 350 cc 准备入军公教福利社。

● 800 cc 于百货线流通。

（2）特卖分为三期进行：4 月—6 月，8 月—10 月，12 月—2 月。

六、消费者研究

1. 动机

（1）消除口臭，清洁口腔。

（2）表现男士高雅风度与谈吐。

（3）吸引异性，有魅力。

2. 性格

（1）炫耀心：地位、财富、名誉、爱情方面，都希望高人一等。

（2）广告免疫性高：不关心，短期间难以打动。

（3）生活秩序较乱：时间不太够用，交际多，生活起居不定，甚至吃药漱口也不会定时定次。

（4）疼爱自己的小孩。

3. 习惯

（1）戒烟、戒酒、戒槟榔是很不乐意的。

（2）饮食后立即漱口之习惯很少。

（3）忙碌，睡眠不足。

4. 使用频度

（1）有约会，或发觉自己有口臭时才使用。

（2）但是口臭大部分是自己感觉不出来，因此使用频度是必须敦促、提醒。

5. 购买决定

（1）第一次购买必定是使用者本人。

（2）影响购买者：

● 牙医；

● 药房老板；

● 广告。

6. 购买因素

（1）必要因素：

● 除臭味功能；

● 香味；

● 清凉度；

● 清洁力；

● 舒服性；

● 品牌高级感；

● 有刺激性；

……

（2）不必要因素：

● 价格；

● 杀菌力；

● 无刺激性；

……

七、行销上之不利点与有利点

1. 不利点

（1）主力竞争品历史久、市场强、财力足、广告够排场。

解决方法：

在产品设计、广告表现上，都采取超高格调，并使用高密集的预算战略来克制竞争品。

（2）消费者习惯于强烈口味。

解决方法：

教育消费者正确的漱口观念，强烈的刺激性会伤害味觉之诉求，以瓦解竞争品现有势力。

（3）第二品牌"速可净"以淡口味、低单价侵入成功。

解决方法：

以淡而无效之攻击法予以抑制，更以平价政策对抗其低价优势。

（4）男性产品不易开发，广告影响小。

解决方法：

利用男性性格上的弱点予以突破。

（5）期初目标较大，不易达成。

解决方法：

运用攻击性的宣传主题，以打击竞争品之忠实顾客，并争取新用户。

（6）产品单价小，开发费用过弱。

解决方法：

针对目标群体与药房使用单一广告媒体，以求量与质的密集效果，甚至在第一期登录成功后，追加预算，乘胜追击。

2. 有利点

（1）药业市场渐次恢复，市场潜力大。

（2）消费者已接受产品，无开发风险。

（3）"李施德霖"及"速可净"产品有缺点。

（4）竞争品广告表现不强，"德恩耐"不受卫检约束。

八、广告建议

1. 广告概念

（1）漱口水在"李施德霖"的开发下日渐成长。

（2）辛辣的口味使消费者不得不忍受痛苦，勉强地使用。

（3）淡味的"速可净"填补了"李施德霖"的缺点，证明有效又不太刺激的漱口水是被欢迎的。

（4）"李施德霖"以药剂之姿态在努力教育消费者。

（5）"速可净"以卫生用品之定位在扩张市场占有。

因此漱口水的市场位置，只有"有药品的效果，没有药品的痛苦"之定位，才能够在竞争中掌握胜算。

（1）消除口臭乃漱口水之主要使用动机。

（2）促成消费者使用漱口水因素为自我满足、爱情获得及亲情温暖。

因此从消费者之基本欲望切入产品功效与特点最易引起共鸣。

（1）"德恩耐"之处方已被肯定具有疗效。

（2）"德恩耐"之口味远比竞争品优良，更会被使用者喜爱。

（3）"德恩耐"之产品外观亦优于竞争者。

（4）"李施德霖"仍占据绝大部分市场，有雄厚的广告力量。

（5）"速可净"低价优势在干扰新品牌的介入。

因此，"德恩耐"如何才能突破困境一战成功呢？

2. 设定战略

（1）为造成高的广告注目率（attention）使用具杀伤力的否定攻击法。

（2）为诱发消费者需求之感性诉求法。

（3）为提高差异性及疗效肯定法。

（4）为增进广告记忆（memory），使用 Day and Night 之音效与字体之突出表现。

（5）为加速采取购买行动（action），使用利益及药房催促法。

3. 广告主题

从白天到晚上
爸爸的口臭不见了

亲切愉快的 30 秒
满口新鲜的一整天

富有吸引力的口气
令人销魂（陶醉）的 30 秒

口气新鲜一整天

清除口臭，预防口腔疾病
不会太辣，不会伤害口腔
不会太淡，效果没问题

清除您的口臭
请驾药房试一试德恩耐

4. TV-CF 大意

（1）亲情篇。

父：来，小宝，爸爸亲亲。

子：爸爸嘴巴臭臭，先漱漱口嘛！

父：哎哟！这么辣！

母：那么试试这种。

父：嗯！太淡了有效吗？

OS：新上市

不伤口腔又有效

德恩耐漱口水

不太浓不太淡

味道恰恰好，效果没问题

清除口臭，预防蛀牙、口腔疾病

从白天到晚上

子：爸爸的口臭不见了！

OS：德恩耐漱口水 Day and Night

（2）情爱篇。

富有吸引力的男人

应该富有吸引力的口气

吸烟、应酬、火气大容易口臭

清除口臭预防口腔疾病

德恩耐漱口水

不会太辣不伤口腔

不会太淡效果没问题

令人销魂的 30 秒

满口新鲜一整天

从白天到晚上

富有吸引力的男人

富有吸引力的口气

德恩耐漱口水 Day and Night

5. 媒体预算

（1）进度表。

（略）

（2）媒体预算比例。

TV：380 万元（63.3%）

N. P.（报纸）：178 万元（29.7%）

印刷：17 万元（2.8%）

CF（广告影片）：25 万元（4.2%）

总计：600 万元（100.0%）

（3）各销售季比例。

新上市：207 万瓶（37.1%）

第一期特卖：191 万瓶（34.2%）

空档消化期：20 万瓶（3.6%）

第二期特卖：140 万瓶（ 25.1%）

总计：558 万瓶（100.0%）

第 17 章
狮王 "HaiTOP" 推广企划[①]

① 本章提供的案例"狮王'HaiTOP'推广企划"系本书作者翻译自日本（株）东急エージェンシー所作"「ハイトップ」市场扩大の为のコミュニケーション战略のご提案"，由于篇幅有限，稍做删改。在此，本书作者对该企划作者表示衷心的感谢。

呈狮王株式会社

"HaiTOP" 推广企划

××××年2月25日
（株）东急エ—ジェンシ—

以追求第一为目标的 "HaiTOP"

前言

目前，合成洗涤用品市场规模日渐扩大，并已超过1 800亿日元。洗涤用品的形态也已逐渐向粉末状、液体状转变，浓缩型洗涤用品已成为产品的主流。伴随着浓缩型洗涤用品市场地位的巩固，洗涤用品市场已进入第二回合的竞争状态，并且市场日趋饱和。在这样的市场状况下，本企业究竟应该如何提高市场占有率？为此提出了本企划。

企划概要

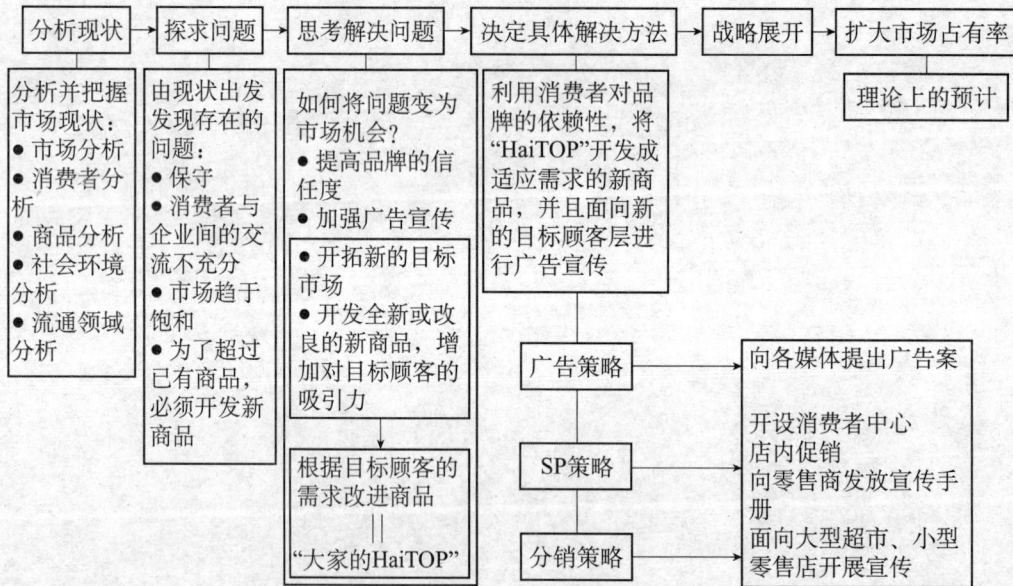

市场营销战略篇

现状分析

1. 市场分析

（1）市场现状。预计洗涤用品市场将逐渐扩大。

最近 10 年洗涤用品市场规模变迁表

年度序号	合计			液体类			粉末类			浓缩粉末类		
	销售额（亿元）	与上一年比（%）	构成比（%）	销售额（亿元）	与上一年比（%）	构成比（%）	销售额（亿元）	与上一年比（%）	构成比（%）	销售额（亿元）	与上一年比（%）	构成比（%）
第 10 年	1 392	109.9	100	143	113.3	10.3	1 220	119.6	87.6	29	44.5	2.1
第 9 年	1 445	103.8	100	135	94.5	9.4	1 297	106.3	89.7	13	44.1	0.9
第 8 年	1 472	101.9	100	174	128.3	11.8	1 287	79.3	87.5	11	86.6	0.7
第 7 年	1 545	104.9	100	193	111.1	12.5	1 342	104.2	86.8	11	95.5	0.7
第 6 年	1 656	107.2	100	209	108.3	12.6	1 437	107.1	86.8	10	93.3	0.6
第 5 年	1 682	101.6	100	219	104.8	13.0	1 454	101.1	86.4	9	91.8	0.5
第 4 年	1 859	110.5	100	261	119.2	14.0	1 388	95.5	74.7	210	233.3	11.3
第 3 年	1 690	90.9	100	155	59.4	9.2	655	47.2	38.8	880	419.0	52.1
第 2 年	1 820	107.7	100	110	70.9	6.0	330	50.4	18.1	1 380	156.8	75.8
本年预计	1 860	102.2	100	92	83.6	4.9	188	56.9	10.1	1 580	114.5	84.9

- 合成洗涤用品市场已成为重要市场，目前年销售额预计达 1 860 亿日元。
- 自从花王"ATAKU"上市，浓缩型洗涤用品增长迅速，且市场地位日趋稳固。
- 综上所述，浓缩型洗涤用品目前已逐渐普及，市场趋于平稳。

（2）各品牌市场占有率。先期进入市场的竞争商品"ATAKU"，已形成自己的稳定市场。

各品牌市场占有率

种类	前年		去年		今年（预计）	
	销售额（亿元）	市场占有率（%）	销售额（亿元）	市场占有率（%）	销售额（亿元）	市场占有率（%）
ATAKU	420	24.8	547	30.1	547	29.4
HaiTOP	250	14.8	325	17.8	325	17.5
BAONBS	110	6.5	185	10.2	180	9.7
ANNU	35	2.1	91	5.0	85	4.6
BWAFN	50	2.9	82	4.5	79	4.2
NMQA	60	3.6	73	4.0	70	3.8
NINBS	83	4.9	37	2.0	25	1.3
其 他	682	40.4	480	26.4	549	29.5
合 计	1 690	100.0	1 820	100.0	1 860	100.0

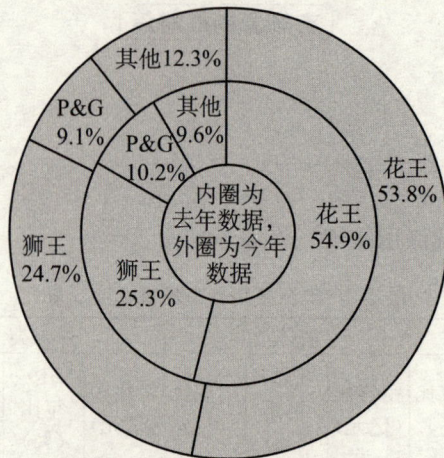

各企业洗涤用品市场占有率

- 自花王"ATAKU"上市之后，各公司相继推出了自己的浓缩型洗涤用品，开始了占领市场的竞争，掀起了竞争高潮。
- "ATAKU"自上市以来，其销售状况一直处于第一位。
- "HaiTOP"位居市场第二。

（3）市场季节性。在赠送季节及公共仪式较多的季节，洗涤用品市场非常活跃。

- 6月、7月、12月是赠送季节，消费活跃。
- 3月、4月是毕业、入学、就职、调动工作等公共仪式较多的季节，洗涤用品的需求较高。

去年各月洗涤用品销售额   单元：亿元

种类	1月	2月	3月	4月	5月	6月	7月	8月	9月	10月	11月	12月
衣用洗涤用品	107	117	159	145	148	176	179	147	159	159	178	221
粉类洗涤用品	99	110	152	136	139	169	169	131	148	148	168	210

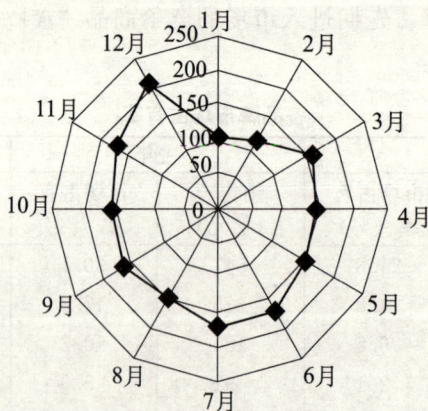

衣用洗涤用品市场规模按月变迁

2. 消费者分析

（1）不同年龄层消费者产品使用状况。合成洗涤用品市场的消费者主要由 30 岁以上的主妇构成。

洗涤用品使用状况

	HaiTOP	ATAKU
全体	19.0％	44.5％
20 岁～29 岁	12.5％	52.8％
30 岁～39 岁	21.9％	41.1％
40 岁～49 岁	19.2％	43.9％

洗涤用品使用状况

- 目前洗涤用品市场主要由 30 岁以上的主妇构成。
- 年轻消费者的购买率低。
- 由不同年龄层使用状况看，20 岁左右的消费者对 "HaiTOP" 使用率低，而对 "ATAKU" 的使用率却较高，即 "ATAKU" 得到了以年轻消费者为中心的顾客的支持。

（2）洗涤用品的用途。洗涤用品是生活必需品。

- 清扫及洗衣服 "有时使用" 最为普遍。
- 与住在城市的人相比，居住在城市外的人，在清扫、洗衣服时使用的比例较高。
- 36％的人是自己购买洗涤用品。
- 学生中 10％是自己购买洗涤用品。
- 男性中近 8％的人是自己购买洗涤用品。

自己购买洗涤用品的比例

	男女合计	男	女	学生（男女合计）
总数（全年龄）	36.3％	7.7％	50.8％	9.5％
20 岁～29 岁	26.4％	5.4％	42.4％	
30 岁～39 岁	43.7％	8.0％	56.3％	

洗涤用品的用途

		全 体	24 岁以下	25 岁以上	城 市	地 方
清扫房屋	经常使用	36.4	34.2	40.0	36.3	36.6
	有时使用	52.1	52.8	50.9	55.6	46.9
	几乎不用	6.2	4.5	9.1	7.3	4.6
	没回答	5.3	8.6	0	0.8	12.0
	合 计	434	269	165	259	175
清扫卫生间	经常使用	19.4	17.1	23.0	22.0	15.4
	有时使用	42.9	41.3	45.5	37.8	50.3
	几乎不用	33.6	35.3	30.9	38.6	26.3
	没回答	4.1	6.3	0.6	1.5	8.0
	合 计	434	269	165	259	175

续前表

		全 体	24 岁以下	25 岁以上	城 市	地 方
洗衣服	经常使用	36.6	29.4	48.5	32.0	43.4
	有时使用	40.8	43.5	36.4	43.6	36.6
	几乎不用	18.2	20.1	15.2	22.0	12.6
	没回答	4.4	7.1	0	2.3	7.4
	合 计	434	269	165	259	175
干洗	经常使用	33.4	30.9	38.2	33.2	33.7
	有时使用	42.6	42.8	43.6	40.9	45.1
	几乎不用	17.7	16.4	20.0	21.2	12.6
	没回答	6.2	10.0	0	4.6	8.6
	合 计	434	269	165	259	175
洗被褥坐垫	经常使用	18.4	15.6	23.0	21.2	14.3
	有时使用	49.5	46.1	55.2	45.9	54.9
	几乎不用	25.8	28.3	21.8	30.5	18.9
	没回答	6.2	10.0	0	2.3	12.0
	合 计	434	269	165	259	175
洗鞋	经常使用	24.7	19.3	33.3	27.4	20.6
	有时使用	49.3	49.4	49.1	48.3	50.9
	几乎不用	21.2	23.4	17.6	21.6	20.6
	没回答	4.8	7.8	0	2.7	8.0
	合 计	434	269	165	259	175

3. 商品分析

（1）商品比较。

商品比较

项目	HaiTOP	ATAKU	SHAFU（分袋装）
商品构成	中　　　750 g 大　1 500 g 特大 2 250 g 旅行用 33 g＊5	中　375 g 大　750 g 特大　1 500 g 旅行用 33 g＊10	中　　600 g 大　1 250 g
建议用量	用一勺 　　效果与众不同	用一勺 　　令人吃惊的白洁	以两种洗衣程序 　　去除污渍及怪味
主要成分	尖端酶技术 （脂肪分解酶）	生物技术 （碱性纤维素酶）	硅酸 CP5（提高洗洁度） 脱氧 LP9（除臭功效）
主要成分的效果	在其产品说明及宣传中，强调脂肪分解酶具有容易分解残留于衣物上的脂肪成分的作用	强调生物技术创造了与至今为止的洗涤用品完全不同的成分	强调以下两点：硅酸 CP5 对纤维状的蛋白质污渍具有强力洗洁度；脱氧 LP9 则对衣物的怪味具有有效去除作用

续前表

项目	HaiTOP	ATAKU	SHAFU（分袋装）
对污渍的 认识	衣物污渍中的 70%～80% 是脂肪、泥类无机物和蛋 白质	去污的着眼点在于将纤维间 隙中的微小污渍通过水与纤 维素结合成为胶状而分离	去污的着眼点在于去除附着 于纤维上的蛋白质、脂肪、 泥污及难于去除的怪味
去污原理	日本过去的洗涤习惯是在 40 ℃以下的水中洗涤，此 方法不易完全去除进入纤 维中的脂肪。本产品根据 生物工程技术开发出脂肪 分解酶。该污渍即使在低 温中也具有较高的脂肪分 解能力	过去的洗涤成分不易洗掉纤 维中的胶状纤维分子的污物。 花王通过培养由土壤中提取 的微生物（活性好的有胞杆 菌），开发出生物酶（特殊的 碱性纤维酶），该生物酶能作 用于胶状纤维分子，从而软 化胶状污物，使其容易去除	为了分解附着于纤维上的蛋 白质污物，必须充分发挥界 面活性剂的作用，即用硅酸 CP5 强力去除难以洗净的脂 肪污物及泥污；用脱氧 LP9 使附着于衣物上的难于去除 的汗臭、体臭、烟味、食物 味等彻底去除
包装 材料	内包装——塑料和纸的复 合材料 外包装——聚乙烯	内包装——纸 外包装——聚乙烯	内包装——纸 外包装——聚乙烯
包装 设计	以红色为主题，并使用了 白、蓝、黄及橙色；沿用了 过去 "TOP" 的品牌形象	以色彩柔和的绿色为主体， 并使用了棕、白、黄及橙色； 具有清爽干净的设计效果	以橙色为主体，并使用了 蓝、白、绿及黄色；采用了 划时代的设计形象
包装及 使用时 的优点	● 外包装的盖子密封，湿 　气及水分不能进入 ● 由于 750 g 包装的有把 　手，所以移动非常便利 ● 用照片鲜明显示去污原 　理，极具说服力 ● 因外包装是塑封加工， 　留下质量极佳的印象 ● 内附量勺，容易确认使 　用量 ● 有知名度	● 在外包装上描绘了量勺的 　图形，明确用一勺足够 ● 外包装开启容易 ● 在内包装的内侧写有一勺 　足够，使用过量反而浪费 ● 外包装内侧贴有保护薄膜， 　在质量管理上狠下功夫 ● 量勺用乙烯树脂加工而成 ● 与其他厂家的产品不一 　样，其重量为 375 g（使 　用 15 次）	● 由于分袋包装，所以不用 　担心散落 ● 设定洗衣程序，去除污渍 　及臭味 ● 外包装的开启简单 ● 除分袋包装的外，还有散 　装的发售
包装及 使用时 的缺点	● 开封时揭下塑料薄膜很 　费事 ● 因为外盖密封得非常坚固， 　开启困难 ● 量勺没有包装，埋于洗 　涤剂中 ● "一勺足够" 的含义表示 　得不充分，不易理解 ● 使用后，其包装成为体 　积较大的垃圾	● 外包装封闭不严，湿气 　和水分容易进入 ● 仅 1 500 g（60 次）包装 　的有把手 ● 没有特大包装 ● 去污原理没有用照片说 　明，说服力较差 ● 量勺附于本体，计量刻 　度难于认读 ● 由于内包装是纸，一弄 　湿会泡涨	● 外包装封闭不严，湿气和 　水分容易进入 ● 不能微调整使用量 ● 因为分袋包装，难以明白 　普通洗衣一次是用 1 袋还 　是 2 袋 ● 洗完后包装纸成为垃圾

（2）"HaiTOP"的市场定位。"HaiTOP"的主要成分"脂肪分解酶"是浓缩洗涤用品市场的新武器。

● 洗涤用品市场的动向。

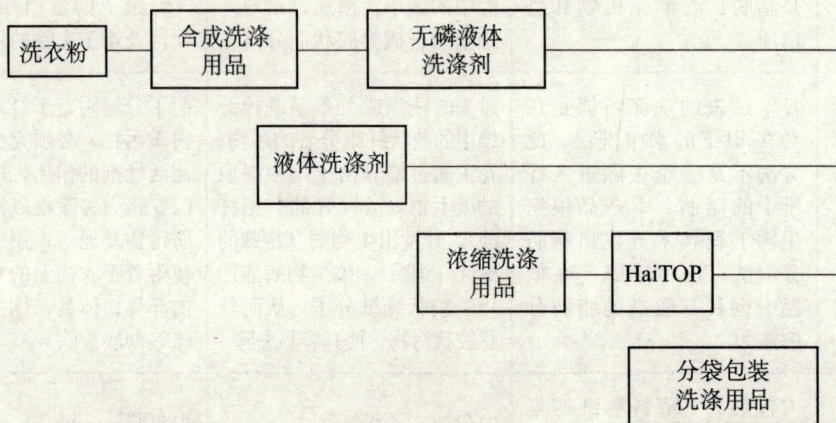

洗涤用品市场动向

● 产品定位。

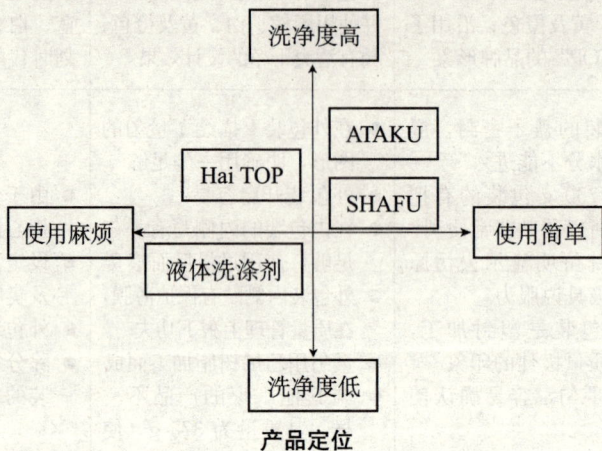

产品定位

● 市场内成长类型：

液体洗涤用品：整体洗净度不高，但局部洗净有效。

浓缩型洗涤用品：由于采用了新技术，洗净度高，一量勺即可。

分袋包装洗涤用品：洗涤方便，不费功夫。

4. 社会环境分析

随着人们生活观念及消费行为的变化，我们已经进入一个"追求生活时间的合理化安排和创造更多的休闲时间"的时代。

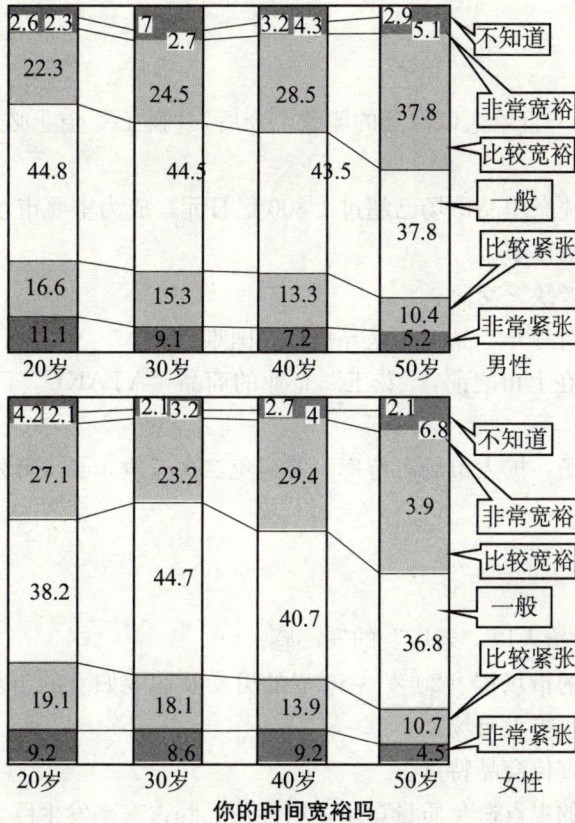

你的时间宽裕吗

（1）关于生活中的休闲程度，与回答"有充分的休闲（时间非常宽裕）"及"稍有休闲（时间比较宽裕）"的"休闲者"相比，没有休闲的消费者人数高出近10个百分点，占整体的3成左右。

（2）与其他年龄层的消费者相比，20岁~30岁的消费者最没有休闲时间，特别是30岁左右的女性消费者，其休闲者的比例仅为26.4%，是最低的。

（3）被调查者中有20%的人，想要获取更多的休闲，使生活富有情趣。

所以，我们可以清楚地看到社会环境的变迁。

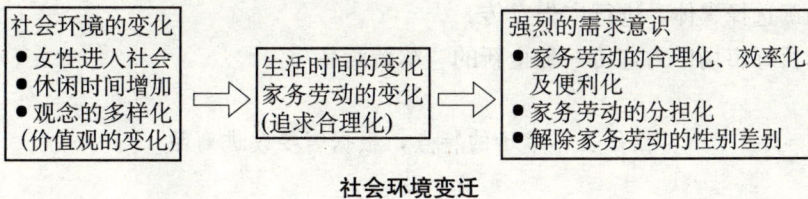

社会环境变迁

5. 分销渠道

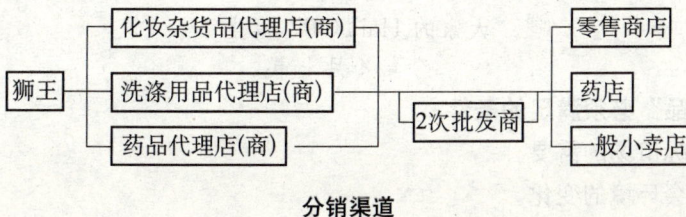

分销渠道

315

面临问题

（1）"狮王"企业一直给人以保守的印象，今后，"狮王"企业必须以新的姿态出现，迎接新的挑战。

（2）目前，合成洗涤用品市场已超过 1 800 亿日元，成为重要市场。但预测今后市场趋于饱和，销售额增幅很小。

（3）企业与消费者缺乏交流。

（4）现代技术日新月异，品牌的差异化日趋困难。

（5）"HaiTOP"在上市之前，"花王"企业的商品"ATAKU"已先期进入市场，形成了自己的市场。

（6）为了进入市场，扩大市场占有率，并避免二次竞争，必须开发全新的商品。

市场机会

（1）"狮王"企业给人以"老店"的安心感。

（2）存在未开发的市场层（20 岁～30 岁的男女及职业妇女的市场），因此，"狮王"企业应开拓次级市场，扩大市场。

（3）通过广告，宣传商品特点。

（4）假如能以新的视点避免质量竞争，则能使品牌占有率发生巨大变化。

（5）"HaiTOP"在世界上首次利用生物技术，以脂肪分解酶获取高的洗净度。因此，如果"HaiTOP"能给人以"革新商品"的感觉，则有可能超过"ATAKU"。

解决策略

（1）宣传"狮王"品牌的可靠性。

（2）开拓尚具潜力的市场层：20 岁～30 岁男女消费者市场。

（3）均衡选择媒体，进行广告宣传。

（4）向目标市场广为宣传一种全新的"革新商品"。

⇓

抓住目标市场的特点，根据需要改进商品

⇓

改进商品：盒装"HaiTOP"

⇓

"大家的 HaiTOP"诞生了

今年 4 月上市

1."改进商品"必须满足的条件

（1）适合目标市场的需要。

（2）适应社会环境的变化。

(3) 满足扩大市场的条件, 即必须有所革新。

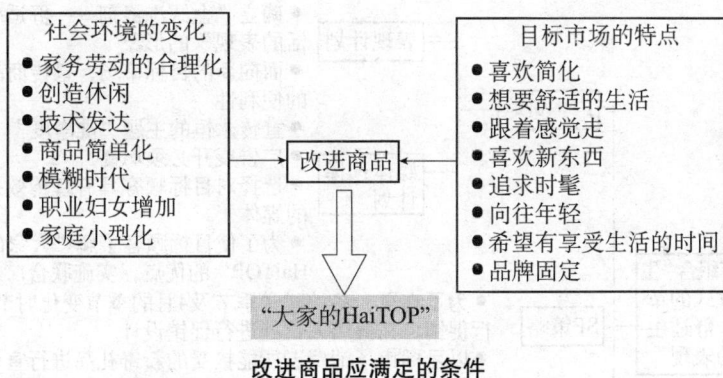

```
┌─────────────────────┐              ┌─────────────────────────┐
│   社会环境的变化      │              │     目标市场的特点       │
│ ● 家务劳动的合理化    │              │  ● 喜欢简化              │
│ ● 创造休闲           │              │  ● 想要舒适的生活        │
│ ● 技术发达           │    ┌──────┐  │  ● 跟着感觉走            │
│ ● 商品简单化         ├───▶│改进商品│◀─┤  ● 喜欢新东西            │
│ ● 模糊时代           │    └──┬───┘  │  ● 追求时髦              │
│ ● 职业妇女增加       │       │      │  ● 向往年轻              │
│ ● 家庭小型化         │       ▼      │  ● 希望有享受生活的时间   │
└─────────────────────┘              │  ● 品牌固定              │
                    ┌─────────────┐  └─────────────────────────┘
                    │"大家的HaiTOP"│
                    └─────────────┘
```

改进商品应满足的条件

2. 商品概念

(1) 每次使用一份独立的包装, 使消费者无须计量而能简便地使用, 且不会散落。

(2) 包装设计尊重过去的 "TOP" 设计, 灵活运用其知名度。

(3) 包装尺寸以消费者购物时无困难为标准。

(4) 该商品加有脂肪分解酶, 其洗衣原理具有划时代的意义, 洗净度高。

3. 策略方针

一方面加强宣传 "狮王" 企业品牌的可信赖性; 另一方面以全新的广告攻势, 面向有开发潜力的目标市场, 宣传 "改进商品 HaiTOP" 可以全新满足消费者需要, 是消费者首选的最佳商品。

4. "大家的 HaiTOP" 市场推广战略概要

(1) 目标: 扩大市场占有率。

(2) 推广组合:

● 宣传 "大家的 HaiTOP" 的优点:

◆ 洗净度高;

◆ 新的洗涤原理;

◆ 方便, 高效;

◆ 一次一袋定量化;

◆ 携带方便。

● 开拓新的洗涤用品市场: 由浓缩型洗涤用品向高性能盒式包装洗涤用品转变。

● 使无需求消费者产生购买动机。

● 推广组合的主题: "生活方式的革新, 舒适生活的表现"。

(3) 宣传对象: 经济不宽裕的 20 岁～30 岁的青年男女 (未婚或已婚)。

(4) 宣传区域: 选择在销量中占较大比重、广告反应率高且对市场动向敏感的东京、大阪、福冈等大城市, 并以此为中心向全国展开宣传。

(5) 宣传时间: 因为该商品全年都有需求, 所以以全年宣传为基础。但在赠送季节及换季时间段集中大量宣传。另外, 商品上市后的三个月内集中大量宣传。

5. 推广战略展开途径

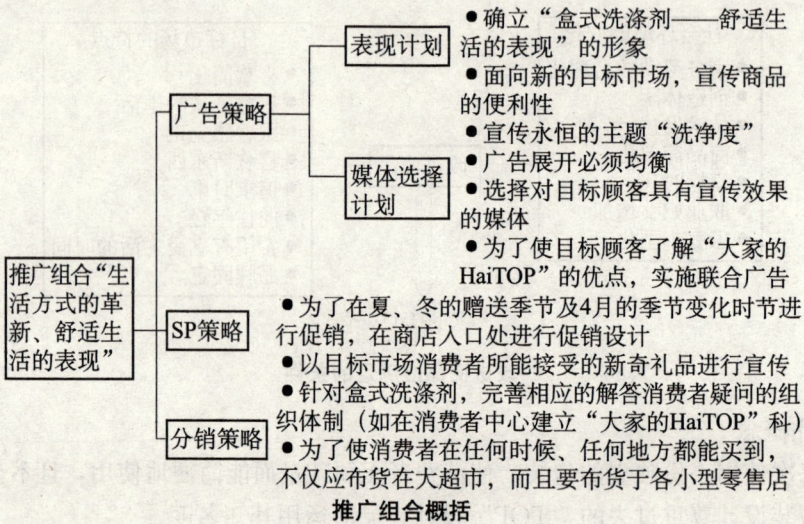

```
                              ┌─ 表现计划 ─┬─ ●确立"盒式洗涤剂——舒适生
                    ┌─ 广告策略 ┤           │   活的表现"的形象
                    │          │           ●面向新的目标市场，宣传商品
                    │          │              的便利性
                    │          │           ●宣传永恒的主题"洗净度"
                    │          └─ 媒体选择 ─┤ ●广告展开必须均衡
                    │             计划      ●选择对目标顾客具有宣传效果
推广组合"生                                    的媒体
活方式的革 ─┤                              ●为了使目标顾客了解"大家的
新、舒适生                                    HaiTOP"的优点，实施联合广告
活的表现"   │
            ├─ SP策略 ──── ●为了在夏、冬的赠送季节及4月的季节变化时节进
            │               行促销，在商店入口处进行促销设计
            │              ●以目标市场消费者所能接受的新奇礼品进行宣传
            │              ●针对盒式洗涤剂，完善相应的解答消费者疑问的组
            └─ 分销策略 ──   织体制（如在消费者中心建立"大家的HaiTOP"科）
                           ●为了使消费者在任何时候、任何地方都能买到，
                              不仅应布货在大超市，而且要布货于各小型零售店
```

推广组合概括

市场推广战略篇

广告策略

1. 广告表现计划

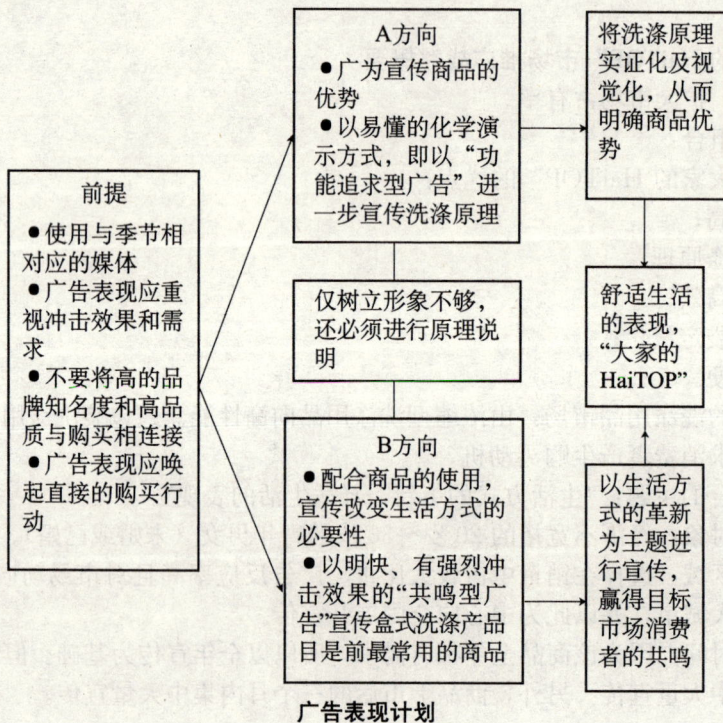

```
                    ┌──────────────┐        ┌──────────────┐
                    │   A方向       │        │ 将洗涤原理     │
                    │ ●广为宣传商品的│        │ 实证化及视     │
                    │   优势        │───────▶│ 觉化，从而     │
                    │ ●以易懂的化学演│        │ 明确商品优     │
┌──────────────┐    │   示方式，即以 │        │ 势            │
│   前提        │    │   "功能追求型 │        └──────────────┘
│ ●使用与季节相 │    │   广告"进     │                │
│   对应的媒体   │────│   一步宣传洗   │                ▼
│ ●广告表现应重 │    │   涤原理      │        ┌──────────────┐
│   视冲击效果和 │    └──────────────┘        │ 舒适生活       │
│   需求        │    ┌──────────────┐        │ 的表现，       │
│ ●不要将高的品 │    │ 仅树立形象不够，│        │ "大家的        │
│   牌知名度和高品│    │ 还必须进行原理 │        │ HaiTOP"      │
│   质与购买相连 │    │ 说明          │        └──────────────┘
│   接          │    └──────────────┘                ▲
│ ●广告表现应唤 │    ┌──────────────┐        ┌──────────────┐
│   起直接的购买 │    │   B方向       │        │ 以生活方       │
│   行动        │────│ ●配合商品的使用，│       │ 式的革新       │
└──────────────┘    │   宣传改变生活 │        │ 为主题进       │
                    │   方式的必要性 │        │ 行宣传，       │
                    │ ●以明快、有强烈│───────▶│ 赢得目标       │
                    │   冲击效果的"共│        │ 市场消费       │
                    │   鸣型广告"宣传│        │ 者的共鸣       │
                    │   盒式洗涤产品 │        └──────────────┘
                    │   目是前最常用的│
                    │   商品        │
                    └──────────────┘
```

广告表现计划

2. 媒体选择计划

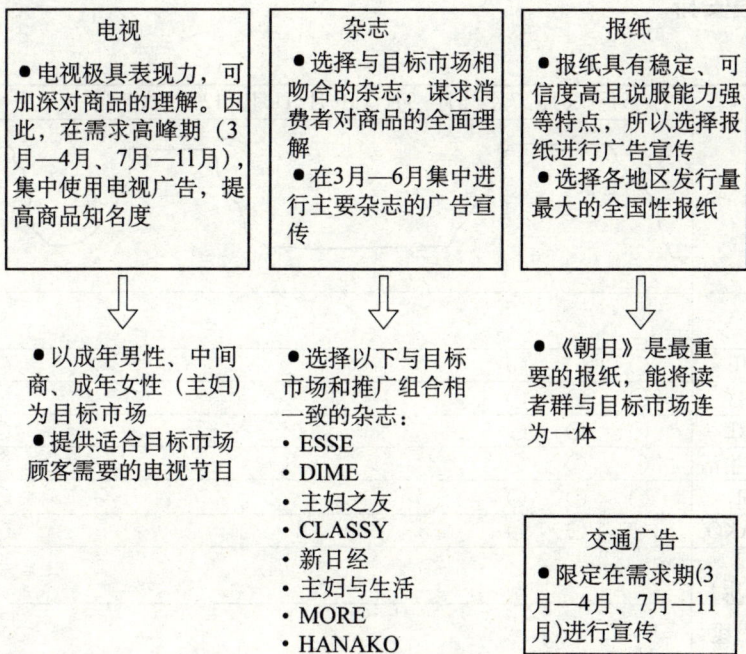

电视	杂志	报纸
●电视极具表现力，可加深对商品的理解。因此，在需求高峰期（3月—4月、7月—11月），集中使用电视广告，提高商品知名度	●选择与目标市场相吻合的杂志，谋求消费者对商品的全面理解 ●在3月—6月集中进行主要杂志的广告宣传	●报纸具有稳定、可信度高且说服能力强等特点，所以选择报纸进行广告宣传 ●选择各地区发行量最大的全国性报纸

●以成年男性、中间商、成年女性（主妇）为目标市场
●提供适合目标市场顾客需要的电视节目

●选择以下与目标市场和推广组合相一致的杂志：
・ESSE
・DIME
・主妇之友
・CLASSY
・新日经
・主妇与生活
・MORE
・HANAKO

●《朝日》是最重要的报纸，能将读者群与目标市场连为一体

交通广告
●限定在需求期(3月—4月、7月—11月)进行宣传

媒体选择计划

SP 策略

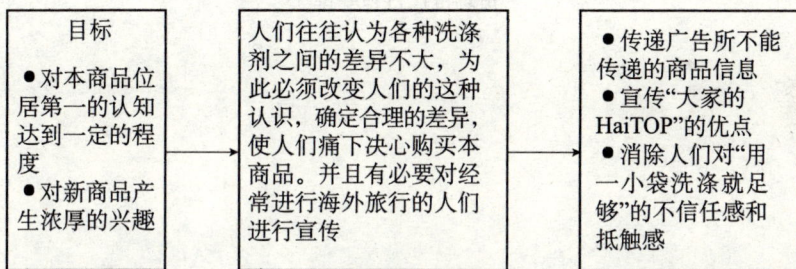

目标	人们往往认为各种洗涤剂之间的差异不大，为此必须改变人们的这种认识，确定合理的差异，使人们痛下决心购买本商品。并且有必要对经常进行海外旅行的人们进行宣传	●传递广告所不能传递的商品信息 ●宣传"大家的HaiTOP"的优点 ●消除人们对"用一小袋洗涤就足够"的不信任感和抵触感
●对本商品位居第一的认知达到一定的程度 ●对新商品产生浓厚的兴趣		

SP 策略概括

具体 SP 策略如下：

（1）星期六、星期日及节日在开设了"大家的 HaiTOP"科的消费者中心举办宣传活动（在上市后的 3 个月内的任何时间皆可进行咨询）。

（2）在店内促销中充实各种信息（如张贴广告招贴画等）。

（3）对经销商提供商品信息（如分发各种简讯、宣传手册）。

（4）发行专门印制的"生活咨询报告"。

推广日程安排

项　目	使用内容	4月	5月	6月	7月	8月	9月	10月	11月	12月	次年1月	2月	3月	版面
投放量														
媒体 电视														
媒体 杂志	DIME	○	○	○								○		4P
	新日经	○	○	○								○		4P
	MORE	○	○	○								○		4P
	主妇与生活	○	○	○				○				○		5P
	ESSE	○	○	○								○		4P
	HANAKO	○	○	○								○		4P
报纸	朝日（全国版）													2次30段
交通	东急沿线													
SP策略：消费者中心 店内宣传 简讯、宣传手册 生活咨询报告														

市场推广日程安排

主要参考文献

1. ［美］彼得·德鲁克著，约瑟夫·A. 马恰列洛修订. 管理（上、下册）. 辛弘，译. 北京：机械工业出版社，2015.

2. ［美］斯图尔特·克雷纳. 管理百年. 海口：海南出版社，2003.

3. ［美］斯蒂芬·P. 罗宾斯，玛丽·库尔特. 管理学（第11版）. 北京：中国人民大学出版社，2012.

4. ［美］彼得·德鲁克. 管理的实践. 北京：机械工业出版社，2006.

5. ［美］菲利普·科特勒，凯文·莱恩·凯勒. 营销管理（第14版·全球版）. 王永贵，等，译. 北京：中国人民大学出版社，2012.

6. ［美］乔治·路易斯，比尔·皮茨. 蔚蓝诡计. 何辉，译. 北京：华文出版社，2010.

7. 成文胜. 策划学概论新编. 北京：中国广播电视出版社，2014.

8. 李红薇. 企划设计与企划书写作. 西安：西安电子科技大学出版社，2010.

9. 杨劲祥. 营销策划实务. 大连：东北财经大学出版社，2015.

10. 徐浩然，刘晓午. 首席品牌官日志. 北京：中国经济出版社，2014.

11. ［美］彼得·蒂尔，布莱克·马斯特斯. 从0到1. 高玉芳，译. 北京：中信出版社，2015.

12. ［美］斯蒂芬·赫克，马特·罗杰斯，保罗·卡罗尔. 资源革命：如何抓住一百年来最大的商机. 杭州：浙江人民出版社，2015.

13. 阿里研究院. 互联网＋：从IT到DT. 北京：机械工业出版社，2015.

14. 陈建萍. 企业管理学：理论、案例与实训（第三版）. 北京：中国人民大学出版社，2014.

15. ［英］迈尔-舍恩伯格，肯尼思·库克耶. 大数据时代. 盛杨燕，周涛，译. 杭州：浙江人民出版社，2013.

16. ［美］米哈里·希斯赞特米哈伊. 创造力：心流与创新心理学. 杭州：浙江人民出版社，2015.

17. ［日］苍井夏树. 创意@东京. 北京：生活·读书·新知三联书店，2009.

18. ［美］迈克尔·波特. 竞争战略. 陈丽芳，译. 北京：中信出版社，2014.

19. 谢晓萍. 微信思维. 广州：羊城晚报出版社，2014.

20. ［美］菲利普·科特勒. 营销管理（第11版）. 上海：上海人民出版社，2003.

21. 杨勇，陈建萍. 市场营销：理论、案例与实训（第三版）. 北京：中国人民大学出版社，2014.

22. ［美］威廉·阿伦斯，迈克尔·维戈尔，克里斯蒂安·阿伦斯. 广告与营销策划（第11版）. 丁俊杰，程坪，陈志娟，译. 北京：人民邮电出版社，2013.

23. 居长志，周文根. 市场营销实务. 北京：中国经济出版社，2008.

24. 柴庆春，程慧超．市场调查．北京：中国人民大学出版社，2016.

25. ［美］克莱顿·克里斯坦森．创新者的窘境．胡建桥，译．北京：中信出版社，2010.

26. 陈建萍，杨勇，张健．企划与企划书设计．北京：中国人民大学出版社，2000.

27. 黄治苹．企划圣经．北京：电子工业出版社，2011.

28. 韩明文．企划＋．北京：中国人民大学出版社，2009.

图书在版编目（CIP）数据

教你做企划：企划设计与写作/陈建萍，杨勇，汤宇军主编 . —北京：中国人民大学出版社，2018.2
ISBN 978-7-300-25501-9

Ⅰ.①教… Ⅱ.①陈… ②杨… ③汤… Ⅲ.①企业管理 ②汉语-应用文-写作 Ⅳ.①F272 ②H152.3

中国版本图书馆 CIP 数据核字（2018）第 023244 号

教你做企划：企划设计与写作
主 编 陈建萍 杨 勇 汤宇军
副主编 吴贤龙 朝 霞
Jiaoni Zuo Qihua：Qihua Sheji yu Xiezuo

出版发行	中国人民大学出版社				
社 址	北京中关村大街 31 号		**邮政编码**	100080	
电 话	010 - 62511242（总编室）		010 - 62511770（质管部）		
	010 - 82501766（邮购部）		010 - 62514148（门市部）		
	010 - 62515195（发行公司）		010 - 62515275（盗版举报）		
网 址	http://www.crup.com.cn				
	http://www.ttrnet.com(人大教研网)				
经 销	新华书店				
印 刷	北京中印联印务有限公司				
规 格	185 mm×260 mm 16 开本		**版 次**	2018 年 2 月第 1 版	
印 张	20.75		**印 次**	2018 年 2 月第 1 次印刷	
字 数	497 000		**定 价**	48.00 元	